中華民國流亡台灣60年
暨
戰後台灣國際處境

台灣教授協會─編

從反抗、重建到台灣主體的真正確立

蔡英文（民主進步黨主席）

戰後，台灣一直作為中國主體之下的客體而存在。政治上，台灣被接收台灣的流亡中華民國政府所統治；人文上，中國則是詮釋台灣意義的依據，台灣無法自我詮釋。在這種宰制下，台灣的主體性被壓抑，人民的自我認同也被扭曲，從而，「台灣」與「中國」的關係就成為二元對立，並在民主化過程中表現為台灣性對抗中國性，或本土性對抗外來性的衝突與緊張。

首次政黨輪替後，「台灣」取得相對的主體性，而許多權威性的民調也都顯示，「台灣人」認同已逐漸成為國家認同新主流。這可說是民進黨執政八年、陳水扁總統任內，台灣政治最巨大、幾乎是革命性的轉變！

受限於中華民國憲法的基本格局，和國家認同變遷帶動的族群緊張，雖然台灣主體意識在民間社會已經有高度的成長，但在政治上仍有待新的解方乃至新的領導性論述。這也就是何以隨著台灣主體性議論的高漲，學界乃至政壇對族群政治的關注也就益為熱切。

在我們過去的本土—民主化論述裡，「被壓抑的台灣性」

和「能壓抑的中國性」是一組相互定義的基本概念，也因此，「台灣主體性」就和「去中國化」難以切割。對我們而言，追求自由、眞理，就必定要反抗中國體制對台灣人民不公不義的壓迫，以實踐我們的主體。這種反抗敘事的道德性，武裝了我們的精神，也團結了許多個體，不但使手無寸鐵的台灣人民得以打倒威權、創建民主，更使「台灣人」的群體想像和台灣民主共同體的建構成爲可能。

　　但這種關於台灣性與中國性對立的架構，事實上是特定歷史條件下的產物，而不必是先驗的必然。作爲政治工作者或社會實踐者，我們自當對時空條件的變遷保持適當的敏感與回應。在民主化之後的台灣，至少在政治和社會領域中，中國性對台灣性的宰制地位已經動搖；而其文化霸權意義上的支配性，也在開放的文化情境中面對競爭或挑戰。則台灣主體性的建立和發展，就不再與反抗中國性的支配必然關聯。

　　進一步思考，如果我們的意識與行動長久滯留在「反抗」的歷史階段，則反抗與被反抗者之間的關係就成爲互相實現的預言，而必然被僵化、固著化。這種關係，就像漢亭頓（Samuel Huntington）式的西方基督文明本位主義和賓拉登（Usama bin Laden）式的伊斯蘭原教旨主義的相互需要與依存──它們雖不是兩個世界衝突的起點（事實上是衝突之下的產物），但確實具有相互增強的作用。

　　因此，如何從「反抗的時代」有意識地過渡到「重建的時代」，將會是我們眞正能鞏固台灣主體性的關鍵。民主進步黨曾經在2004年以全國黨員代表大會通過《族群多元、國家一體決議文》，具體定義了我們對多元文化憲政民主體制的價值和

追求，並表達了對「外省」族群歷史經驗的理解、尊重與肯定。這使戰後以來在台灣情境中演化的中國性，得以與台灣性調和甚至整合，而成為一種動態演進的新台灣性想像。這類論述工程值得我們繼續努力開拓之、豐富之。如果在鞏固並深化民主的情境中，「外省」族群對中國性的想像、情感和認同不能被理解、尊重與接納，甚至被負面化、污名化，持續地被當作應予以去除的雜質或干擾，則我們可以想像，「外省」族群將難以在這樣排斥性的台灣性想像中得到安身立命的空間，甚至必須出之以種種的反彈和對抗，從而開啓台灣島上另一段反抗與被反抗的悲壯。其實，這正是首度政黨輪替以來發生在台灣並繼續發展中的不幸故事——民主化竟未許諾我們牛奶與蜜之地，反而帶來團結與衝突的艱困課題，令許多人沮喪。試問，對於不同族群無法一同慶賀的事物，我們豈能視爲台灣的勝利？

　　因此，我認爲，重新追索、理解台灣性與中國性的關係，是台灣主體性辯證的必要工作，也是台灣主權建立與維護的內在基礎。對於戰後台灣的中國性，我們必須能夠區別其中必須要被去除的宰制性，和作爲多元文化架構下的人文價值。也就是說，在重建的時代，我們必須超越單純的去中國化階段，而回歸到去客體化的原始立場，重新審視台灣性之中的中國性，尤其要正視其本土化經驗。這個任務必須要在不同領域、從各個角度，廣泛檢視發生在台灣土地上的中國性，尤其戰後中華民國體制的質性，與隨帶而來的「外省」族群的離散經驗。

　　方今台灣各種本土社團紛紛成立並熱衷參與各種政治活動之際，台灣教授協會紮紮實實地舉辦了「中華民國流亡台灣60

年暨戰後台灣國際處境」研討會，從國際法、政治學、社會
學、歷史學乃至人類學等不同學門、方法，以嚴謹而持平的學
術態度，發掘過去一甲子來中華民國體制在台灣土地的印痕，
更探討了戰後中國性在台灣的建構及其對台灣性的具體影響、
意義與內涵。我認為這將會是啟動一個重大論述新方向的很好
起點，對參與這項研討的諸位學者們，我願藉此序表達個人的
敬意，並期盼各界可以此論文集為參考座標，展開中國性與台
灣性之間更積極的對話與協商，邁向台灣主體性的「重建時
代」。

在「中華民國」的灰燼中樹立台灣旗幟

陳儀深（2009-2010會長）

2009年距離1949年中華民國政府流亡來台正好六十年，距離1979年美國制定「台灣關係法」（否定在台灣的中華民國）正好三十年，對於影響現代台灣命運的兩大關鍵事件，今天的台灣人應如何看待？如何汲取經驗、擘劃未來？本人有幸擔任台灣教授協會的2009年會長，遂以籌辦「中華民國流亡台灣60年暨戰後台灣國際處境」研討會作為年度重點工作之一，很榮幸得到不少專家學者的支持、參與，並在本會秘書長薛化元教授及秘書處工作人員的協助下順利完成，謹在此表達謝意。

由於審查制度、個人意願以及出版形式的限制，研討會的內容並未完全納入本書，尚祈各方諒察。

本次研討會的構成，除了直截了當討論戰後台灣澎湖地位問題，美國和日本對台（華）政策的演變，以及中國國民黨長期戒嚴體制的性質剖析，還邀請到（正在中研院參與博士培育計畫的）加拿大哥倫比亞大學博士生Dominic Yang發表他的「外省人」流亡／離散研究、日本東京大學博士生若松大祐發表他的蔣經國研究，前者可以和龔宜君、吳鯤魯兩位教授所寫的「國民黨移入政權的族群政治」相對照，後者可以和來自澳洲的家

博（J. Bruce Jacobs）教授所寫的「蔣經國並不是民主的創造者」相對照。個人認為，這四篇論文不但可以凸顯本次研討會的特色，而且可以表白現階段的台灣教授協會願意進入「歷史實況」、擺脫口號激情、與時代對話而不是強迫說服的態度。

當然，我們並不是唯一注意到2009年的「六十、三十」特性的團體，例如國史館在2009年12月7-8日舉辦「政府遷台六十週年」學術研討會，中研院近史所在同年12月10-11日舉辦「九十年來家國：1919、1949、2009」國際學術研討會，雖然其中也有一些可喜的論文，但整體的概念顯然是站在中國國民黨史觀或中國的立場在說話，相當程度反映了當前台灣歷史學界的權力結構以及與台灣社會現實脫節的現況。與現實脫節或許不是什麼學術之病，但是處今日之台灣而回顧過去六十年，若無法回答或不願碰觸「中華民國是政府還是國家？」「戰後台灣如何成為或不能成為中華民國的一部分」「對以上的問題，美日等國的政策有什麼轉變？」未免太可惜了。

讀者若詳閱本書，再參考2009年12月本會出版的《台灣國家定位論壇》，對於當前的許多爭議就能了然於胸。當中華民國逐漸成為古董或灰燼的時刻，有人選擇擁抱對岸的中國，我們則是伺機樹立起台灣的旗幟。是為序。

目次

戰後台灣與
中華民國地位問題

一、從〈康隆報告〉到〈台灣關係法〉

——美國對台政策的曲折歷程

陳 儀 深

1954年生，台灣雲林人，國立政治大學政治學研究所博士（1987）。

現任 中央研究院近代史研究所副研究員
台灣教授協會會長（2009-2010）

曾任 私立東吳大學政治系專任講師、副教授
台灣教授協會秘書長、副會長
台灣北社副社長
第三屆國民大會代表（民進黨籍，1996-1998）
任務型國大代表（台聯黨籍，2005）

研究領域 近代中國政治思潮、戰後台灣政治史、二二八事件專題、政教關係

政論著作 《在人間造政治淨土》（稻香，1991年）
《誰的民進黨？》（前衛，1995年）
《為台灣辯護》（北社，2004年）
《漂流台灣、虛擬執政》（前衛，2008年）

摘要

　　1959年美國參議院委託加州康隆協會完成、公布的〈康隆報告〉，大膽建議美國政府對中共應採取「試探與談判」的原則，容許它進入聯合國並為常任理事國，承認「台灣共和國」等等。這些雖然沒有立刻成為美國政府的政策，但至少在接納、承認中華人民共和國方面逐漸成為共識，終於在1971年聯合國的二七五八號決議部分實現。

　　1972年美國透過〈上海公報〉定位了中華人民共和國、進行了美中關係正常化，可是如何定位台灣？卻拖延到1978年與中華民國斷交、1979年誕生的〈台灣關係法〉。為何透過國內法可以發揮這種對外的規範關係？為何可以出售武器給某個邦交國的（「內部」敵對的）一部分？除了國家力量的展現，長期以來根據國際法原理的「台灣地位未定論」，乃是不可忽視的理據。

　　如果我們進入歷史的細節，看看季辛吉如何和周恩來、和鄧小平談論台灣（是中國的一部分），看看尼克森如何準備犧牲台灣以交換越戰的收場，大概就不會有「美屬論」的幻想；另一方面，我們若看到1971年美國想要保住台灣在聯合國的席次卻因國民黨自己受困於一中意識型態而告失敗，看到〈上海公報〉定稿前夕國務卿羅吉斯為了台灣問題和季辛吉的爭吵（美中代表團因而在杭州加開一場談判），再看到參眾兩院的國會議員在制訂〈台灣關係法〉之際所發揮的智慧和良心，也就不必有「美國霸權只為己利」的單一結論。

　　正值康隆報告50週年、台灣關係法30週年的此刻，讓我們更深入理解過去幾十年的台美中關係史，或許能為台灣找到走出困境的鎖鑰。

關鍵詞：康隆協會、上海公報、Robert A. Scalapino、季辛吉、周恩來、尼克森

一、前言

　　美國聯邦最高法院於2009年10月5日駁回林志昇等228人所提「台灣地位與台灣人權保護訴求訴訟」[1]，隨後美國軍事上

---

1 林志昇等的訴求是要美國發給護照，對此筆者曾撰〈「美國護照」官司平議〉，發表於2009年2月10日自由時報「自由廣場」。

訴法院也在當地時間10月6日，駁回台灣前總統陳水扁控訴美國總統歐巴馬及國防部長蓋茲案，軍事上訴法庭指出，陳水扁提出的其實不是控訴案而是陳情案，即要求法庭頒發命令撤銷（台灣法院對他的）無期徒刑判決並釋放他，而法庭認為無權審理此事，故予駁回。2林志昇的控案是較早在2006年10月向華盛頓特區美國聯邦地方法院提出，2008年3月18日法官聲明權限不足，原告可以上訴，同月31日原告上訴之後，高等法院決定於2009年2月5日公開聽證辯論庭，而4月判決之後又上訴最高法院，最高法院在最近即10月5日駁回此案，其間國務院的立場是認定此係「政治問題」請求法院駁回。而陳水扁的案子是遲至今（2009）年9月23日透過（林志昇等的）「福爾摩沙法理建國會」向美國軍事上訴法院陳情，謂台灣在二戰以後都在美國軍事政府管轄下，美國應負起佔領台灣的義務，對他的案子重新審判。3

　　以上兩案其實是同一個立足點，也就是林志昇、何瑞元企圖從「戰時國際法」和「佔領法」來論述戰後台灣的國際地位，彼認為二戰期間台灣屬於太平洋戰區，此一戰區明顯係美國打敗日本，故美國係台灣的主要佔領權國，只不過在麥克阿瑟將軍的命令下，在台日軍向蔣介石的部隊投降，總之戰後台灣的地位是「美國軍事管轄下海外未合併領土。」4此一論述

---

2 2009年10月8日中國時報，A14版。

3 關於陳水扁前總統的宣告事項與證詞，見http://taiwancivilgovernment.ning.com/。

4 詳見林志昇、何瑞元合著，《美國軍事佔領下的台灣》（台北：林志昇發行，農學社總經銷，2005年）。

的弱點是，既然中華民國政府只是被美國委託的「次要佔領權國」，竟然在1945年10月受降的時候宣稱台灣光復，隨後且宣告台灣人集體歸化爲中華民國國民，美國爲何沒有「即時糾正」？又，既然引述19世紀末波多黎各和古巴曾經是「在USMG（美國軍事政府）管轄之下的未合併領土」做爲台灣的範例，但波多黎各和古巴都確實有一個短暫的USMG，以及當地成立的平民政府予以取代的過程，這些事在台灣從未發生過，今日如何能夠讓歷史倒轉，炮製一個在台灣的USMG，然後說台灣「目前的地位」是處於USMG之下未合併的領土？

　　其實，台灣地位（戰後的討論率指台、澎地位，不另說明）問題錯綜複雜，至少涵蓋國際法、憲法、歷史與政治等多學科途徑（Multi-disciplinary approach）才講得清楚5，不能只根據戰後某項宣言的效力或某條約的文字解釋，就以爲找到台灣地位的眞相或答案。國際法是國際政治體系的規範表示，但是：

　　　　法律與政治之分只是部分正確，在更廣、更深的意義上，法律就是政治。法律是由政治活動者通過政治程序，爲了政治目的而制定的。我們所看到的法律無不是政治力量的結果，法律對國家行爲的影響也取決於政治力量。……爲了理解爲什麼制定或不制定某一特定法律，爲什麼法律一般能得到遵守，然而有時卻被違反，就需要政治上的理解——理解各種政府在一

---

5 例如陳儀深、李明峻、胡慶山、薛化元合撰《台灣國家定位的歷史與理論》（台北：玉山社出版公司，2004年），即是這種研究途徑的嘗試。

定政治體系中如何行動、為何行動。6

　　三十年前（1979年）美國國會制訂的〈台灣關係法〉
（Taiwan Relation Act）生效，至今仍是規範美台關係的「基
石」7，台灣關係法的誕生正是北京、台北、華盛頓之間「政
治力量的結果」。簡單說，1949年中共建政之際，流亡台灣的
中華民國政府幾乎被美國拋棄，但因1951年韓戰爆發，美國吃
了中華人民共和國的苦頭，決定根據「台灣地位未定論」派遣
第七艦隊協防台灣海峽，而且承認蔣介石領導的中華民國政府
代表全中國、擁有聯合國安理會常任理事國的席位；五〇年代
兩次台海危機以後，1959年美國參議院外交委員會委託康隆協
會（Conlon Association）完成的〈康隆報告〉，主張美國應逐漸承
認北京政權，讓它加入聯合國並成為安理會常任理事國，中華
民國則以「台灣共和國」的名義做一個普通會員國。此種主張
雖然沒有立刻成為美國政府的政策，但1972年尼克森訪中發表
〈上海公報〉，對於中共方面宣稱中國只有一個、台灣是中國
一部分（雖然違背過去美國政府的認知）美國竟然不表異議，等於
宣告「以北京為準」的新的一中政策時代來臨，且中華人民共
和國果然成為聯合國唯一代表中國的、安理會的常任理事國；
經過六年的過渡，1978年華盛頓終於與北京建交、與台北斷

6 路易斯・亨金（Louis Henkin）著，張乃根等譯，《國際法：政治與價值》（北
　京：中國政法大學出版社，2005年），頁5-6。
7 2009年3月24日美國眾議院無異議通過由「台灣連線」共同主席柏克麗提出的
　第55號共同決議案，重申台灣關係法是美台關係的基石，美國國會對它有堅定
　不移的承諾。新聞內容參見http://www.libertytimes.tw/2009/new/mar/26/today-
　fo3.htm。

交，由於蔣經國不可能接受「台灣共和國」的安排，美國爲了「西太平洋地區的和平、安全及穩定」，爲了「繼續維持美國人民及台灣人民間的商務、文化及其他各種關係，以促進美國外交政策的推行」（台灣關係法第二條A的措詞），乃制訂了〈台灣關係法〉。

　　2009年不但是台灣關係法三十週年，且是康隆報告五十週年，本文試圖根據外交部檔案及其他相關資料，說明這兩份文件的意義，並敘述1959-1979年這二十年間發生了什麼重要的事，可能影響到台灣關係法的誕生？一方面做爲紀念，一方面盼有助於理解美中台三角關係的現狀。

二、1959年美國參議院的〈康隆報告〉

1. 其來有自

　　美國第七艦隊協防台灣海峽原只是根據行政命令，目的是爲了保護在朝鮮的聯合國部隊的「側翼」，但此時美國對台灣、澎湖列島的立場還不夠清楚。在醞釀簽訂共同防禦條約的前夕，國務卿杜勒斯曾經對英國大使、紐西蘭大使明告「美國不想讓福爾摩沙和澎湖列島落入敵對勢力的手中」，而且從阿留申群島經日本、韓國、菲律賓、澳大利亞和紐西蘭的沿海島嶼防禦體系中，福爾摩沙和澎湖列島是在「正式的安全協議裏沒有包括的一個連接點」8，加上蔣介石迫切要求簽訂防禦條

---

8 基會談備忘錄（華盛頓，1954年10月18日），「與英國及紐西蘭就中國問題進行磋商」，收入陶文釗主編，《美國對華政策文件集（1949-1972）》第二卷（上）（北京：世界知識出版社，2004年），頁318-322。

約，終於有了1954年12月2日在華盛頓簽訂的〈中華民國與美利堅合眾國間共同防禦條約〉。

同樣在1954年10月，國務卿杜勒斯在一份致國家安全委員會的報告中說，美國應該與中國國民黨簽署一個共同安全條約，範圍只包括福爾摩沙和澎湖列島，不包括金門、馬祖等沿海島嶼，因為日本從未把福爾摩沙和澎湖列島的主權交給中國，「日本放棄了對它們的主權，但它們未來的地位並未確定。因而，做為日本的主要戰勝國，美國對於日本以前佔領的這些島嶼應該擁有發言權。」9不僅如此，在12月1日美國與中華民國簽署〈共同防禦條約〉的新聞發表會上，國務卿杜勒斯回答一系列有關簽約的問題時說：

福爾摩沙和澎湖群島的主權問題在技術上一直沒有解決。這是因為（舊金山）對日和約只是取消了其對這些島嶼的權利和所有權。而且，不僅日本和平條約沒有確定它們將來歸誰所有，中華民國與日本達成的和平條約也沒有確定它們將來歸誰所有。因此，福爾摩沙和澎湖群島這些島嶼的司法地位不同於一直就屬於中國領土的沿海島嶼的司法地位。10

換言之，儘管美國大力支持國民黨政府為代表中國的政

---

9 〈國務卿致國家安全委員會的報告〉（華盛頓，1954年10月28日），《美國對華政策文件集（1949-1972）》第二卷（上），頁338-341。

10 〈新聞發布會上的聲明：同中華民國簽訂條約的目的〉，《美國對華政策文件集（1949-1972）》第二卷（上），頁378-382。這一段話很可以反駁一些人把1952年日華和約當作台灣歸還中華民國之依據的看法。

府，且願意大規模對其軍隊及經濟提供幫助，但是台灣與澎湖列島的歸屬問題迄未解決，如此把「政府論」和「領土論」分開看待，此時已經是美國的公開態度。

其次，儘管1954年及1958年中共挑起兩次台海危機皆與美國互相敵對，美國仍然從1955年即開始與中共在日內瓦進行大使級談判，1958年且將該會談移至華沙舉行，雙方總共會談一百多次，直到尼克森上台為止。會談之初的主題是釋放被中共關押的美國人的問題，以及雙方僑民歸國的問題，但中方很快要求進入第二階段討論「台灣問題」，美方的立場是一旦涉及台灣地區則中華人民共和國和美國皆應放棄使用武力，中國談判代表王炳南則強調「中國不能同意放棄在自己的領土上使用武力的權利」[11]，周恩來在1957年11月15日會見各國駐華大使時也公開說，如果美國不從台灣地區撤走一切武裝力量，而中國同意發表互不使用武力的共同聲明，「那就等於承認美國在台灣的地位為合法，我們不能上這個當。」[12]可見雙方立場差距很大，這個階段的會談自然難有進展。

根據中華民國外交部檔案，從1955-1968年北美司匯集的各國輿論，已足以輯成〈兩個中國問題〉專檔，例如1958年中華民國與美國發表聯合公報[13]──蔣介石總統「在美國敦促之

11　會談過程參見戴超武，《敵對與危機的年代──1954-1958年的中美關係》（北京：社會科學文獻出版社，2003年），頁285-299。

12　中華人民共和國外交部，中共中央文獻研究室編，《周恩來外交文選》（北京：中央文獻出版社，1990年），頁253-261。

13　它的背景是八二三砲戰期間，杜勒斯銜命訪問台灣，針對外島防禦等問題展開會商，然後與蔣介石發表聯合公報，其中談到：「中華民國政府認為恢復大陸人民之自由乃其神聖使命，並相信此一使命之基礎建立在中國人民之人心，而

下於1958年10月23日宣布放棄使用武力」以後，美國最新出版的《國際評論》（*International Review Service*）雜誌即認為，這個聯合公報已經使「兩個中國」的方案更為西方國家所悅納；又如1958年11月「中央社慕尼黑19日合眾電」，敘述周恩來在《南德日報》的訪問中說：美國在新德里紅十字國際會議中，已事實上承認「兩個中國」的存在；美國正趨向於「兩個中國」的政策，一如他們在韓國、德國和越南所做的。[14]

要之，1959年〈康隆報告〉提出之前，承認中華民國政府唯一代表中國的美國外交政策，已經有動搖的跡象。

2.〈康隆報告〉介紹

美國參議院外交委員會在1957年冬天，鑑於蘇聯的國際影響力增大[15]，乃決定對美國的外交政策做一總檢討。他們準備了三十萬美元的經費，邀請相關的專家學者、政治人物會商討論，費了六個月的時間訂了十五個研究題目，委託各大學、私人研究機構或學術團體分別承擔研究，其中第13個（美國對南

達成此一使命之主要途徑，為實行孫中山先生之三民主義，而非憑藉武力。」逐被視為蔣介石首度公開承諾放棄使用武力重返大陸。見〈蔣杜聯合聲明〉或稱〈蔣杜聯合公報〉，收入薛化元編著，《台灣地位關係文書》（台北：日創社文化公司，2007年），頁134-140。

14 中央研究院近代史研究所藏外交部北美司檔案，〈兩個中國問題〉（1955年10月1日～1968年5月31日），檔號：405/21。

15 外交委員會主席在康隆報告的序言中，輕描淡寫地說「總檢討」的起因至少部分是由於蘇聯的科學成就（Soviet scientific achievement）。實則，1958年金門砲戰期間，赫魯雪夫於9月7日致艾森豪總統函，即站在中共的立場譴責美國的侵略行為，並揚言蘇、中利益一致，攻擊中共即是攻擊蘇俄。詳見「（外交）部長對立法院之秘密外交報告」，中央研究院近代史研究所藏外交部北美司檔案，〈島案〉（1958年8月26日～9月19日），檔號：426/2，第二冊。

亞的外交政策）及第15個（美國對遠東與東南亞的外交政策）題目委託加州的康隆協會撰寫。康隆協會從1959年2月16日與參院外委會簽約，同年9月1日交出報告、11月1日印製公布時，由外交委員會主席傅伯雷（J.W. Fulbright）作序介紹，計155頁長達九萬字。

　　報告分成「主要發現」、「結論與建議」、「報告主文」三個部分，分別涵蓋南亞（即印度、尼泊爾、錫蘭、巴基斯坦，由Richard L. Park執筆）、東南亞（依主題不依國別，由Guy J. Pauker執筆）、東北亞（即日本、琉球、韓國、共產中國與台灣，由加州大學的Robert A. Scalapino執筆）。其中吾人最關心的「共產中國與台灣」部分，先是認為「共產中國在二十世紀末葉，可能顯現為世界主要強國之一。中共國家權力的急劇滋長佐以民眾生活水準極低的情況，對於亞洲及世界是危險的。世界上將不能不承認共產中國勢力的存在。」而台灣方面，「國民黨似陷於夾縫之中，一方（面）既不能如民主政治之容許自由與競爭，另一方（面）又不能採用如共黨極權主義者之殘暴、機動，而且有效率的作風。大體言之，⋯⋯（國民黨）不曾深獲台灣人民大眾之擁護。」進一步說：

　　大陸難民（mainland refugees）與台灣人民間之關係，近年已有進步。但歧見與猜疑仍然存在。最重大差異即在於台灣人民只顧及台灣，而大陸難民則切想返回老家或移民他處。後者二百萬人、前者八百五十萬人，種族文化相同，但兩者間之歧見不易溝通。目前台灣人民之革命活動，大概集中於北平、東京與美國。在北平者傾向於附共，助之者極少；在日美兩國者

則期求台灣獨立。……然如台灣之經濟情況能維持其合理之穩
定，大規模革命不致發生。由於地方自治範圍之增廣，社會與
政治權利之擴充，台灣將採漸進步驟而不致發生革命。16

根據以上的狀況分析與估計，〈康隆報告〉主張對中國應
採取「試探與談判」的原則，「較爲積極的有伸縮性的政策，
而使他們負擔若干共同的責任」，包括第一步驟互相派遣新聞
記者採訪、進而互派學生與商務代表，批准政府機構以外的個
人或團體往訪共產中國，在可能範圍內與中共領袖進行非正式
討論；第二步驟則是大膽建議：容許共產中國進入聯合國，承
認「台灣共和國」，讓它在聯合國大會得一席位，擴大安全理
事會，包括印度、日本及中國應爲常任理事。這個時候，美國
仍必須繼續尊重其對於台灣澎湖所負的義務，保證防衛「台灣
共和國」；台灣軍隊應從各沿岸島嶼撤退；台灣共和國成立
後，大陸上避台的難民如欲離台者，美國願盡力協助移居他
處。總之：

目前中國大陸與台灣固為分裂，並有兩個分裂的政府在管
治。美國且認定此種事實，故曾對國民政府放棄用武力光復大
陸之意念，同時保證軍事防衛台灣。在法律上亦無阻礙，雖吾

---

16 以上譯文見潘公展，〈康隆報告與中華民國〉（三）、（十二），美國《華美日
　　報》，1959年12月3日、14日。台灣的《自立晚報》先在1959年11月4日頭版
　　以社論〈可驚的！可恥的！可慮的！斥美國加州康隆協會的荒謬建議〉揭露此
　　事，並從1959年12月19日開始至1960年1月11日連載潘公展的〈康隆報告與中
　　華民國〉，其間《自立晚報》駐美記者李子堅另以〈荒謬的康隆報告〉（12月
　　15日、16日發表）作進一步的介紹和評論。

人在二次大戰期間承諾台灣應歸還中國，但台灣之地位，在國際條約上迄未確定。台灣人民本身迭次表示願與大陸分離，如經同意可由人民投票複決。[17]

以上〈康隆報告〉有關「共產中國與台灣」的部分雖由Robert A. Scalapino [18]執筆，但如康隆協會會長Richard P. Conlon在前言中所言，尚有30位顧問對初稿提出審查與批評，加上參議院外交委員會主席J.W. Fulbright的背書，相當程度反應美國社會精英的意見，對美國此後一、二十年的外交政策也會有一定程度的影響。

3. 台灣方面的迴響

　　〈康隆報告〉印製公布的第二天（11月2日），駐紐約總領事游建文即向外交部部次長致電，謂舊金山康隆協會受美參議院外交委員會委託，提出155頁報告，「主張第一階段美先與匪互換記者、學生、商人，並迅即正式商談；第二階段取消對匪禁運，並與盟邦協商有關准匪入聯合國，承認我為台灣共和國，並為聯大會員國，安理會席次讓匪接替等問題。美仍協防台澎，但我須放棄金馬，此間各大報均有刊載。」[19]回報的內容堪稱實在、扼要。

---

17 潘公展，〈康隆報告與中華民國〉（十三），美國《華美日報》，1959年12月15日

18 史卡拉匹諾是哈佛大學博士，從1949年迄1990年一直任教於加州大學柏克萊分校政治系，1978年創立東亞研究所並擔任所長直到1990年退休。他在1965年曾經為George H. Kerr的書*Formosa Betrayed*作序。參見http://www.icasinc.org/bios/scalapin.html。

　　然而〈康隆報告〉只是國會委託民間單位的研究案，國民黨政府即使對內容很有意見也不宜直接表達，於是一個名為「中華民國民意測驗協會」的機構，在1960年3月18日發表一份〈中國人對於康隆報告對華政策的看法〉（約四千多字），認為「共匪偽政權」是侵略者、是強盜，康隆報告竟然建議美國政府承認共匪強盜並容許其進入聯合國，不但背叛了美國立國精神，並且「無異是與亞洲反共人民為敵」；該份〈看法〉不同意康隆報告關於大陸人與本省同胞之間的「挑撥離間的說法」，〈看法〉認為大陸來台人民和本省同胞對自由中國的繁榮和建設「有著同等重大的貢獻」，而且「國民黨已經獲得台灣省民眾絕大多數的支持」……總之康隆報告是一種「書生談兵、閉門造車、毫無根據的一種報告」，呼籲美國參院外委會的先生們不要被康隆報告所惑，對於該報告的建議應該「予以根本否定」20。3月24日所謂「中華民國民意測驗協會」致函外交部並附上上述的〈看法〉，希望外交部譯成英文轉送美國參議院外交委員會參考，但外交部在4月14日發給駐美大使館的電報，只是轉述民意測驗協會來函希將〈看法〉譯轉美方參考，「希酌辦具復」21。不過，駐美大使館應知康隆報告的論

19　紐約游建文致外交部部次長電（1959年11月2日發，11月3日收），中央研究院近代史研究所藏外交部情報司檔案，〈康隆報告〉（1959年11月～1960年4月），檔號：721/38。此外，1959年12月18日位於台北市南海路的美國新聞處，也送了一本〈康隆報告〉給外交部情報司。

20　中華民國民意測驗協會，〈中國人對於康隆報告對華政策的看法〉，中央研究院近代史研究所藏外交部情報司檔案，〈康隆報告〉。

21　外交部致駐美大使館（代電），1960年4月14日發。中央研究院近代史研究所藏外交部情報司檔案，〈康隆報告〉。

點皆有脈絡可循，並沒有把充滿意識型態（反共八股）且措詞粗魯的〈看法〉譯轉美方。

比較深刻的反應，來自雷震等人主持的《自由中國》半月刊。《自由中國》一方面以社論批評美國政府：面臨1960年這個美國總統選舉年，美國（政要）只是想在完全保持現狀的基礎上，作適當的國際安排以解決棘手的中國問題，這個安排即是由國際協議承認北京政府統治中國的事實，以及現時台灣與中國大陸脫離的事實；社論認為這種安排是巧妙偽裝的「擺脫主義」，而且把北京政權統治中國視為一項無法改變的事實，乃是一種「失敗主義」，顯示其「對中共偽政權的姑息態度」以及「對美國在遠東的長遠領導地位缺乏信心。」[22]另一方面，有一篇〈解決中國問題必需以民意為依歸〉的社論向國民黨政府建議：（一）不要再說中國問題的解決是中國的內政問題，事實上共產主義運動始終是有組織的國際運動，反共不可避免是國際性的。（二）過去說不能提倡兩個中國、不能使台灣脫離中國，理由是開羅會議承認台灣是中國的一部分，但是，「這理由只有在美國不承認共匪的前提下才是有效的」，當承認問題的前提改變以後，台灣所屬問題也隨之變質了。（三）不要再說大陸人民隨時可以把匪偽政權推翻，它有一個重大的缺點：它在無意中承認了舊式國際法中以「有效控制」做為承認新政府之標準的原則，而這個原則正是我們所應該全

---

22 社論，〈康隆報告的實質及其根本錯誤〉，《自由中國》第22卷第1期（1960年1月1日）。

力反對的。23

　　以上〈解決中國問題必需以民意爲依歸〉這篇社論，主張一旦美國承認「共匪」，則中華民國應該考慮兩個中國或一中一台的選項，實與康隆報告的提議不謀而合，在當時的環境而言是很大膽的主張；該文還認爲「有效控制原則」只是權力政治的產物，應該被美國獨立宣言所揭示的「人民同意」原則所取代，因此處理中國問題的任何方案都必須以民意爲依歸，在整個中國還沒有眞正自由的選舉之前，美國不能毫無根據地斷定誰可以代表中國。令人感慨的是，這原是國民黨政府堅持其「一中原則」應有的理據，卻由一份被它打壓的政論刊物所說出。

三、1972年〈上海公報〉的轉折

1. 美國不支持蔣介石「反攻大陸」

　　八二三砲戰期間簽訂蔣杜聯合公報之際，美方已表明不願見到蔣介石「反攻大陸」的使命感挑起世界大戰，而蔣介石也以光復、解救的主要憑藉是主義而不是武力，做爲善意的回應。但當1960年6月美國總統艾森豪訪問台北，並與蔣介石舉行會談時，蔣強調共產黨是一切禍患的根源，而「引發人民起義」是保證共黨垮台的最佳辦法，他的建議是「在特定地點建立武力」，「現在已經是採取行動破壞交通線及組織游擊隊的

---

23 社論，〈解決中國問題必需以民意爲依歸〉，《自由中國》第21卷第10期（1959年11月16日）。

時候，這些行動將給大陸人民帶來鼓勵。」艾森豪的回應是，回美國後會對他的計畫研究研究。[24]

不但如此，蔣介石在甘迺迪總統任內（1961-1963）——特別是後兩年，更頻頻要求美國同意他的「反攻大陸」計畫，華府被迫撤掉「對蔣介石心軟」的莊萊德大使，改派海軍上將柯克使華，並授與全權，不容蔣介石再走軍方和情報管道向華府交涉。蔣介石提出的方案是：「大陸情勢已經惡化到一個程度，只要一個相當規模的進擊，當可使起義擴大到華南各地，最後推翻中共政權。」1962年3月31日的白宮會議（包括甘迺迪總統、國務卿魯斯克、國家安全顧問彭岱以及中情局台北站長克萊恩參加）對此做了認真的討論，他們認為蔣的計畫不可能成功，但不宜斷然拒絕，美國可以準備兩架C-123運輸機在必要時供台灣使用、並在美國訓練中華民國機員，但言明這只是「能力」的準備並不是作戰的決定。當蔣介石高唱反攻大陸之際，中共也在福建一帶進行軍事集結，為免擦槍走火，美國不但請英國對中共傳話，而且利用華沙會議直接把美國立場告訴中共：即美國政府無意支持中華民國政府反攻大陸，而且中華民國政府承諾（依照共同防禦條約）未經美國同意不得對大陸進行攻擊。

同樣的戲碼，發生在詹森總統任內，即1965年9月蔣經國（時任國防部長）訪美時，提出希望美國協助中華民國反攻大西南，在西南五省建立橋頭堡，切斷中共到東南亞的通路，以助美國在越南的戰事。1966年1月28日，國務卿魯斯克一封給台

---

24 王景弘，《採訪歷史：從華府檔案看台灣》（台北：遠流出版社，2000年），頁234-243。

北的電報，明白回絕「反攻大西南計畫」，因為該計畫在軍事上不完善，「對大陸的空襲會引發美國與中共的戰爭，美國不準備這樣做。」而且依據既有的情報，不足以證實西南五省人民會「起義」支持中華民國反攻。[25]

2. 中國代表權問題一消一長

不能忘記參加賽局的還有北京政府。從1950年到1970年，聯合國的會員國從59國增至127國，其中支持中共入聯的國家，五〇年代三、四十國，六〇年代四、五十國。[26]出現逆轉的是1970年，127個會員國之中，支持中共的首次超過反對中共的，即51：49，但因先前以66：52通過「重要問題案」，也就是處理中國代表權問題必須2/3多數通過，所以中華民國政府得以暫時保住席位。

上述51：49的比數，就是針對阿爾巴尼亞領銜的排除「蔣介石代表」，恢復中華人民共和國在聯合國合法代表權的決議案。美國和中華民國這邊是以「重要問題案」做為武器，對抗阿爾巴尼亞案，但1971年3月9日美國國務院主管遠東事務的副助理國務卿布朗，來台北與外交部次長楊西崑正式會談時，即認為在下屆聯合國大會中，重要問題案很可能失敗；他指出美國當前的想法是「一個雙重代表權的模式，將是保障中華民國政府地位的最佳辦法。」根據美國方面解密的檔案，國民黨政

---

25 以上經過詳見王景弘，《採訪歷史：從華府檔案看台灣》，第五章：甘迺迪粉碎蔣介石的「反攻大陸」夢；第六章：虛幻與務實——中美高層會談春秋。

26 詳細數字列表，見胡為真，《美國對華「一個中國」政策之演變》（台北：台灣商務印書館，2001年），頁35。

府官員與美國外交官的談判交涉，與外交部公開的「漢賊不兩立」之類的僵固立場並不相同，檔案顯示它至少願意把「雙重代表權」案當作策略，希望以「納匪不排我」來保住代表權，並希望中共因而不參加聯合國，於是「中華民國」就能繼續獨佔聯合國代表權。但是台北政府「彈性、務實」的那一面仍不夠主動、不夠徹底，一涉及讓出安理會席次的問題就拖拖拉拉，以致在1971年9月23日（大約投票前一個月）還勞駕美國國務院對駐外四十三個大使館發出急電，指明中華民國政府所發表的反對（美國所提雙重代表權案）聲明，「只是應付內部」，事實是要公開反對、但私下促成雙重代表權案的通過。

當10月25日「決戰」時刻到來，重要問題案投票結果54：59，15票棄權受挫，而阿爾巴尼亞案則以76：35，17票棄權獲得通過。在阿爾巴尼亞案開始表決前，外交部長周書楷向大會宣布「中國代表團決定不再參加任何聯大的議程」，然後率團魚貫走出聯合國會場。當然，阿爾巴尼亞案通過的意涵是，聯合國排除一個代表團，而不是排除一個會員國。27

3. 美中關係正常化與聯合國席位問題不可分

事後，儘管尼克森政府有些歉疚，由國務卿羅吉斯於10月26日發電報給馬康衛大使，要他向蔣介石總統轉述：聯合國如此剝奪中華民國在大會的代表權，是「嚴重錯誤，不義及不切實際的行為」，美國政府深感遺憾。但是，先前在1971年夏

---

27 參見王景弘，《採訪歷史：從華府檔案看台灣》，第九章：聯合國──欲留而不可得。

天，季辛吉秘密訪問北京，即顯示美國政策的轉變，其次，在聯大辯論台灣地位之前不久，華府宣布尼克森總統要在1972年訪問中國，美國這種大轉向，當然會影響到聯合國大會的氣氛，布希在他的回憶錄中就說：「白宮和國務院把這些新聞視爲歷史性的突破，但是，在美國駐聯合國代表團的執行層次，我們自己對毛澤東政權軟化之際，卻要求中立的國家堅定反對北京的立場。」意指美國的立場實在矛盾。28

然而季辛吉不這樣看。根據外交部檔案，1971年10月29日下午外交部長周書楷赴白宮訪晤（美國總統主管國家安全事務助理）季辛吉博士，談話一開始季辛吉就對聯大的表決結果表示歉意，接著他怪罪於投票日期提早，他說曾要求布希大使設法拖延到11月2日或3日，也就是等他從中國回來以後，可以告訴一些游移不定的代表「吾人雖投票支持維持貴國席位，而余仍能赴北平完成任務歸來，足見投票支持美案時不致激怒中共」；「但余絕未料到此次在北平期間，聯大竟就代表權問題進行投票。關於美國與中共間之關係乃一件事，而代表權爲另一件事。」總之他認爲「此中關鍵現今反省則爲余未介入實際戰術之運用」，頗有怪罪布希大使的意思。29

不過季辛吉在這次談話的後段，說出一個重點：「吾人所採取之各項措施均係符合美之全球性戰略，與中共接近亦屬此種做法之一。但將貴國排除於聯合國之外則絕非該戰略之一部

---

28 同上註。
29 〈外交部周部長訪晤美國總統助理季辛格談話記錄〉，中央研究院近代史研究所藏外交部北美司檔案，周部長書楷言論（1971年8月1日～11月30日），檔號：492/3。

分。」既然「與中共接近」是大勢所趨、是必然之事，那麼犧牲中華民國（台灣）是遲早的事，怎能說是兩回事呢？何況，有跡象顯示，1972年初尼克森訪中的時候，爲了請求中共幫美國和平解決越戰，已經準備在台灣問題上讓步，以做爲交換條件。[30]

4.〈上海公報〉解讀

　　學者資中筠研究美中關係的演變，發現60年代美國社會的輿論對中國有一種「緩慢解凍的過程和氣氛的變化」，包括尼克森在（當選總統之前）1967年的《外交》季刊發表〈越南之後的亞洲〉一文，就說到「從長遠觀點看，我們負擔不起永遠把中國留在各國的（國際的）大家庭之外」，據說引起毛澤東的注意，所以當尼克森上台以後所做的「試探」被認爲是認眞的，也因而有毛澤東在1970年說要和尼克森談話，以及「寄希望於美國人民，寄大的希望於美國人民」的表示。比較起來，中國方面的程序是，「先以毛主席的權威做出了決定，才有輿論的變化，大家再學習、跟上」，「一旦人們知道是毛主席作出的決定，公眾意識倒不難很快轉變」。[31]

　　1972年2月21日迄28日，美國總統尼克森訪問中國七天，當他一下飛機主動與周恩來握手，宣示「一個時代結束了、另

---

30 傅建中編著，中時報系國際、大陸中心編譯，《季辛吉祕錄》（台北：時報文化公司，1999年），附錄四：奇怪的美中關係史，頁334。

31 資中筠，〈緩慢的解凍：尼克森訪華前十幾年間美國對華輿論的轉變過程〉，收入中國社會科學院科研局組織編選，《資中筠集》（北京：中國社會科學出版社，2002年），頁70-71。

一個時代開始了」。七天之中除了毛澤東和尼克森作禮貌性的會談，實質性的會談由周恩來和尼克森進行——他們在北京會談四次、在杭州會談一次，其間姬鵬飛外長和羅吉斯國務卿也作了五次會談。聯合公報方面美方由季辛吉主談，中方由喬冠華、章文晉具體負責，必要時周恩來才介入。

　　其實1971年10月季辛吉第二次訪中即提出發表公報的問題，中方對他的3000字草稿並不滿意，遂在毛、周的指示之下由熊向暉起草一份風格獨特的公報草案。草案的序言概述尼克森訪華情況，第一部分雙方表明各自對國際情勢和重大問題的原則看法，第二部分是雙方的共同點、共同聲明，第三部分是雙方各自對台灣問題的看法，第四部分是改善雙邊關係的一些建議。美方同意了這種風格。但台灣問題一開始就相持不下，美國不願與台灣斷交且不願表明何時從台灣全部撤軍，且要強調「應該通過和平談判來實現他們的目標」，中方對此不滿意，要等到尼克森來訪時再商議。[32]

　　公報第三部分雖然是雙方「各自」對台灣問題的看法，可也不能相距太遠，這個壓力主要落在美方，最後的定稿是：

　　雙方回顧了中美兩國之間長期存在的嚴重爭端。中國方面重申自己的立場：台灣問題是阻礙中美兩國關係正常化的關鍵問題；中華人民共和國政府是中國唯一合法政府；台灣是中國

32　梁建增主編，《改變世界歷史的七天》（北京：高等教育出版社，2003年），頁2-3。根據檔案，季辛吉於1971年7月首次訪中即與周恩來會談七小時，記錄共46頁，其中9頁談台灣問題，其中季辛吉已承認台灣是中國的一部分，且預期尼克森總統第二個任期會完成與中國建交，同本書，頁184-185。

的一個省，早已歸還祖國；解放台灣是中國內政，別國無權干涉；全部美國武裝力量和軍事設施必須從台灣撤走。中國政府堅決反對任何旨在製造「一中一台」、「一個中國、兩個政府」、「兩個中國」、「台灣獨立」和鼓吹「台灣地位未定」的活動。

美國方面聲明：美國認識到，在台灣海峽兩邊的所有中國人都認為只有一個中國，台灣是中國的一部分。美國政府對這一立場不提出異議。它重申對由中國人自己和平解決台灣問題的關心。考慮到這一前景，它確認從台灣撤出全部美國武裝力量和軍事設施的最終目標。在此期間，它將隨著這個地區緊張局勢的緩和逐步減少它在台灣的武裝力量和軍事設施。33

中國重申的立場極為僵硬、霸道，即「台灣是中國的一個省，早已歸還祖國；解放台灣是中國內政，別國無權干涉；全部美國武裝力量和軍事設施必須從台灣撤走。」而美國方面對於「只有一個中國，台灣是中國的一部分」的提法，只說是「在台灣海峽兩邊的所有中國人都認為……」而不說是美國的立場，美國的立場只是對此不提出異議（The United States Government does not challenge that position）；事後（3月2日）國務卿羅吉斯就向駐美大使沈劍虹解釋，所謂「美國對一個中國立場並無異議」一節，可解釋為美國迄今未接受此一立場，因為北京與台北均堅稱只有一個中國。美國的目的是改善與中共的關係，而不是

---

33 〈中華人民共和國和美利堅合眾國聯合公報（上海公報）〉（1972年2月27日），薛化元編著，《台灣地位關係文書》，頁150-151。

給予外交承認。3月6日尼克森總統也親自向沈大使說,上海公報不是條約,特別稱台灣是「中國的一部分」而不是「台灣是中國的一省」,即是避免使台灣淪為「從屬於中華人民共和國」的地位,此外,美國一貫立場是台灣問題應該用和平手段解決。[34]

公報的措詞十分謹慎,字斟句酌的例子還有其他,例如撤軍問題是接在「和平解決台灣問題」後面,說「考慮到這一前景,它確認……它將隨著這個地區緊張局勢的緩和逐步減少……」也就是附有條件以及漸進的意思。不過,比起共同防禦條約以及「地位未定論」所顯露的積極性,上海公報確實標識著大轉變,[35]有分水嶺的地位。

四、〈台灣關係法〉誕生

1. 七○年代的風雲變幻

上海公報發布以後,駐美大使沈劍虹發現公報全文都稱台灣不稱中華民國,就趁著季辛吉回到華府接見他的時候提出質問,季辛吉竟然「扳起面孔說,這沒有什麼特殊的意義,純粹是疏忽所致。」[36]從邏輯上看,既然該公報揭示的是世界上只有一個中國,台灣是中國的一部分,如果還把台灣稱為中華民

---

34 沈劍虹,《使美八年紀要──沈劍虹回憶錄》,台北:聯經出版社公司,1982年,頁90-98。
35 它影響了包括日本在內的其他國家與台灣的關係,使中華民國的外交進一步陷入困境。
36 沈劍虹,《使美八年紀要──沈劍虹回憶錄》,頁85-86。

國，不就是兩個中國、不就是自相矛盾嗎？沈劍虹是明知故問。

繼1971年10月「蔣介石的代表」被逐出聯合國，1972年2月又有尼、周上海公報，最受衝擊的中華民國友邦莫過於日本。戰後日本的外交政策除深受美國左右，更一向堅持所謂「聯合國中心主義」，即「關於國民政府與中共政權間的問題，唯有以聯合國為中心充分審議，並在世界輿論的背景下，找出公平解決的方法。」37既然聯合國的中國席次易手，美國又與中共和解，則1952年日華和約的基礎不啻瓦解，日本必須改弦更張。

1972年7月當選自民黨總裁的田中角榮，上任後即明白表示日本對外關係不再與美國亦步亦趨，今後要發展「多邊自主外交」，他認為日本應與美國、中共保持等距（等邊）三角關係，才能保證遠東和平，加上他具有部分與毛澤東思想趨同的「田中社會主義」思想，更有助於日中建交的進行。38 9月1日美日發表聯合聲明，美國支持田中訪問中國，9月25日田中啟程訪中，雙方談判的爭點，首先是中方認為1952年的日華和約自始無效（因台灣國民黨當局無法代表中國、無權以中國名義與他國締約），日方則堅持並非自始無效（而是1972年以後無效），例如中日之間的戰爭狀態從日華和約生效之日起即已結束；其次，中共要求日本承認「台灣是中華人民共和國領土」，但在正式

---

37 何思慎，《擺盪在兩岸之間：戰後日本對華政策（1945-1997）》（台北：東大圖書公司，1999年），頁82。

38 同上註。頁83-84。

的建交聯合聲明裡，日方僅表明「理解並尊重中國的主張」，而不言「承認」（recognize）。事實上，日本的一中原則從吉田茂以來一直隱含「二中」政策，差別只在於1972年9月20日前日本與台北維持正式關係，以政經分離方式處理與北京的經貿關係；日中建交以後，日本的政府承認移至北京，卻仍與台灣發展密切的經貿關係，只在台北、高雄設立「交流協會」事務所，而台灣在東京、大阪設立「亞東關係協會」。

促成時代轉變的因素，包括人為的選擇以及不可抗力的自然因素，人壽有限屬於後者。1975年4月5日蔣介石去世，1976年1月周恩來、9月毛澤東亦相繼去世，中共必須經歷一番權力鬥爭才能整合、延續其對美政策。而1974年美國發生「水門事件」，尼克森總統被送入國會彈劾的程序，8月9日在各方的巨大壓力之下終於辭職，由副總統福特繼任。尼克森雖然沒能實現其第二任期內（1976年以前）完成對中建交的承諾，但〈上海公報〉奠定的軌道仍然發揮作用，包括美軍從台灣逐漸撤出，美方軍援於1974年6月終止以後，繼續以軍品採購的方式助我建立相當程度的自衛能力，同年10月18日國會投票廢除1955年（授權美國總統為保衛台澎「及該地區有關陣地和領土的安全」可以使用美國武裝部隊）的〈台灣決議案〉，以及美國國務院與中華民國駐美大使館的關係日益疏遠等現象。

2. 斷交、廢約、撤軍

1976年11月美國民主黨的卡特當選總統，季辛吉在離職之前特別介紹中共駐華府辦事處主任黃鎮與卡特政府的國務卿范錫（Cyrus Vance）餐敘，席間季辛吉重申美國不會支持「兩個中

國」或「一中一台」，黃鎮則一再強調中美建交的三個條件：斷交、廢約、撤軍。39

卡特上任不久即以對中關係正常化做為政府的重要目標，並把對中政策交由布里辛斯基主管。1977年春，布里辛斯基建議卡特遵行尼克森對中共的五項保證以便推動建交，其中包括美國認定「只有一個中國，台灣是其中一部分」；且今後絕不再提台灣地位未定；「美國將不支持台灣獨立運動」；「美國離開台灣時將保證不讓日本進來代替美國」。儘管美國方面要求中共明示或暗示不對台動用武力，立刻遭到拒絕，但為了反制蘇聯在非洲、中東勢力的擴張而需要強化對中關係，已漸成為美國政府的共識。中共方面則鑒於蘇聯勢力伸入越南等因素，也有進一步發展對美關係的需要。

1978年12月，關於「中共承諾不對台用武，但美須停止對台軍售」或「美可對台軍售，但中共不承諾和平解決台灣問題」二者之間的抉擇，由鄧小平出面拍板採取後者。12月15日上午9時，美國與中華人民共和國發表建交公報，其內涵大致延續上海公報的原則，值得注意的是，美國一方面承認（recognize）中華人民共和國政府是中國唯一合法的政府，另一方面則認知（acknowledge）中國的立場「只有一個中國，台灣是中國的一部分」。40

上海公報刻意迴避的共同防禦條約，此時美國宣布將予終止，依條約規定將於通知一年後失效。而斷交，則是在建交公

---

39 胡為真，《美國對華「一個中國」政策之演變》，頁76。
40 薛化元編著，《台灣地位關係文書》，頁167-170。

報發表的七小時以前，即台灣時間半夜兩點令駐華大使安克志，透過新聞局副局長宋楚瑜（於兩點半）通知蔣經國。接下來就是派遣副國務卿克里斯多福（Warren Christopher）率團來台談判今後雙方關係的安排。1978年12月27日晚間十時代表團飛抵台北，在松山軍用機場簡單記者會之後，一出機場代表團的車輛即被民眾包圍、受到竹竿木棍襲擊、有人受傷，克里斯多福盛怒之下差一點立刻要返回華府。接下來的三次談判並不順遂，其間蔣經國總統提出五項原則：持續不變、事實基礎、安全保障、委定法律和政府關係，希做為未來雙方關係的基礎。但華府的助卿郝爾布魯克（Richard Holbrooke）立即約見當時在美的楊西崑次長，堅稱美方絕不可能給予我方傳統的法律承認，他認為我方應立刻同意美方的主張，雙方合設民間機構，以便美方早日提出綜合法案；但此項談判今後將在華府進行，美方將不再派員赴台北。蔣經國原擬派外交部常務次長錢復前往美國主談，竟被美方拒絕，美方認為楊西崑次長在美已經足夠。後來錢復回憶此事時還忿忿地說：「這是我首次經歷到兩國談判時，由對方政府指定我們的談判代表，且不同意對方政府派人協助。」41

3.〈台灣關係法〉解讀

　　早在1974年11月26日，美國「國務卿兼總統國家安全事務助理」季辛吉和中國「國務院副總理」鄧小平，在北京人民大

---

41 錢復，《錢復回憶錄》卷一：外交風雲動（台北：天下遠見出版公司，2005年），頁420。

會堂商談「關係正常化」議題的時候，季辛吉建議「如果我們能在台灣保留連絡處，在北京設立大使館，則對貴我雙方都最為省事。此外，我們會完全依照日本模式。」鄧小平不大以為然，說那還是「一中一台」的變形，「恕難接受」。會談中季辛吉還說了一些不利於台灣的話：「我們不需要台灣。……我們想要用現在這種方式，逐步和台灣脫離關係。」「關係正常化之後，台灣和美國的關係中，任何有關主權的屬性都必須消除。」42

　　美國政府一心想與中共建交的急切之情溢於言表，好在美國國會——或曰美國的民主制度具有自我矯正的功能。卡特政府所擬的「綜合法案」在1月26日向國會提出，2月時參眾兩院紛紛舉辦聽證會邀請朝野各方作證（包括來自台灣的彭明敏與陳唐山）43，經過3月份參眾兩院聯席會議將法案合併，結果眾院於3月28日、參院於3月29日皆以壓倒性多數通過，卡特遂在4月10日簽署從而「台灣關係法」誕生。這項法律最重要的是關切台灣安全：「任何企圖以和平以外的方式決定台灣未來的動作，包括抵制、禁運等方式，都將被視為對西太平洋地區和平與安全的一項威脅，也是美國嚴重關切之事。」其次是關切

---

42 傅建中編著，《季辛吉秘錄》，頁197-203。所謂的日本模式（Japan Formula）是指維持非官方的實質關係模式，但因美台之間尚有軍售之類的安全問題，實不適用日本模式。參見丘宏達，〈中美關係與所謂「日本模式」〉，《中美關係問題論集》（台北：時報文化出版公司，1979年），頁73-83。

43 時任FAPA會長的陳唐山，出席2月6日參院的公聽會，彭明敏教授則是出席2月15日的公聽會。詳見戴天昭著，李明峻譯，《台灣國際政治史》（完整版）（台北：前衛出版社，2002年），頁645-646。

台灣的人權：「本法中的任何規定，在人權方面都不能與美國的利益相牴觸，特別是有關一千八百萬台灣居民的人權方面。本法特重申維護與提高台灣所有人民的人權，爲美國的目標。」[44]此外包括提供足夠的防衛性武器給台灣，也明定在台灣關係法。

　　台灣關係法的適用範圍僅及於台灣、澎湖群島，與1954年訂定的共同防禦條約的適用範圍相同，但本質有極大差異，誠如旅日學者戴天昭所敏銳指出的：

　　由於台灣關係法的成立，原本虛構的「中華民國」完全幽靈化，台灣回復其原本應有的狀況。台灣既非中國，亦非中華民國。台灣就是台灣。台灣住民愛好和平，希望成為自由、民主、獨立的主權國家。同時，當此願望實現之日，台灣人的新政權仍將依此條約繼續適用「台灣關係法」。[45]

五、結論

　　1959年的〈康隆報告〉係由學者綜合美國官方與民間的意見然後提出建議，至少在東亞問題涉及美中、美台關係的部分有大膽的建議。說「大膽」是就參院外交委員會背書的委託案而言，實則隨著五○年代局勢的演變，不但民間輿論有兩個中國或一中一台的意見，美國政府也已經與中共在日內瓦、在華

---

44 薛化元編著，《台灣地位關係文書》，頁173。
45 戴天昭著，李明峻譯，《台灣國際政治史》（完整版），頁651。

沙進行著大使級的會談，所謂「試探與談判」已經是發生的事實。當然對處於戒嚴統治的、相對封閉的台灣而言，《自立晚報》和《自由中國》只能謹慎地以夾敘夾評的方式，讓台灣人民窺知〈康隆報告〉的評估與建議；儘管如此，它還是令人震驚的事件。

蔣介石屢次要空投小規模武裝部隊到中國去「引發人民起義」的奇想，美國政府艾森豪、甘迺迪都領教過了，站在美國的立場，像這樣以台北為主的一中原則實在難以為繼，終於在性格與能力皆極為特殊的季辛吉與尼克森手上，做了扭轉——轉為以北京為主的一中原則，也就是1972年的〈上海公報〉發揮了分水嶺的作用；過程中「蔣介石的代表」被逐出聯合國，進而在七〇年代有將近30個國家與中華人民共和國建交、與中華民國斷交。

如果我們進入歷史的細節，看看1971年季辛吉如何和周恩來、和鄧小平談論台灣（是中國的一部分），看看當時尼克森如何準備犧牲台灣以交換越戰的收場，大概就不會有「美屬論」的幻想；另一方面，我們若看到1971年美國駐聯合國代表團布希大使的努力，看到〈上海公報〉公布前夕國務卿羅吉斯和季辛吉的爭吵46，再看到參眾兩院的國會議員制訂〈台灣關係法〉所發揮的道德勇氣和政治良心，也就不必有「美國霸權只為己利」的單一結論。

---

46 美國代表團離開北京飛往杭州時，羅吉斯國務卿才看到公報草案，立刻向尼克森強烈反應不以為然，於是在杭州加開談判，由於周恩來、喬冠華等緊緊相陪，所以在前往上海之前漏夜做了調整。詳見梁建增主編，《改變世界歷史的七天》，頁125-127，140-142。

　　美國透過〈上海公報〉定位了中華人民共和國、進行了美中關係正常化，可是如何定位台灣？如何在美中建交之後維持一個不被中共統治的台灣？就是靠〈台灣關係法〉，〈台灣關係法〉的設計是先保住現狀，不再一味遷就中國，其關切台灣人權的條文在1980年甚至緩解了美麗島事件受刑人被軍法審判的壓力。為何透過國內法可以發揮這種對外的規範關係？為何可以出售武器給某個外國的（敵對的）「一部分」？除了國家力量的展現，長期以來根據國際法原理的「台灣地位未定論」，也是不可忽視的理據。

　　二十世紀下半葉的美國政府、北京政府、與台北（國民黨）政府的三角互動，造成今天的關係架構，我們很慶幸在一些關鍵時刻──例如制訂〈台灣關係法〉的聽證會上──也有台灣人（陳唐山、彭明敏）的聲音，但畢竟是微弱的聲音。2000年～2008年的台北政府換由「本土政權」執政，可惜還不夠凝聚台灣人的聲音，就給人「麻煩製造者」的印象；或許更深入理解過去五十幾年的台美中關係史，才能不疾不徐找到走出困境的鎖鑰。

徵引書目

一、史料、檔案

〈（外交）部長對立法院之秘密外交報告〉，中央研究院近代史研究所藏外交部北美司檔案，《島案》（1958年8月26日～9月19日）。檔號：426/2，第二冊。

〈外交部周部長訪晤美國總統助理季辛格談話記錄〉，中央研究院近代史研究所藏外交部北美司檔案，《周部長書楷言論》（1971年8月1日～11月30日）。檔號：492/3。

《兩個中國問題》（1955年10月1日～1968年5月31日），中央研究院近代史研究所藏外交部北美司檔案。檔號：405/21。

〈國務卿致國家安全委員會的報告〉（華盛頓，1954年10月28日），陶文釗主編，《美國對華政策文件集（1949-1972）》第二卷（上）。北京：世界知識出版社，2004。

〈新聞發布會上的聲明：同中華民國簽訂條約的目的〉，陶文釗主編，《美國對華政策文件集（1949-1972）》第二卷（上）。北京：世界知識出版社，2004。

〈蔣杜聯合聲明〉或稱〈蔣杜聯合公報〉，收入薛化元編著，《台灣地位關係文書》。台北：日創社文化公司，2007。

〈中華人民共和國和美利堅合眾國聯合公報（上海公報）〉（1972年2月27日），薛化元編著，《台灣地位關係文書》。台北：日創社文化公司，2007。

中華人民共和國外交部，中共中央文獻研究室編，《周恩來外交文選》。北京：中央文獻出版社，1990。

中華民國民意測驗協會，〈中國人對於康隆報告對華政策的看法〉，中央研究院近代史研究所藏外交部情報司檔案，《康隆報告》（1959年11月～1960年4月）。檔號：721/38。

外交部致駐美大使館（代電），（1960年4月14日發），中央研究院近代史研究所藏外交部情報司檔案，《康隆報告》。檔號：721/38。

紐約游建文致外交部部次長電（1959年11月2日發，11月3日收），中央研究院近代史研究所藏外交部情報司檔案，《康隆報告》。檔

號：721/38。

基會談備忘錄（華盛頓，1954年10月18日），「與英國及紐西蘭就中
國問題進行磋商」。陶文釗主編，《美國對華政策文件集（1949-
1972）》第二卷（上）。北京：世界知識出版社，2004。

潘公展，〈康隆報告與中華民國〉（三）、（十二）、（十三），美
國《華美日報》，1958年12月3日、14日、15日。

潘公展，〈康隆報告與中華民國〉，《自立晚報》，1959年12月19日
至1960年1月11日。

二、專書、論文

王景弘，《採訪歷史：從華府檔案看台灣》。台北：遠流出版社，
2000。

丘宏達，〈中美關係與所謂「日本模式」〉，《中美關係問題論
集》。台北：時報文化出版公司，1979。

沈劍虹，《使美八年紀要──沈劍虹回憶錄》。台北：聯經出版社公
司，1982。

何思慎，《擺盪在兩岸之間：戰後日本對華政策（1945-1997）》。台
北：東大圖書公司，1999。

林志昇、何瑞元合著，《美國軍事佔領下的台灣》。台北：林志昇發
行，農學社總經銷，2005。

李子堅，〈荒謬的康隆報告〉，《自立晚報》，1959年12月15日、16
日。

社論，〈康隆報告與的實質及其根本錯誤〉，《自由中國》第22卷第1
期，1960年1月1日。

社論，〈解決中國問題必需以民意為依歸〉，《自由中國》第21卷第
10期，1959年11月16日。

社論，〈可驚的！可恥的！可慮的！斥美國加州康隆協會的荒謬建
議〉，《自立晚報》，1959年11月4日。

胡為真，《美國對華「一個中國」政策之演變》。台北：台灣商務印
書館，2001。

陳儀深、李明峻、胡慶山、薛化元合撰，《台灣國家定位的歷史與理

論》。台北：玉山社出版公司，2004。

陳儀深，〈「美國護照」官司平議〉，《自由時報》「自由廣場」，
　　2009年2月10日。

梁建增主編，《改變世界歷史的七天》。北京：高等教育出版社，
　　2003。

傅建中編著，中時報系國際、大陸中心編譯，《季辛吉祕錄》。台
　　北：時報文化公司，1999。

路易斯・亨金（Louis Henkin）著，張乃根等譯，《國際法：政治與價
　　值》。北京：中國政治大學出版社，2005。

資中筠，〈緩慢的解凍：尼克森訪華前十幾年間美國對華輿論的轉變
　　過程〉，收入中國社會科學院科研局組織編選，《資中筠集》。
　　北京：中國社會科學出版社，2002。

錢復，《錢復回憶錄》卷一：外交風雲動。台北：天下遠見出版公
　　司，2005。

戴天昭著，李明峻譯，《台灣國際政治史》（完整版）。台北：前衛
　　出版社，2002。

戴超武，《敵對與危機的年代──1954-1958年的中美關係》。北京：
　　社會科學文獻出版社，2003。

二、1949年中國變動之際外交官員的認同抉擇

——以駐法國使領人員叛國附逆案為中心

許 文堂

中研院近史所副研究員，法國巴黎第七大學博士。

專長
中法關係史
中越關係史

目前研究
1. 建交與斷交：台北、巴黎、北京1964年的三角宿題
2. 越南宗教的政治參與

摘要

　　1949年，是近代中國變動最為劇烈的一年。10月1日，中共在北京成立新政權。12月，中國國民黨政府流亡到台灣，長期的國共鬥爭以國民黨慘敗收場。台灣海峽兩岸的政府各自宣稱代表中國，互爭「正統」，開啟了雙方「漢賊不兩立」的外交戰。10月初，發生駐法國巴黎的使領人員叛國附逆案可說是爭正統內戰的先聲，然而事件究竟何以發生？又產生何種影響？中華民國政府的外交官員，乃識時務之俊彥，明大局趨向，亂局中理當做出最佳判斷。本文以外交部所藏檔案〈我駐巴黎使領人員叛國附逆案〉，做為觀察當時外交官員抉擇的樣本，針對變局中的外交人員和流離顛沛的政府外交機構進行探討。

　　1949年乃至五十年代以來的外交官員並無效忠認同的轉變，這些外交人員的抉擇反映他們對於「民主自由」意識形態的堅持高於鄉土認同，中共史家塑造的風起雲湧外交人員起義浪潮並沒有出現。

關鍵詞：外交、外交官員、認同、叛國、法國、1949。

一、前言

　　古人有謂：「疾風知勁草」，「板蕩識忠臣」，「時窮節乃見」，也說，「松柏後凋於歲寒，風雨如晦雞鳴不已」。[1]無非稱勉士大夫君子身處亂世，不改其節操之意。1949年是近代中國變動最為劇烈的一年，軍事、政治、經濟以及整體社會瀕臨總崩潰之際，中華民國政府中央官員在前途晦暗不明時又作何種抉擇，特別具有象徵意義。尤其是外交官員，可謂得風氣之先，明大局趨向，乃識時務之俊彥，不論從敬業、忠公、愛國，甚至個人及家庭出處而言，他們理當做出最佳判斷。

　　1949年10月1日，中共在北京成立新政權。12月，中國國

1　《詩經》〈大雅〉有〈板〉、〈蕩〉兩篇都描寫當時政治黑暗政局動亂之象。〈鄭風〉，〈風雨〉「風雨如晦，雞鳴不已」。文天祥，《正氣歌》，「時窮節乃見，一一垂丹青」。《論語》〈子罕〉，子曰：「歲寒，然後知松柏之後凋也。」顧炎武，《日知錄》卷十七〈廉恥〉，「松柏後凋於歲寒，雞鳴不已於風雨」。

民黨政府流亡到台灣，長期的國共鬥爭以國民黨慘敗收場。台灣海峽兩岸政府各自宣稱代表中國，互爭「正統」，開啓了雙方「漢賊不兩立」的外交戰。直到1971年12月，「蔣介石的代表」又以退出聯合國的失敗結局落幕。時至今日，世界上僅餘22個國家承認中華民國政府，主政當局又以「外交休兵」爲口號，只有淪於外交投降的下場。

　　駐巴黎使領人員叛國附逆案可說是爭正統內戰的先聲，然而事件究竟何以發生？又產生何種影響？最早揭露此一事件的是參與其中的當事人，爾後竟成爲中華人民共和國宣傳的樣板，加油添醋的情節遂使眞相不明。[2]本文以外交部檔案〈我駐巴黎使領人員叛國附逆案〉爲中心，做爲觀察當時外交官員抉擇的樣本，針對變局中的外交人員和流離顛沛的政府外交機構進行探討，以明其認同與流變。

---

2 事件參與者的文章最早發表的有派往平亂的一祕斯頌熙，《我在國外》（台北：作者自印，1951年），頁49-53，收錄其〈巴黎華僑逐叛徒〉，原載紐約《美洲日報》，1949年12月10，12-14日。公使段茂瀾，〈巴黎弭亂記〉，《中央日報》，10版，1978年9月27日。外交次長董霖，《六十載從政講學》（台北：台灣商務印書館，1991年）。第二十章第二節〈駐法使館的動盪〉，頁244-247。另一方爲公使凌其翰的《我的外交官生涯──凌其翰回憶錄》（北京：中國文史出版社，1993年），第八章〈歷史轉折的一年〉敍及其「走上棄暗投明的康莊大道」經過，頁221-236。作家陳敦德，《崛起在1949：開國外交實錄》（北京：世界知識出版社，2001年），頁231-245。陳敦德，《破冰在1964：中法建交紀實》，解放軍文藝出版社，2007年，頁2-14。中國外交部檔案館副館長徐京利，《解密中國外交檔案》（北京：中國檔案出版社，2005年），〈國民黨外交人員起義〉，頁106-112。楊元華，《中法關係史》（上海：人民出版社，2006年），第十一章第二節〈國民黨政府駐巴黎使領館起義〉，頁127-132。學術研究論文有陳三井，〈國共鬥爭與歐洲華僑的認同──兼論凌孟事件的發生及其影響〉，收入張啓雄編，《時代變局與海外華人的族國認同》（台北：中華民國海外華人研究學會，2005年3月），頁169-189。

二、1949年政局的變動

　　1948年9月起到1949年1月間，中共解放軍與國軍進行遼瀋、淮海、平津三大戰役，國軍相繼慘敗，共軍渡江南下已是指日可待。1948年11月28日，蔣宋美齡飛往美國，3希望能如同1943年對日抗戰中帶來的輝煌外交成果，再次得到美國的援助。蔣宋美齡於12月6日公開呼籲美國朝野人士救助危難中的中華民國，以免大陸陷入中共之手。4 1949年1月8日，外交部長吳鐵城照會美、英、法、蘇四國，商請斡旋和談，但未得到任何正面回應。5內外交迫之下，1月21日，蔣介石宣布引退，由副總統李宗仁代行職權。6

　　1月26日，外交部照會各國使館，政府將於2月3日停止在南京辦公，5日起行政院在廣州恢復上班，此舉無異宣告江南不守。1月31日，共軍進入北平。代總統李宗仁與行政院長孫科仍樂觀以為和平在望。雖然，4月5日北平和談開幕，但無異投降談判。7 4月21日，中共人民解放軍過江，23日，南京宣告「解放」。25日，蔣介石離開溪口前往上海部署。5月25

---

3 郭廷以，《中華民國史事日誌》（台北：中央研究院近代史研究所，1985），冊4，頁811。本節以下日期除另作注均以前引書為準。

4 蔣宋美齡此行原訂不超過兩星期，卻毫無成果，以致居停超過一年多，直到1950年1月方才飛往台北。

5 1月9日莫斯科答以「不擬干涉中國內政」，至17日俄外長正式召會傅秉常大使拒絕調停。12日，美使致外交部備忘錄，稱美政府作調人「於事無補」。英國也謝絕調停中國內戰。18日，法國拒絕調停一事。顧維鈞，《顧維鈞回憶錄》（北京：新華書局，1988），第七分冊，頁3。

6 「引退」與「代行」充滿玄機。事實上，中央銀行存上海黃金於1948年12月已經開始運台。

7 《人民日報》社論「要求南京政府向人民投降」，1949年4月5日。

日，上海又告「解放」。6月11日，閻錫山新閣組成，電請蔣
介石至廣州主持大計。此時，蔣介石堅決反對英國主張由聯合
國託管台灣，並對盟軍總部有將台灣轉交聯合國暫管之議，當
即電覆駐日代表團電告麥克阿瑟：一、中國政府及蔣本人無法
接受。二、台灣可能於短時之內成為中國反共力量。三、美國
如承認中共，絕不能化毛澤東為狄托，也不能規範中共行動。
1945年，美國曾拋棄在倫敦的波蘭流亡政府，結果摧毀了波蘭
反共力量，中國政府仍有廣大根據地，絕不至成為類似倫敦之
波蘭流亡政府。四、美國應協助中國反共，並確保台灣，使之
成為新的政治希望。[8]

　　8月5日，杜魯門政府發表《美國與中國關係白皮書》，
對中國國民黨政府是具有毀滅性的打擊作用，在白皮書中美
國政府直指國民黨政府應該負起失敗責任，國民黨官員腐敗
無能，耗費美國援助的40億美元，斷言中國已無可救藥，將
淪陷共產黨手中。此一《白皮書》無疑徹底阻斷了美援的可
能性。

　　9月27日，中國駐聯合國代表蔣廷黼正式向聯合國大會提
出控告蘇聯支援中共叛亂，破壞中蘇友好條約及聯合國憲章。
29日，該案列入議程。10月1日，北京成立「中華人民共和國
政府」新政權，毛澤東為中央人民政府委員會主席，周恩來為
國務院總理兼外交部長。隔日，蘇聯立即承認人民政府，共產
國家也紛紛與北京政府相互承認。在廣州的中華民國政府也宣

8　6月20日駐日代表團電：「盟軍總部有將台灣轉交盟國或聯合國暫管之議」，
《中華民國史事日誌》，前引書，頁879。

布對蘇聯、波蘭、捷克等國絕交。

　　10月12日，政府宣布撤離廣州，遷往重慶。此後大局急轉直下，終至不可收拾。1949年12月7日，國民政府自重慶再遷台北。9 10日，國民黨總裁蔣介石由成都飛抵臺灣。次年，1950年3月1日，蔣總裁宣布「復行視事」，即自行恢復總統職權。然而，蔣介石不忘亡國之痛，念茲在茲宣布中華民國成為流亡政府。10

三、駐巴黎使領人員叛亂

　　在1949年這樣的變局中，中華民國駐法蘭西共和國的巴黎大使館及總領事館傳來不祥的消息。9月18日，駐法大使館

---

9 12月5日，李宗仁攜子及帶其秘書、醫生飛往美國，開始其流亡生涯。

10 蔣介石有關中華民國已經亡國的談話，足証流亡政府之說：「我自去年一月下野以後，到年底止，為時不滿一年，大陸各省已經全部淪陷。今天我們實已到了亡國的境地了！⋯⋯我今天特別提醒大家，我們的中華民國到去年年終，就隨大陸淪陷，而幾乎已等於滅亡了！我們今天都已成了亡國之民⋯⋯」，見「復職的目的與使命──說明革命失敗的原因與今後成功的要旨」（三十九年三月十三日在革命實踐研究院講），「現在事實擺在眼前：日本經過八年戰爭，已經徹底失敗了，我們雖然獲得一時的勝利，但是因為蘇俄指使共匪作亂，到如今也是徹底失敗了。這兩個國家（中、日）現狀，實在都等於亡國」，出自「革命實踐研究院軍官訓練團成立之意義」（三十九年五月二十一日在圓山軍官訓練團講），「我們過去那樣深厚的基礎，和偉大的力量，不到一年，就在無形中完全瓦解，徹底崩潰，到了今日，竟面臨亡國的慘境！這是何等可恥可痛的事情！」，見「軍官訓練團畢業學員的任務」（三十九年六月二十七日主持軍官訓練團第一期畢業典禮講），「我們每人幾乎都有父母兄弟，都有同志親友，陷在大陸鐵幕內⋯⋯大家遇到這樣滅族的刺激和亡國的教訓⋯⋯」，引自「幹部教育訓練的要旨及幹部自反自修的要領」（四十年四月三十日在革命實踐研究院講）。

公使銜參事凌其翰、[11] 參事孟鞠如、[12] 一等秘書謝東發、[13] 一等秘書王思澄、[14] 三等秘書銜隨員錢能欣、三等秘書唐祖培、主事龔秉成、二等秘書耿嘉羑，暨駐巴黎總領事館的副領事胡有萼、隨習領事蕭君石、主事章祖貽等共11人開會，決議發電外交部催發欠薪，如於10月10日前欠薪不能全部匯到，全體館員決定停止服務。同時通函分告駐歐洲的各使、領館，徵求採取共同行動。結果，有駐蘇聯、挪威、瑞士、土耳其大使館，駐奧地利公使館、駐馬賽（Marseille）、駐比利時的昂維（Anvers 即Antwerp安特衛普）、駐德國漢堡（Hamburg）、駐英國利物浦（Liverpool）領事館與駐倫敦總領事館副領事王世鏞個人覆函贊

---

11 凌其翰（1906-1992），又名奇寒。上海市人，上海震旦大學法科畢業，1927年赴比利時留學，1929年獲盧汶大學政治學院政治外交系碩士學位。1931年獲布魯塞爾大學法學博士學位。同年回國。任《申報》國際評論員兼東吳大學法學院教授，入外交部，歷任國際司任科長、駐比利時二秘、代辦、外交部專門委員。1945年接收越北軍事佔領區之外交部代表。1948年6月調為駐法大使館公使。1950年回國。歷任外交部專門委員，中國人民外交學會理事，外交部法律顧問，外交學院兼職教授，歐美同學會名譽副會長，民革中央常委會顧問、中央監委常委。1956年加入中國共產黨。第2至7屆全國政協委員、第5至7屆全國政協常委。文革期間受造反派專政，失去自由。遺有回憶錄《我的外交官生涯》。

12 孟鞠如（Georges Meng, ?-1996），江蘇常州人。1926年畢業于震旦大學預科班，同年赴法國留學。1933年獲法國格諾勃大學（Université de Grenoble）法學博士，同年回國。曾任外交部人事室科員、幫辦兼科長，調駐法大使館參事，1949年駐法大使館叛亂主謀。1951年回中國。歷任中國人民保衛世界和平委員會編譯室主任，外交學院教授。第5、6屆全國政協委員。著有《日本在東三省的法律地位》，譯有《世界外交史》等。

13 謝東發（Scie Tong-Fa, ?-1960）顧問，華父法母之混血兒，聰穎異常擁有醫學博士、法學博士。自1920年代起長期服務於使館，乃顧維鈞、錢泰前後任大使的左右手，1960年病逝於大使館內。

14 王思澄1950年5月返回中國，起先派在上海外語學院任教員，後派往安慶大學，文革中被鬥而死。

成上項索薪辦法。15

　　原來，政府流亡至廣州時財源已青黃不接，6月初行政院各部會即實行大裁員，駐外單位自當月起也開始欠薪，無餉可發。而駐法大使館內部不穩卻早有傳言，4月間，武官王觀洲上校、新聞處長汪公紀密報黨部以凌其翰、孟鞠如等「背叛黨國」，然而大使錢泰未予明查。16 5月間，外交部因經費拮据裁撤武官處和新聞處，王觀洲、汪公紀奉調返國，途經香港更於《星島日報》《工商時報》揭露，但當局已無暇顧及，亦無人處理。17 9月22日，駐法大使錢泰因車禍受傷住院，18 既無力管理館務，臨此巨變遂乘機請辭。19

---

15 凌其翰，《我的外交官生涯》（北京；中國文史出版社，1993年），頁222-223。事實上，英國利物浦領事館並未參與其事。

16 錢泰（1890-1962），字階平，浙江嘉善人。1906年丙午科優貢。法國巴黎大學博士，論文為《中國的立法權》（Le pouvoir législatif en Chine）。曾任京師地方審判廳主簿。1915年任北京政府司法部秘書兼統計司司長。1916年任司法部參事。1921年5月，任外交部條約司司長，並一度代理外交部次長。1928年12月，任國民政府司法院參事處參事。1931年12月，任外交部國際司司長。1932年5月，任司法行政部參事。1933年5月，任駐西班牙公使。1937年6月，任駐比利時大使；7月任國際聯合會第十八屆代表；10月任九國公約會議代表。1938年8月，任國聯第十九屆代表。1939年7月，任國聯第二十屆代表；9月任第八屆國際統一刑法會議代表。1941年10月，任外交部常務次長。1943年8月，任駐挪威大使。1944年6月，任駐北非法國民族解放委員會代表；11月任駐法國臨時政府大使至1949年年10月1日辭職。1947年2月，任簽署對義大利和約全權代表；4月任中國出席國際郵政會議代表團團長，1949年10月去職。1950年初定居美國，後遷居維也納。1962年逝世時年76歲。著有《中國不平等條約之緣起及其廢除之經過》。秦孝儀編，《中國現代史辭典——人物部分》（近代中國出版社，1985年），頁565-566。

17 凌其翰，前引書，頁205；207-211。錢泰、宋子文等人僅止面詢凌其翰。

18 《中央日報》，1949年9月24日，一版，「駐法使錢泰車禍受傷」。

19 中央日報》，1949年10月7日，一版，「我國駐法大使錢泰辭職獲准 駐英使館公使段茂瀾調任駐法大使館公使」。

實際上，這次以索薪爲名的大串聯企圖只是藉口，凌其翰、孟鞠如等人於9月30日再度開會，決定自10月10日起「脫離反動政府，擁護中華人民共和國」。各自留在工作崗位，保管公物文件，等候新政府派令接管。同時分函之前贊同索薪的9個其他使領館，希望能採取一致行動，但這次一直沒有獲得任何答覆。20可見索薪是攸關生活的經濟問題，之前有所回應的各使領館人員，對於事關重大的政治認同，並不贊同採取行動。

在未獲得任何支持之餘，駐巴黎的反叛分子由孟鞠如起草，胡有莘修改，最後由凌其翰定稿，完成了一份〈駐法使館、駐巴黎總領事館全體館員擁護中華人民共和國宣言〉，內容如下：

中華人民共和國和中央政府在全國人民歡騰鼓舞之下正式成立。久已叛變了孫中山的賣國賊蔣介石和國民黨反動派所把持的政權在英勇的人民革命武裝奮擊追逐之下，已經失去了一切苟延殘喘的條件，我一向服務外交界的同人們在極度興奮的情緒之下，向新中國全國人民和偉大的人民領袖毛主席表示熱烈的賀忱和最崇高的敬禮。

中國人民大革命，由中國共產黨領導進行二十八年壯烈的鬥爭，快要取得完全勝利，軍事階段快要結束，建國工作已經

---

20 凌其翰，前引書，頁223。當事人凌其翰說「一直沒有答覆」。陳敦德卻說「一些使領館復函贊成」，乃毫無根據之言，《破冰在1964：中法建交紀實》，頁4。

開始。客觀的事實要我們認識清楚，新民主主義是建設新中國的唯一途徑，就是說，只有在廣大工農階級的代表、中國共產黨領導之下，聯合全國民主階層，實行人民民主專政，才能夠並且徹底完成中國的社會改革、經濟建設和文化復興。

為了建設新中國，中國人民不僅需要國內統一，並且需要世界和平。中國人民必須聯合世界一切愛好和平的國家和人民，共同奮鬥，使製造戰爭者不敢動手。

我們立志要參加建國工作，我們先要痛下決心，把我們渾身封建官僚的積習洋迷和個人主義的劣根性，徹底剔除淨盡，然後才能夠把自己改造成人民，向人民學習如何替人民服務。

我們鄭重宣布和反動政府脫離關係，各仍站在原有工作崗位，保護人民利益，保護公物文件，聽候人民政府接管和指示。同時，我們熱誠勸告全體使館同人，快起來響應我們，打倒執迷不悟的死硬份子，制止他們盜用中國外交官的名義，在聯合國和國際間散布謠言、侮辱中國人民，挑撥國際是非，危害世界和平。21

這份向中共新政權輸誠宣言透過中共駐巴黎總支部的孟凌崖，22 通過新華社駐捷克布拉格（Prague）的特派員吳文燾，

---

21 凌其翰，前引書，頁223-224。外交部，〈我駐巴黎使領人員叛國附逆案〉，董霖次長於10月12日由巴黎將凌孟等人宣言全文發電重慶外交部長葉公超，宣言文字有3處小出入，今以外交檔為準。凌其翰版「中央政府」作「中央人民政府」，「叛變」作「背叛」，「我一向」作「我們一向」。

22 孟凌崖（1894-1967），原名孟憲鼎，號凌崖，安徽蕭縣人。1919 年赴法勤工儉學。1925年考入巴黎大學理科。1927年，參加旅法華工總會工作。1932年，在巴黎加入中國共產黨，在華工和留法學生中宣傳中國共產黨的主張，介

23 於10月2日轉電北京。24 然而久候指示未至，凌、孟等人只有等待，並依原來10月10日前欠薪未到則將「起義」之決議行事。

另一方面，外交部長葉公超接獲情報，當即於10月1日批准駐法大使錢泰辭職，另調駐英大使館公使段茂瀾為駐法大使館公使並代理館務，以徹查真相，報部辦理。25 該館公使銜參

紹國內革命鬥爭形勢，留法學生錢三強、李風白等人都經由孟凌崖介紹在巴黎加入中國共產黨。1945年，鄧發代表解放區職工出席在巴黎召開的世界工會代表大會時，秘密重建中共巴黎支部，袁寶華和孟凌崖分別任正、副書記。次年，在孟凌崖領導下，由方墉主持出版《華僑時報》，成為中共的傳播喉舌。其後又組織旅法華僑國內和平促進會，主辦刊物《和平呼聲》。1949年10月底回國，之後改名孟雨，任中華全國總工會國際聯絡部長。1950年2月，任中國人民保衛世界和平大會委員會的聯絡部長兼秘書。曾任全國人民代表大會第一屆和第三屆代表，中國共產黨第八次全國代表大會代表。1967年病死於北京。

23 吳文燾（1913- ），新聞工作者，河北清苑人。1937年於北京大學外語系畢業，同年赴延安。1938年加入中國共產黨。進入陝北公學、馬列學院學習。後任職中共中央宣傳部國際宣傳科，延安《解放日報》編輯，新華通訊社副社長，東北總分社社長，新華社駐布拉格分社社長。1953年後，歷任《人民日報》副總編輯、外文出版社副社長、社長兼總編輯、商務印書館顧問等職。1979年後任外文出版發行事業局副局長局長黨組書記，第1、2、3、6屆全國人大代表。

24 凌其翰，前引書，頁224。

25 外交部，〈我駐巴黎使領人員叛國附逆案〉，檔號：310/19。10月5日段茂瀾電外交部機字第4843號。段茂瀾（1899-1980），字觀海，安徽合肥人，生於山東濟南。早年就讀家塾，12歲入濟南德文學堂，嗣入南開中學，繼考進清華大學，畢業後赴美深造，先後在威斯康辛大學、紐約大學及哥倫比亞大學研修西洋文學及經濟學，獲博士學位。繼又赴法，在巴黎大學及法蘭西學院進修。1928年返國，任天津電話局局長兼在南開大學教授法文及德文。1935年進外交部服務，初任秘書兼交際科長，抗戰後轉任美洲司長。1941年外調駐澳大利亞公使館參事兼駐雪梨總領事。1945年抗戰勝利後調駐馬尼拉公使銜總領事。翌年升任駐英大使館公使。1949年10月，駐法大使館部分人員叛變，調段茂瀾為駐法使館公使代辦。1956年調駐巴拿馬大使，旋調駐菲律賓大使。1963年內調，任外交部顧問。1965年任駐象牙海岸大使，1970年駐阿根廷大使。後在外交領事人員講習所、東吳大學、淡江文理學院及中國文化學院任教。1980年病逝台北，享年82歲。劉紹唐編，《民國人物小傳》，第四冊（傳

事凌其翰、參事孟鞠如均予免職調回。[26] 葉公超部長並以個人身分電凌、孟二人：「此次調兩兄回部，實以現部中人才缺乏，諸多借重，至盼能早日返國共濟危局，國內雙方情形非如外傳之簡單，前途並非不可為，否則予早已引去。」[27] 葉公超冀望動之以情，施以懷柔之策，卻全然失效。凌其翰收電後即往法國外交部見亞澳司司長貝揚斯（Jacques Baeyens, directeur de l'Asie-Océanie），聲明駐法大使館脫離中華民國政府。法方答以「法國目前尚未承認共產黨政府，此舉為不合法」，[28]但似答應仍給予外交禮遇至年底。[29]

段茂瀾公使於10月6日下午抵巴黎，原駐英大使館隨員趙金鏞派為駐法大使館三秘也隨行到達，此外，原駐柏林代表團一秘趙俊欣，駐荷大使館一秘斯頌熙則以臨時出差名義，先後到巴黎協助。[30] 段茂瀾代辦原以為對於法使館內「複雜狀

記文學出版社，1981年），頁165-166。

26 《中央日報》，1949年10月7日，一版「（中央社廣州十月六日電）外部消息，我駐法大使錢泰呈請辭職，外交部業於本月一日准予辭職，並已調駐英大使館公使段茂瀾為駐法使館公使，並代理館務。該館公使銜參事凌其翰、參事孟鞠如均予免職」。

27 凌其翰，前引書，頁226。

28 〈我駐巴黎使領人員叛國附逆案〉，10月6日段茂瀾電外交部機字第4845號。

29 凌其翰，前引書，頁227。

30 段茂瀾，〈巴黎弭亂記〉，《中央日報》，10版，1978年9月27日。凌其翰，前引書，頁226。斯頌熙（1908-1994），字崇希，浙江諸暨縣人，生於杭州。1933年中央政治學校外交系第一期畢業，入德國柏林人學國際法學院肄業，荷蘭海牙國際公法研究院專攻法律。先後服務於江蘇省政府、駐德大使館、蔣委員長侍從室、外交部人事處、亞東司、歐洲司及亞西司等共達四十年。外放部分，除駐德大使館外，歷任駐荷蘭（1946）及駐法國大使館（1949）一等秘書，駐巴拿馬（1955）、駐伊朗（1956）及駐約旦大使館（1959）參事。1966年特命為首任駐馬爾地夫國大使，旋於1967年調駐黎巴嫩大使館公使。1973年退休。著有《我在國外》等。《中華民國當代名人錄》

況」，「其中如此惡化」，必自「孤掌難鳴」如入虎穴，到法後即往法外部訪亞澳司長，正式聲明自本日起中國外交部已派其代理館務。隨後段召集館中同仁會談，卻意外發現絲毫沒有劍拔弩張的情勢，各人皆自守崗位處理公事。31 段因此發電回部，表示「館中同仁多數均忠誠。凌、孟奉到鈞電極表感激」。32 但這只不過是風雨前的寧靜，8日段茂瀾又特急電部：「法館表面平靜，內有醞釀，聞動搖份子將于雙十節發表宣言轉向北京效力。以瀾所知僅郭會計專員福培、耿秘書嘉發忠誠為國，拒絕參加，餘員均已簽字。謝參事東發亦極忠誠，因中文不諳，誤為索薪，伊已向瀾請許其撤回，其餘各員經瀾苦口力勸，雖允考慮，恐難收效。聞巴黎、馬賽兩領館亦不穩，果宣言發表，自應由鈞部依法處理。」33

外交部積極處理欠薪問題引起的危機，特派常務次長董霖攜帶一筆款項於10月10日趕到巴黎。34 當日除與駐法使館館員會談外，隔日更與凌其翰、孟鞠如會談。董霖指出尊重個人的信仰自由，但凌、孟對中共素無貢獻，現因勝利在望而以一紙宣言附和，焉能取得新政權的信任？如果他們原是中共黨員，

（一）（台北：台灣中華書局，1978年），頁143。

31 段茂瀾，〈巴黎弭亂記〉。

32 〈我駐巴黎使領人員叛國附逆案〉，10月7日段茂瀾電外交部機字第4871號。

33 〈我駐巴黎使領人員叛國附逆案〉，10月8日段茂瀾電外交部機字第4901號。

34 董霖（1907- ），號澤民，後改為公，江蘇省海門人，曾任1934年北平市參議會議長，1945年3月派駐荷蘭大使。1946年11月改任顧問兼美洲司司長。1949年新任常務次長，攜帶一筆款項分發駐歐各使領館積欠薪資，於10月8日赴法，到巴黎正值雙十國慶。12日轉倫敦，14日復返巴黎。1950年1月辭去外交部常次一職，轉居美國任教。董霖，《六十載從政講學》（台北：台灣商務印書館，1991年），頁244-245。凌其翰稱董霖10月10日到巴黎。

一旦成功自然值得慶賀，不過向未耕耘卻求收穫，於情於理斷難達到期望。凌、孟表示反對國府蔣氏政策無法繼續工作，反問董霖對時局看法。董霖反駁既然反對國府蔣氏，二人何不早日辭職？如果大陸失守，自當肩負一部分責任，絕無二心。[35] 顯然雙方並無交集，凌、孟二人在10月9日發出〈駐法使館、駐巴黎總領事館全體館員擁護中華人民共和國宣言〉，表示效力北京新政府，之所以選擇10月10日雙十節國慶日發表「起義」，目的在引起更大的注意，以產生最佳宣傳效果。10月10日晨，駐倫敦大使館以電話通知段茂瀾，叛變宣言已在倫敦發布。[36] 果然各方渲染，巴黎也不例外有報章登載。段茂瀾公使當即聲明：「此間法文報紙項載巴黎中國大使館全體館員已向北平共產黨偽政權輸誠，殊與事實不符。查在本館高級職員二人確有背叛行為，已為政府免職，其餘人員仍在最近奉調本館代理館務之段公使茂瀾領導下各就原崗位，忠誠服務，茲以傳聞失實，特更正如右。」[37]

　　凌、孟等人於11日晚間得到周恩來以外交部長的名義電復，如同鐵券丹書，歡迎他們宣告脫離國民黨，聽候人民政府接管，並宣布將對所有脫離反動政府的有功人員，量才錄用使能對於祖國有所貢獻。[38]

35　董霖，前引書，頁245。

36　段茂瀾，〈巴黎弭亂記〉。

37　〈我駐巴黎使領人員叛國附逆案〉，10月12日董霖致葉部長電機字第215號。

38　凌其翰，前引書，頁225。陳敦德，前引文，頁4-5。徐京利，《解密中國外交檔案》，頁106-107。徐將日期特地提前一日，不知其故。

　　巴黎前國民黨政府駐法大使館暨駐巴黎總領事館全體館員
鈞鑒：九日電悉，甚為欣慰，你們脫離國民黨反動殘餘集團，
接受中華人民共和國中央人民政府領導的宣言已收到。我對於
你們此種愛國行動表示熱烈的歡迎，駐在其他國家的前國民黨
政府的一切使領館人員與其他工作人員均應效法你們的榜樣，
脫離反動陣營，服從偉大人民祖國的中央政府，為祖國與人民
立功，所有脫離反動陣營的有功人員，本部均將量才錄用，使
大家對於祖國有所貢獻。希望你們團結一致，堅守現在工作崗
位，負責保管公物文件，以待中央人民政府接管。

周恩來一九四九年十月十一日於北平[39]

　　凌、孟等人接到周恩來的復電和重要指示後，無異吃下定
心丸，立即以「快郵代電」形式通函駐外各使領館：

　　我們十月十日的宣言發表後，北京周兼外長復電極為重
視，號召其他各館響應，有功人員量才錄用，並令堅守工作崗
位負責保管公物文件，聽候接管。查此項任務的達成非無障
礙，雖至今我們仍保持實際上的外交官待遇，天天到館，前途
亦可樂觀，但為萬全之計，我們均具最大的決心，絕不在任何
威脅利誘之下，退讓半步。兄等倘有同樣決心，切望立即參加
響應。

駐法大使館暨駐巴黎總領事館同人[40]

39　〈我駐巴黎使領人員叛國附逆案〉，10月16日董霖次長將周恩來之覆電電告葉
　　公超部長，機字第263號。

　　但是他們所寄望風起雲湧的外交人員起義浪潮並沒有出現，直到1949年12月16日，才有國民政府駐緬甸大使涂允檀致電周恩來宣布起義，並且懸掛五星紅旗，而且這已是在當天緬甸政府宣布承認北京政府之後的事。41

四、巴黎使館內的戰爭

　　10月12日，次長董霖飛往倫敦，與駐英大使鄭天錫洽商補發駐歐各使領館員積欠的3個月薪資。42 14日，董霖返回巴黎，使館情況不變，解職的叛變人員依舊到館上班，因此當務

---

40 凌其翰，前引書，頁225。

41 祈建，〈國民黨駐外使館人員"造反"的骨牌效應〉，《文史月刊》，2007年，12期，頁19-20。〈第一個起義的國民黨大使〉，《黨史縱覽》，2006年，6期，頁54-55。

42 鄭天錫（1884-1970），字莆庭，廣東香山人。香港皇仁書院肄業，1907年赴英國留學，1912年倫敦大學法律系畢業。返港任職律師。1914年再赴英國深造。1916年獲倫敦大學法學博士學位。1917年返港執業律師。1918年轉往北京，任北京政府司法部法律翻譯監督。後歷任法律編纂委員會委員、主任兼司法考試委員。1919年任大理院大法官。1921年任中國出席華盛頓會議代表團專門委員。翌年返國，任中國出席關稅特別會議專門委員，法權調查委員會準備處處長，國際法權委員會代表，國務院商標局法律顧問。在北京期間，曾先後兼任北京大學、朝陽大學、法政大學等校教授。1928年在上海重執律師業，兼上海東吳大學法學院教授。1932年1月，任國民政府司法行政部常任次長；7月改任司法行政部政務次長；9月任考試院法官初試典試委員會委員。1935年任外交部顧問，旋以特派委員名義，奉派赴英國主持中國藝術品國際展覽會。1936年10月，當選為海牙國際聯盟國際法庭法官。1940年避居瑞士，1945年二戰後返回海牙，出席國際法庭全體法官會議，後被選為國際聯盟清理委員會委員。同年返國，重任司法行政部次長。1946年8月，特任中國駐英國大使，1950年1月去職，留居英國。1970年在倫敦病逝。《中國現代史辭典——人物部分》，頁511。

之急乃在取得密電本，並收回卷宗檔案。43 董霖並約凌其翰、孟鞠如個別詳談，彼等稱決定擁護共產政權，宣言已無可更改。段代辦即採取步驟應付，發表聲明將一干人撤職，並往法外交部說明我國政府對於附共館員措施，法外部表示即將彼等從外交名錄中剔除，並答允今後如有不軌行動法方當予必要協助。44

據董霖調查報告，此次使館凌其翰、孟鞠如、及館員王思澄、唐祖培、錢能興、龔秉成，駐巴黎總領事館胡有蕚、蕭君石、章祖貽三人均簽名發動附共，除蕭君石早經辭職照准，凌、孟早已免職外，其他附共人員即電英館轉段代辦明令免職，以肅紀綱。總領事館投共人員亦由蔣恩鎧總領事電呈免職。法館謝東發、耿嘉弢二人事先亦曾參與，經愷切曉諭後表示悔悟，願服從段代辦指導工作，應察看其實際言行後再定去留。法館人員中唯一堅守不移者只有會計郭福培一人，似應由部明令嘉獎，並予拔擢藉資鼓勵。董霖到館召集全體附共人員談話，告以每人經管卷宗、電本應即移交段代辦，否則勢必頑強執行。附共人員除要求即發欠薪外，並請發回國旅費。段茂瀾代辦為使彼等早日離法以免生事計，擬請一體照發。45 然而，各人薪資與旅費發給之後，已經免職人員仍依照聲明及北京指示每日照常到館辦公，不交公物，段茂瀾以和平勸告無效，限期三日交代公務離館，否則將強力驅逐。46

---

43 〈我駐巴黎使領人員叛國附逆案〉，10月13日董霖電部機字第238急。
44 〈我駐巴黎使領人員叛國附逆案〉，10月14日董霖電部機字216號。
45 〈我駐巴黎使領人員叛國附逆案〉，10月14日董霖電外交部機字216號。
46 〈我駐巴黎使領人員叛國附逆案〉，10月14日段茂瀾電部機字第240號。

　　同時，外交部調來駐英大使館三秘趙金鏞，駐荷大使館隨員張曾廬，一秘斯頌熙，於10月11日、14日及15日先後抵館協助。47 段茂瀾報部請示，擬以派法國警察阻止附共人員入館，惟以事態嚴重，請部方先電照准，法國政府方可爲力。48 外交部於10月20日照會法國外交部，請求將凌其翰等人驅逐出大使館。49 但法國的立場是不得罪雙方，避免介入中國大使館的內部糾紛，一方面使館內部是領土的延伸，法國警方無立場介入，另則法國有義務維持大使館的外部安全。法國甚至派駐北京人員往見外交部西歐非洲司司長宦鄉說明。50

　　段茂瀾與法外部商洽結果，11月3日起，館所自行聘請由法外部介紹的便衣探捕多人警戒，館門外由法國派警守衛，禁止免職各員入內，並覓鎖匠將文件箱打開，由忠誠館員點收卷宗檔案、電碼本。51 3日上午，凌、孟等九人不得其門而入，在門口守候，久未散去。下午3時，凌、孟等9人用武力衝入，大聲咆哮百般辱罵，將段茂瀾困於室中半小時，法警入內維持，秩序方稍安定，段茂瀾赴法外部請求協助對策。52

　　據段茂瀾報告部方，當日凌、孟等聲稱非撤退警察，保證今後仍得到館保持崗位，否則絕不離去。因法國外交部不肯派警勒令離去，直到午夜，斯頌熙引來僑胞、學生前往解圍。53

47　〈我駐巴黎使領人員叛國附逆案〉，10月17日段茂瀾電部機字？號。
48　〈我駐巴黎使領人員叛國附逆案〉，10月22日段茂瀾電部機字第330號。
49　徐京利，前引書，頁109。陳敦德，前引書，頁11。
50　徐京利，前引書，頁110。陳敦德，前引書，頁12。
51　〈我駐巴黎使領人員叛國附逆案〉，11月3日段茂瀾電部機字第546號。
52　〈我駐巴黎使領人員叛國附逆案〉，11月3日段茂瀾電部機字第555號。
53　包括僑領葉蕃、陳楚本、賈錫麟、朱進祿及學生毛奇昌、芮正皋、舒梅生、廖

斯頌熙詰問並警告凌、孟等人：第一、法國現仍以中華民國為
唯一合法之中國政府，你們既宣言脫離國府投降中共，依據國
際法有何權利與地位可再在中華民國駐法大使館內「固守原有
崗位、保管文卷公物」？第二、三日上午，我們已接收了你們
以往各人所經營的重要文卷，你們所有的座位，現亦已由段公
使重新分配，更無所謂「固守原有崗位」可言。第三、凌其翰
太太當眾告訴大家，凌之參加叛國，完全是受孟鞠如之操縱，
頗表不滿，凌本人迫不得已，竟當眾承認不諱。第四、孟鞠如
於一年半載以前已向國府外交部領得回國眷川，何以至今猶未
將其眷屬遣回中華民國？為何孟鞠如早有此叛國而取巧之預
謀，竟隱瞞了其他八個同伴？孟鞠如率領大家投共投機，有什
麼保障？中共如果因你們的宣言投降能收留你們，這些不打自
招的官僚，簡直是一個「投機官僚的收容所」。試問這樣的北
平政權，對於中國的人民有什麼好處？你們現在已變成蘇聯禍
華的工具，應該反省解脫！54 雙方遂約定隔日下午3時派代表

仲琴等四、五十人。芮正皋（1919- ），字器先，浙江吳興縣人。上海震旦大
學法律系畢業、海牙國際法學院畢業、巴黎大學法學博士。歷任外交部歐洲司
專員、科長、禮賓司護照科長、幫辦、專門委員，駐土耳其參事、駐比屬剛果
參事、駐馬利代辦、駐上伏塔大使、駐甘比亞大使、駐象牙海岸共和國大使。
《中華民國當代名人錄》（一），頁65。舒梅生（1922- ），字適寒，江西永
修人。中央政治學校第十二期法政系畢業。參加十萬知識青年從軍，任連訓導
員。抗戰勝利後，參加高考及留學考及格，初服務於國民政府文官處，嗣赴
法國留學，1957年以《聯合國與保護少數民族》一書獲巴黎大學法學博士，
曾任駐法大使館主事、隨員。返國後，歷任外交部條約司第一科科長、幫辦、
駐甘比亞特命全權大使、亞西司司長、希臘遠東貿易中心主任、駐比利時布魯
塞爾「台北經濟文化辦事處」代表等職。《中華民國當代名人錄》（一），頁
146。
54 斯頌熙，《我在國外》，頁51-52。關於第一點，段茂瀾也說是自己說的。

再談，後始行離去。[55]

　　4日下午2時，親共僑民五十餘人先到大使館，[56] 先行聲勢洶湧開會，擬阻止段茂瀾離開會場，逼迫段公使答應三個條件：（一）取下青天白日滿地紅國旗，並准許他們照常來館辦公；（二）由他們保管文件；（三）撤退警衛。[57] 經參事陳雄飛代為出面說明，段茂瀾始得離開。此時另一方由斯頌熙、陳楚本所動員的愛國僑胞趕到，[58] 紛紛向凌、孟等斥責，凌、孟、蕭等出言不遜，群眾憤怒之下並動手毆擊，凌、孟、蕭、龔等人稍微受輕傷，凌其翰得到趙金鏞保護得以離去，之後群眾散去。法方派警在門口，除奉段茂瀾許可，禁止任何人進入使館。[59]

　　凌、孟等人的「起義宣言」雖然獲得巴黎僑界的若干響應，[60] 但主事外交官員因應得宜，故而能有效迅速地反制，將之侷限縮小為館內的風暴，平息這整個事件。

五、外交決策機構的演變與外交官員

　　在中國國民黨專政的「訓政時期」，黨國體制的外交決策

---

55 〈我駐巴黎使領人員叛國附逆案〉，11月5日段茂瀾電部機字第589號。

56 凌其翰自稱有「愛國僑胞及進步學生大約百餘人」，前引書，頁231。斯頌熙則稱「親共華僑學生三、四十名」，前引書，頁52。現依公使段茂瀾電部報告。

57 段茂瀾，〈巴黎弭亂記〉。

58 陳楚本，浙江青田人，當時為中國國民黨駐法總支部書記，主持發行《三民導報》，側重報導國民黨黨務消息和旅歐僑社新聞，並鼓吹反共政策。

59 〈我駐巴黎使領人員叛國附逆案〉，11月5日段茂瀾電部機字第589號。

60 陳三井，〈國共鬥爭與歐洲華僑的認同——兼論凌孟事件的發生及其影響〉，頁187-189。

核心機構是以國民黨的「中央政治會議」為最高領導機關。[61]
中央政治會議自1930年起由國民黨的中央執行委員及中央監察
委員組成。中央政治會議不僅制定外交政策、負責涉外案件的
處理、甚至掌握外交官員的任免人事權，其權力完全凌駕於外
交部之上。中央政治會議下設「外交組」，有委員9至13人，
分別擔任外交政策的審查和設計工作。

　　至1931年9月，「九一八事變」之後，「外交組」改組稱
「特別外交委員會」，為外交最高指導機關，由戴傳賢、宋子
文負責主持，委員包括蔣介石、顏惠慶、顧維鈞、孔祥熙等17
人，外交部仍然只是其轄下處理外交事務的執行單位。1932
年1月，國民黨又將「特別外交委員會」改組為「外交委員
會」，該會權責不變，經其作成決議後交由外交部執行。1935
年12月，「中央政治會議」改組為「中央政治委員會」，所轄
之「外交委員會」也改組為「外交專門委員會」，此時權責大
為削減，僅為顧問性質，職責限於審查、設計、研究和建議，
決策大權回歸到「中央政治委員會」。

　　1937年8月，在對日戰爭期間，國民政府又成立「國防最
高會議」，由蔣介石擔任本委員會主席。1938年1月以後改稱
為「國防最高委員會」，4月，其轄下之外交專門委員會又改
組為「外交委員會」，主任委員有王寵惠、郭泰祺二人，副主
委周鯁生，以及張忠紱、傅秉常等17名委員。「國防最高委員
會」、「軍事委員會」都由蔣介石擔任委員長，集黨、政、軍

---

61 劉達人等，《中華民國史外交志》（初稿）（新店：國史館，2002年），頁
　25。

大權於一身。此一時期由「國防最高委員會」、「軍事委員會侍從室」以及外交部三者決定外交事務，因此外交決策大權實際上完全操在委員長蔣介石之手。[62]

二次大戰後，《中華民國憲法》於1947年1月公布，開始施行憲政，理論上應使行政、立法、司法三權分立，各自有其獨立性，但大權實際上仍操之在蔣介石一人。1948年3月29日，第一屆國民大會選舉蔣介石、李宗仁為第一屆的正、副總統，兩人於5月20日宣誓就職。但是，國民大會先前於4月18日通過《動員戡亂時期臨時條款》，使得總統的權力無限擴大，外交決策權自然也成為總統所控制的權力之一。

外交官員代表國家執行外交政策，因此人才往往決定成敗。民國時期外交部確實延攬一批品德、學識、才能兼優的學者俊彥加入服務，其風範也至今仍為人所景仰。而一般正式外交領事人員經由考試訓練後任用，1928年7月，外交部即有駐外使領館職員考試簡章，至1940年12月，考試院方才頒佈高等考試外交官領事官考試條例。1930年7月，外交部實行訓練制度，凡領事、隨員以下的職員均應受訓。實際上，當時招募人員是以關係介紹最為流行，考試晉用反成特殊。

然而，訓政時期的國民黨「以黨治國」，注重的是黨性與忠誠，國民政府在1930年12月頒佈〈政府機關職員須入國民黨令〉，認為公務員與黨無深切關係殊所非宜，應由該管長官督促研究黨義，隨時介紹入黨。[63] 尤其中央政府之外交機構事涉

---

62 同前注引，頁26-27。

63 徐矛，《中華民國政治制度史》（上海：人民出版社，1992），頁266。

機密,用人更是嚴格「注重革命歷史」。64 外交部內軍統、中統均有佈建保防人員,可說外交官員「忠黨愛國」絕無問題。

平時絕無問題,大難來時是否保證沒有問題?百姓苟全性命於亂世之中,猶有文武官員貪財怕死,外交官員相較之下應是識時務俊傑,但卻未必明國內大局趨向。1948年末,駐加拿大大使劉鍇、駐法大使錢泰、駐蘇大使傅秉常、駐義大利大使于焌吉、65 駐美大使顧維鈞都曾對時局交換意見,對於一旦共產黨攻占南京,各駐外大使、公使將何去何從。立即辭職的主張正反都有,但普遍對現政權不滿,甚至覺得變一變對中國未嘗不是好事,這相當反映一些駐外官員的看法。66 但是,對於國內局勢的持續惡化感到不安,甚至都對於在這樣短暫時間內居然會潰敗至此而迷惑不解。67 儘管他們也明白政府腐敗的因

---

64 1929年8月17日頒〈各機關用人須注重革命歷史〉。1929年9月11日頒〈各機關用人先盡黨員用,裁人先盡非黨員裁〉。同前注引。

65 于焌吉(1899-1968),字謙六,河北文安人。天津南開大學畢業,留學美國獲紐約大學經濟地理系碩士、博士學位,哥倫比亞大學政治系碩士,哲學博士學位。1928年返國,任國民政府外交部條約委員會專任委員。1929年兼任外交部對外撤銷領事裁判權宣傳委員;同年派署駐古巴使館二等秘書。1930年12月,任駐古巴夏灣拿總領事。1931年3月,調任駐美國三藩市總領事;4月回任駐古巴夏灣拿總領事。1935年3月,調外交部條約委員會專任委員;4月任駐美國紐約總領事。1941年9月,任出席第二十六屆勞工大會代表。1942年1月,任駐紐約總領事。1944年4月,派出席第二十六屆勞工大會代表顧問。1946年2月,改任駐義大利全權大使。1952年兼任駐西班牙全權大使。1957年後,派駐出席聯合國大會第三、四、五、九、十一屆代表團副代表等職。1968年病逝於台北。

66 顧維鈞,《顧維鈞回憶錄》(北京:中華書局,1988年),第六分冊,頁589。

67 顧維鈞,《顧維鈞回憶錄》,第七分冊,頁16。

素，但在南京、上海相繼淪陷，政府遷至廣州數月發不出薪資
之際，仍然堅守崗位，像一干駐巴黎使領人員宣言叛亂的可說
是絕無僅有。

　　而這批所謂附共人士又有多少是因為經濟因素？據當時駐
英大使代為報部的調查報告亦稱：「據查此事係巴黎二、三館
員發動，經法館多數同仁贊同，以聯名方式擬具電稿，分由各
館徵求同意。本館同仁當即婉詞拒絕，聞其他荷、比、義等館
亦多以其措詞失體，不願參加。……查近因欠薪過久，各館同
仁生活窘迫，心情恐慌，負擔重者確已無法維持，少數人藉此
鼓動，固難保其必無，惟大多數諒係急於索薪，不暇擇詞，故
紛紛簽名加入……」68 可見只要薪資定期匯發，人心必更趨安
定。

　　外交次長董霖去過巴黎之後，先後巡視英國、法國、比利
時、義大利、教廷、瑞典、丹麥、奧地利、葡萄牙、瑞士等駐
外館，發現大致平穩。69 當時蘇聯、波蘭、捷克等國已承認甫
成立的北京政府，駐蘇聯使領人員撤退至瑞典斯德哥爾摩，因
在蘇聯可用錢處不多，各館員反有積蓄。70 駐波蘭館員撤至瑞

68　〈我駐巴黎使領人員叛國附逆案〉，10月7日鄭天錫電外交部機字第4881號。
69　董霖，前引書，頁247-252。
70　丁慰慈，〈丁慰慈回憶錄〉（三、巴黎風雲起），載《中外雜誌》，第58卷6
　　期（1995.12），頁55-58。丁慰慈（1915-2007），貴州貴定人，中央政治學
　　校畢業。曾任外交部駐新疆公署特派員，受盛世才酷刑冤獄。後派駐莫斯科大
　　使館三等祕書，1949年10月，因蘇聯承認中共，隨駐蘇使館人員撤至瑞典，
　　12月後轉法國巴黎。1950年來台，先後任職於駐中東、南美地區之大使館，曾
　　任教於中央警官學校、政治大學、中國文化大學、輔仁大學等校，1979年自外
　　交部退休，仍負責《外交部通訊》編輯工作，並為中華民國阿拉伯文化經濟協
　　會顧問。丁氏為散文作家，著有《蘇俄見聞錄》等。

士，駐捷克使領人員撤至倫敦，各館內部或有衝突並非因為政
見歧異，而是人際關係不和所致。真正的危機是在中華民國政
府流亡到台灣之後，國共雙方展開外交承認的爭奪戰才開始。

六、結語：從外交承認爭奪戰到外交休兵

外交部在1949年10月遷到台北，起初，辦公室設在延平北
路圓環附近的小春園酒家的二樓，辦公桌椅即用原來餐廳的桌
椅，一切因陋就簡，甚至偶有尋芳酒客前來打擾。1950年底，
外交部才從小春園遷至博愛路台灣銀行的四樓辦公。在1949年
初，共有135個單位分駐各國，實際員額約1050人。廣州時期
奉令裁撤減編60％，部內人員僅餘60人，1950年增為70人。
1949年初，駐外使領館館員有643人，之後因駐在國承認北京
政權，奉令撤退之使領館共計46處，館員191人，同時裁撤34
處，館員88人。至1950年精簡裁撤結果，維持外交關係的國家
計有38國，[71] 駐外使領館處尚有55處，館員約200餘人，雇員
百餘人，共計350人。[72] 流亡的外交部就在這樣人力精簡的狀
況下展開外交戰。

北京政府一開始只有獲得以蘇聯為首的共產主義政權集團
或一些北歐國家及英國的承認，包括蘇聯、保加利亞、羅馬尼
亞、北韓、匈牙利、捷克斯洛伐克、波蘭、蒙古、東德、阿爾
巴尼亞、北越、印度、印尼、瑞典、丹麥、緬甸、瑞士、芬

---

71 劉達人等，《中華民國史外交志》，頁298。
72 周琇環編，《戰後外交部工作報告》（新店：國史館，2001），頁4-7。

蘭、巴基斯坦、英國、挪威、荷蘭、南斯拉夫、阿富汗、尼泊
爾以及列支敦士登。73（請參考表一）

表一：1949-1950年間宣布承認中國者

序號	國名	建交狀態	時間
1	蘇聯 The Union of Soviet Socialist Republics（USSR）	建交	1949年10月2日
2	保加利亞 The People's Republic of Bulgaria	建交	1949年10月4日
3	羅馬尼亞 The People's Republic of Romania	建交	1949年10月5日
4	朝鮮（北韓）（DPRK） The Democratic People's Republic of Korea	建交	1949年10月6日
5	匈牙利 The People's Republic of Hungary	建交	1949年10月6日
6	捷克斯洛伐克 Republic of Czechoslovakia	建交	1949年10月6日
7	波蘭 The Republic of Poland	建交	1949年10月7日
8	蒙古 The People's Republic of Mongolia	建交	1949年10月16日
9	德意志民主共和國 The German Democratic Republic	建交	1949年10月27日
10	阿爾巴尼亞 The People's Republic of Albania	建交	1949年11月23日宣佈 1954年雙方始磋商

73 中華人民共和國外交部檔案館編，《解密外交文獻——中華人民共和國建交檔案》（北京：中國畫報出版社，2006年）。

序號	國名	建交狀態	時間
11	越南人民民主共和國 The Democratic People's Republic of Vietnam	建交	1950年1月18日
12	印度 The Republic of India	建交	1950年4月1日
13	印尼 The Republic of Indonesia	建交	1950年4月13日
14	瑞典 The Kingdom of Sweden	建交	1950年5月9日
15	丹麥 The Kingdom of Denmark	建交	1950年5月11日
16	緬甸 The Union of Myanmar	建交	1950年9月5日
17	瑞士 The Swiss Confederation	建交	1950年9月14日
18	列支敦士登 The Principality of Liechtenstein	建交 74	1950年9月14日
19	芬蘭 The Republic of Finland	建交	1950年10月28日
20	巴基斯坦 Pakistan	承認	1950年1月
		建交	1951年5月21日
21	英國 The United Kingdom of Great Britain and Northern Ireland	承認	1950年1月6日
		建立代辦級外交關係	1954年6月17日
		升格大使級	1972年3月13日
22	挪威 The Kingdom of Norway	接觸	1950年1月
		建交	1954年10月5日
23	荷蘭 The Kingdom of Netherlands	非正式接觸	1949年10月
		建交	1954年11月19日

序號	國名	建交狀態	時間
24	南斯拉夫 The Federal People's Republic of Yugoslavia	承認 75	1949年10月
		建交	1955年1月2日
25	阿富汗 The Kingdom of Afghanistan	承認	1950年1月
		建交	1955年1月20日
26	尼泊爾 The Kingdom of Nepal	回電中方	1950年3月
		建交	1955年8月1日

（資料來源：《解密外交文獻——中華人民共和國建交檔案》）

　　北京外交部建政以後的第一件困難就是無人可派，自外交部副部長王稼祥派使蘇聯外，76 1950年5月到1951年5月間，毛澤東任命了首批14位大使大都是人民解放軍的將軍，這第一批

---

74 列支敦士登與瑞士保持特殊關係，根據1919年兩國達成的協議，瑞士駐外機構代表列支敦士登公國在外國的利益，但列國保留與其他國家建立外交關係的權利。1988年8月至9月，中列雙方駐瑞使館換文，確認中國與瑞士聯邦建交日追溯，即1950年9月14日為中列建交日。

75 當時因狄托（Josip Broz, Tito）與史大林分裂，故中方未立即回覆。

76 王稼祥（1906年8月15日～1974年1月25日），安徽涇縣人。1925年入上海大學附中，加入共青團。同年10月赴蘇，先後在莫斯科中山大學和紅色教授學院學習。1928年，由團入黨。是「二十八個半布爾什維克」之一。1930年回國後，任中共中央宣傳部幹事，隨後任黨報委員會秘書長。1931年4月赴中央蘇區，擔任紅軍總政治部主任。同年11月，任中華蘇維埃共和國軍委副主席和外交人民委員。1949年6月至8月，隨劉少奇赴蘇聯，通報中國革命進程、商談建立新中國和發展中蘇兩國關係等重要問題。1949年10月以外交部副部長的身份擔任第一任駐蘇聯大使，安排毛澤東訪問蘇聯，參加了中蘇會談和《中蘇友好同盟互助條約》的簽訂。1951年初，負責組建中共中央對外聯絡部並出任部長，同時仍兼任外交部副部長至1959年。1956年9月，在中共八屆一中全會上當選為中央書記處書記。1954年、1959年、1965年相繼當選為政協第2、3、4屆全國委員會常委。文化大革命中慘遭迫害。

大使還得從如何吃西餐開始學起。[77]

　　值得觀察的是在外交官員中除前述駐緬甸仰光使館之涂允檀投共外，[78] 其他人員均能堅持立場。如第一批斷交的駐蘇聯大使傅秉常，[79] 駐英國的鄭天錫大使，駐瑞典大使謝維麟，[80] 駐瑞士大使吳南如，[81] 駐荷蘭大使張謙，[82] 駐奧地利沈士華公使，[83] 駐印度大使羅家倫，[84] 駐捷克大使梁龍，[85] 這些外交人員似無效忠認同的轉變。反觀投共回歸諸人，鮮有不在文革中因忠誠問題受到批鬥者，此後也因不受信任而發展不能順遂如意。

---

77 徐京利，前引書，頁94-99。

78 涂允檀（1897-1976），字梅叔，湖北黃陂人。畢業於北京大學，後赴美國留學，伊利諾大學政治學博士。1935年入國民政府外交部任秘書，外交部條約委員會專任委員。1937年6月，任駐菲律賓馬尼拉總領事。1939年初回重慶。1940年7月，任外交部條約司司長。1942年4月，任駐巴拿馬全權公使；6月兼駐洪都拉斯公使；7月兼駐哥斯大黎加公使；1943年3月兼任駐薩爾瓦多公使。1947年10月，出任駐緬甸全權大使。1949年12月通電起義，1950年夏回到北京，旋被中央人民政府任命為外交部顧問，並擔任第二、三屆全國政協委員。1964年9月，突遭逮捕關押，1966年判刑受長期監禁。1976年7月末唐山大地震後，被遷居地震棚，感染了肺炎，於8月10日辭世。1979年10月，外交部政治部發通知「予平反撤銷原判，恢復其名譽」。

79 傅秉常（1896-1965），原名裴裳，廣東南海人。1925年7月，任廣州國民政府外交部特派交涉員兼財政部粵海關監督。1927年9月，任國民政府財政部關務署署長，10月任外交部參事。1928年10月，任國民政府首屆立法院立法委員，兼任立法院外交委員會委員長。1929年2月，任駐比利時公使。1931年1月，獲香港大學名譽法學博士學位；1932年1月，任國民政府外交部政務次長。同年任西南政務委員會委員。1933年起回任立法委員兼外交委員會委員長。1941年7月，再度任外交部政務次長。1943年1月，任駐蘇聯大使。1946年7月，以中國代表身份，出席巴黎和平會議。1949年3月，任外交部部長，未到職；10月定居法國。1957年5月，自巴黎返台北，受聘為國策顧問、國民黨中央評議委員。1958年6月，任司法院副院長，兼公務員懲戒委員會委員長。1965年病逝。

80 謝維麟（1891-1970），江蘇松江人，巴黎大學法學碩士，曾任駐法、義、荷蘭等使館秘書、外交部參事、駐瑞典兼挪威公使。1950年1月瑞典閉館後返台。1957年，奉派出使厄瓜多爾，任大使七年。

　　1950年6月，韓戰爆發，使中華民國流亡政府得以喘息，而北京政府成爲聯合國譴責在案的侵略國家。由於美國的支持，使中華民國流亡政府在聯合國及國際上仍得到優勢上的承認。

---

81 吳南如（1898-1975），字炳文，又名南柱、淩虛，江蘇宜興人。1920年天津北洋大學法科畢業。任天津英文華北《明星報》記者。1921年任華盛頓會議中國代表團諮議。1922年留居美國，入華盛頓大學研究法律。同年9月回國，任北京政府國務院秘書；11月辭職赴滬。嗣赴北京就國聞通訊社北京分社主任。1925年10月，任駐英國公使館一等秘書。回國後，歷任國民政府外交部條約委員會委員兼歐美司司長，外交部簡任秘書，國際司司長。1932年7月任外交部情報司司長。1933年1月，任駐蘇聯使館參贊。1936年3月代辦館務；12月任駐丹麥公使，1941年9月，入哥倫比亞大學研究。1943年冬返國。1944年5月，任外交部禮賓司司長。1945年7月，任外交部歐洲司司長。1946年參加巴黎和會，任中國代表團顧問。同年10月至1950年，任駐瑞士公使。1953年到台灣，1954年1月，任行政院新聞局局長。1956年1月，任駐伊朗全權大使。1963年12月，兼駐科威特大使。隔年1月，專任駐科威特大使。1967年3月，返台任外交部顧問，籌備外交人員講習所，兼主任。1972年12月退休。1975年5月在美國病逝。

82 張謙（1888-?），字公掬，廣東新會人。留學美國，獲賓州大學法學士學位，加州大學博士學位。1929年8月，任駐三藩市總領事。1931年3月，任駐紐約總領事。1932年11月，任駐智利代辦使事。1933年5月，任駐智利全權公使。1942年10月，任國民政府外交部美洲司司長。1943年9月，任駐葡萄牙公使。1946年11月任駐荷蘭國全權大使，至1950年3月閉館。

83 沈士華（1900-?），浙江吳興人。早年赴德國留學，獲博士學位。1933年3月，任國民政府交通部總務司司長，並任管理中英庚款董事會秘書處主任。1937年7月，任浙江省第三區行政督察專員兼保安司令。1945年8月，任上海特別市政府秘書長。1947年8月，任中國駐奧地利公使銜代表；12月任中國駐奧地利全權公使。

84 羅家倫（1897-1969），字志希，浙江紹興人。北京大學文科畢業。歷任中央黨務學校副主任（1927），國立清華大學校長（1928.7-1930.5），國立中央大學校長（1932-1941）等職。1946年任聯合國教科文組織代表，1947年特命駐印度全權大使。1949年到台，歷任總統府國策顧問，國民黨黨史會主任委員，考試院副院長，國史館館長。

85 梁龍1939年7月為駐羅馬尼亞公使。1941年11月任外交部歐洲司司長。1945年3月駐瑞士全權公使。1946年8月特任為駐捷克大使。1950年後滯留紐約，未曾到台。

　　1960年代由於非洲舊日諸殖民地紛紛獨立，開啓兩個政府之間爭取新興國家的外交承認大戰，雙方可說平分秋色，但是中華民國流亡政府代表全中國的說法在聯合國受到更多的挑戰，「中國代表權」問題成爲年年聯合國大會的議題。

　　1971年10月25日，聯合國第1976次全體會議通過第2758號決議案，「承認中華人民共和國政府的代表是中國在聯合國組織的唯一合法代表，中華人民共和國是安全理事會五個常任理事國之一，決定：恢復中華人民共和國的一切權利，承認它的政府的代表是中國在聯合國組織的唯一合法代表，並立即把蔣介石的代表從它在聯合國組織及其所屬一切機構中所非法佔據的席位上驅逐出去」，因而產生一場外交承認的骨牌效應，基本上結束了兩府在國際間「爭正統」的大戰，中華民國在國際社會逐漸邊緣化。在退出聯合國之後到與美國斷交的期間，先後與中華民國政府中止外交關係的國家計有：1971年，比利時（Belgium）、秘魯（Peru）、黎巴嫩（Lebanon）、墨西哥（Mexico）、厄瓜多（Ecuador）。1972年，塞普勒斯（Cyprus）、阿根廷（Argentina）、馬爾他（Malta）、盧安達（Rwanda）、希臘（Greece）、日本（Japan）、多哥（Togo）、盧森堡（Luxembourg）、馬爾地夫（Maldives）、牙買加（Jamaica）、馬拉加西／馬達加斯加（Malagasy/Madagascar）、澳大利亞（Australia）、紐西蘭（New Zealand）、查德（Chad）。1973年，荷達美／貝南（Dahomey/Benin）、剛果－雷堡市／薩伊（Congo-Leopoldville/Zaire）、西班牙（Spain）、上伏塔／布吉納法索（Haute Volta/Burkina Faso）。1974年，加彭（Gabon）、波札那（Botswana）、馬來西亞（Malaysia）、委內瑞拉（Venezuela）、

尼日（Niger）、巴西（Brazil）、甘比亞（Gambia）。1975年，葡萄牙（Portugal）、菲律賓（Philippines）、泰國（Thailand）、西薩摩亞（Western Samoa）。1976年，中非共和國（Central African Rep.）。1977年，巴貝多（Barbados）、賴比瑞亞（Liberia）、約旦（Jordan）。1978年，利比亞（Libya）。

　　自1988年李登輝執政以來，拋棄原有的「漢賊不兩立」外交原則，開啟「務實外交」的政策，然而相對地強化其政府的流亡性格，主張中國有兩個分裂的政治實體，亦是強調台灣是中國的一部分，不啻增加被中國併吞的危險性。1999年7月，李登輝提出「特殊國與國關係」的兩國論，[86] 雖突出台灣的獨立主體性，但「務實外交」仍是源自中華民國憲法。

　　2000年5月20日中華民國第十任總統陳水扁在就職演說中表示：「只要中共無意對台動武，本人保證在任期之內，不會宣佈獨立，不會更改國號，不會推動兩國論入憲，不會推動改變現狀的統獨公投，也沒有廢除國統綱領與國統會的問題」，提出的所謂「四不、一沒有」，即使2002年8月的「一邊一國」論，實際在外交上也只能是承認中華民國在台灣。如中華民國政府一日不在，豈不是台灣連同一齊消亡？

　　2008年第十二任馬英九上台，提出「外交休兵」，實質使外交休克，原來有賴外交官員全力以赴，以維護國家的主權、

---

86 「記者問：宣佈臺灣獨立似乎並非實際可行，而北京『一國兩制』模式則不為臺灣大多數人民所接受。在以上兩種路線間，是否有折衷的方案？如果有，其內涵為何？李登輝答：剛才已經說得很清楚，中華民國從一九一二年建立以來，一直都是主權獨立的國家，又在一九九一年的修憲後，兩岸關係定位在特殊的國與國關係，所以並沒有再宣佈臺灣獨立的必要。」陸委會網站：http://www.mac.gov.tw/ big5/rpir/2nd1_1.htm .

尊嚴與安全，確保全體國民的福祉，全成咄咄空談，故而老子
有言：「國家昏亂，有忠臣。」民主時代不必只有忠臣，而是
人人得爲忠民，爲捍衛自己的生活而努力。

參考文獻

一、檔案

中華民國外交部，〈我駐巴黎使領人員叛國附逆案〉。檔案號：310/19.0001，起迄日期1949/10/1~1965/6/30。

二、書刊

〈第一個起義的國民黨大使〉，《黨史縱覽》。2006年，6期，頁54-55。

《人民日報》，〈要求南京政府向人民投降〉。1949年4月5日。

《中央日報》，1949年9月24日，1版，〈駐法使錢泰車禍受傷〉。1949年10月7日，1版，〈我國駐法大使錢泰辭職獲准，駐英使館公使段茂瀾調任駐法大使館公使〉。

丁慰慈，〈丁慰慈回憶錄〉（三、巴黎風雲起）。《中外雜誌》，第58卷6期，1995年12月，頁55-58。

中華人民共和國外交部檔案館編，《解密外交文獻——中華人民共和國建交檔案》。北京：中國畫報出版社，2006年。

中華民國當代名人錄編輯委員會、熊鈍生主編，《中華民國當代名人錄》，第一冊。台北：台灣中華書局，1978年。

周琇環編，《戰後外交部工作報告》。新店：國史館，2001年。

段茂瀾，〈巴黎弭亂記〉，《中央日報》，10版，1978年9月27日。

祈建，〈國民黨駐外使館人員"造反"的骨牌效應〉。《文史月刊》，2007年12期，頁19-20。

凌其翰，《我的外交官生涯——凌其翰回憶錄》。北京：中國文史出版社，1993年。

徐矛，《中華民國政治制度史》。上海：人民出版社，1992年。

徐京利，《解密中國外交檔案》。北京：中國檔案出版社，2005年。

秦孝儀編，《中國現代史辭典——人物部分》。台北：近代中國出版社，1985年。

郭廷以，《中華民國史事日誌》。台北：中央研究院近代史研究所，

1985年。

陳三井，〈國共鬥爭與歐洲華僑的認同——兼論凌孟事件的發生及其
　　影響〉。收入張啟雄編，《時代變局與海外華人的族國認同》，
　　頁169-189。台北：中華民國海外華人研究學會，2005年。

陳敦德，《破冰在1964：中法建交紀實》。北京：解放軍文藝出版
　　社，2007年。

陳敦德，《崛起在1949：開國外交實錄》。北京：世界知識出版社，
　　2001年。

斯頌熙，《我在國外》。台北：作者自印，1951年。

楊元華，《中法關係史》。上海：人民出版社，2006年。

董霖，《六十載從政講學》。台北：台灣商務印書館，1991年。

劉紹唐編，《民國人物小傳》，第四冊。台北：傳記文學出版社，
　　1981年。

劉達人等，《中華民國史外交志》（初稿）。新店：國史館，2002
　　年。

顧維鈞，《顧維鈞回憶錄》，第六冊、第七冊。北京：新華書局，
　　1988年。

三、台灣：未定的地位，存疑的身分

王　雲程

獨立研究者，東吳大學政治系，淡江大學歐洲研究所。

著作　《佔領與流亡──台灣主權地位之兩面性》
　　　　《放眼國際──領土地位變遷與台灣》（上、下）

部落
格　　雲程的雙魚鏡
　　　　（http://tw.myblog.yahoo.com/hoon-ting）

摘要

　　鑑於國民黨政府僅以「開羅宣言」（新聞公報）與〈台北和約〉歸結「台灣歸還中華民國」傳統論述的貧乏與偏失，本文補充了「戰爭法」特別是「佔領法」與〈舊金山和約〉的視野，以完備「台灣問題」原本的面貌──領土「地位未定」與住民「身分（國籍）存疑」；本文同時在此基礎上，旁述1949年流亡來台的「中國的非共政權」蔣介石當局如何在30年內躋身「中國政府ROC」並再度失去它的可能的法理曲折。

　　關鍵字：台灣地位、領土、國籍、戰爭法、佔領、流亡、舊金山和約、台北和約、SCAP、蔣介石、澀谷事件

前　言

　　台灣的問題並非如胡錦濤或馬英九所言從1949年才開始；它實起源於1945年太平洋戰爭結束，是「聯合國佔領」（見註釋3）下領土地位變遷課題的一環。

　　隨著1949年中國非共政權「蔣介石的ROC」[1]流亡台灣，帶來一批依附於「佔領當局」下的集體移民，加上戰後和平處

---

1 在蔣介石已辭職下台，總統職權移轉李宗仁，自己僅只擁有「中國國民黨總裁」職權的情形下，1949年末流亡到台灣的到底是：中華民國？國民政府？蔣介石的ROC？國民黨？蔣介石軍？蔣介石當局或其他？毫釐千里，值得進一步探討。

置未完整，使問題更加複雜化。在台灣島上，領土地位變遷問題卻因內外政治需求而被轉移為「國共內戰、兩岸分治」的議題。隨著時代變遷與政權轉換，此「國共分治」的架構更已積非成是，而有顛覆亞太國際安全的情勢。

領土地位變遷也影響其上住民的國籍歸屬——領土地位未定，住民國籍即難以確認。而「本土台灣人」（people of Taiwan，或台灣籍民）是什麼身分，其實也影響著1949年集體移民的屬性。包括馬總統與其家族在內，1949年的移民會大量申請外國籍與永久居留權，即為台灣地位未定的外顯。「本土台灣人」身分與台灣地位息息相關之外，「集體移民」的身分與「本土台灣人」一樣存在著辯證般的互賴關係。

本文嘗試從佔領的因素，特別是強國間交涉與執政者的管理角度，描述其對台灣領土地位變遷與台灣住民國籍的考量。這是具有實用價值的：未解決的問題終將必須解決，若台灣的領土地位與國籍身分問題，在未來某一時點需要商討或解決台灣問題時，必然會再次浮現，屆時所有「台灣住民」（people on Taiwan）應該要熟悉「國際」與「執政者」看待事情的角度與相關知識，才能和強國與執政者進行有意義的對話與說服，若只知被統治者的單向主張自我人權，恐將淪為被動。

一、國共推論的基本架構與模型缺失

因國內外政治所需，實際統治台灣與澎湖的「蔣介石的ROC」以：「開羅宣言」為真→〈波茨坦宣言〉→〈日本降書〉→ROC接收台灣（事實統治）→各國均無異議等理由[2]，堆

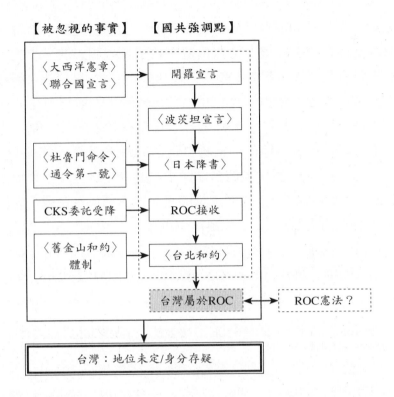

砌出「台灣屬於中華民國」的論述架構，並透過政府體系對內推廣。

　　然而，戰爭中與戰後與台灣有關的文件與行為，並不僅前述幾項而已。此宣傳模型忽略了〈大西洋憲章〉、〈通令第一號〉、〈舊金山和約〉（SFPT），以及從杜魯門、麥克阿瑟、蔣介石、何應欽到陳儀的一系列受降文件與授權遞嬗，更刻意忽略〈舊金山和約〉與〈台北和約〉談判時「蔣介石的

2 如林滿紅著，《晚近史學與兩岸思維》（台北：城邦文化麥田出版，2002），p.95。

ROC」與台灣間僅有「管轄權」而無「主權」連結的事實。
這些文件在前述模型中全無位置，也不見說明。進一步說，
戰後對日之多邊〈舊金山和約〉在1952年4月28日生效，簽於
當日稍早的雙邊和約〈台北和約〉也於隨後的8月5日生效。
問題是，早已於1947年底生效之〈中華民國憲法〉，制憲當
時不可能也從未將地位仍為聯合國佔領區之台灣、澎湖「整
併」（incorporate）為中國的合法國土。甚至，至今〈中華民國
憲法〉（包括增修條文）也從未試圖將台、澎納入。台灣，即使
在〈中華民國憲法〉下，仍無地位可言。

　　根據中國（國共）內戰的歷史論述，頂多能解釋1949年底中
國非共政權「蔣介石的ROC」流亡至「聯合國佔領地台灣」[3]

---

3 「戰後UN」（聯合國）是「戰時UN」（聯盟國）。在維持國際安全上的延伸，
　兩者應為連續體。原因是：
　① 名詞相同。在研討成立戰後機構時，暫訂名稱曾經是不一樣的（如羅斯福
　　　與邱吉爾在1941.12.25討論聯合國宣言時曾檢討過Associated Powers的名
　　　詞），但最後選擇同一。假使「戰後UN」與「戰時UN」兩者非同一主體，
　　　則「戰時UN」在法律上難以確保戰果，從而無法規劃與維持戰後秩序。
　② 「戰時UN」：從UN正式宣戰（1941.12.08）～〈舊金山和約〉生效
　　　（1952.04.28）為止；「戰後UN」：〈聯合國憲章〉生效（1945.10.24）起
　　　算。若兩者不同，則有6年半（1945.10.24-1952.04.28）時間同名重疊，著
　　　實不可思議。
　③ 不僅如此，「國際聯盟」（1920.01.16-1946.04.20）不是「聯合國」
　　　（1945.10.24-），兩者曾有半年的重複存在，國聯解散後，其財產與職權由
　　　UN承受。
　④ 在UN憲章第53條（安理會）與77條（託管制度適用之領土）即為「敵國條
　　　款」，其所指的敵國為日本與德國等。以及第53條第2款：「第二次世界大戰
　　　中為本憲章任何簽字國。」有「敵國條款」存在，日本與德國就無法成為聯
　　　合國安理會常任理事國。
　⑤ 也就是「戰時UN」＝「戰後UN」，所以〈舊金山和約〉中對於日本加入UN
　　　才很嚴肅的對待。
　⑥ UN第一步是〈同盟國宣言〉（1941.06.12），UN第二步是〈大西洋憲章〉

後，兩個「中國人政權」隔海對峙的冷戰現象，無法涵蓋從戰爭結束時刻起就懸而未決的「台灣地位及其從屬的住民國籍」問題。

二、〈大西洋憲章〉、〈聯合國宣言〉與「開羅新聞公報」

　　前述「國共內戰模型」所略而不提的戰時文件，包括1941年8月14日美國總統羅斯福、英帝國首相邱吉爾會晤並宣布的〈大西洋憲章〉。其前三點爲：

　　一、兩國不自行擴張軍力或領域（territorial gains）或其他。

　　二、凡未經有關人民（people）自由意志所同意之領土改變（territorial adjustments），兩國不願其實現。

　　三、尊重各民族自由，決定其所賴以生存之政府形式之權利，各民族中此項權利有橫遭剝奪者，俱欲使其恢復原有主權與自主政府。……4

　　（1941.08.14），UN第三步是〈聯合國宣言〉（1942.01.01），UN第四步是〈聯合國憲章〉（1945.06.26）。

⑦「戰後UN」在1945.10.25（台灣時間）成立，正好是台灣「受降典禮」之前幾個小時，那個時候，不要說和平條約尚未簽署，各國仍處於法律上的「戰爭狀態」中；甚至於，連太平洋戰爭各區的「佔領」，還剩下唯一的「福爾摩沙與澎湖群島」。「戰時UN」與「戰後UN」根本是重疊存在的。

4 葉惠芬編，《中華民國與聯合國史料彙編：籌設篇》（台北：國史館印行，2002），p.2。1. No territorial gains were to be sought by the United States or the United Kingdom. 2. Territorial adjustments must be in accord with the wishes of the peoples concerned. 3. All peoples had a right to self-determination. 另〈UN第二步：〈大西洋憲章〉1941.08.14〉，收入「雲程的

　　這是殖民帝國因擴張海外領土而引起包括兩次大戰等重大損害後的自我克制。其次，1942年1月1日的〈聯合國宣言〉也明白指出：5

　　（2）各國家政府保證同本宣言各簽字國政府合作，並不與敵國單獨停戰或媾和。6

　　另外，1943年12月1日一般稱為「開羅宣言」的「新聞公報」（press communiqué）有「使日本在中國所竊取的領土，如滿洲、福爾摩沙與澎湖等歸還中國」7之意向表述。
　　這三項與台灣地位相關的戰時文件，有內在的法理衝突：
　　·台灣與澎湖應歸還中國的意向，以「新聞公報」的形式發出，依其形式並未取得正式宣言或條約的法律地位；
　　·「新聞公報」中台灣與澎湖應歸還中國之意向，明顯抵觸〈大西洋憲章〉；8

　　雙魚鏡」，http://tw.myblog.yahoo.com/hoon-ting/article?mid＝1738。

5　外務省編纂發行，《日本外交文書　サンフランシスコ平和条約》（東京：巖南堂書店，2006），pp.431-434及406-414。

6　(2) Each Government pledges itself to cooperate with the Governments signatory hereto and not to make a separate armistice or peace with the enemies. http://www.ibiblio.org/pha/policy/1942/420101a.html, accessed in 2009.09.28.

7　...all the territories Japan has stolen from the Chinese, such as Manchuria, Formosa, and the Pescadores, shall be restored to the Republic of China. 日本國會圖書館網頁，http://www.ndl.go.jp/constitution/e/shiryo/01/002_46/002_46_001r.html, accessed in 2009.09.28.

8　雲程譯，〈美國國家檔案局Michael J. Kurtz對於FAPA的回覆〉，收入「雲程的雙魚鏡」，http://tw.myblog.yahoo.com/hoon-ting/article?mid＝1136。

‧依據〈聯合國宣言〉之規定，任一成員不得單獨與敵國
講和，從而任一會員國也不得單獨或私自從敵國取得任
何領土。

這類戰爭中同盟國一致同意的法律宣誓，制約了戰後各國
準備和平條約的工作，特別是相對於聯合國，中國與蘇聯等國
出現「敵性反轉」（Reverse Hostility，或盟國內訌）現象時更是如
此。這衍生出另一個問題是：在和約成立後，這些戰爭中主要
參戰國的意向表達，戰後（特別是和平條約生效後）是否仍具有拘
束力？

三、佔領權力的法源與軍事統治樣態

佔領是一領土被入侵或投降後，外部武裝部隊實際掌控此
領土後的法律狀態。佔領可以是單方強制的結果，如征服或無
條件投降；也可以是雙方合意的結果，如戰事僵持後的停戰或
談和。投降一方所交出給佔領當局的，不僅是本部隊的武器與
人員管理權，同時還有其原本擁有對當地的統治權力。

投降後即為佔領，佔領代表展開包括民政治理（civil affairs
administration）在內的軍事統治（military government）。

● 佔領的法源

佔領所根據的主要是1907年的〈海牙第四公約〉與附件規
則（Hague IV Convention Regulations, H.R.）、1949年〈日內瓦戰時保
護平民公約〉（Geneva Conventions, G.C.），以及美軍的《野戰手
冊》（Field Manual, FM）等戰爭法。

　　根據戰爭法的規定，佔領是一種基於「入侵事實」所形成事實統治的權力（H.R./42, FM 27-10-6/355/362/367），佔領當局得「排除」9原主權國家對當地的主權行使，行政長官（軍事總督）10具有統攝現代政府三權的絕對權力。以沖繩佔領爲例，軍事總督權力凌駕司法與立法部門之上，並得以：

　　檢視、同意、遣送、擱置、減刑、赦免或其餘修正，或駁回任何法院的任何決定、判決或宣告

或

　　擁有否決、禁止或擱置任何（琉球群島）政府或任何民政府或前述政府之代理機構所制訂之法律、命令或規則效力之權利。11

　　除此之外，尚可「徵用屬於國家的動產」（H.R./53）。被戰敗國家被佔領後，要交出本國的外交與國防權力，由佔領

---

9 佔領權力的行使性質，在「排除說」外，在國際法教科書中，尚有「擱置（suspend）說」與「信託（trust）說」兩種擬制。

10 根據美國陸軍《野戰手冊（Field Manual）FM 41-10-11》，「佔領地的民政治理」定義：「已建立的民政治理體系首長爲『民政長官』（the civil administrator），常被稱爲『軍事總督』（the military governor）。此長官是軍事指揮官或其他指派來執行對佔領地當局權力的人員。」雲程譯，〈美國陸軍《野戰手冊》FM 41-10-11〉，收入「雲程的雙魚鏡」，http://tw.myblog.yahoo.com/hoon-ting/article?mid＝2416。

11 雲程譯，〈建立琉球政府的民政公告No.13〉（1952.02.29）第五條與第七條，收入「雲程的雙魚鏡」，http://tw.myblog.yahoo.com/hoon-ting/article?mid＝13907&next＝9139&l＝f&fid＝43。

國派員代理等等。如SCAP在1945年10月25日向日本政府發出〈關於移交外交領事機關財產、文件的指令〉，要日本關閉駐外使領館，停止外交活動，這項禁令也包括日本與中立國（如瑞典和瑞士在內）的關係。佔領當局SCAP權限最大時，甚至統攝了出入國、關稅、海關、檢疫等領域。日本外務省為出入境管理也設立「入國管理部」與SCAP的附屬機構「出入國管理聯絡協議會」共同處理。12

佔領權力雖如此絕對，但佔領者並非即可恣意為之。其限制主要包括：

- 佔領屬於暫時性質（FM 27-1-6/353）、
- 佔領不移轉主權（G.C./47、FM 27-1-6/353/358）、
- 不得設立國家、中央或地方傀儡政府（H.R./47, FM 27-1-6/358/366）、
- 指揮官不得承諾政府的主權（FM 41-10-11）、
- 禁止劫掠（H.R./47）、
- 禁止強迫效忠（H.R./45）、
- 不得剝奪公平受審權利（H.R./23, FM 27-1-6/372）等等。13

● 佔領的樣態（以日本為例）

---

12 宋成有、李寒梅等著，《戰後日本外交史：1944-1994》（北京：世界知識出版社，1995），pp.47-49 及88-93。

13 參見「戰爭有章法」，收入「雲程的雙魚鏡」，http://tw.myblog.yahoo.com/hoon-ting/archive?l=f&id=43；Frederic De Mulinen原著，賴孝媛，許學迅，周茂林合譯，《武裝部隊戰爭法使用手冊》（台北：國防大學譯印，2005）。

　　佔領下軍政或民政統治，可行使「直接統治」，也可實施「間接統治」。如戰後日本佔領就是透過天皇與政府為之的「間接統治」。在多國聯合作戰的體制下，委託佔領甚至多重指揮體系（如對台灣的蔣介石、US、UN）並非特例，反而是跨國軍事行動的必然。

　　佔領是以軍事勝利為基礎，因此「軍政府」（或「民政府」）的背後有軍司令部（即軍隊）為靠山。1945年前後日本的佔領當局SCAP/GHQ，雖然號稱「聯合國軍」的最高司令部，背後的武力靠山卻幾乎全為如下之「美軍」：

・佔領陸軍──US第8軍＋UN陸軍；

・佔領海軍──US駐日海軍＋UN海軍；

・佔領空軍──US太平洋空軍司令部＋UN空軍部隊。[14]

「聯合國軍」最高司令部經1947年組織蛻變後，分區加入英國協部隊而轉化為：

・佔領陸軍── US第八軍 ＋ 英國佔領陸軍部隊（BCOF）；

・佔領海軍──US遠東海軍司令部（NAVFE）＋駐日海軍（NAVJAP）＋英國支援部隊（TG96.8）；

・佔領空軍──US遠東空軍司令部（FEAF）＋US第5空軍＋英國佔領空軍部隊（BCAIR）。[15]

　　從時間序列而言，麥克阿瑟在1945年8月30日先於

---

14 竹前榮治，中村隆英解說；天川晃等編集，《GHQ日本占領史──第2卷：占領管理の体制》（東京：日本図書センター，1996），pp.151-152。

15 千田武志著，《英連邦軍の日本進駐と展開》（東京：御茶の水書房，1997），p.108。

日本「橫濱關稅署」建立「美國太平洋陸軍總司令部」
（USAFPAC）16，東京灣受降後再於10月2日於東京的「第一生
命」大樓建立「聯合國最高總司令部」（SCAP）。17 日本的佔
領中是以USAFPAC爲軍事面的主軸，而以SCAP出面執行「軍
事統治」。以麥克阿瑟爲例，他身兼兩職——從聯合國的角度
看，他是「聯合國最高指揮官」（1945.08.14-）；從美國的角度
看，他也是「美國太平洋陸軍總司令」（1945.04.03-），兩者似
二實一。

　　佔領權力在麥克阿瑟身上整合的事實，象徵了國際法與
（美國）國內法的競合交集——這也是近年來「控美案」得以
成案的基調，即：「舊金山和約體制」（國際法）中地位未定
的台灣，爲何、如何可能在「主要佔領國」美國的憲法（國內
法）中佔有一席之地；以及1979年〈台灣關係法〉之特殊存在
的理由。

四、「蔣介石代理佔領」與「ROC流亡到佔領地」

　　1945年日本決定接受〈波茨坦宣言〉的條件向聯合國（盟
國）無條件投降後，透過盟軍體系，美國總統杜魯門在8月12

16　1947年1月1日，USAFPAC改組爲美國「遠東軍司令部」（Far East
　　Command, FEC）。1950年7月8日，韓戰爆發，聯合國軍事介入，建立聯合
　　國軍（United Nations Forces），仍由麥克阿瑟擔任最高司令官。
17　1945年10月2日美國陸軍元帥，最高司令官麥克阿瑟頒佈之〈聯合國最高司
　　令官總司令部一般命令第1號〉：「聯合國最高司令官總司令部設置於日本東
　　京。」茶園義男編著，《十五年戰爭重要文獻シリーズ第9集GHQ（マ元帥）
　　処刑命令書全2卷》（東京：不二出版，1992），p.11。

日先以〈美國總統指派麥克阿瑟將軍為盟邦統帥受降令〉18
任命麥克阿瑟將軍為「盟國最高指揮部指揮官」（Supreme
Commander of the Allied Powers, SCAP）並負責主導太平洋戰區各區
域之受降與佔領，麥克阿瑟將軍轉發此令為著名的〈通令第一
號〉，指令太平洋戰爭各地區之受降與佔領，其中包括：

> 在中國（滿洲除外），台灣及北緯16度以北之法屬印度支那
> 之日本高級將領及所有陸海空及附屬部隊應向「蔣介石元帥」
> （Generalissimo Chiang Kai-shek, CKS）投降。19

●「蔣介石」佔領的戰爭法合法性

〈通令第一號〉另以第6點精確定義了各分區「佔領權」
的行使主體：

> 上述各司令官為唯一當權接受投降之盟邦代表，所有日本
> 軍隊應只向彼等或其代表投降。20

由此可知，蔣介石對台之受降佔領是合於戰爭法21（laws of

---

18 〈美國總統杜魯門本日指派麥克阿瑟將軍為盟邦統帥，接受日本投降〉，收入
　　陳志奇輯編，國立編譯館主編，《中華民國外交史料彙編（十五）》（台北：
　　渤海堂文化公司，1996），p.7059。

19 前引，p.7059。

20 原文：f. The above indicated commanders are the only representatives of
　　the Allied Powers empowered to accept surrenders and all surrenders of
　　Japanese Forces shall be made only to them or to their representatives. 轉引
　　自http://www.taiwandocuments.org/ surrender05.htm。

21 一稱「戰時國際法」，或「國際人道法」（international humanitarian

war）的。聯合國委託蔣介石之「（代理）佔領權」遞嬗如下：22

層級	1945	命令	命令人	受命人
1	08.12	〈美國總統指派麥克阿瑟將軍為盟邦統帥受降令〉	盟軍最高統帥	太平洋盟軍最高指揮官
2	09.02	〈通令第1號〉	太平洋盟軍最高指揮官	蔣介石元帥
3	09.09	〈中國戰區最高統帥命令第1號〉23	蔣介石元帥	中國戰區中國陸軍總司令
4	09.05	〈中國陸軍總司令備忘錄第20號〉	中國戰區中國陸軍總司令	台灣警備總司令兼行政長官
5	10.25	〈台灣警備總司令兼行政長官命令第1號〉24	台灣警備總司令兼行政長官	台灣軍司令兼台灣總督

　　根據〈中國陸軍總司令備忘錄第20號〉，北緯16度以北之法屬印度支那由盧漢，台灣與澎湖為陳儀，而香港則命令英

---

laws）。

22 雲程著，《放眼國際——領土地位變遷與台灣（上）》（台北：憬藝，2007），p.79。

23 「根據日本帝國政府，日本帝國大本營向聯合國最高統帥之降書，及聯合國最高統帥對日本帝國所下之第一號命令，茲對中國戰區內中華民國（遼寧、吉林、黑龍江三省除外）台灣以及越南北緯16度以北地區之日本陸海空軍頒佈命令。」見〈中國戰區最高統帥命令第一號〉，收入《中華民國外交史料彙編（十五）》，p.7323。

24 第2點：「遵照中國戰區最高統帥兼中華民國國民政府主席蔣及何總司令命令，及何總司令致岡村寧次大將中字各項備忘錄，指定本官及本官所指定之部隊及行政人員接受臺灣、澎湖列島地區日本陸海空軍及其輔助部隊之投降，並接收臺灣、澎湖列島之領土、人民、治權、軍政設施及資產。」〈台灣前進指揮所主任葛敬恩本日發表告台灣同胞書，宣揚中央德政，「代表全體國人向各位致最誠摯的慰問之意」〉，收入前書，p.7455。

國海軍少將Cecil Harcourt負責。25 不僅如此,在蔣介石元帥的受降區域之一的中國內,還有「美軍佔領區,盟軍聯合佔領區」26。暫不論台灣與澎湖歸屬如何,「法屬印度支那」與「Harcourt少將」以及有「美軍佔領區,盟軍聯合佔領區」的存在,證實不因受降而取得受降領土的主權,更顯示著「蔣介石元帥」的受降與佔領是一個跨越國家主權範圍的戰爭法行為。26

● 蔣介石佔領,非 ROC 佔領

進一步看,相對於〈通令第一號〉直接指明「蔣介石元帥」(人稱),同一命令的其他各點中卻以「職稱」規定受降與佔領主體,可見單獨使用「蔣介石元帥」一語並非毫無盤算,在國共內戰背景下,有預留日後「共產中國」建立後做為國際政治籌碼的效果。茲整理〈通令第一號〉的受降佔領主體與區域如下:27

---

25 〈中國戰區中國陸軍總司令部備忘錄中字第十九號〉,收入前書,p.7247。
26 「甲、茲規定中國軍何總司令之任務如下:……四、秉承本委員長之指示,與中國戰區美軍人員密切合作辦理美軍佔領區,盟軍聯合佔領區,交防接防敵軍投降後之處置。」〈委員長未嘯亥令一亨電(規定中國陸軍總司令之任務)〉,收入中日文化經濟協會編,《中國戰區中國陸軍總司令部處理日本投降文件彙編》(台北:中日文化經濟協會,1969),p.17。
27 安藤仁介著,李明峻譯,《國際法上的佔領、投降與私有財產》(台北:國立編譯館,1998),p.193。
28 「當時從大陸去台灣還需要台灣方面的入境證」,王冀著,《從北京到華盛頓》(香港:商務印書館,2008),p.35。
29 「中華民國的護照要在廣州的外交部臨時辦事處處理」,前書,p.40。

條次	日軍受降對象	日軍投降領土
1	蔣介石元帥	中國（滿洲除外）、台灣、北緯16度的法屬印度支那
2	蘇維埃遠東軍最高總司令	滿洲、北緯38度以北之高麗、庫頁島
3（1）	盟國東南亞軍最高司令	安達曼群島、尼科巴群島、緬甸、泰國、北緯16度以南之法屬印度支那、馬來亞、蘇門答臘、爪哇、小巽他群島（包括峇里島、龍伯島及帝汶島在內）、布魯島、西拉姆島、安澎島、亞拉弗海諸島、凱伊島、亞耳島、達尼巴島、西里伯斯群島、哈爾馬赫拉島和荷屬新幾內亞
3（2）	澳大利亞陸軍最高司令官	婆羅洲、英屬新幾內亞、俾斯麥群島和所羅門群島
4	美國太平洋艦隊最高司令	日本委任統治島嶼、琉球群島、小笠原群島、其他太平洋島嶼
5	美國太平洋艦隊最高司令	日本本土、附近各小島、北緯38度以南之高麗、菲律賓

　　此命令的設計顯示：蔣介石受降之權力根源於國際或代表聯合國的美國總統，而「蔣介石元帥及其代表」擁有戰爭法下對台灣的合法代理佔領權力；但「蔣介石元帥及其代表」卻不等於「中華民國政府」。

　　蔣介石對台灣的代理佔領權並非「中國國內」事務，也可由台灣與中國間之往來需「入境證」[28]，且中國人無法在台灣辦理「護照」[29]等事實間接獲得證實。因蔣介石的佔領權得自聯合國的委託，從而必須服從聯合國集體與主要政治當局的決定。

　　「蔣介石元帥」佔領當局對台灣與澎湖單純的「聯合國

委託佔領」性質，卻因1949年底中國非共政權「獲准」（sought and attained）[30] 流亡此地而開始複雜化。

五、多邊下的雙邊：〈舊金山和約〉與〈台北和約〉

由於1949年中華人民共和國（PRC）建政，並獲得許多聯合國（戰勝國）成員國個別的「政府承認」（recognition of government），各成員國在擬訂對日（多邊）和約時也遇到以下的頭痛問題：

- ROC[31] 或PRC誰可代表中國？若由蔣介石的ROC簽署對日和約，PRC必定不予承認；
- 若和會邀請PRC將導致和會迫使所有與會國家承認「PRC對中國的主權地位」，此點並非當時國際政治的事實，更何況蔣介石的ROC亦必反對；[32]

---

30 「慘敗的蔣介石政府，和一百多萬追隨他的軍民，獲准避難到台灣。」 "The vanished government of Chiang Kai-shek, along with over one million followers, sought and attained refuge on Taiwan"，經譯者轉查證原作者，證實原作者確為此意。賀森松（Bruce Herchensohn）著，王泰澤、張喜久譯，《台灣：恫嚇下的民主進展》（*Taiwan: The Threatened Democracy*）（台北：前衛出版社，2007），p.42。

31 此處所稱之ROC，是指1949年與蔣介石流亡來台並以ROC為名的中國非共政權。本文其餘多稱為「蔣介石的ROC」，見註釋一。

32 〈顧大使向美方提出兩點補充修正辦法〉1951年6月21日，收入中華民國外交關係研究會編纂，《中日外交史料叢編（八）：金山和約與中日和約的關係》（台北：中國國民黨中央委員會黨史委員會發行，1995）前書，p.136。事實上，就國際法的實踐而言，參與並簽署多邊條約，並不會造成「承認」的效果。故此理由判斷為談判之戰術運用。詹寧斯（Sir Robert Jennings）、瓦茨（Sir Arthur Watts）修訂，《奧本海國際法》（北京：中國大百科全書出版社，1998），第一卷第一分冊，p.116。

- 在蔣介石的ROC對中國已無實際控制權力的事實下，和約（有關中國的條款）如何有效執行並生效？[33]

- 「遠東委員會」12國中，贊成邀請ROC簽字者僅2國，反對者9國（包括英、加、紐、澳、印度等），其中英、加、紐、澳等國主張至少應於多邊和約內對ROC加入種種限制；[34]

- 程序上參加和會之各國代表應彼此交換「全權證書」，但反對蔣介石的ROC與會之國家不願與蔣介石的ROC交換「全權證書」，如此，將使蔣介石的ROC甚至和會寸步難行；[35]

- 「敵性反轉」的法理窘境，即PRC因介入韓戰已成為聯合國正式決議案下之侵略者；

- 已經轉化為SCAP指令的戰時文件〈波茨坦宣言〉或〈降書〉等，在和約後的地位為何？

　　除此之外，中國還有各國所無的特殊問題，是否適合放入多邊和約中一併處理，也不無疑問：[36]

- ROC主張對日本實際的武裝衝突為1931年9月18日（當然也非1895年的甲午戰爭）[37]，早於各國宣戰的1941年12月9日，在多邊和約中如何劃定「本次戰爭」共同的起始時

---

33 〈英美對中國訂約問題的妥協〉1951年8月21日，收入《中日外交史料叢編（八）：金山和約與中日和約的關係》，p.85

34 〈顧大使表明我參加和約的態度〉1951年6月2日，收入前書，p.38。

35 〈顧大使向美方提出兩點補充修正辦法〉1951年6月21日，收入前書，p.135。

36 整理自〈英美對中國參加和約問題的折衷方案〉，收入前書，p.78。

37 1951年5月23日，〈關於美提對日和約稿我方修正案〉，收入前書，p.33。

間？38

- 如何處理日本在中國、朝鮮、台灣等地已經建立穩定的
政府組織、發展龐大的產業？

蔣介石的ROC提出以下理由，主張自己應參加多邊和
約：39

- 正式對德義日宣戰40；
- 參加過26國〈聯合國宣言〉41 不得單獨講和；
- 正式接受聯合國協調作戰命令的中華民國（ROC）實際
作戰有戰功42；
- 對日作戰傷亡最重（顧維鈞言：中國戰場傷亡300萬，平民死亡
2,000萬）；
- 蔣介石的ROC（當時）為多數聯合國成員國所承認之中
國政府；
- PRC（當時）為聯合國公敵，不應參加和約；
- 「簽署權利」與「和約效力」兩問題應分開討論，「簽

---

38 此事之所以重要是因為，和平條約涉及許多複雜事項，包括戰爭的責任歸屬與
賠償，此責任與賠償需由「宣戰」所開啟的「戰爭狀態」（state of war）來定
義。如中日之間雖自1931.09.18起戰鬥，但中國對日正式宣戰為珍珠港事變次
日。宣戰之前為武裝衝突（armed conflict），之後才稱為戰爭（war）。

39 整理自：1951年7月13日〈葉部長於美公佈約稿後的嚴正聲明〉，收入《中日
外交史料叢編（八）：金山和約與中日和約的關係》，pp.72-73。

40 〈國民政府對日本宣戰布告〉、〈國民政府對德意志義大利宣戰布告〉，收入
《中華民國外交史料彙編（十）》，pp.4848-4849。

41 1942年1月1日，收入《中華民國外交史料彙編（十一）》，pp.4895-4896。

42 1941年12月31日美國總統羅斯福致電蔣介石，建議成立中國戰區最高統帥
部，並請其「負指揮現在或將來在中國境內活動之聯合國軍隊之責」，收入
《中華民國外交史料彙編（十）》，p.4894。1942年1月3日，蔣介石「因羅
斯福的提議被正式推舉為中國戰區最高統帥，肩負起中國及泰國、越南地區聯
軍部隊的總指揮任務」，收入《中華民國外交史料彙編（十一）》，p.4897。

署權利」是法定權利，而「和約效力」與國際局勢演變有關[43]等等。

對此，身為「和約主持國」的美國，立場如下：

· 對〈聯合國宣言〉中不得單獨講和規定，認為「戰爭既完，勝利既已獲得，則各國對此協定上之義務已盡」[44]；

· 日本應儘早恢復主權，參加自由世界，共同防共；

· 簽署和約，條款多數與中國有關者，蔣介石的ROC亦無法執行，故提議蔣介石的ROC接受某種限制[45]，但蔣介石的ROC此後在聯合國地位將發生困難；

· 對僅邀請PRC代表中國或同時邀請蔣介石的ROC與PRC雙方代表中國等意見，美國因只承認蔣介石的ROC，故無意邀請PRC；

· 〈波茨坦宣言〉或〈降書〉等本來就是聯合國成員國家內部的「自律原則」，若未轉為和約的規定，即無法取得法律規範的地位與效力。[46]

最後，美國決定以「會議為專簽多邊和約」[47]為由，傾向不應邀請蔣介石的ROC與會。蔣介石的ROC駐美大使顧維鈞

---

43 〈關於美提對日和約稿我方修正案〉1951年5月23日，收入《中日外交史料叢編（八）：金山和約與中日和約的關係》，p.33。

44 〈英美對中國參加和約問題的折衷方案〉1951年6月15日，收入前書，p.80。

45 〈杜勒斯與我方商討中日另訂雙邊和約問題〉1951年7月9日，收入前書，p.63。

46 外務省編纂發行，《日本外交文書　サンフランシスコ平和条約》（東京：巖南堂書店，2006），pp.256-257。

47 〈顧杜就修正稿交換意見〉1951年5月29日，收入《中日外交史料叢編（八）：金山和約與中日和約的關係》，p.29。

1951年1月20日致杜勒斯節略中，初步表達接受：

> 中國政府亦亟願以適當之和約，終結對日戰爭狀態，同時使日本重返自由及主權國家之社會。為此目的，中國政府希望和會得以早日召開。惟如因一個或數個有關國家之阻撓，致此事無法實現時，則中國政府亦願同意與日締結雙邊和約之程序。[48]

顧維鈞請美國贊成蔣介石的ROC與日本商討〈台北和約〉之提議，杜勒斯回答「手續上須得國務卿同意及洽盟總（SCAP）協助辦理」。[49] 此一對話界定了〈台北和約〉、SFPT、美國（主要佔領國、和約主持國）[50] 與SCAP（佔領總部）等環環相扣之關係。雙邊的〈台北和約〉，實際上仍在SCAP多邊和約的制約下存在。

最後，杜勒斯於1952年1月14日表示：

> 雙邊和約可開始談判而於多邊和約生效前完成劃押。但其簽字與批准生效，應在多邊和約生效以後。[51]

1月19日，美國國務院也正式答覆：

---

48 〈關於對日和約案駐美顧大使制杜勒斯節略譯文〉1951年1月22日，收入前書，p.14。
49 杜勒斯此語應參照原文方為妥當。〈杜勒斯與我方商討中日另訂雙邊和約問題〉1951年7月9日，收入前書，p.63。
50 前引，p.66、p.71。
51 〈杜邱會談之有關我國的問題〉1952年1月14日，收入前書，p.185。

　　美國政府一貫所採之立場為：日本與其他國家間之雙邊條約可在多邊（金山）和約生效之前談判並將最後約稿草簽，但該項雙邊條約之正式簽字，不能在金山和約生效之前舉行。日美加漁業條約及菲律賓暨印尼關於賠償之談判，均依此一程序進行。52

　　1951年上半有過許多折衝，消息也略見混亂，但其意義為：雙邊和約確為多邊和約授權下的一環或成為其附添，且不僅日「華」如此，日美漁業條約（SFPT第14條）、對菲律賓與對印尼的賠償（SFPT第9條）；甚至於在美國眼中，〈美日安保條約〉也是多邊和約授權下的雙邊條約（杜勒斯語53）。

● 刻意「留為懸案」

　　至於，和約談判中有關「開羅宣言」的問題， 1951年4月24日杜勒斯與顧維鈞意見交換中表示：

　　……至台灣則按開羅宣言記錄應交還中華民國。但同時曾面告英國大使，以國民政府堅持台灣為中國領土之一部份，與中共主張相同，均已認為中國內部問題，今若明文交還，則美派第七艦隊保障台灣，將失卻根據，而徒使中共與蘇聯對美更加干涉之譴責，故在此階段中，美不得不將台灣問題留為懸

52　〈美國務院對「實施範圍」及簽約時間的答覆〉1952年1月19日，收入前書，
　　p.189。
53　〈杜勒斯主張雙邊和約在多邊和約之後簽訂〉1952年6月28日，收入前書，
　　p.141。

案，俾便應付。此點極機密，盼貴方嚴為保守不洩。54

　　這些討論與考量，都表示台灣的地位並非和約「已決定」項目，而是SFPT下刻意「留為懸案」55（當時不予解決）的問題之一。

● 兩組「事實基礎」下的雙邊和約

　　交涉的最後，美國整理之「蔣介石ROC」（國民政府）對台灣與在SFPT（和約）的關係為：

　　「國民政府事實上權力」之和約關係置於「現實之基礎上」。56

　　由此語可以理解，「蔣介石ROC」對台灣與和約分別有兩組陳述：

　　・蔣介石的ROC在台灣＝事實權力

　　・蔣介石的ROC對和約關係＝現實基礎

　　無論「蔣介石的ROC對台灣」（以統治為表現）或「蔣介石的ROC對中國」（以和約為表現），都已被聯合國定義為一種「事實」，從而「日本政府應與國民政府以後者為台灣與澎湖列島之現在行政當局地位商討辦法。」57這個「現在行政當局

---

54 〈顧杜就修正稿交換意見〉1951年5月29日，收入前書，p.29。

55 〈杜勒斯與顧大使續就領土問題交換意見〉與〈顧杜就修正稿交換意見〉1951年4月24日，收入前書，pp.28-29。

56 〈杜勒斯與我方商討中日另訂雙邊和約問題〉1951年7月10日，收入前書，p.64。

57 〈美國國務院致藍欽公使電文譯文〉1951年7月9日，收入前書，p.64。陳志奇之註解中亦提及「對於日本所放棄之領土之現在行政當局」之用語。

地位」顯然是「事實上（*de facto*）政權」之意。同時，英美向ROC轉達其雙方同意的事項：

　　無論日本政府願與國民政府或中共締結和約，其要端為日本不得認中共為享有主權，亦不得承認國民政府對全部中國享有事實上之控制。……英國或美國均不得影響日本使其承認國民政府或中共所提而無事實為依據之要求。58

　　相對於前述蔣介石的ROC單方對台灣與對和約之兩組陳述，聯合國認為蔣介石的ROC與PRC雙方在對日和約之簽署基礎上有兩重「非事實」：

・PRC對中國享有「主權」──非事實；

・蔣介石的ROC對全部中國享有「控制權」──非事實。

　　又基於「蔣介石的ROC對全部中國享有控制權」之「非事實」，引導出：

・蔣介石的ROC應承認現時不能在「大陸」對日本履行和約義務之事實；

・蔣介石的ROC不能使日本在「大陸」對ROC履行和約義務之事實。59

　　前述聯合國對蔣介石ROC與PRC之認定，可整合為以下多

58　〈英美對中國訂約問題的妥協〉1951年8月21日，收入前書，p.85。
59　〈英美對「實施範圍」案之保證及我方態度〉1951年8月30日，收入前書，p.160。

層次陳述：

{ ・蔣的ROC在台灣＝事實權力；
　・蔣的ROC對和約關係＝現實基礎。

　　{ ・PRC對中國享有「主權」──非事實；
　　　・蔣的ROC對全部中國享有「控制權」──非事實。

　　　　{ ・蔣的ROC應承認現時不能在大陸對日本履行義務之事實；
　　　　　・蔣的ROC不能使日本在大陸對ROC履行義務之事實。

● 多邊和約下其他的雙邊

　　不僅前述兩約，甚至〈美日安保條約〉與〈舊金山和約〉（SFPT）之關係，也可透過杜勒斯與顧維鈞的對話理解：

　　顧維鈞：（向杜探詢）如韓戰解決，是否蘇方將要求參加對日和約？

　　杜勒斯：未必，因其反對最深者，係琉球歸美軍保持，視為眼中釘，不能同意。其他問題，如美在日本駐紮軍隊、設空軍基地，均尚能勉強承受，英對後兩者亦不願見之於多邊約內，故現均改列為美日間雙邊協約之內，故與日簽訂雙邊條約者，將來必不止貴國一國。60

　　加上前述蔣介石的ROC首選是簽署「多邊和約」，其次是「雙邊和約」，以及「雙邊」該在「多邊」之前或同時簽署

---

60 〈杜勒斯主張雙邊和約在多邊和約之後簽訂〉1951年6月28日，收入前書，p.141。

等交涉焦點，顯示：

- 日本與任一中國（蔣的ROC或PRC）簽署雙邊和約的權力，和日本與其他盟國之簽約權相同。61
- 太平洋戰後之和約爲「多邊」爲主、「雙邊」爲輔之和平體制，即〈台北和約〉從屬於〈舊金山和約〉。
- 〈台北和約〉並非SFPT下唯一的雙邊條約：日美漁業條約、關於菲律賓之賠償、關於印尼之賠償，甚至〈美日安保條約〉亦屬於〈舊金山和約〉體制下的雙邊條約，至少在美國眼中是如此。62

這樣，我們就有理由懷疑：同時期美國與各國簽署的一系列「共同防禦條約」不僅是傳統冷戰的佈局，是否亦爲「SFPT體制」的一環？事實上，此種多邊與雙邊的相互牽扯，美國在一次大戰後的對德和約也經歷過。當時因種種因素，對德〈凡爾賽和約〉未取得美國國會三分之二的多數批准，致使美國無法簽署多邊和約，但美國國會於1921年7月宣布正式結束對德戰爭狀態，8月通過〈凡爾賽和約〉（但聲明除國際聯盟條款外，和約之條款一律生效）後，與德國簽署雙邊和約，結束戰爭狀態（state of war）。63

---

61 〈英美對中國訂約問題的妥協〉1951年8月21日，收入前書，p.85。
62 美國與西太平洋各國簽署之共同防禦條約：美菲（1951.08.30）、美澳紐（1951.09.01）皆在多邊和約之前；與日本爲多邊和約同時（即1951.09.08簽署、1952.04.28生效，並於1960.01.09修訂）；與韓國（1953.10.01）、與東南亞多國（1954.09.08）、ROC（1954.12.02）則在多邊和約之後。
63 李慶餘著，《美國史：移民之邦的夢想與現實》（台北：三民書局，2008），p.118。事實上，一次大戰協約國曾在1914年9月5日曾訂立三國條約。其中規定非經各締約國相互同意，協約國不得訂立停戰協議。安安葛羅米柯、鮑尼波洛馬廖夫主編，韓正文、沈無清等譯，《蘇聯對外政策史》（上卷），轉引自

六、〈台北和約〉的焦點

在〈舊金山和約〉制訂過程中，中國因政府代表性的疑義，又被隨著韓戰與冷戰的背景，最後在複雜的國際政治下，以主權國家日本「自願選擇」與「蔣介石的ROC」簽署「雙邊條約」的外掛方式，解決「多邊和約」可能破局的困境。即便如此，「雙邊條約」仍有致命性的法理與實際矛盾：

- ・「雙邊條約」是中日間和平條約，或兼具重建雙方正常關係（政府承認）的條約？
- ・「雙邊條約」的「實施範圍」如何？
- ・台灣住民該有的與真正的「國籍／族籍」（nationality）為何？

●〈台北和約〉之「和約本質」

流亡至台灣後，中國非共政權「蔣介石ROC」政權正當性受損嚴重，亟需國際承認建立，故堅持〈台北和約〉須為和平條約以與他國平起平坐；而日本的態度與〈舊金山和約〉多數聯合國成員相同，質疑「蔣介石的ROC」簽和約之（中國）代表性，故雙邊條約應僅限定於恢復邦交；頂多承認有此問題存在，故最初日方談判代表只擁有「商討該兩項問題的全權」。

沈莉華著，《從對抗到承認：1917-1933的俄美關係》（哈爾濱：黑龍江大學出版社，2009），p.41。

　　就實際談判的扞格而言，蔣的ROC其代表的「全權證書」上有「締結中華民國與日本間和平條約」之權，假使日方代表無「和平條約」的字眼與談判簽約之權，談判在第一關交換「全權證書」時立即將發生嚴重困難。此困擾，在多邊和會時也成為議題之一。

　　宣稱「擁有全中國」的蔣的ROC實際卻僅控制部分中國領土64，若蔣的ROC無法有效控制全中國，和平條約成立後，面臨如對中國的賠償、日本在中國與在台灣產業的處分、地位未定的台灣與澎湖，以及台灣與澎湖的「（原）日本臣民」之國籍問題等？特別是蔣的ROC的領土範圍過去是、未來也可能處於變動中等狀況，如何能夠執行條約條款？

　　在美國介入下，日方最後確認：「中日間之條約，在名稱與內容方面，均應為一和約；實施範圍一點，應不訂入條約內。」並由全權代表河田烈確認：「無論日本文字表現如何，本人有簽署任何字樣之條約。」65 1952年2月10日河田聲明：「日本政府對條約名稱已作決定性之同意，即稱之為〈中華民國與日本國間和平條約〉。」66 〈台北和約〉之「和約」性質於是被確認下來。同樣的，「蔣介石的ROC」至少也毫無疑

<hr>

64　此處是一種模糊表示，ROC與美國皆並未指明「部分中國領土」是指金門、馬祖與其他，或是台灣、澎湖？留下許多人的想像空間。

65　「第四節　和約名稱的商討及中日對雙邊和約的意見」，收入前書，pp.190-201。

66　周琇環編，《戰後外交部工作報告──民國三十九年至民國四十二年》（台北：國史館印行，2001），p.380；另見〈對日和約摘要：ROC外交部工作報告〉，收入「雲程的雙魚鏡」：http://tw.myblog.yahoo.com/hoon-ting/article?mid＝3011&prev＝3038&next＝2830&l＝f&fid＝22。

問的成爲「日本所承認的（中國政府）ROC」了。

●〈台北和約〉之「控制下的領土」

在〈舊金山和約〉大致相同的限制下，日本與ROC簽訂〈台北和約〉。簽署時間選在〈舊金山和約〉生效前七小時半。對日本而言，必須如此安排日本在條約中才「有名義處分台灣」。〈台北和約〉條約文字與〈舊金山和約〉文字幾乎完全一致，並未提及領土主權移轉。假使，日本在〈舊金山和約〉生效後才與「蔣介石的ROC」簽署和約，則日本「已經實現」放棄台灣與澎湖群島的意志表示，即無名義再度放棄該領土。處於〈舊金山和約〉已經簽署卻尚未生效的階段，日本在〈台北和約〉中對台灣與澎湖仍謹慎的使用「業已放棄」用語。

有趣的是，舊金山和會中「誰是中國？」的疑問，雖以雙邊和約的外掛方式過場，但在〈台北和約〉中仍以「何謂ROC？」的面貌繼續糾葛。即做爲和約一方的「中國政府」，要如何接受與執行相對方（日本）的條約規定？ROC的範圍爲何？

〈台北和約〉的本文雖然並未直接定義ROC的範圍，但以「二度外掛」〈照會第一號〉的換文處理：

關於本日簽訂之日本國與中華民國間和平條約，本代表謹代表本國政府提及貴我雙方所成立之了解，即：本約各條款，關於中華民國之一方，應適用於現在在中華民國政府控制下或將來在其控制下之全部領土。67 （all the territories which are now, or which may hereafter be, under the control of its Government.）

　　程序上，採用「換文」解決「實施範圍」的困境，著眼在「將來雙方認為問題不復存在，可將換文廢止而不影響和約之完整」[68]，算是一種見機行事的權變。

　　雖然公開記錄上，中日雙方只論及ROC統治權力如何在中國實施的困擾，但如前述套疊三組的「事實」認定下，實際上問題也包括ROC的統治權力如何可能在台澎實施的層次——由於SFPT的制約，〈台北和約〉不可能規定台灣與澎湖歸屬中國（或由ROC所代表的一方）。

　　回顧1943年8月26日英、美、加有條件承認「法國民族解放委員會」（Comité Français de la Libération Nationale）後，ROC也跟著在翌日對其發出事實承認（*de facto* recognition）的宣言，但並非承認「法國民族解放委員會」為法國的合法政府：

　　……法國民族解放委員會希望承認其具有管理及保衛法國權益資格之團體，中國政府予以同情，惟對於該委員會此項希望之可能實現程度，仍須視每一事件之發生，保留分別加以考慮之權。

　　在上列諒解下，中國政府承認法國民族解放委員會有權管理歸附於該委員會之法國領土。

67　中華民國外交關係研究會編纂，《中日外交史料叢編（九）：中華民國對日和約》（台北：中國國民黨中央委員會黨史委員會發行，1995），p.338。

68　〈葉部長對立委關於中日和約問題質詢的答覆〉，1952年2月19日，收入《中日外交史料叢編（九）：中華民國對日和約》，p.204。

　　此宣言不得認為承認法國民族解放委員會為法國政府或法蘭西帝國政府，中國政府確信法國人民日後必能自由組織其政府。[69]

　　宣言可證，「蔣介石的ROC」業已實踐過「事實承認」的國際法理，即其理解了：「事實政府」≠「合法政府」、「管理下的領土」≠「主權下的國土」，從而早已體會「管轄權」≠「主權」。加上蔣介石的ROC於和約過程中的折衝，證實蔣介石的ROC知道自己於公開場合對台灣的「主張」，不過是「對內宣傳」而已，並無改變台灣地位的法理效果。

　　比起前述事實承認的宣言中「有權管理歸附於該委員會之法國領土」，〈台北和約〉約文中雖也有「控制下的領土」一詞，卻未附帶言及「中國領土」，顯見條約對國際政治的思慮又更深沉。因此，以「國共內戰模型」來解釋台灣地位與申論必然歸屬中國，牽強之處顯而易見。

七、ROC與「台灣佔領當局」的整合與剝離

　　1949年底，因中國（國共）內戰，中國非共政權「蔣介石的ROC」流亡到台灣，形成一般人所說之「海峽分治」。然而，法理上若無聯合國（盟國）的調和與首肯，即使受託的「蔣介石佔領當局」實際上已對台灣行使4年以上佔領統治，

69　〈我國本日發表宣言，承認法國「民族解放委員會」（非承認其為法國政府），英美加三國亦同時宣布予以承認〉，收入《中華民國外交史料彙編（十二）》，p.5897。

因「蔣介石佔領當局」≠ROC，以致於ROC也無遷移台灣的
合法基礎，遑論宣稱擁有台灣的主權。70 根據蔣介石〈引退謀
和書告〉：

> 於本月二十一日起，由李副總統代行總統職權，務望全國
> 軍民暨各級政府，共矢精誠，同心一德，翊贊李副總統⋯⋯71

從「權力移轉」的角度看，ROC「總統職權」已經正式
移轉李宗仁，而李宗仁也於隨後發表聲明接受總統職權：

> 宗仁仰承督責，不容辭謝，惟有勛勉將事，效忠國家，冀
> 使中樞之政務不墜，而總統救國救民之志業有成。72

蔣介石已於1949年1月20日下台，無論是否為「下野」、
「辭職」或請副總統「代行」。其身分已經不是「中華民國總
統」，即便「軍事委員會」也於1946年裁撤，因此1949年底
時〈通令第一號〉中所稱的Generalissimo Chiang Kai-shek，只
是軍階為五星的「特級上將」而已，並非「蔣委員長」；當年
大批軍政人員追隨的，不過民間政治團體「中國國民黨」的總

---

70 請回顧本文註釋一。
71 〈蔣介石引退謀和書告〉，收入「雲程的雙魚鏡」，http://tw.myblog.yahoo.
com/hoon-ting/article?mid＝14432&prev＝14449&next＝14324&l＝f&fid＝
22。
72 〈李宗仁接受總統職權之文告與談話紀錄〉，收入「雲程的雙魚鏡」，http://
tw.myblog.yahoo.com/hoon-ting/article?mid＝14449&prev＝14648&next＝
14432&l＝f&fid＝22。

裁。「蔣介石佔領當局」≠ROC，但蔣介石對台灣的受託佔領權力仍然沒變，且台灣地位仍等待和平條約做決定。

●「蔣介石代理佔領當局」與「蔣介石的ROC」的雙元競合

更進一步說，至少在1949年底起直到1952年4月28日〈舊金山和平條約〉生效前的時間內，台灣因為「蔣介石的ROC」流亡，產生兩個當局的競合：一為「蔣介石代理佔領當局」，一為「蔣介石的ROC」。而後者號稱擁有200萬軍民的規模，遠非之前台灣代理佔領當局約10萬兵力與其他文職人員等規模所能比擬。這樣的雙頭情勢必須有所安排，否則將天下大亂。

但根據CIA在1949年10月19日發表已解密的〈在中國殘存非共產政權群的存續潛力〉（Survival Potential of Residual Non-Communist Regimes in China）報告指出1949年9月27日中國「非共產政權」群組的管轄領域（附件一）。[73] 此時的蔣介石雖是強人，也不能全數收攬在中國的軍事勢力。有這樣多殘存「非共產政權」存在的中國，自然引起以下的疑問：

‧李宗仁、蔣介石，誰可以代表ROC？

‧ROC與PRC，誰可以代表「中國」？

‧蔣介石流亡台灣時僅為「中國國民黨」總裁，此身分如

---

73 "Survival Potential of Residual Non-Communist Regimes in China" CIA, October 19th, 1949, p.5 and p.10. http://www.foia.cia.gov/search.asp，入徑：ORE 76-49。

何與透過何種方式，能在台灣撐起ROC的組織，並在一段時間內獲取ROC的身分？

・在台灣已經存在「聯合國委託佔領當局」時，ROC與代理佔領當局等兩行政組織如何整合？特別是有薪餉、人事、財產、管轄競合等重重問題。

從法律上看，這些當然是該費心安排的大問題。以下是1949年前後，「蔣介石代理佔領當局」與「蔣介石ROC」流亡政府的比對：

	UN下 「蔣介石代理佔領當局」	「蔣介石ROC」流亡政府
時間	1945.10.25～	1949.12.10 流亡台灣 →1950.03.01 復行視事 →1952.04.28〈台北和約〉 →1954.05.20 CKS當選總統 →1971.10.25 逐出聯合國 →1972.09.29 日中建交 →1979.01.01 美中建交及〈台灣關係法〉 →……
法律依據	SCAP〈通令第一號〉	Sought and attained，由誰核准流亡台灣？
代表人	蔣介石元帥（軍事總督）	李宗仁？蔣介石？
當局性質	SCAP委託佔領	被承認的中國流亡政府
政府組織	佔領法G1～G5 （人事、情報、作戰、補給、民政）	1947〈ROC憲法〉五院體制＋動員戡亂臨時條款
管轄領土	聯合國佔領區： 台灣及附屬島嶼、澎湖群島	大陳、舟山群島、海南島、金門、馬祖；廣東、廣西、湖南、江西、貴州；陝西南部、四川、雲南；寧夏、甘肅、青海；南海島嶼等（變動中）

●「代理佔領當局」與「流亡政府」的法理整合？

在聯合國對日講和的同時期，美國在3年內與東亞各國也簽署6組「共同防禦條約」，有「雙邊」也有「多邊」。其中，各條約對於適用範圍有不同的設計，顯示著因地制宜的精準，並非率性而爲：74

條約	條文	有關共同防禦條約適用範圍之用語
1951年8月30日〈美菲共同防禦條約〉	第5條	任一簽約方之國內領土（the metropolitan territory of either of the Parties），或在其管轄下的太平洋島嶼領土（the island territories under its jurisdiction in the Pacific）
1951年9月1日〈美澳紐安保條約〉	第5條	任一簽約方之國內領土（the metropolitan territory of any of the Parties），或在其管轄下的太平洋島嶼領土（the island territories under its jurisdiction in the Pacific）
1951年9月8日簽訂〈日美安保條約〉（舊）	第3條	日本國讓與而美國接受，於日本國內及附近（in and about Japan）配置陸海空軍之權利
1960年1月19日重修〈日美安保條約〉（新）	第5條	日本管理下的領土（in the territories under the administration of Japan）
1953年10月1日〈美韓共同防禦條約〉	第3條	太平洋區現正由任一方個別行政控制領土（territories now under their respective administrative control），或此後一方承認為依法置於另一方行政控制之區域（hereafter recognized by one of the Parties as lawfully brought under the administrative control of the other）

---

74 雲程著，《放眼國際──領土地位變遷與台灣》（上），p.196及p.199，整理自：東京大学東洋文化研究所田中明彦研究室「戦後国際政治の基本文書」，見http://www.ioc.u-tokyo.ac.jp/~worldjpn/，accessed 2009.10.09。

1954年9月8日〈東南亞集體防禦條約〉	第4條	任何締約國（the treaty area against any of the Parties or against any State），或各締約國今後可能經一致協議指定的任何國家或領土（territory which the Parties by unanimous agreement may hereafter designate）
1954年12月2日〈中美共同防禦條約〉	第6條	For the purposes of Articles II and V，所有領土等辭，就中華民國而言，應指台灣與澎湖（Taiwan and the Pescadores）；就美利堅合眾國而言，應指西太平洋區域內在其管轄下之各島嶼領土（the island territories in the West Pacific under its jurisdiction）

　　稍早討論〈台北和約〉時，美國曾提醒蔣介石的ROC，台灣並未在法律上成為中國領土，但不妨礙美國承認在台灣的「蔣介石的ROC」為中國政府ROC：

　　國務院並請余明告閣下，在研擬任何方案時，貴方須注意避免使用技術上之詞句以暗示台灣已因該條約之簽訂而在法律上成為中國領土的一部分。此點因與聯合國之利益有關，不僅適用於在多邊和約生效前締結之雙邊和約，抑且適用於以後之各項協定。[75]

　　這就是1952年時蔣介石的ROC與日本簽訂雙邊條約的基本困境，及其衍生的一連串值得深思的疑問：
　　・蔣的ROC可否代表全體中國並有效執行和約？

---

[75] 〈美方復提出「實施範圍」與「締約時間」兩方案〉1951年9月17日，收入《中日外交史料叢編（八）：金山和約與對日和約的關係》，p.165。

　　・若不能，PRC可否代表全體中國並有效執行和約？

　　・蔣的ROC以何身分、如何來到台灣？

　　・自稱爲中國政府的蔣介石ROC，可否代表台灣？如何可能？

　　・台澎與金馬如何（至少是暫時與事實上）整合在一起，而爲「單一當局」所管轄？

　　值得注意的是：同樣是「為本約之目的」，1952年〈台北和約〉「照會」中明訂之「關於中華民國之一方，應適用於現在在中華民國政府控制下或將來在其控制下之全部領土」，到了1954年底的〈中美共同防禦條約〉中直接成爲「就中華民國而言，應指台灣與澎湖……第2條及第5條之規定，並將適用於共同協議所決定之其他領土。」76

　　回顧這轉變是在1954年9月的金門「九三砲戰」、1955年1月的「一江山戰役」與2月的「大陳撤退」等「第一次台海危機」的脈絡中產生。對台灣領土地位而言，這轉變顯現出幾層意義：

　　　・〈台北和約〉中籠統規定的ROC「政府控制下的全部
　　　　領土」，已從時間面向的「現在……與將來」轉換爲
　　　　〈共同防禦條約〉的兩個空間部分：一爲明確的「台灣
　　　　與澎湖」（Taiwan and the Pescadores），另一爲「共同協議
　　　　所決定之其他領土」。

---

76 東京大学東洋文化研究所田中明彦研究室「戦後国際政治の基本文書」，
　　http://www.ioc.u-tokyo.ac.jp/~worldjpn/documents/texts/docs/19541202.T1E.
　　html。

・金門，馬祖（以及簽約當時仍擁有與控制的領土一江山、大陳等），從ROC主權下的國土變成需要與美國「共同協議」的議題，ROC對中國的主權權利已然減損或改變了性質。

透過〈共同防禦條約〉將〈台北和約〉「控制下的全部領土」概念，拆解爲（地位未定的）「台灣與附屬島嶼及澎湖群島」與（共同協議的）「金門、馬祖等」兩部分，並「事實承認」其管轄權。即：

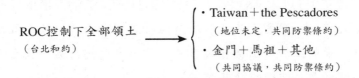

ROC控制下全部領土　　→　　・Taiwan＋the Pescadores
（台北和約）　　　　　　　　　（地位未定，共同防禦條約）
　　　　　　　　　　　　　　・金門＋馬祖＋其他
　　　　　　　　　　　　　　　（共同協議，共同防禦條約）

最重要的效果可能是，美日兩國以條約個別承認了在台灣的「蔣介石當局」爲「中國流亡政府ROC」。

在內部，蔣介石當局也沒閒著，除了仿效1917年孫文號召北京的國民黨籍國會議員至廣州另行成立殘存議會（rump parliament）與政府的往例外，還有以下「補救」措施：

一、總統李宗仁：監察院於1952年1月成立彈劾案，1954年3月11日國民大會通過彈劾案，才正式解除李宗仁總統職權。

二、國大代表：ROC憲法第28條雖規定「國民大會代表每六年改選一次」，但同條也規定「每屆國民大會代表之任期，至次屆國民大會開會之日為止」頗爲彈性，故並無立即改選的時間壓力。但因流亡倥傯，難以湊齊逐漸凋零的國大代表，遂在1960年2月12日以大法官會議〈釋字第85號〉決定

「憲法所稱國民大會代表總額，在當前情形，應以依法選出而能應召集會之國民大會代表人數為計算標準。」77

　　三、立法委員與監察委員：前者任期於1951年屆滿，後者6年的任期也將在1954年屆滿。為此，蔣介石當局在獲得日本條約承認（台北和約）、自己即將選舉次屆總統、以及即將獲得美國條約承認（中美共同防禦條約）之際，必須處理立委與監委的任期問題不可。故一併就「值國家逢重大變故，第1屆立委、監委得繼續行使職權？」為由向大法官會議提請解釋。1954年1月29日以大法官會議〈釋字第31號〉決定「惟值國家發生重大變故，事實上不能依法辦理次屆選舉……，故在第二屆委員，未能依法選出集會與召集以前，自應仍由第一屆立法委員，監察委員繼續行使其職權。」78

　　這一系列法理鋪陳，是否為1945年「代理佔領當局」與1949年「流亡政府」在法理上的連結工程？意即前述1949年底蔣介石的ROC「獲准」流亡台灣與澎湖，蔣介石先以「復行視事」作前鋒，透過內部的「憲法解釋」與外部的「條約確認」，拆解與整合兩當局在同一空間內並存的法理疑義？

　　浸泡過〈台北和約〉與〈中美共同防禦條約〉下的「蔣介石ROC」，是在台灣透過「條約承認」嫁接而成的政權，與1949年之前（在大陸的）「中國政府ROC」已有明顯的法理斷裂，兩者並非「同一體」。至少，在蔣介石ROC於1949.12.9

---

77 〈釋字第85號〉，司法院大法官會議，http://www.judicial.gov.tw/CONSTITUTIONALCOURT/p03_01.asp?expno＝85。

78 〈釋字第31號〉，司法院大法官會議，http://www.judicial.gov.tw/CONSTITUTIONALCOURT/p03_01.asp?expno＝31。

離開中國並開始在台辦公，直到1952.04.28〈台北和約〉簽署的兩年半期間內，「蔣介石ROC」性質為何，是值得懷疑的。但因台澎的領土主權並未移轉，此當局僅享有管轄權，加上人民國籍也未確定，所以「蔣介石ROC」雖在台灣重建卻只能是「流亡政府」不會是「新國家」。值得注意的是，期間一直未變動的是台灣當局的受託佔領身分。[79]

隨著時光流轉，〈台北和約〉與〈中美共同防禦條約〉已先後在1972年與1979年因日、美兩國承認PRC而被廢止。在台灣嫁接ROC外衣的「蔣介石代理佔領當局」又被剝除這ROC外衣而退回「台灣代理佔領當局」的原點。台灣人的「中華民國國民」身分是否仍然有效？這些問題牽涉到〈舊金山和約〉、主要佔領國憲法、〈台灣關係法〉的交疊授權，也是台灣地位「法理戰」的核心，有待專家進一步探討。

八、〈台北和約〉下台灣住民的國籍／族籍

領土地位變動（如台灣與澎湖被日本放棄）後，其上住民的身分自然跟著變動；領土地位未定，住民身分也必然存疑。

● 日本臣民的台灣人

1945年8月15日前，台灣人民的身分已經透過1895年的〈馬關條約〉第5條第1項，從大清帝國臣民轉變為日本帝國的臣民：

---

79 雲程著，〈ROC：在台灣重建的流亡政府〉，自由時報，2009.12.08。

　　本約批准互換之後，限兩年之內，日本准中國讓與地方人民願遷居讓與地方之外者，任便變賣所有產業退去界外，但限滿之後尚未遷徙者，酌宜視為日本臣民。又台灣一省應於本約批准互換後，兩國立即各派大臣至台灣，限於本約批准後兩個月交接清楚。[80]

　　日本並以國內法的〈台灣住民分限取扱手續〉（台灣住民身分處理辦法）確認並執行條約規定：

　　第一條：以明治28（1895）年5月8日以前在台灣島及澎湖列島內擁有一定住址者為台灣住民。

　　第二條：在明治30（1897）年5月8日以前未離開台灣總督府管轄地區界外的台灣住民，依〈馬關條約〉第5條第1項規定視為日本帝國臣民。

　　在前項日期之前提出申請願成為日本國臣民者，應予受理。[81]

　　日本帝國政府於1895年11月18日，以〈日令第35號〉頒佈〈台灣及澎湖列島住民退去條規〉[82]。其中第1條規定：

80　雲程著，《佔領與流亡──台灣主權地位的兩面性》（台北：憬藝，2005），p.264。

81　前書，pp.653-654；黃昭堂著，《台灣淪陷》，p.29。

82　台灣總督府警務局編，《台灣總督府警察沿革誌第二篇　日本領臺以後之治安狀況》（東京：龍溪書舍，1973），pp.649-650，轉引自黃昭堂，《台灣淪陷》，p.27。

　　台灣及澎湖列島住民不願遷居到本地界外者，不論是累世住民或暫居住民，應載明其鄉籍、姓名、年齡、現在住址、產業，於1897年5月8日以前向台灣總督府的地方官廳申報，其扶養家屬亦同。

　　台灣人民依據中日間的「國際條約」（international law），以及條約授權下的日本「國內法」（municipal law）與「行政命令」完成國籍轉換手續，而成為日本帝國臣民。

● 國籍認定的片面宣布

　　日本戰敗後，台灣人民的國籍須隨著和平條約的「台灣處分」同步處理。其身分必須有「國際條約」的授權依據，才能從「日本臣民」合法的移轉為「他國國民」。但在和平條約之前，盟軍委託之蔣介石元帥佔領當局，多次（非國際法授權下）片面宣布台灣人的國籍安排，並對滯外台灣人以〈在外台僑國籍處理辦法〉之行政命令片面自行認定：83

時　　間	內　　　容
1945.10.12	行政院公布台灣人於10月25日恢復中華民國國籍
1945.10.25	陳儀宣布台灣人民自即起回復中華民國國籍

83 整理自：雲程著，《放眼國際——領土地位變遷與台灣》（上），p.179；湯熙勇，〈恢復國籍的爭議：戰後旅外台灣人的復籍問題（1945-1947）〉，收入中央研究院人文社會科學研究中心，《人文及社會科學集刊》第17卷第2集，台北，1995年6月，p.431；李永熾監修‧薛化元主編，《台灣歷史年表：終戰篇》（台北：張榮發基金會國家政策研究資料中心，1990）。

時　間	內　　　　容
1945.11.24	行政院〈關於朝鮮及台灣人產業辦理辦法〉，台灣人為中華民國國籍
1945.11.25	司法院《中華民國司法法令彙編》：台灣人自1945年11月25日恢復中華民國國籍
1945.12.09	公布〈台灣人姓名回復辦法〉
1946.01.12	行政院公布〈台灣同胞國籍回復令〉：台灣人自1945年10月25日恢復為中華民國國籍
1946.01.30	外交部通知外館：台灣人自1945年10月25日恢復為中華民國國籍
1946.02.09	內政部函告行政長官公署：台灣人恢復為中華民國國籍
1946.05.09	外交部照會英國使館：台灣人自1945年10月25日恢復中華民國國籍
1946.06.22	行政院公布〈台灣國籍處理辦法〉（六條）：台灣人自1945年10月25日恢復為中華民國國籍
1946.07.09	外交部照會美國與蘇聯大使館：台灣人自1945年10月25日恢復中華民國國籍
1946.10.12	行政院公布：台灣人自1945年12月25日恢復為中華民國國籍
1946.12.31	內政部規定（旅外）台灣人聲明恢復中華民國國籍申請截止日
1947.02.25	美國政府視旅外台灣人為中華民國國民的一部分
1959	日本外務省詢問行政院與司法行政部有關日期之差異，司法行政部回覆外交部：本部刊本，係屬錯誤。

　　1946年1月12日行政院訓令台灣人「自民國34年12月25日起恢復中華民國國籍」後，外交部在1月30日訓令各外館通知當地國政府，並於2月5日再度發出訓令。此舉受到英國質疑，並希望提供政府的命令。外交部前往行政院查證時，承辦人員以「台灣為失地收復，台人恢復國籍毫無疑問」，認為不必明令，前述訓令僅為「週知起見」。外交部人員查證後回覆英方函件說明：台灣人恢復國籍的確切時間為1945年10月25日，並

非1945年12月25日。其餘各機關對於國籍恢復時間與條件多有不同，顯見此事之歧異性。

● 國籍認定的國際交涉

　　Nationality之概念並非如此單純，地位變動的領土其上住民的國籍決定也絕非單純事。

　　第一次世界大戰後對德的〈凡爾賽和約〉第36條規定比利時取得「歐本市」（Eupen）與「馬爾梅迪」（Malmedy）等德國領土，並觸及相關住民之國籍轉換：

　　如前述相關領土之主權移轉經確定時，長住此領土上之德國裔國民將確定取得比利時當然之國籍（*ipso facto* nationality），且將失去其德國國籍。此外，在1914年8月1日之後成為住民之德國裔國民，未取得比利時政府同意不得取得比利時國籍。84

　　〈台北和約〉第10條也處理了類似議題：

　　就本約而言，中華民國國民（nationals）「應認為包括」依照中華民國在臺灣及澎湖所已施行或將來可能施行之法律規章而具有中國國籍（who are of the Chinese nationality）之一切臺灣及澎

---

84 ARTICLE 36. When the transfer of the sovereignty over the territories referred to above has become definite, German nationals habitually resident in the territories will definitively acquire Belgian nationality *ipso facto,* and will lose their German nationality. Nevertheless, German nationals who became resident in the territories after August 1, 1914, shall not obtain Belgian nationality without a permit from the Belgian Government. http://www.firstworldwar.com/source/versailles31-117.htm accessed 2009.10.02.

湖居民（inhabitants）及前屬臺灣及澎湖之居民及其後裔（former inhabitants... and their descendents）；中華民國法人應認為包括依照中華民國在臺灣及澎湖所已施行或將來可能施行之法律規章所登記之一切法人。85

● 內地 vs. 外地，國民 vs. 臣民

　　1895年因〈馬關條約〉獲得「台灣及附屬島嶼、澎湖群島」的日本，尚無能力清楚定義此領土在1889年〈帝國憲法〉的地位。此一尷尬，從〈台灣住民分限取扱手續〉使用的「台灣總督府管轄地區」與〈日令第35號〉使用的「本地」可看出端倪。

　　依照日本帝國領土擴張的次序，先後加入的是琉球、台灣與澎湖、關東州、南庫頁島與千島群島、朝鮮，以及太平洋委任統治地。除了1879年琉球「廢藩置縣」發生在〈帝國憲法〉公布施行之前，並無現代意義「國民」也無「違憲」困擾外，此後日本帝國的領土擴張與縮減，無不與其住民的國籍歸屬問題相應。

　　為此，日本比照殖民帝國的成例，出現「外地」（foreign territory）與「內地」（municipal territory），以及「臣民」

---

85 For the purposes of the present Treaty, nationals of the Republic of China shall be deemed to include all the inhabitants and former inhabitants of Taiwan (Formosa) and Penghu (the Pescadores) and their descendents who are of the Chinese nationality in accordance with the laws and regulations which have been or may hereafter be enforced by the Republic of China in Taiwan (Formosa) and Penghu (the Pescadores); and juridical persons of the Republic of China shall be deemed to include all those registered under the laws and regulations which have been or may hereafter be enforced by the Republic of China in Taiwan (Formosa) and Penghu (the Pescadores). 見：http://www.taiwandocuments.org/taipei01.htm，accessed 2009.10.03。

（subjects）與「日本國民」等兩組概念。「臣民」是天皇治下類似今日的「國民」（nationals）之概念，而「日本國民」（或血統日本人）則相當於今日之「公民」（citizens）。對母國而言，「臣民」僅享受帝國憲法基本人權權利之保障（也只盡部分義務），而「日本國民」則擁有帝國憲法的完整權利（也盡包括兵役在內之完整義務）。例如台灣人與朝鮮人，身分是「日本臣民」雖是不必服兵役，也無選舉與被選舉的參政權。相對的，「日本國民」雖然要服兵役，卻也擁有完整的參政權。

　　一般描述領土上人民的身分有四種類別：1.住民（inhabitants）、2.君主國臣民（subjects）、3.國民／族民（nationals）、4.公民（citizens）等。根據韋氏字典，其英文的意義如下：

住民	inhabitants	常時、規則的，或已一段時間居住特定地區之人。[86]
君主國臣民	subjects	a. 封建屬國或其控制下之人 b.（1）依據君主法則臣屬一君主並受其統治之人； 　　（2）生活於一主權者（sovereign power）或國家（state）領土上，並向其效忠而享有其保護之人。[87]
國民／族民	nationals	效忠一國／一族（nation）或於其保護下，但並不視為具有正式公民或臣民身分。[88]
公民	citizens	1. 城鎮之住民，尤其是享有自由人權利與特權者； 2. 國家（state）的成員； 3. 原住者或歸化之人並向一政府效忠而有權受其保護者； 4. 與國家（state）公務員有別之平民。[89]

※請同時參照：做為「土地」意義的國家——country（有時亦做「法域」解）；做為「民族」意義的國家——nation；做為「政治或組織」意義的國家——state等概念。

公民、臣民、國民／族民，意義雖同爲向某主權國家（sovereign state）效忠並受其保護的人，但：

・公民：較傾向效忠共和制（主權爲民有、民治）國家之人；

・臣民：意味著向主權者（君主）效忠之人；

・國民（族民）：指可主張享受國家（state）保護之人，特別指涉在此國之外（outside that state）生活或旅行之人。

脫離〈台北和約〉90 的台灣住民可能爲無國籍者（stateless person）、一個族群，或在土地上生活的一群人。甚至，脫離〈台北和約〉後ROC原本的國民，也可能因爲ROC流亡海外並喪失中國代表地位，連帶成爲無國籍者。

國際法上，「在某一國家的公民資格意義上的

---

86 one that occupies a particular place regularly, routinely, or for a period of time http://www.merriam-webster.com/dictionary/inhabitant, accessed 2009.10.04.

87 **1 :** one that is placed under authority or control: as **a :** vassal **b** (1): one subject to a monarch and governed by the monarch's law (2): one who lives in the territory of, enjoys the protection of, and owes allegiance to a sovereign power or state　http://www.merriam-webster.com/dictionary/subject, accessed 2009.10.04.

88 one that owes allegiance to or is under the protection of a nation without regard to the more formal status of citizen or subject　http://www.merriam-webster.com/dictionary/NATIONAL, accessed 2009.10.04.

89 **1 :** an inhabitant of a city or town; especially : one entitled to the rights and privileges of a freeman; **2 a :** a member of a state **b :** a native or naturalized person who owes allegiance to a government and is entitled to protection from it; **3 :** a civilian as distinguished from a specialized servant of the state http://www.merriam-webster.com/dictionary/citizen, accessed 2009.10.04.

90 脫離，是指範圍更廣的「中國代表權」面向中，包括1971.10.25，ROC失去聯合國的承認，且1972.09.28日中建交時日本宣布〈台北和約〉「失去存在的意義，並宣告結束」，1979.01.01美國不承認ROC，台灣人失去國籍從而身分存疑。

nationality，與在某一民族成員資格意義上的nationality，不應混為一談」91。此時，前者意為「國籍」，後者意為「族籍」。而〈台北和約〉第14條規定著：「本約應分繕中文、日文及英文。遇有解釋不同，應以英文本為準。」

　　〈台北和約〉以英文版為準，其第10條將先以「住民」定義台灣人，並在「本約的目的」限制下，透過「視為包括」的方式，而成為ROC之nationals。此時如不用「國民」而改以英文「族民」來理解nationals之意涵，結論有可能是非常有趣的——「台灣住民」是只與土地產生聯繫，自然（事實）存在的一群人，與政府或政治意味無關。換言之，nationals的意義可以在「住民」的基礎上，從「國民」向「族民」移動。

　　在印度德蘭莎拉的西藏流亡政府，其下包括達賴喇嘛在內之西藏人，使用的是印度政府簽發的「難民護照」，身分為無國籍者。92 除此之外，不完全獨立的領土（非國家），其上住民卻可能擁有「某種籍」，如一次大戰後「但澤自由市」（the Free City of Danzig）、「委任統治地」等領土之人民。我們不能簡單的基於漢字思考，以為見到了「國民」或「國籍」，而想

---

91 "'Nationality', in the sense of citizenship of a certain state, must not be confused with the 'nationality' as meaning membership of a certain nation in the sense of race." see Sir Robert Jennings and Sir Arthur Watts, "Oppenheim's International Law" Volume I-Peace Ninth Edition, (Longman Group UK Limited and Mrs. Tomoko Hudson, 1992), p.857.

92 德蘭莎拉之人民並無國籍，但接受印度政府保護。後者簽發「無國籍的難民旅行證」（Identification Certificate, IC）做為西藏人民海外旅行用之護照。見「圖博的屋脊」，收入「雲程的雙魚鏡」，http://tw.myblog.yahoo.com/hoon-ting/archive?l＝f&id＝45。

當然爾的推論其所定位的領土必然為「國家」。

但澤港有著佔絕大多數的50萬德國人，一次大戰後，英美法對於但澤應交給波蘭或德國相持不下，結果成為國際聯盟管理之「自由市」，海關與港口由波蘭管理，也發行著專屬貨幣，外交由波蘭負責。[93]〈凡爾賽和約〉第105條對但澤自由市的「國籍」有以下規定：

本條約生效後，長住第100條所述領土之德國裔國民（German nationals）將當然（*ipso facto*）[94] 喪失其德國裔國籍，而成為但澤自由市「國民」（nationals of the Free City of Danzig）。[95]

此外，為了條約的目的，也可以對「國民」一詞賦予特殊的含意。[96] 可見，國籍問題非常複雜，雖與領土地位密切相關，卻擁有自我步調。

● 國籍：由國內法或國際法決定？

原則上，國籍由國內法來定義，這是來自於1930年〈關於國籍法衝突的若干問題的海牙公約〉（Convention on Certain

---

93 1920.11.15成立「但澤自由市」，1924.04.17國聯容許波蘭小規模駐軍，1933.03.06-16波蘭試圖佔領但澤港，1939.09.01德軍武力兼併但澤市。

94 *ipso facto*，為拉丁用語，為「僅依事實的」（by the fact itself），或根據某一事實本身便可作出判斷之意。

95 Article 105: On the coming into force of the present Treaty German nationals ordinarily resident in the territory described in Article 100 will *ipso facto* lose their German nationality in order to become nationals of the Free City of Danzig. http://avalon.law.yale.edu/imt/partiii.asp accessed 2009.10.10.

96 詹寧斯、瓦茨修訂，《奧本海國際法》，p.384。

Questions relating to the Conflict of Nationality）之規定：

第一條：每一國家依照其本國法律斷定誰是它的國民……

第二條：關於某人是否具有某一特定國家國籍的問題，應依據該國的法律予以斷定。97

然而，對於戰後如台灣、朝鮮等既非戰勝國又非戰敗國的「第三國」，牽涉領土地位的變遷，其國籍問題更不能單純的以「國內法」決定，本質上仍屬國際法的管轄範圍。

歷經過擴張主義的日本，對此議題相當有經驗。日本外務省在1945年10月到1950年9月爲止，對即將到來的對日和約準備了各種想定（scenarios）98，其中亦提到國際上有關「國籍」處分的前例。

地區	條約或案例	內容
台灣、澎湖	〈馬關條約〉第5款	本約批准互換之後限二年之內，日本准中國讓與地方人民願遷居讓與地方之外者，任便變賣所有產業，退去界外。但限滿之後尚未遷徙者，酌宜視爲日本臣民。
南庫頁島	〈普茨茅斯條約〉第10條	庫頁島南部俄國臣民得變賣財產回國，選擇居留者應服從日本法律接受日本保護與管轄。99

---

97 Article 1: It is for each State to determine under its own law who are its nationals... Article 2: Any question as to whether a person possesses the nationality of a particular State shall be determined in accordance with the law of that State.見The UNHCR網頁http://www.unhcr.org/refworld/publisher,LON,,,3ae6b3b00,0.html accessed 2009.10.05.

98 外務省編纂發行，《日本外交文書　サンフランシスコ平和条約》（東京：巖南堂書店，2006），pp.52-59。

地區	條約或案例	內容
德國的歐本與馬爾梅迪	〈凡爾賽和約〉第36條	長期定居之德國人，當然（*ipso facto*）自動取得比利時國籍。1948.08.01之後定居者，需比利時政府同意。
德國的亞爾薩斯、洛林	〈凡爾賽和約〉第51條	在1918年11月11日歸還給法國主權。前述條約之1871年以前的疆界應予以恢復。
	〈凡爾賽和約〉第53條	德國不得主張其上住民為德國國籍，必須遵守約定。未取得法國籍之德國國民，應取得居留權，不受前項所限。
波蘭、捷克	〈凡爾賽和約〉第86條	捷克接受與同意授權主要與次要盟國保護少數境內族群之利益。
	〈凡爾賽和約〉第93條	波蘭接受並同意在條約中授權主要與次要盟國前述條款，足以使前述強國保護波蘭少數種族之語言或宗教等住民權益。波蘭授權前述強國，足以使前述強國保護過境自由與對他國之適當商業處置之條款。
西利西亞	〈凡爾賽和約〉第86條	捷克對西利西亞行使主權。
德國海外屬地住民	〈凡爾賽和約〉第127條	前德國海外屬地之住民應有權接受行使該地統治權的政府之外交保護。
德國國民的財產權	〈凡爾賽和約〉第297條	根據本條約取得聯盟國與次要結盟國「僅依事實的國籍」之德國所有權人，在本條意義下不得視為德國國民。

　　日本外務省思考過沖繩、朝鮮、台灣等對日本政治經濟與其他特殊關係者可能的處分模式（附件二）。[100] 據此可知國籍

---

99 東京大学東洋文化研究所田中明彦研究室「戰後国際政治の基本文書」，http://www.ioc.u-tokyo.ac.jp/~worldjpn/documents/texts/pw/19050905.T1J.html，2009.09.28。

的決定因素並不簡單，還要考慮伴隨國籍而來的各項權利（包括財產權）的變更。縱令日本外務省各種想定並未成為歷史事實，卻是有國際法根據、確實存在過的外交方案。

「國籍是個人與國際法的主要連結」101 且與國際關係息息相關，但台灣行政長官（軍事總督）102 陳儀卻簡單宣告：

　　查我國前以戰敗喪失台灣，致台灣人民同時喪失中國國籍，其喪失國籍全係被迫，與自動請求脫離中國國籍、加入日本國籍者有異，今我國於本年十月二五日宣布收復台灣，則原有中國國籍之台灣人民自應同時恢復我國國籍。

　　這顯示陳儀無視〈馬關條約〉中大清與日本兩國皇帝依各自的主權同意賦予台灣人「國籍選擇權」的事實，只注意其軍事統治的方便。根據王泰升教授質疑，若言「恢復」，則基於宣戰並廢除先前所有對日條約的說法，法律上台灣人也應溯自1941年底的宣戰時，而非於1945年「同時恢復」國籍才對103，

100　外務省編纂發行，《日本外交文書　サンフランシスコ平和条約》，pp.52-59。

101　Sir Robert Jennings and Sir Arthur Watts, op. cit., p.857.

102　根據美軍《野戰手冊》Field Manual 27-10第11章：「已建立的民政治理體系首長為『民政長官』（the civil administrator），常被稱為『軍事總督』（the military governor）。此長官是軍事指揮官或其他指派來執行對佔領地當局權力的人員。」雲程譯，〈美國陸軍《野戰手冊》FM 41-10-11〉，收入「雲程的雙魚鏡」，http://tw.myblog.yahoo.com/hoon-ting/article?mid＝2416&prev＝3178&next＝1422&l＝f&fid＝43。

103　陳昭如，〈國籍的法律規定與性別不平等：一個歷史觀點的檢視〉，收入行政院國家科學委員會專題研究計劃，台灣大學科際整合法律研究所，2005，pp.25-29。

可見其無視國際法理，行事毫無章法。

　　爲了正當化「同時恢復」，陳儀政府必須定義過去台灣人的國籍變動「全係被迫」，從而必須忽略或否認日清雙方曾賦予並實施過台灣人民「國籍選擇權」的事實，即產生「被迫——恢復」的配對論述。

　　相對的，ROC〈國籍法〉規定「中華民國國籍之取得、喪失、回復與撤銷，依本法之規定。」其用語是「回復」（re-acquire）104。具體說，該法的設計是「放棄（第11條105）——回復（第15條106）」的配對。可見如同當年「下野——復行視事」之配對，陳儀對本土台灣人（台灣籍民）之「恢復我國國籍」宣告，是政治語言並非法律用語。

　　但此處仍有疑問：假使不將台灣人視爲「中華民國國民」，則台灣人必然是「敵國人民」，法律上就無法享受同胞的待遇，甚至於可能被排除在當局司法體系之外，這是非常嚴重的。107 身分的複雜牽連應如何處理，是執政者的考量，也

---

104 此re-acquire一語，乃根據1946年10月31日英國外交部對駐英大使館與中華民國外交部，欠難同意有關台灣人恢復中華民國國籍之照會文原文用語。見湯熙勇，〈恢復國籍的爭議：戰後旅外台灣人的復籍問題（1945-1947）〉，收入中央研究院人文社會科學研究中心，《人文及社會科學集刊》第17卷第2集，2005年6月，p.417。

105 第11條：「中華民國國民有下列各款情形之一者，經內政部許可，喪失中華民國國籍：一、生父爲外國人，經其生父認領者。二、父無可考或生父未認領，母爲外國人者。三、爲外國人之配偶者。四、爲外國人之養子女者。五、年滿20歲，依中華民國法律有行爲能力人，自願取得外國國籍者。依前項規定喪失中華民國國籍者，其未成年子女，經內政部許可，隨同喪失中華民國國籍。」

106 第15條：「依第11條規定喪失中華民國國籍者，現於中華民國領域內有住所，並具備第3條第1項第3款、第4款要件，得申請回復中華民國國籍。歸化人及隨同歸化之子女喪失國籍者，不適用前項規定。」

是被統治者實務上的抉擇。

　　根據陳昭如教授整理，戰後佔領當局雖調查過在台日本人歸國或留台意願，各有18萬餘人與14萬餘人。[108] 事實上除技術人員與眷屬外，只要是血統上的日本人一律根據行政長官公署之〈臺灣省日僑管理委員會公告臺灣省日僑遣送應行注意事項〉[109] 引揚（遣返）。至於牽涉國籍、戶籍較為複雜的「台女日男」無論通婚同居者與其子女，其國籍認定也「從夫」來做決定。

　　整體而言，引揚從1946年起到1953年結束，且除了滯留蘇聯外，九成以上日本人在1946年即遣返完畢。意即在1952年〈台北和約〉簽訂時，台灣領土上的日本人已透過「血統」為標準，以幾乎完全放棄在台資產的強制下，實施了類似「種族清洗」[110]（ethnic cleansing）而呈現相對單純的狀態。

　　佔領當局無權做政治決定，故不得片面宣布佔領區人民的國籍，但佔領當局有權力集體、強制「引揚」嗎？

107　「敵國人民」為在一個敵對國家或敵方佔領地自願居住或營生的任何無論其國籍如何。這是對「領土」而非「人」的鑑別。對UK而言，除獲得王室特許，「敵國人民」不得在女王的法院起訴，也不能在不列顛訴訟中取得原告的位置。見J. H. C. Morris主編，李元等譯，《戴西和莫里斯論衝突法》（Dicey and Morris on the Conflict of Laws）（北京：中國大百科全書出版社，1998），pp.151-152。

108　陳昭如，〈國籍的法律規定與性別不平等：一個歷史觀點的檢視〉，pp.31-35。

109　雲程，〈《海角七號》背後的「引揚」規定〉，收入「雲程的雙魚鏡」，http://tw.myblog.yahoo.com/hoon-ting/article?mid＝10641。

110　「種族清洗」為：通常指的是某個國家或某個地區的強勢集團，為了自己的政治目的、經濟目的或著宗教目的而動用軍隊、警察或者非法組織成員，對特定的一個或者若干個民族的所有成員實施的無差別屠殺或強制遷徙的活動。

　　「種族清洗」一詞來自1990年代後南斯拉夫解體時「波士尼亞－黑塞哥維納」的慘劇。但在1949年屬於戰爭法的〈關於戰時保護平民之日內瓦公約〉第49條即有類似規定：

　　凡自佔領地將被保護人個別或集體強制移送及驅逐往佔領國之領土或任何其他被佔領或未被佔領之國家之領土，不論其動機如何，均所禁止。111

　　日本人的引揚，在太平洋戰區各地集體為之，顯非地區指揮官的決定。從聯合國的角度視之，為終止日本殖民主義，必須將台灣、朝鮮、滿洲、南洋，甚至南庫頁島等地非軍人之日本國民（血統日本人）視為殖民者並予以遣返，此為戰後整理的一環。但對台灣人的引揚卻有荒謬之處，如1946年1月下旬美軍從馬尼拉載運台灣人至廈門；滯留荷屬東印度（今印尼）的台灣人於1947年3月以前全數被美軍遷移至日本等，可見當時台灣人的身分認定混亂無章。

　　引揚的同時也限制或禁止日本人從外地攜帶財物回國。對此，一般多以人權或掠奪觀點視之。但從佔領「日本外地」當局的角度視之：一方面此財物確實為戰爭法下的「敵產」得依據佔領法予以充公；二方面可避免資金大量流出，造成佔領區

---

111 紅十字會國際委員會 http://www.icrc.org/web/CHI/sitechi0.nsf/html/gc4。1945年9月，紅十字國際委員會克服了顧慮，在日內瓦組織了國家紅十字會預備會議，研究保護戰爭受難者的公約，之後又在1947年召開了政府專家會議。換言之，戰後立即召開國際人道法的制訂，並非1949年突然產生。見http://www.icrc.org/WEB/CHI/sitechi0.nsf/html/geneva-conventions-statement-120809。

的金融失衡。就金融秩序而言，SCAP也在「日本國民」入境日本內地時「保管」其財產，至今多數未見返還。SCAP的理由是，此舉可避免因大量外地資金湧入而產生通貨膨脹。雖然外地與內地的立場互異，但其維持金融秩序穩定的目的是一致的。只是至今未歸還，恐為過當。

● 國籍的決定：
「澀谷事件」與常設國際法院的諮詢意見

　　相對的，留在日本的台灣人因為身分（國籍）不明，部分台灣人在違反治安的事件（如1946年7月19日台人因生活所迫與日警衝突的「澀谷事件」112、或日方所言台人以戰勝國國民之姿要求銀行封鎖日本人帳戶等）中以戰勝國人民在日本有「治外法權」地位為由，主張不受日本管轄。113

　　為此，日本「終戰聯絡中央事務局」總務局長朝海浩一郎在事件發生不久的7月31日向SCAP的政治顧問畢蕭（Max W. Bishop）114 反應。起先，畢蕭以美國夏威夷為例採取「國籍問題由國內法決定」的立場，認為此等台灣人已經是戰勝國的中國人，本不應受日本管轄；但日本提出：「台灣地位未定但國籍卻先定」之法理矛盾，以及若不明確處理則難以維持社會治

---

112 何義麟，〈戰後台灣人之國籍變更與國家認同——以澀谷事件之考察為中心〉，http://www.koryu.or.jp/08_03_03_01_middle.nsf/2c11a7a88aa171b449256798000a5805/9c5e151017fdbbd549256b19000ee01c/$FILE/hoilin2.pdf。

113 外務省編纂發行，《日本外交文書　サンフランシスコ平和条約》，2006，p.256。

114 此人為保守派美國國務院外交官員，佔領初期即調回國主管東北亞事務，主持「逆轉政策」（reverse course）。

安。朝海浩一郎提出，假使畢蕭堅持國籍由各國的「國內法決定」而使日本無權管轄，則日本的徵稅權也將產生問題等等。總之，其責任必然轉爲佔領軍的SCAP或美國身上。

畢蕭研究後在8月9回覆：

領土及國籍取得問題，應在和平條約中做最後決定。……在某些場合，國籍決定並非國內事務。115

畢蕭的依據是1923年2月常設國際法院「突尼斯與摩洛哥所頒佈之國籍敕令案」（Nationality Decrees Issued in Tunis and Morocco）。這是1921年11月8日法國於突尼西亞與摩洛哥法國區所頒佈之〈國籍敕令〉（the Nationality Decrees）是否適用至英國臣民（the British Subjects）一事引起英法兩國爭端之案例。此一案例牽涉英法兩國，兩國請教常設國際法院，此事是否爲國際法或僅爲國內法管轄權事件？假使是後者，依據〈國際聯盟盟約〉第15條第8款116，該案不得成爲常設國際法院審理的標的。

法院做出〈第四號諮詢意見〉（Advisory Opinion），指出：

115　外務省編，《初期対日占領政策（上）——朝海浩一郎報告書》（東京：每日新聞社，1978），pp.182-185。

116　"If the dispute between the parties is claimed by one of them, and is found by the Council, to arise out of a matter which by international law is solely within the domestic jurisdiction of that party, the Council shall so report, and shall make no recommendation as to its settlement." 見 http://avalon.law.yale.edu/20th_century/leagcov.asp#art15 accessed 2009.10.07.

　　法院意見如下：針對1922年10月4日國際聯盟委員會決議案中有關爭端，基於國際法，此並非純然一個國家中內國管轄權之議題（盟約第15條第8款）。因此對提送之疑問做成否定回覆。[117]

　　台灣人的國籍問題，牽涉日本、中華民國之外，還牽涉參戰聯合國、美國等國際關係，不僅非專屬於日本，也非專屬於中華民國的「內國管轄權」議題。準此，戰後ROC行政院並無「基於ROC憲法的職權」，將地位未定的台灣佔領區之上身分為「日本臣民」的台灣人民片面轉換為中國國籍的權力。

　　當時SCAP與美、英、荷、日等國[118]對台灣人國籍的認定（以英國為例）為：「……不能僅憑盟國意向的宣言而將台灣主權由日本移轉至中國，應等與日本訂立和約之後，或完成其他正式外交文件後才行。因此，台灣雖為中國政府所統治，英國政府難以同意台灣人國籍業已恢復為中國國籍。」此一「外交照會」顯示以下國際法原則：

　　・領土主權移轉需要和約或正式外交文件規定；

---

117 Permanent Court of International Justice, "Advisory Opinion No.4", Feb. 23, 1923, p.32, see http://wwwunhcr.org/refworld/docid/44e5c9fc4.html, accessed 2009.09.25.

118 湯熙勇，〈恢復國籍的爭議：戰後旅外台灣人的復籍問題（1945-1947）〉，pp.413-427。This Declaration of Allied purpose however could not of itself transfer sovereignty over Formosa from Japan to China, which must await the conclusion of a peace treaty with Japan or the execution of some other formal diplomatic instrument. This being so, His Majesty's Government regret that they can not agree that Formosans have yet re-acquired Chinese nationality, even though Formosa itself is now under the administration of the Chinese Government.

・統治管轄不等於主權擁有；

・住民的國籍移轉依附於領土的地位（主權移轉）；

・台灣人的國籍屬於國際（法）管轄。

　　在大量遷移「在日台灣人」回台的條件下，SCAP於1947年2月以「友僑」[119] 的概念，讓「在日台灣人」以Formosan-Chinese的身分享受聯合國人待遇，也得接受日本刑法的管轄，部分台灣人在和約生效前以敵國人民與戰俘地位而接受軍法管轄。日本並在1947年5月2日以「第207號敕令」的〈外國人登錄令〉「台灣人之中為內務大臣所指定者與朝鮮人，視為外國人而適用本敕令」[120]，而根據日本〈外國人登錄令施行規則〉內務大臣所指定者，為聯合國佔領軍與眷屬之外，包括領有「中華民國駐日代表部登錄證明書」之台灣出身者。[121]即台灣人、朝鮮人＝帝國臣民≠佔領下的日本人（國民）。但在必要時，SCAP仍可視台灣人、朝鮮人為「敵國人民」。[122]即佔領下的日本國民（血統日本人）才是毫無疑義的「敵國人民」。

　　這樣的區分，並非毫無頭緒。1910年日本合併朝鮮後，對於日本人與朝鮮人的劃分，曾因同化、鎮壓異議、兵役員額等

---

119 依據湯熙勇，〈恢復國籍的爭議：戰後旅外台灣人的復籍問題（1945-1947）〉。

120 「台湾人のうち内務大臣の定める者及び朝鮮人は、この勅令の適用については、当分の間、これを外国人とみなす」，見Wikipedia日文「外国人登録令」，accessed 2009.10.05。

121 何義麟，〈戰後台灣人之國籍變更與國家認同——以澀谷事件之考察為中心〉，p.11。

122 天川晃等編集，《GHQ日本占領史——第2卷：占領管理の体制》，p.125。

政策需求，而定義韓國人：國際法（條約與國籍法）上為「日本人」，而國內法（戶籍法）上為「非日本人」的劃分；前者，為屬地主義，後者則為屬人主義的雙重實踐。123 對台灣人也是採取一樣的「二刀流」。

即對於內地日本人採屬人主義，而對台灣與朝鮮的外地日本人，採取屬地主義。至少在中國與朝鮮，傳統上是不存在（所以也不承認）「喪失國籍」概念的。「屬人」與「屬地」的競合與安排，就在帝國主義與殖民剝削中被忽視了。作者訪問耆老，據其回憶當初在SFPT簽訂的前一天，日本被美國要求而撤銷（revoke）了所有在日已歸化韓國人的日本國籍，有些人重新以大韓民國國民身分在日本申請身分；有些人受不了李承晚的威權統治，日本又不承認北韓，就這樣成了無國籍的人。

九、結論

領土地位與住民身分密切相關，後者不可能先於前者而確定；即便有安排，都是暫時性的權變。地位變遷與身分轉換雖是個案，卻有通則可循。住民雖有權對領土地位表達意見，但實際操作上多從屬於外部力量。國籍或身分的變動，也是類似的過程。

領土與國籍，從人民的角度看是「正義與人權」的課題；但從國際與治理的視野，卻是「利益與妥協」的議題——試想

---

123 參考小熊英二著，《〈日本人〉の境界：沖縄・アイヌ・台湾・朝鮮　植民地支配から復帰運動まで》（東京：新曜社，1998），pp.154-161。

一下：若英屬印度的住民擁有與英國內地國民一樣完整的公民權，對英國政治將產生何種衝擊？印度的產品能否浪漫的被視為「國內產品」，輕率賦予「零關稅」而准長驅直入？在母國（內地）與殖民地（外地）勢必有所區分之餘，卻也不可一刀兩斷的兩難下，便相應的出現「王權自治領」（Dominions）等複雜的殖民體制設計。

美國在1898年美西戰爭後，獲得包括波多黎各等的海外領土，一樣面臨類似疑義。為此，聯邦最高法院於1901年起以一系列判例釐清，即著名的「島嶼判例」（insular cases）。這些海外領土被定義為「非國內也非國外」或「既國內亦國外」的地位，而有「國內意義下的境外」（foreign in a domestic sense）的雙元適用。日本取得台灣、朝鮮等地，自然也得面對相同的頭痛難題。

「正義與人權」因此和「利益及妥協」動態掛勾——僅執一端必然無法說服，也難實現理想。台灣人必修的國家學分，應在「正義與人權」外加強「利益及妥協」等國際與治理視野。明白大國的成長經驗後，台灣人應較能體會中英談判對港澳「一國兩制」為何能說服國際社會的原因了。之後，台灣人對內外的說服工作，也因此能有普遍性的章法。

台灣問題複雜萬端，沒有人會主動告訴我們答案，法理的癥結必須我們自己尋找與主張。在文獻取得猶為艱困的1976年，彭明敏與黃昭堂前輩解析出經典著作《台灣在國際法上的地位》；但從資訊發達的今日看來，此書稍嫌遺憾的並未觸及「佔領」的面向，也就是整理了「平時法」卻未觸及「戰時法」，也未解析「國際法」與「國內法」如何競合與其法理設

計的緣由。這當然是時代的侷限。做爲後輩的我們，必須責無旁貸的整合各學科的專業繼續補充。近一點看，台灣與中國即使和平交往，對人、貨、資金流動甚至檢疫問題，也不能浪漫輕浮毫不設防，這是2008年起台灣迫在眉睫的現實。長遠的說，新的台灣研究也會因此國際視野的加入而有機會在歷史困頓中浴火重生，開創獨特的成果。

【附件】

一、〈在中國殘存非共產政權群的存續潛力〉（Survival Potential of Residual Non-Communist Regimes in China），**1949年9月底，CIA解密資料整理**[124]

駐在區域	指揮官	兵力	比例（相對總戰鬥兵力）	效忠	未來（？）
台灣、澎湖	陳誠	105,000	15.4%	蔣介石	台灣、澎湖
湖南、廣西、湖北、陝西	白崇禧	175,000	25.7%	李宗仁	四川、廣西
陝西南部	胡宗南	150,000	22.0%	蔣介石	四川
西北	馬步芳、馬鴻逵	90,000	13.2%	無	未定
四川	張群	35,000	5.2%	蔣介石	四川
雲南	盧漢	15,000	2.2%	未定	未定
廣東	薛岳、余漢謀	85,000	12.5%	未定	廣東
福建	陳誠	15,000	2.2%	蔣介石	廣東
珠山	陳誠	11,000	1.6%	蔣介石	台灣
	總戰鬥兵力	681,000	100%		
	附屬部隊	500,000			
正規軍總計		1,181,000			
非正規軍：維和軍（地方武力）300,000~350,000					

---

124 "Survival Potential of Residual Non-Communist Regimes in China" CIA, October 19th, 1949, p.5 and p.10. http://www.foia.cia.gov/search.asp，入徑：ORE 76-49。作者翻譯整理為中文表格。

二、日本外務省內部針對〈舊金山和約〉有關國籍之想定

（沙盤推演）125

■**對朝鮮關係**（比照〈凡爾賽和約〉捷克與波蘭）

	日本臣民的朝鮮人	日本國民的朝鮮人
定居朝鮮	包括血統日本人，皆取得朝鮮國籍（喪失日本國籍）。918事變（或日韓合併）後定居者應取得朝鮮政府許可。特別考慮在朝鮮的朝鮮人想取得日本國籍的情況。	—
定居日本	—	18歲以上朝鮮人，兩年內有朝鮮國籍之選擇權。918事變（或日韓合併）後定居日本者除日本政府許可外，僅能有朝鮮國籍。
定居他國	—	918事變前定居外者，且未取得該國籍，有權依據朝鮮法律取得朝鮮籍（脫離日本籍）。918事變後定居外國者未經日本政府許可，不能取得日本國籍，也不能喪失朝鮮國籍。此應考慮定居中國與滿洲國之情形。

・丈夫的國籍選擇及於（身為父母身分之）妻與未滿18歲之子女。

・行使國籍的選擇權者，必須在選擇後12個月內移居其所選擇的國家為住所。

---

125 整理自：外務省編纂發行，《日本外交文書　サンフランシスコ平和条約》，pp.52-59。

前者在選擇前擁有住所者，具有在他國保有此不動產的權利。

因該財產的移動而需攜帶各種動產免除一切相關之出口稅、進口稅與課稅的義務。

・「本條款中所謂朝鮮人爲在〈韓國合併條約〉生效前擁有韓國國籍者與其後裔。」

■台灣（若基於開羅宣言的話，則參照〈凡爾賽和約〉中「亞爾薩斯、洛林」以及「什列威希」等相關條款做爲前例，又參照〈日清講和（馬關）條約〉中有關割讓台灣之條款）

	日本臣民的台灣人	日本國民的台灣人
定居台灣	—	包括血統日本人，領土割讓後，取得中國籍（喪失日本籍）。918事變（或日韓合併）後定居者，應取得中國政府許可取得中國籍。18歲以上日本人，兩年內有日本國籍之選擇權。
定居日本	兩年內具有中國國籍選擇權。918事變後定居者，除日本政府許可外，不能取得日本國籍，也不得喪失中國籍。	—
定居他國	—	918事變前定居，不違背當地國法令下且爲取得該國籍者，得選擇中國籍。918事變後定居，除日本政府許可外不能取得日本國籍，也不得喪失中國籍。

・丈夫的國籍選擇及於（身爲父母身分之）妻與未滿18歲之子女。

- 行使國籍的選擇權者，必須在選擇後12個月內移居其所選擇的國家為住所。

前者在選擇前擁有住所者，具有在他國保有此不動產的權利。

因該財產的移動而需攜帶各種動產免除一切相關之出口稅、進口稅與課稅的義務。

- 「本條約所謂台灣人為〈日清講和（馬關）條約〉生效前擁有清國國籍者，與台灣原住民及其後裔，以及父母不詳者。」

■**南庫頁島**（若為歸還蘇聯的場合，基於〈凡爾賽和約〉中「亞爾薩斯、洛林」以及「什列威希」等相關條款做為前例及〈日俄講和條約〉中割讓南庫頁島有關條款）

- （以下台灣為例）

	日本臣民的南庫頁島人	日本國民的南庫頁島人
定居南庫頁島	－	領土割讓後，取得蘇聯籍（喪失日本籍）。18歲以上日本人，兩年內有權選擇日本國籍。
定居日本	－	擁有蘇聯國籍選擇權。
定居他國	－	－

- 「本條約所稱庫頁島人，為〈日俄講和條約〉生效前定居於南庫頁島擁有俄國國籍者與其後裔，以及父母不詳者。」

■**沖繩**（〈凡爾賽和約〉第36條「歐本市」「馬爾梅迪」做為前例）

原則上其住民取得行使該地行政統治權的國家之國籍，而

應保有日本國籍的選擇權。以〈凡爾賽和約〉為例，賦予聯合國方面「統治權行使國」的國籍，我方不得不接受無權拒絕或不得主張附加條件等。此外，留駐日本本土的沖繩縣人與千島島民，得行使有關本籍地之選擇權，從而保有日本國籍。

■太平洋委任統治地

委任統治地原住民與定居之日本人的「日本國籍喪失」、對日本人「日本國籍選擇權」的基本規定，應與沖繩情況相同。其前例為〈凡爾賽和約〉第127條有「屬於日本國的委任統治地的區域，其上的住民喪失日本國籍，而行使該地統治權的政府擁有其外交保護權利」與「定居同一區域之日本人擁有日本國籍」等規定。

徵引書目

專書

中華民國外交關係研究會編纂，《中日外交史料叢編（八）——金山和約與中日和約的關係》。台北：中國國民黨中央委員會黨史委員會發行，1995。

中華民國外交關係研究會編纂，《中日外交史料叢編（九）——中華民國對日和約》。台北：中國國民黨中央委員會黨史委員會發行，1995。

安藤仁介著，李明峻譯，《國際法上的佔領、投降與私有財產》。台北：國立編譯館，1998。

李永熾監修・薛化元主編，《台灣歷史年表：終戰篇》。台北：張榮發基金會國家政策研究資料中心，1990。

林滿紅著，《晚近史學與兩岸思維》。台北：城邦文化麥田出版，2002。

周琇環編，《戰後外交部工作報告——民國三十九年至民國四十二年》。台北：國史館印行，2001。

黃昭堂著，張國興、黃英哲、王義郎譯，《台灣淪陷》。台北：前衛出版社，2005。

陳志奇輯編，國立編譯館主編，《中華民國外交史料彙編》。台北：渤海堂文化公司，1996。

Frederic De Mulinen原著，賴孝媛，許學迅，周茂林合譯，《武裝部隊戰爭法使用手冊》。台北：國防大學，2005。

雲程著，《放眼國際——領土地位變遷與台灣》。台北：憬藝，2007。

葉惠芬編，《中華民國與聯合國史料彙編：籌設篇》。台北，國史館印行，2002

Sir Robert Jennings and Sir Arthur Watts, *"Oppenheim's International Law"* Volume I-peace Ninth Edition, Longman Group UK Limited and Mrs. Tomoko Hudson, 1992.

小熊英二著，《〈日本人〉の境界：沖縄・アイヌ・台湾・朝鮮　植民

地支配から復帰運動まで》。新曜社，東京，1998

竹前榮治，中村隆英解說；天川晃等編集，《GHQ日本占領史——第2
　　卷：占領管理の体制》。日本図書センター，東京，1996。

台灣總督府警務局編，《台灣總督府警察沿革誌第二篇　日本領臺以
　　後之治安狀況》。東京：龍溪書舍，1973。

外務省編，《初期対日占領政策（上）——朝海浩一郎報告書》。東
　　京：每日新聞社，1978。

外務省編纂，《日本外交年表竝主要文書》上卷。東京：原書房，
　　2007。

外務省編纂發行，《日本外交文書　サンフランシスコ平和条約》。
　　東京：巖南堂書店，2006。

茶園義男編・解說，《十五年戰爭重要文献シリーズ第9集：GHQ（マ
　　元帥）処刑命令書全2卷》。不二出版，東京，1992。

千田武志著，《英連邦軍の日本進駐と展開》。御茶の水書房，東
　　京，1997。

沈莉華著，《从对抗到承认：1917-1933的俄美关系》。哈尔滨：黑龙
　　江大学出版社，2009。

詹宁斯（Sir Robert Jennings）、瓦茨（Sir Arthur Watts）修订，《奥本
　　海国际法》。北京：中国大百科全书出版社，1998。

J. H. C. Morris主編，李元等譯，《戴西和莫里斯论冲突法》（*Dicey
and Morris on the Conflict of Laws*）。北京，中国大百科全书出版
　　社，1998。

期刊與文章

陳昭如，〈國籍的法律規定與性別不平等：一個歷史觀點的檢視〉，
　　行政院國家科學委員會專題研究計劃，台灣大學科際整合法律研
　　究所，2005。

湯熙勇，〈恢復國籍的爭議：戰後旅外台灣人的復籍問題（1945-
　　1947）〉，收入中央研究院人文社會科學研究中心，《人文及社
　　會科學集刊》第17卷第2集，2005年6月。

何義麟，〈戰後台湾人之国籍变更与国家認同——以渋谷事件之考察為

中心〉，收入《2001年度財団法人交流協会日台交流センター歴史研究者交流事業報告書》。東京：財団法人交流協会，2002。

「雲程的雙魚鏡」文章：http://tw.myblog.yahoo.com/hoon-ting/

雲程，〈1947年圖博政府的護照〉。

雲程，〈《海角七號》背後的「引揚」規定〉。

雲程譯，〈建立琉球政府的民政公告No.13〉。

雲程，〈流亡的實況：德蘭莎拉〉。

雲程，〈達賴：印度保護下的外國難民身分〉。

雲程譯，〈1994.12.01加拿大移民與難民委員會（Immigration and Refugee Board of Canada）針對圖博IC的檢討〉。

雲程譯，〈美國國家檔案局Michael J. Kurtz對於FAPA的回覆〉。

雲程譯，〈美國陸軍《野戰手冊》（Field Manual）FM 41-10〉。

網站與網路文件

司法院大法官，http://www.judicial.gov.tw/CONSTITUTIONALCOURT/。

〈1949年日內瓦公約〉，ICRC，http://www.icrc.org/web/CHI/sitechi0.nsf/html/gc4。

日本國會圖書館，http://www.ndl.go.jp/constitution/e/shiryo/01/002_46/002_46_001r.html。

東京大学東洋文化研究所田中明彦研究室，「戦後国際政治の基本文書」，http://www.ioc.u-tokyo.ac.jp/~worldjpn/。

"Advisory Opinion No.4", Permanent Court of International Justice, Feb. 23, 1923 http://wwwunhcr.org/refworld/docid/44e5c9fc4.html.

"Establishment of the Government of the Ryukyu Islands" (Civil Administration Proclamation No.13:1952.02.29)，http://www.niraikanai.wwma.net/pages/archive/caproc13.html.

US Army Field Manual, FM 41-10, Department of the Army, Washington, DC, 14 February, 2000 http://www.globalsecurity.org/military/library/policy/army/fm/41-10_2000/index.html.

"Survival Potential of Residual Non-Communist Regimes in China" (ORE 76-49), CIA, October 19th, 1949, http://www.foia.cia.gov/search.asp (入徑：ORE 76-49).

First World War：http://www.firstworldwar.com/source/versailles31-117.htm

Merriam-Webster：http://www.merriam-webster.com/dictionary/subject

Taiwan Documents：http://www.taiwandocuments.org/taipei01.htm

Treaty of Versailles 1919：http://avalon.law.yale.edu/imt/partiii.asp

第貳場

中華民國
政權性質解析

四、中華民國在台灣（1945-1987）

——「殖民統治」與「遷佔者國家」說之檢討

黃 智 慧

任職於中央研究院民族學研究所，專攻文化人類學、民族學、後殖民研究。研究地域與族群包括日本、沖繩與台灣原住民族。

摘要

　　中華民國政府建制於1912年，1945年以後來到台灣。在特殊的長期戒嚴令體制下，社會文化發展受到嚴格控制。1987年戒嚴令解除後，人民逐漸獲得政治、言論、集會之自由，且首次由台灣當地族群出身人士出任總統，打破了特定族群之優勢地位。迄今，學者對於二次戰後到解嚴前（1945-1987）這一段時期，來到台灣的中華民國政權的性質已經提出二個有力的解釋。一說為遷佔者國家，另一說為實行殖民主義統治的殖民地國家。本文的目的，即針對上述二種學說之間的差異、適用性與解釋度提出檢討，以做為與其他社會文化現象研究成果對話的基礎。

　關鍵字：殖民統治，遷佔者國家，去殖民化，後殖民研究，中華
　　　　　民國，佔領，流亡

一、前言

當一塊殖民地，從殖民統治的政治體制獲得解放以後，隨即，被殖民者這一方的知識份子開始整理殖民期間的歷史，重新建構被壓抑的主體論述，找回歷史的發言權，批判前殖民者的壓迫，克服曾經被殖民的傷痛等等；這一波所謂「去（抵／解／脫）殖民化」（decolonization）的社會現象，大抵為二次大戰後從歐美列強手中獨立的殖民地必經的歷史進程。1

然而，二次大戰後的台灣社會大量生產「去殖民化」的主體性論述的景象，卻要到80年代後半才開始出現；尤其是戒嚴令解除（1987）後，更為明顯。在歷史學界，被壓抑已久的台灣史研究，如雨後春筍冒出；史料方面，戰後史上最嚴重的流血族群衝突——二二八事件的口述紀錄或史料，突破禁忌，陸

---

1 David Luis-Brown, *Waves of decolonization : discourses of race and hemispheric citizenship in Cuba, Mexico, and the United States* (Durham : Duke University Press. Shipway, 2008), Martin Shipway, *Decolonization and its impact : a comparative approach to the end of the colonial empires* (Malden, MA : Blackwell Pub, 2008). John Springhall, *Decolonization since 1945 : the collapse of European overseas empires* (New York : Palgrave, 2001).

續出版。2同一時期，一批以日語書寫個人心境、生命史或回
憶錄的文類也在市場上得以現身。3這些文類的作者或口述者
都曾經是日治時期的被殖民者，其作品或在日本出版或是自費
出版，內容包含日治時期的家族歷史、學校教育、戰爭經驗，
以及在二二八事件前後或是後續的白色恐怖時代，遭受到國民
黨政權的壓抑迫害等等屬於個人的生命經驗。許多文本中，日
治期的被殖民者對中華民國來台以後的施政，給予較之於前殖
民主日本，還要更為嚴厲的批判，並認為再度遭受到殖民統
治。4

　　面對這些現象，來自台灣學界的後殖民研究，也陸續展
開。而這一波主要以文學作品為材料的研究，並非討論脫離日
本殖民主義之後的社會文化現象，反而大部分是在討論作品中
所呈現1945年以後加諸在台灣的中華民國體制，與其國族認同

---

2 例如：阮美姝，《幽暗角落的泣聲：尋訪二二八散落的遺族》（台北：前衛出
　版社，1992年）。本書突破禁忌之後，陸續有許多研究者也進行口述紀錄，出
　版文獻史料，二二八事件研究成為解嚴後歷史研究的主力。

3 黃智慧，〈台湾における『日本文化論』に見られる対日観〉，《アジア・ア
　フリカ言語文化研究》，期71（2006），頁146-168。

4 Chih-Huei Huang, "The Yamatodamashi of the Takasago Volunteers of
　Taiwan: A Reading of the Postcolonial Situation," in Harumi Befu and
　Sylvie Guichard-Anguis eds., *Globalizing Japan*. (London: Routledge, 2001),
　pp.222-250; Chih-Huei Huang, "The Transformation of Taiwanese Attitudes
　toward Japan in the Post-colonial Period". in Narangoa Li and Robert Cribb
　eds., *Imperial Japan and National Identities in Asia, 1895-1945*. (London:
　RoutledgeCurzon, 2003), pp.296-314. 黃智慧，〈ポストコロニアル都市の悲
　情──台北の日本語文芸活動について〉，橋爪紳也編《アジア都市文化学の
　可能性》（大阪：清文堂，2003年），頁115–146。以及黃智慧2006，同前
　注。

所帶來的壓迫現象。5 為什麼會產生這樣奇特的現象？要如何
解釋解嚴之後，台灣社會產生的一連串類同全世界其他地區，
在殖民統治結束後所產生的「去殖民化」的社會現象？

　　所謂「解嚴」，原意為戒嚴令之解除，原本只限定為一個
政治性的作為。各國政府發布戒嚴令，皆為應付戰爭或非常時
期、緊急狀態，以維持社會秩序之用。戒嚴令解除，社會立即
恢復常態，在政治學上並不特別，也不構成引起社會科學各領
域關注的研究主題。然而，戰後台灣島上，在沒有發生戰事的
情形下，經歷了近四十年世界史上最長的戒嚴令。這段期間恰
好與中華民國政府失去中國大陸治權，來到台灣，並展開對這
塊島上的土地與人民統治的時間互相重疊。

　　當戒嚴令一被解除，台灣社會上產生了種種特殊的社會文
化現象，如：族群摩擦，集體心理焦慮，國家資本流動，憲法
條文增修，改編歷史教科書，身份認同產生變化等等，造成這
些台灣特有的社會文化現象的原因為何？這些現象的產生很難
從由一個政治性作為的解除，所能涵蓋解釋。為何戒嚴令以及
相關動員體制，必須發布長達近40年？到底在這段期間內，台
灣屬於什麼型態的社會？構成什麼樣態的國家？遭遇到這個問
題的，不只是從事政治學或政治史的研究者；晚近20年來，研
究當代台灣社會文化現象的社會科學研究，包括社會學、心理
學、經濟學、法律學、人類學等，都遭遇到同樣的問題。這一

5 陳芳明，《後殖民台灣：文學史論及其周邊》（台北： 麥田出版社，2002
　 年）。邱貴芬，《後殖民及其外》（台北：麥田出版社，2003年）。盧建榮，
　 《台灣後殖民國族認同1950-2000》（台北： 麥田出版社，2003年）。

連串和社會文化現象密切相連，環環相扣的問題，如果無法考
察其起因根源之歷史縱深，則社會科學對當代社會文化現象的
解釋，其立論亦難以穩固。

　　針對上述問題，歷史學比任何一個學科都還要來得更迫
切，對於一段剛剛過去的歷史，來自史學角度的解釋是什麼？
由於島內特殊的政治環境壓抑台灣史研究，[6]因此有關這類問
題的出版與討論，大都從島外開始。而台灣特殊的政治環境，
也造成這一段歷史的解釋，無法僅從傳統的史學方法得到足夠
的材料，還需要其他研究社會文化現象的成果，互相印證與對
話。本文的目的，在於先整理來自台灣島外，從比較政治社會
學或政治史角度所提出的二個有力的解釋。亦即，如何看待
二次戰後到解嚴前（1945-1987）來到台灣的中華民國政權的性
質？是遷佔者國家？抑或是實行殖民主義統治的殖民地國家？
針對上述二種學說間的差異、適用性與解釋度提出檢討，以做
為日後與其他社會文化現象研究成果對話的基礎。

二、「遷佔者國家」學說之檢討

　　80年代中期開始，原本研究日治時期台灣史的政治史學者
若林正丈進入台灣社會，並以史家的敏銳角度，觀察戰後台灣
社會的政治轉型與社會變遷。他寫下許多具全貌性觀點的論
著，冷靜剖析歷經80年代中期以後劇烈變化的台灣社會，迄今
影響日本學界甚深。最初，他採用歐美政治學界對於拉丁美洲

---

6 鄭欽仁，《生死存亡年代的台灣》（台北：稻香出版社，1989年），頁3-15。

的政治型態，也就是「威權主義體制」的看法，來解釋戰後台灣這個國家的型態。但是威權體制沒有辦法完整說明台灣的情況，所以他加上四項台灣的特色，予以修正：

　　A. 蔣介石、蔣經國父子的個人獨裁色彩。

　　B. 以戒嚴令來限制群眾的政治參與、政治競爭。

　　C. 外省人與本省人之間的族群階層化現象。

　　D.中華民國撤退台灣以來，對美國的政治、軍事、經濟上的依賴。7

　　此一威權體制的看法，在台灣島內歷史學界得到很多討論與再修正。8 其後，台灣政治學界也提出威權恩庇體系或類同於列寧主義的黨國體制、強人政治的法制設計等等，試圖描述這種政權的類型。但是，這些討論大都著重在於統治技術的層面，亦即針對上述A，B，D三項，尚未能回答為何戰後台灣具有C項的特色？

　　針對於此，到了2003年，若林正丈遇到處理上述C項，亦即族群問題時，在論文中，他開始使用「遷佔者國家」的概念，試圖以此定位中華民國在二次戰後的國家型態。若林使用這個概念，是從比較政治社會學者Ronald John Weitzer於1990年出版的著作中所提出的Settler state的概念而來。9 雖然Weitzer的研究並不以台灣為主，但是他觀察全世界幾個情況

---

7 若林正丈，《転形期の台湾——「脱内戦化」の政治》（東京：田畑書店，1989年），頁37-39。

8 薛化元、楊秀菁，〈強人威權體制的建構與轉變（1949-1992）〉，《「人權理論與歷史」國際學術研討會論文集》（台北：國史館，2004年）。

9 Ronald John Weitzer, *Transforming settler states* (Berkeley : University of California Press, 1990), pp.24-25.

相類似的國家之後，提出以Settler state來指稱戰後來到台灣的
中華民國之特性。

　　若林所使用「遷佔者」的譯名，是從1993年社會學者張茂
桂的書評而來。如同前述，台灣的社會科學界在90年代初期，
很需要釐清剛剛過去的一段歷史。而英語世界的著作中有此著
作把台灣做為比較對象，立即受到張茂桂的引介。張茂桂的引
介文中，介紹「遷佔者國家」概念如下：

　　本書的主題是關於「遷佔者國家」內的社會分裂、安全
控制以及民主轉型的關係。什麼是一個「遷佔者國家」（Settler
State）？作者將之定義為：

　　「由支配原始居民的新移民所建立的國家；遷佔者所建立
起的政治系統，對於原來遷出的祖國，他們或者是實際上，或
是法理上均已經獨立；這個系統的目的是為了保有遷佔者的政
治優勢地位。」

　　「遷佔國家」和傳統的殖民國家的不同之一，在於遷佔者
已經自祖國分離，不得不作長久停留的打算。所以安全控制，
尤其是控制原始居民間的反抗，就顯得特別重要。因此，「遷
佔國家」比「殖民國家」常常有更發達的高壓安全設計。它若
要有效地維持遷佔者的優勢地位，就不能像白人統治非洲，只
依賴簡單的殖民式武力統治，而必須有更精緻的高壓統治設
計，因此，遷佔者政權也幾乎必定是威權政權。10

---

10 張茂桂書評，〈羅那‧維惹著《遷佔者國家的轉型》評介〉，《國家政策雙週
　　刊》期63（1993），頁14-15。

　　從這個敘述裡，張茂桂指出Weitzer著書的宗旨，乃在於討論這種高壓統治類型的國家，在其內部統治手段「安全控制」的重要性。這一點從Weitzer後續對於警察體系的研究中，也可以得到印證，Weitzer的研究重點仍持續對於統治手段的關注。11 而Weitzer對於Settler State的概念則是參考了許多國家實例後歸納而得。他做了一個對三種類型的國家之區分表如下：12

國家的型態	移住者所佔人口百分比
Settler state: **法理上獨立**	
以色列（1948～迄今）	86
賴比瑞亞（1847-1980）	3
南非（1910～迄今）	15
Settler state: **事實上獨立**	
北愛爾蘭（1921-1972）	63
羅德西亞（1921-1980）	5
台灣（1949～迄今）	14
Colonial state: **獨立**	
阿爾及利亞（～1962）	12
肯亞（～1990）	1
納米比亞（～1990）	7
新卡列多尼亞	37
桑比亞（～1964）	3
桑給巴爾（～1964）	17

---

11 Ronald John Weitzer, *Policing under fire: ethnic conflict and police-community relations in Northern Ireland* (Albany: State University of New York Press,1995).

12 本表根據Ronald John Weitzer,1990 ibid, p.32而譯。其中人口除阿爾及利亞（1954）、肯亞（1960）、羅德西亞（1979）、桑給巴爾（1948）之外，皆為1987年的資料；以色列則包括迦薩走廊與西岸佔領地。

其中，台灣與北愛爾蘭、羅德西亞並列，都是屬於「事實上」獨立的settler state。對此，若林正丈相當肯定這樣的分類法。尤其，他在2008年最新的大著《台湾の政治——中華民国台湾化の戰後史》一書當中，較之於前文，有更完整的論述發揮：13

蔣介石所說的「营」，亦即戰後台灣這個國家，為台灣史上最初的「遷佔者國家」。根據研究北愛爾蘭與羅德西亞（現在的辛巴威）事例的R・ワイツァー（Ronald Weitzer）之說：在一個被設計成外來的移住者集團（settler group）較之土著集團（native group）佔有優越地位的社會裡，當其移住者集團已經在法理上或事實上（de jure or facto），從母國自律地維持獨立狀態時，即可稱該國家為遷佔者國家（settler state）[Weitzer, 1990:24]。亦即，作為一個遷佔者國家，應符合下列基準：（1）在該社會裡，移住者集團較土著集團必然保持著優越性。（2）由該社會所構成的國家，至少從其出身母國已經事實上獨立；這兩個條件必須同時被滿足。當移住者集團的優越性不再被維持，或是移住者從出身母國不再維持獨立狀態，或是這二種狀態一起發生時，遷佔者國家即消失。

遷佔者國家不等同於殖民地。殖民地雖滿足前述條件（1），卻欠缺條件（2）。殖民主集團若以某種型態脫離其母國掌控，且持續對土著集團保持其優越性的話，則遷佔者國家

---

13 若林正丈，《台湾の政治——中華民国台湾化の戰後史》（東京：東京大學出版，2008年），頁80-81。

仍可成立。非洲羅德西亞的情形，就是這種並不伴隨著殖民地
內被統治民族解放的殖民地國家獨立的例子。此外，內亂或內
戰的結果，造成某種勢力在一定的領域內長期割據，對外事務
上，也可能具有一定程度如同獨立國家的作為，在該領域內若
又保持了前述條件（1）的狀況，也可以說出現了遷佔者國家
之政體。戰後台灣這個國家，即為此種事例。

從上述若林的論文中，若林特別區辨「遷佔者國家」的二點特
質：其一，該社會的移住者集團對另一個土著集團的優越性。
其二，該社會所構成的國家，從其出身母國，屬於事實上獨
立狀態。這樣的說法，彌補了前述威權體制裡的C項特色的解
釋，也就是為何有族群二重結構的特色。

　　而對於戰後台灣，為何不能稱之為殖民地的問題，若林並
不直接碰觸，只說殖民地缺乏上述第（2）的條件，也就是不
能滿足從其出身母國獨立的要件。但是他以羅德西亞的例子，
加上如果殖民主掙脫其母國的控制，又對土著集團保持優越性
的話，仍可稱之為「遷佔者國家」。

　　此外，他又延伸出，若內亂、或內戰的結果，但是還能保
持第一個條件，也就是族群集團的優越性的話，遷佔者國家政
體之說仍可能成立。他以這一點來補充說明台灣的狀態，把造
成族群遷佔的原因，加上了內亂、或內戰的因素。不過，就這
一點而言，筆者無法在Weitzer原書中獲得確認。而針對若林
的詮釋，回到最早Weitzer原書的闡述，可以發現Weitzer其實
很仔細區分，所謂傳統的殖民地國家colonial state和settler state
的差別，他強調：14

settler state認為這些領土（territory）是永久的家（permanent home），為了維持這樣的最高利益，因而形塑了所有與土著族群之間的社會、經濟與政治的關係。

這一點和上述張茂桂所詮釋「遷佔者已經自祖國分離，不得不作長久停留的打算」，有一些意願上的差異。亦即，Weitzer原文是採主動態──「認為是永久的家」，而張茂桂卻詮釋成被動態──「不得不作長久停留的打算」。而若林正丈的詮釋裡，並沒有去碰觸到這個問題。可是這一點，筆者認為是Weitzer，也是若林正丈，必須要處理的核心問題，亦即為何在這些國家中產生族群優越二層結構？

如果以Weitzer所用的原文settler的概念來看，台灣另外一位研究族群政治史的學者施正鋒也注意到這個概念對於台灣的意義。但是他不以「遷佔」，而是用「墾殖」來翻譯settler這個名詞；並且以中南美洲的族群混和社會Creole 或是Mestizo的概念來討論台灣這個多族群墾殖社會的型態。[15] 以settler概念的形成來看，回到以北愛爾蘭或是羅德西亞的國家為出發基礎的Weitzer的原意，筆者認為與其譯為「遷佔者」，「墾殖者」毋寧是較為貼近Weitzer的概念。因為如同上述Weitzer所強調，墾殖者「認為當地領土是自己永久的家」。這一點，也符合北愛爾蘭的實例。來到北愛的英格蘭或蘇格蘭人，在北愛

---

14 Ronald John Weitzer. 1990 ibid, p.26.
15 施正鋒，《台灣政治史》（台中：新新台灣文化教育基金會，2007年），頁41-74。

墾殖至少400年以上，歷經代代文化傳承，已經「認為當地領土是自己永久的家」。[16]

而若林在前述的說明中，把settler state譯爲「遷佔者國家」，把settler group又譯爲「移住者集團」，從這一點來看，若林正丈對於台灣的「移住集團」的內涵與動機，並未給予區辨。亦即，台灣的外省人族群來到台灣的動機，並非單純性移住，更非「墾殖」。雖然若林用羅德西亞的例子，來解釋內亂或內戰也可形成「遷佔者國家」，但是這一點和台灣的情形也不相符。因爲來到台灣的中華民國政府，不斷宣稱要返回大陸，爭回中國大陸的治權。羅德西亞的白人殖民政權並沒有這樣的國家目標與需求。所以，羅德西亞非常少數的白人統治者也「認為當地領土是自己永久的家」而建立了新的國家。

除了族群因素之外，台灣是否爲殖民地的問題，不論是Weitzer或是若林正丈，都以「事實上的獨立」，來否定了台灣的中華民國政體做爲一個殖民地統治型態政權的可能性。關於這一點，筆者認爲，也有加以檢討的空間。因爲來到台灣的中華民國，從來就否定台灣這個新領地的獨立性，也極力排除讓領域與人民都限定在台灣這塊土地上而建立的政權有「獨立」的可能性。這裡牽涉到「母國」認定的問題，就算內亂、或內戰狀態也加入考量的話，仍有二種可能：

(a) 中華民國認爲自己才是母國，以「法統」自居，而中國共產黨是叛亂國體。所以在台灣的中華民國並沒有法理上獨

---

16 施正鋒，〈北愛爾蘭的和平〉，《台灣國際研究季刊》卷4期4（2008），頁117-143。

立的問題，也沒有事實上獨立的狀況產生。

(b) 如果認爲母國是中華人民共和國（PRC）的話，中華民國（ROC）這個國家一直主張要與其母國統一，也並沒有要獨立，因此，法理上、事實上都沒有獨立。不論是「中華民國」分離中國而獨立，或是做爲「台灣國」而獨立，如果一個政體不斷否定自己是「獨立」的狀態，那麼，由外部學界給予「事實上獨立」這種定義的賦予，是否有其他商榷餘地？

亦即，這樣的定義賦予，並沒有將來到台灣的中華民國的另一個性質放入考量，此即「流亡政權」的性質。歷史學家汪榮祖、李敖早已指出：

> 亡命之餘，蔣介石又自承亡國。他於一九五〇年三月十三日，在「陽明山莊」講「復職的使命與目的」，就有這麼一段：
>
> 我自去年一月下野以後，到年底止，爲時不滿一年，大陸各省已經全部淪陷。今天我們實已到了亡國的境地了！但是今天到台灣來的人，無論文武幹部，好像並無亡國之痛的感覺，無論心理上和態度上還是和過去在大陸一樣，大多數人還是只知個人的權利，不顧黨國的前途。如果長此下去，連這最後的基地──台灣，亦都不能確保了！所以我今天特別提醒大家，我們的中華民國到去年年終就隨大陸淪陷而已經滅亡了！我們今天都已成了亡國之民，而還不自覺，豈不可痛？我們一般同志如果今日還有氣節和血心，那就應該以「恢復中華民國」來做我們今後共同奮鬥的目標。（「先總統蔣公全集」，頁一九五六）17

　　「中華民國」原是國名，是「有學問的革命家」章太炎取的一個國名。一九二八年，蔣介石定都南京，遷了國都、改了國歌、換了國旗、變了政體，成為一黨專政。章太炎就公開說中華民國亡了，並自稱「民國遺民」。所以國民黨的「中華民國」，實際上已是第二共和了。一九四九年，毛澤東定都北京，建立「中華人民共和國」也就是第三共和國之興，取代亡了的第二共和。蔣介石亦於毛澤東建國五個多月後自承亡國，萬里寄蹤的蕭公權亦在海外以「亡國大夫」自稱了。最不可思議的是，蔣介石亡命之餘、亡國之後，不但不下詔罪己，居然把自己升為五星上將，與麥帥相傳。失國而封帥，應該是史無前例吧！18

對於蔣介石在台灣的強人統治，史家給予「史無前例」的評語，而從以上引文也可得知，蔣介石到台灣後，意在「恢復中華民國」，而非獨立，更非如前述遷佔者定義下「認為當地領土是自己永久的家」。由於其流亡政權性質，才會不斷宣稱自己沒有離開母國而獨立，也壓制內部離開母國宣告獨立的聲音。

　　關於流亡這一種性質，若林正丈並非不理解，從上述定義中，他也一開始就提到蔣介石「毋忘在莒」的心態。但是在這裡又產生了一個無法解釋的問題。一個夢想回到故地收復失土的流亡政權所建立的國家，其內部人民所產生的族群差異與優

17　汪榮祖、李敖，《蔣介石評傳》（台北：商周文化，1995年），頁792。
18　同前註。

越感，要如何解釋？我想這一點或許是若林正丈還是傾向用「遷佔者國家」概念，以解釋外來族群優越性的原因。

觀諸全世界的流亡政權，無論是二次大戰期間因德國入侵而被迫流亡的法國與在英國的波蘭流亡政府，或者是1959年中國入侵西藏，被迫流亡印度的西藏流亡政府，並沒有能夠在流亡的當地建立一個優越於當地土著居民的政權。爲何在台灣的中華民國，可以建立少數族群的政治菁英優越於本地人多數人口族群的政權？這是一個亟待解釋的問題。

筆者認爲就這個問題而言，不僅是「流亡」，還要加上對其領土所擁有的時間與過程的檢討，才能做出較完整的解釋。亦即，不同於世界上其他流亡政權所得到的土地，台灣的中華民國政權係先「佔領」了一塊土地，而後才發生流亡的事實。這一個性質，晚近政治學研究者王雲程亦曾深入論述。[19] 從歷史過程亦可得知，時序上，在台灣的中華民國由於佔領一塊土地在先（1945），而流亡在後（1949），故能擁有一塊其他流亡政權所沒有的領土。

然而，若只有重視佔領與流亡的性質，則還是回到最初的問題，爲何跟隨中華民國到台灣來的100多萬流亡人口，可以對佔領地當地人產生族群上的優越性？

根據殖民主義的古典定義，19世紀帝國主義擴張以後，人群從一地移到另外一地，並帶來以母地的利益爲優先考量以及特定族群優越性的統治政權，這類政權大抵被認爲是殖民主義

---

19 雲程，《佔領與流亡——台灣主權地位之兩面性》（汐止：憬藝企業，2005年）。

的統治政權。20 如果用殖民主義政權之概念來解釋流亡來到台灣這塊佔領地的中華民國是否適合？擬於下節討論。

三、「殖民統治」國家說之檢討

以台灣史的研究而言，最早一本完整討論400年歷史，且具有清晰明確史觀的研究書籍，即是史明所著《台灣人四百年史》。這是一本以非學院出身的作者，卻成就了學院學者所難以完成，兼具有恢弘視野與獨到論證的巨著。一般學院學者鮮有此驚人毅力，多年來只有史氏能旁徵博引，蒐羅跨域跨時代的史料素材，並以一貫史觀串連論證。若非是一位具有堅定使命、超人意志力的實踐家，實難以到達如此境地。

原因也出在此，該巨著於1962年在日本問世以來，並未受到日本歷史學界的關注與議論。由於作者身為台灣獨立運動者的身份，該書漢文版於1980年在美國出版，不僅在戒嚴時期，甚至到解嚴後，尚未能進入台灣，1992年清華大學研究生「獨台會事件」也因閱讀此書而引起，最後竟促成了廢除刑法100條與101條思想叛亂罪的社會運動。這是當權者所始料未及之事。

如此具有「力量」的巨著，在學界卻看不到力量。90年代中期，若林正丈在引介台灣史研究書籍給學生後輩閱讀時，僅提及該書具「特定的政治立場」，而予以輕輕帶過。21 確實，

20　D.K. Fieldhouse, *Colonialism 1870-1945* (NY：Macmillan, 1983).

21　若林正丈，〈台湾植民地支配〉，山根幸夫他（編）《近代日中関係史研究入門》（東京：研文出版社，1996年），頁277-311。

史明在台獨運動上的鮮明立場，並與國內當權政黨纏鬥多年。有時，社會實踐家的著作其真正價值會超越象牙塔中的學究所作的研究。然而，身為外國籍學者，保持不被捲入所研究國的政治角力之中，也是必要的考量。

　　不論如何，史明的巨著前後一貫，以「被殖民者」的立場書寫台灣四百年的歷史，作者書寫台灣史並非在求取歷史學界的地位，而是針對於殖民者史觀的反論與抵抗。以下即是史明對於戰後台灣中華民國政權的定義：

　　原來中國的統治者與一般老百姓，自從發現孤懸海外的「台灣」以來，就具有不把它當作中國本土的一部份看待的歷史傳統，而稱之為「化外之地」（殖民地）。蔣家國民黨集團在本國一敗塗地後，由於必得逃亡海外尋找插足之地，所以，他們一逃到台灣來，就以下列四項殖民地政策，維持既得的殖民地統治者地位：

（1）劃分台灣人、蔣派中國人之間的「被統治」與「統治」的殖民地社會二重層次。

（2）佔據政治、經濟、文化等一切部門的上層與中樞，而來壟斷殖民地統治者的絕對優越地位。

（3）依據六十萬大軍，做為殖民統治的後盾，也藉以做為應付國際外交的政治資本。

（4）維持「中華民國政府」與「反攻大陸」的虛構，用以壓榨台灣人，並混淆世界視聽。

　　而且，蔣黨本身帶有：（一）封建殘餘的官僚政治、（二）中國軍閥的專制政治、（三）特務組織的法西斯政治，

這些反動落伍的本質與作風——到台灣，就必然造就了如下的
「三重殖民統治機構」，壓在台灣人頭上。

（1）殖民統治的外表機構（下級機關）——中華民國政府。

（2）殖民統治的中樞機構（上級機關）——中國國民黨。

（3）殖民統治的權力核心（真正的統治主體）——蔣父子為首的
　　　特務組織。22

　　如上述，史明認為台灣這塊殖民地的建立，包含流亡，也
談到族群優越性，以及前述Weitzer所言，必須維持強大「社
會安全控制」——軍警情治部門的必要性。此外，史明更強調
在經濟上對於這塊土地的人民的剝削：

　　由於「台灣」這塊土地在政治上受到蔣氏父子國民黨
的這種殖民地的「三重統治」，所以一千六八〇萬台灣人
（一九七七年統計）在經濟上，就免不了受如下慘無人道的「三
重剝削」：

（1）殖民地性掠奪——外來者的蔣氏父子國民黨集團，在
　　　「政治支配經濟」的殖民地剝削方式之下，一方面壟斷
　　　政治權力機構，另一方面迫使台灣人大眾流血汗而專事
　　　經濟生產，執行「台灣人勞動、蔣派中國人享受」的殖
　　　民政策，只以一張政府法令就把一切經濟資源與生產手
　　　段（土地、企業、工廠等）控制在掌中，掠奪台灣人大眾的

---

22 史明，《台灣人四百年史》（台北：蓬島文化公司，1980年），頁802-803。
　　日文版於1994年由東京的新泉社出新裝版。

勞動果實。

（2）資本主義性搾取──外來者的蔣氏父子國民黨集團，一方面促進台灣社會進一步的資本主義化，提高生產力，另一方面卻以政治權力壟斷台灣社會的資本、金融、生產、流通、貿易、分配等整個的「經濟過程」，並以資本主義的方式搾取其剩餘價值。

（3）封建性掠奪──外來者的蔣父子國民黨集團逃來台灣後，繼續其中國軍閥式壓迫剝削中國老百姓的暴行，奪取台灣的絕大部分的土地，獨掌高利貸資本，掠奪了台灣農民的農業生產品，加上政府的封建式苛捐雜稅，貪官污吏勒索，特務敲詐等，橫行霸道，不一而足。23

　　因此，他所感受到台灣社會，所謂「現今台灣的殖民地社會二重機構」，即是：

（1）台灣人社會‧台灣人＝本地人＝被壓迫民族＝殖民地被統治者＝農民‧工人‧都市貧民‧農村貧民‧中下級職員‧中小商工業者‧民族資本家‧小地主＝下級軍官‧兵士＝工業製品高價購入＝農業生產品廉價供出＝台灣人意識

（2）中國人社會‧中國人＝外來者＝壓迫民族＝殖民地統治者＝軍閥‧特務‧警察‧官僚‧資本家‧公營企業幹部‧大地主＝中高級軍官＝資本獨佔‧金融獨佔‧工業

---

23 史明1980前揭書，頁803。

獨佔‧流通機構獨佔‧貿易獨佔＝土地獨佔＝工業製品
高價售出＝農業生產品廉價奪取＝大中華思想＝台灣人
買辦分子[24]

　　從上述思辨可以得知，史明並不是根據任何的學者專家對
「殖民地」的定義而下結論。史明的定義，頗類同於「當事
者」（native）對己身周遭世界的定義方式。這種定義的方式，
往往可以從同一時代，有同樣經歷的人身上找到許多同樣的觀
點。例如在日本史學界，研究台灣抗日民族運動史的歷史學者
向山寬夫，曾在一個較非正式的論文中，比較朝鮮與台灣的差
異時，也和史明觀點相同：[25]

　　朝鮮是個具有古老歷史，且中國的明朝與清朝至少在表面
上也都曾經承認之獨立國家。其古代史也給予過日本文化的恩
惠，竟然被日本所殖民。而台灣的情形，不過3百～4百年的歷
史，且是甘願冒險違背國法，從中國大陸華南的福建、廣東兩
省渡來的流民所居住。在經歷了荷蘭、鄭氏政權、清國的滿族
統治後，成為日本的殖民地；二次大戰後，實質上又成為中華
民國的殖民地。吾人不得不認為，二者極大的歷史差異，截然
地劃分了朝鮮的反日態度與台灣親日的態度。

　　向山寬夫出生於1919年，和史明僅相差一歲，幼年來到台

24　史明1980前揭書，頁804-805。
25　向山寬夫，《日本の台湾むかし話》（東京：中央経済研究所，1998年），頁
　　370。

灣，在台灣受到小學與中學的基礎教育，高中以後回到日本就讀，和史明一樣，經歷過台灣的戰前與戰後二種社會型態。此外，和史明大作出版約相同時期，1964年王育德在東京出版了《台湾——苦悶するその歷史》，從其出版後的敘述中，可以看出他應該讀過史明的巨著。出生於1924年的王育德，也和前二者同一世代，雖然他是一位語言學者，非專業的歷史學者，但是他寫下無遜色於歷史專業的台灣史著作。其中一節，他特別提到「縱與橫的比較論」。他說：

因為一千萬台灣人的大多數都親身經歷這兩個時代，他們每每比較這兩個時代，就像搬家時比較以前的房子和現在的房子一樣，屬於人之常情。如果比較之下得到的結論是日本時代比現在還算好一些，那麼事態就很嚴重了。

有人會說：「不是回到原來的型態了嗎？」或是說：「不是同一個民族嗎？」或者「怎可在自由中國的招牌底下，說什麼殖民地支配的論調？」等等，這樣看事情的角度，都是很表面的。而這些只能很單純看待事情的人的腦袋裡，上述的比較論是無法成立的。他們更無法相信，（被殖民者）對於日本時代的評價還比較好呢。不過，其實台灣人本身也萬萬沒有想到，有這麼一天，竟然必須遭遇到，得把日本時代和國民政府時代，從同樣的天平加以衡量比較的命運。26

---

26 王育德，《台灣——苦悶的歷史》（台北：草根出版事業，1999），頁116-117。部分譯文已經筆者修改。

　　所謂王育德從「被殖民者」的角度來進行比較的命運，這一點筆者從人類學田野工作所得，或解嚴後大量出版的日記或回憶錄的文本材料當中，得到相當的印證。例如：晚近由國史館出版的長達40年的楊基振日記史料。楊基振（1911-1990）生於台灣中部小鎮，幼小時期在學校受教育的過程中，對於日本的歧視甚爲不滿。後來在日本早稻田大學留學期間，也時常與來自於台灣的留學生思考要如何改變台灣人的地位。大學以優異成績畢業後，赴滿洲國擔任技術職員，希望能更接近心目中的祖國大陸。可是沒有料到，終戰後：

　　我在1946年5月回到台灣時，看到的台灣和我以前住的台灣完全不一樣了。陳儀擁有的絕對權力，和以前日本人在對台灣的殖民地統治的權力並無二樣，甚至他的權力更加野蠻、無智、黑暗、不正，台灣民眾都生活在內心不滿當中。27

從這一段對自我內心表白的文字裡，吐露出高度期待之後的深刻失望感，對過去日本殖民時代的評價，也有了比較的對象，像他說：「和以前日本人在對台灣的殖民地統治的權力並無二樣，甚至更加野蠻、無智、黑暗、不正」。這種比較的心理，也見諸解嚴以後出版的許多日語詩歌作品以及日記、回憶錄等的材料中。筆者曾將此種比較的後殖民時代社會心理現象，稱之爲：「民眾的比較政治學」。28 這種比較的心理與其政治上

---

27 黃英哲、許時嘉編譯，《楊基振日記史料選集》（台北：國史館，2007年），頁693。

的作用，並非經由學院派學者的定義產生，被殖民者（民眾）以己身從日本時代遭受過的被殖民經驗，做出其認知與判斷。這種判斷雖然是來自個人，但是彼此互不認識，也無法公開交換意見，這些散播思想的個人們，不約而同地發出同樣的感慨，必有其深刻的學術意義，值得深究。

　　相對於從日治時期被殖民者所發出的觀點，台灣歷史學界對於來到台灣的中華民國的「殖民統治」性格，則有些許保留。這是由黃昭堂的看法而來，黃昭堂曾描述來台的國民黨政權是一個「沒有母國的殖民王朝」：

　　日本統治時代是一個明顯的殖民統治，敵我容易辨別。但是實際上，日本的殖民人口並不算多，在台灣人口顛峰六百六十萬人口之中，日本人常住人口僅佔六％，大約四十萬人而已。被統治的各族群在這個明顯的殖民國家——日本的統治下，福、客的對立迅速減少，而加速形成台灣人意識。

　　一九四五年日本戰敗，中華民國佔領台灣，隨著中國國民黨敗於內戰，蔣介石帶了一百數十萬的中國人湧入台灣。就人口的構造而言，這是一大變化，就政治上的意義而言，蔣介石繼鄭氏之後，在台灣建立一個沒有母國的殖民王朝——中華民國。[29]

對於這個說法，台灣史學者李筱峰數次提及，他略做了修正，

28　Chih-Huei Huang, 2003 ibid. pp.307-311.
29　黃昭堂，《台灣那想那利斯文》（台北：前衛出版社，1998年），頁4-5。

茲徵引其相關段落於下：

> 這個「遷佔者政權」，學者黃昭堂則喻之為「沒有母國的
> 殖民王朝」。
>
> 不論是所謂的「沒有母國的殖民王朝」，或是所謂的「遷
> 佔者政權」，國民黨政府在台灣設計的國家架構，是以全中國
> 為標準。儘管國民黨政府早已退出中國母土，但在國家認同
> 上，卻仍以其母土地作為認同的指標。他們宣稱有朝一日會
> 「中興復國」，因此他們編寫中國古代封建時期的故事「田單
> 復國」、「少康中興」，來「教育」台灣人，要他們「毋忘在
> 莒」。整套教育內容及價值體系，是以大中國作為座標來思
> 考，完全沒有台灣的主體性，灌輸人民對其故國山河的感情，
> 以及對領袖蔣介石的效忠，而不是對台灣歷史的了解，當然也
> 沒有現代國家意識的培養。30

從這個論述裡，李筱峰點出國民黨政府設計架構以全中國為標
準，以其母土地做為認同的指標，顯示出中華民國的曖昧與矛
盾。如同上一節所討論到的「遷佔者國家」一樣，會遭遇到所
謂「母國」的定義的問題。亦即，

（I）若以中國大陸為母國，那麼在台灣的中華民國，確實
　　　失去了母國。可是若失去母國，何以稱其為「殖民王
　　　朝」？所謂殖民主義的古典定義，是指二群人，二塊土
　　　地之間，或是墾殖或者剝削關係，都可以成立殖民政

---

30 李筱峰，《與馬英九論台灣史》（台北：玉山社，2006年），頁140-141。

權。若少了其中的母地或母國，則不易令人理解其殖民
性質。前述李筱峰補充以「儘管國民黨政府早已退出中
國母土，但在國家認同上，卻仍以其母土地作為認同的
指標」，這是正確的描述，也解釋了族群認同母方的優
越性。但是這個解釋方法較接近流亡政權性質，如果殖
民母國不存在，則難以解釋對殖民地進行經濟剝削的目
標與殖民主義的動機。

(II) 中華民國政權認為自己就是母國。這一點在國家設計
上，包含若林正丈在內，許多政治學者都提及所謂維繫
「法統」對於來到台灣的中華民國之重要性。晚近松田
康博在其研究中也指出，戰後國民黨體制中有許多所謂
「中央化」的設計。31 亦即，以台灣省的機制，配合以
中央法統的長年維繫，如此在台灣的中華民國，就可做
為向海內外眾多華人號召的「母國」。

筆者認為，如果所謂母國是後者（II）的定義，那麼對台
灣這塊殖民地而言，其母國，也就是中華民國——由於正在與
對手中華人民共和國進行生死存亡鬥爭，才會需要大量搜刮這
塊殖民地的經濟或人力資源，以協助其返回大陸，進行「田單
復國」、或「少康中興」等古典式的復國目標。這樣的解釋方
式也符合佔領與流亡的史實，換言之，這是一個來到新佔領
地，處於流亡狀態，情況極為特殊的殖民母國。

而己身就是殖民母國，也解釋了來到台灣的中華民國，其

---

31 松田康博，《台湾における一党独裁体制の成立》（東京：慶應義塾大学出版，2006年）。

國家（中央）與其中一個地方政府（省），無論在治理範圍與治理的人民幾乎是完全重疊的二層疊床架屋的特殊結構。雖然一方面，中華民國是中央，是母國法統，所控制的殖民地即是地方。但是，一方面中華民國也是地方，二者呈現重疊的狀態。這種矛盾性一直要到1998年才獲得舒緩。台灣省政府的虛級化，或稱「精省」、「凍省」或「廢省」，使得中華民國政府調整其治理的體制，大幅減低。

同時，前述（II）的解釋也說明爲何中華民國必須設計出如同「殖民統治」般性格的政權機制。因爲該「母國」需要大量的經濟支援，以幫助母國遂行其目的。在流亡期間，還處於戰爭狀態，具有高度危機意識，也需要甚至超越「遷佔者國家」所保持警察情治機構「安全控制」的必要性。也因此在台灣的中華民國建構整套法治的設計，在統治上需要持續「國家動員法」，並以動員戡亂體制（1947-1991）與戒嚴體制（1947-1987），維繫軍事規模上對人民的安全控制。[32]

而台灣這塊土地上的「被殖民者」土著族群，在長久的戒嚴令期間受到各方面的箝制，由於國民黨政權兼具流亡性質，其對人民控制的嚴格度要更甚於一般的「殖民地體制」，這也是爲何，民眾自身的感受，比較前一個殖民統治者日本，後者中華民國來到台灣之後，其殖民統治程度還要比以往更加嚴苛的原因。

---

32 林果顯，《一九五〇年代反攻大陸宣傳體制的形成》（台北：國立政治大學歷史學系博士論文，2009年）。

四、結語

　　總結上述析論，對於二次大戰後以來中華民國在台灣的統治性質，Ronald John Weitzer與若林正丈皆主張用「遷佔者國家」來加以描述其性格。經考察其論點之後，筆者認為中華民國在台灣這段歷史過程中，不論牽涉到（1）少數族群優勢統治的問題，或者（2）是否事實上獨立的問題，都和其他二個國家——北愛爾蘭和羅德西亞的情況有所差異。思辯這些差異，即可凸顯出中華民國在這段歷史期間的性質。雖然歷經數百年，北愛的英國人已經不再是人口上的少數族群，可是基本上，北愛與羅德西亞二者優勢統治族群都把該地領土當成了「是自己永久的家」，因而一同建立了settler state。日文或中文翻譯稱之為「遷佔者國家」，也可譯為移住者、墾殖者的國家，這二個翻譯名詞牽涉到移住動機以及其與土地關係上的差異。所謂特定族群的優勢問題，雖然牽涉到統治手段上的族群矛盾與衝突，但是就事實上獨立成為一個國家的目標而言，統治者與被統治者的族群間並無衝突，所以一個settler state得以成立。

　　然而，這一點在解嚴之前的中華民國政權底下，並沒有思想表現的自由，故無法經由公開討論達成社會共識，而難以成立。在台灣這塊土地上，雖然結合了新的人民與族群，但是中華民國政權，並不謀求獨立，也不能確認「認為當地領土是自己永久的家」。因此，也造成統治優勢的少數族群與當地大多數人口族群之間的矛盾與緊張，很難符合一個所謂的「遷佔者國家」學說之條件。

　　較之於歸納自世界上其他政權所得到「遷佔者國家」的學說，中華民國在台灣的「殖民統治」性格，從解嚴後才出現一般民眾的表述文本材料中，反而得到了大量的印證。而中華民國在台灣的政權體制（1945-1987），並非沒有母國；依前述考察，若加上流亡與佔領的概念，筆者認為，稱之為「流亡到新佔領地的殖民政權」，應該能較完整地說明其性質。這種類型的殖民統治型態在近代世界史上，可能並無同例，也無法找到從前例類型中加以歸納的定義。

　　因此，這個定義仍是開放的，需要各種基礎材料加以串連印證。若重新以台灣各個社會文化面向的實證材料出發，應該能夠彙整出這一段時期，該政權在佔領、流亡、殖民這三個面向底下交匯出的政權性質。

參考書目

Chih-Huei Huang, "The Transformation of Taiwanese Attitudes toward Japan in the Post-colonial Period". in Narangoa Li and Robert Cribb eds., *Imperial Japan and National Identities in Asia, 1895-1945*. (London: RoutledgeCurzon,2003), pp.296-314.

Chih-Huei Huang, "The Yamatodamashi of the Takasago Volunteers of Taiwan: A Reading of the Postcolonial Situation," in Harumi Befu and Sylvie Guichard-Anguis eds., *Globalizing Japan*. (London: Routledge,2001), pp.222-250.

D.K. Fieldhouse, *Colonialism 1870-1945* (NY : Macmillan, 1983).

David Luis-Brown, *Waves of decolonization : discourses of race and hemispheric citizenship in Cuba, Mexico, and the United States* (Durham : Duke University Press. Shipway, 2008).

John Springhall, *Decolonization since 1945 : the collapse of European overseas empires* (New York : Palgrave,2001).

Martin Shipway, *Decolonization and its impact : a comparative approach to the end of the colonial empires* (Malden, MA : Blackwell Pub, 2008).

Ronald John Weitzer, *Policing under fire: ethnic conflict and police-community relations in Northern Ireland* (Albany: State University of New York Press,1995).

Ronald John Weitzer, *Transforming settler states* (Berkeley : University of California Press, 1990).

王育德，《台灣──苦悶的歷史》（台北：草根出版事業，1999年）。

史明，《台灣人四百年史》（台北：蓬島文化公司，1980年）。

向山寬夫，《日本の台湾むかし話》（東京：中央經濟研究所，1998年）。

李筱峰，《與馬英九論台灣史》（台北：玉山社，2006年）。

汪榮祖、李敖，《蔣介石評傳》（台北：商周文化，1995年）。

阮美姝，《幽暗角落的泣聲：尋訪二二八散落的遺族》（台北：前衛

出版社，1992年）。

林果顯，《一九五〇年代反攻大陸宣傳體制的形成》（台北：國立政治大學歷史學系博士論文，2009年）。

松田康博，《台湾における一党独裁体制の成立》（東京：慶應義塾大学出版会，2006年）。

邱貴芬，《後殖民及其外》（台北：麥田出版社，2003年）。

施正鋒，〈北愛爾蘭的和平〉，《台灣國際研究季刊》卷4期4（2008），頁117-143。

施正鋒，《台灣政治史》（台中：新新台灣文化教育基金會，2007年）。

若林正丈，〈台湾植民地支配〉，山根幸夫等（編）《近代日中関係史研究入門》（東京：研文出版社，1996年），頁277-311。

若林正丈，《台湾の政治　中華民国台湾化の戦後史》（東京：東京大学出版　，2008年）。

若林正丈，《転形期の台湾──「脱内戦化」の政治》（東京：田畑書店，1989年）。

張茂桂書評，〈羅那・維莶著《遷佔者國家的轉型》評介〉，《國家政策雙週刊》期63（1993），頁14-15。

陳芳明，《後殖民台灣：文學史論及其周邊》（台北：麥田出版社，2002年）。

雲程，《佔領與流亡──台灣主權地位之兩面性》（汐止：憬藝企業，2005年）。

黃昭堂，《台灣那想那利斯文》（台北：前衛出版社，1998年）。

黃英哲、許時嘉編譯，《楊基振日記史料選集》（台北：國史館，2007年）。

黃智慧，〈ポストコロニアル都市の悲情──台北の日本語文芸活動について〉，橋爪紳也編，《アジア都市文化学の可能性》（大阪：清文堂，2003年），頁115–146。

黃智慧，〈台湾における『日本文化論』に見られる対日観〉，《アジア・アフリカ言語文化研究》，期71（2006），頁146-168。

鄭欽仁，《生死存亡年代的台灣》（台北：稻香出版社，1989年）。

盧建榮，《台灣後殖民國族認同1950-2000》（台北：麥田出版社，

2003年）。

薛化元、楊秀菁，〈強人威權體制的建構與轉變（1949-1992）〉，
　　《「人權理論與歷史」國際學術研討會論文集》（台北：國史
　　館，2004年）。

台灣
對外關係

李　明峻

台灣大學政治學系，淡江大學日本研究所碩士，京都大學法學博士課程。曾任日本國立岡山大學法學部副教授、國立政治大學國際關係研究中心助理研究員、總統府人權委員會委員等職。現任台灣國際法學會副祕書長，專長為國際法、國際組織和國際政治。

摘要

　　台日關係與日華關係在定義上是迥然不同的。日華關係是指日本與中華民國政府的關係，在1972年日本變更對中國的政府承認之前，是指正式的外交史關係，而在其後是指日本與統治台灣的事實上政府的關係。另一方面，台灣與日本均位於世界最大陸塊與全球最大洋面的交接點，南北銜接一衣帶水，地理位置與戰略地位可說是唇齒相依，但因台灣國或福爾摩莎共和國從未出現，所以台日關係從來不是指國與國的外交關係。

　　就中華民國流亡台灣六十年來的日華關係而言，大致可分為四個時期。首先是盟軍佔領時期（1945-1952），此時期的日華關係主要涉及戰爭賠償問題與日華和平條約締結，而當時在盟軍佔領下的日本與被中華民國接收的台灣之間，仍存在著一定程度的經濟與文化的聯繫。其次是正式國交時期（1952-1972），此時期主要涉及日本恢復獨立之後，對當時兩個中國政府的承認選擇，以及對國府所採取的政策問題。第三是蔣經國掌政時期（1972-1988），自蔣經國擔任行政院長至其總統任內過世為止，由於國府進行本土化，使得駐日代表人選也開始有台灣人擔任，而日華關係轉為以經濟為主，但其對自己地位的主張與前一時期相同，只是強弱易位。第四是後冷戰時期（1989-），由於台灣的民主化，使得國府外來政權的性質轉變，「日華關係」有逐步轉化為「台日關係」的趨勢，但由於持續使用「中華民國」國號，且未釐清與中國的關係，使得此項轉變並未能達到最高效果。尤其甚者，此項轉變在馬政府上台後出現倒退的傾向。

　　尤其甚者，目前執政的國民黨及其支持者雖口頭主張「中華民國是主權獨立國家」、「要捍衛中華民國主權」，但他們的前提是「中國只有一個，中共非中國」，也就是仍堅持中華民國政府仍是中國的正統政府，同時政黨取名為「中國國民黨」，且對外關係上仍使用「中美」或「中日」等用語替代「台美」或「台日」，甚至稱中華人民共和國時使用「中共」或「大陸」的稱謂，或以「兩岸關係」稱呼「台中關係」，而不正式認為中華人民共和國是另一國家，此點將使過去將「日華關係」轉變為「台日關係」的努力發生質變。

　　關鍵詞：台日關係、日華關係、中華民國、戰爭賠償問題、日華和平條約

一、前言

　　台日關係與日華關係在定義上是迥然不同的。日華關係是指日本與中華民國政府的關係，在1972年日本變更對中國的政府承認之前，是指正式的外交史關係，而在其後是指日本與統治台灣的事實上政府的關係。另一方面，台灣與日本均位於世界最大陸塊與全球最大洋面的交接點，南北銜接一衣帶水，地理位置與戰略地位可說是唇齒相依[1]，但因台灣國或福爾摩莎共和國從未出現，所以台日關係從來不是指國與國的外交關

---

1 據史料記載，台日的交流長達五世紀之久，甚至連中國的古文獻有時亦誤認「台灣自古屬於日本」，再加上清國政府和日本簽署馬關條約後，正式成為日本領土達五十一年之久，因此台日關係的密切不言可喻。李明峻，〈從國際法看台日關係〉，《台灣國際法季刊》第5卷3期，頁159-187。

係。

　　然而，在中華民國政府（以下簡稱國府，即國民政府）於1949
年12月因國共內戰失利而「流亡」台灣之後，除實質性的台日
關係之外，更架構出中華民國政府與日本政府的日華關係，二
者在與日本的相互往來上形成重疊的樣態2。然而，本文探討
的焦點是日華關係，而不是台日關係，也就是說是以戰後國府
與日本的關係為主軸，此點必須有所留意。

　　就中華民國流亡台灣六十年來的日華關係而言，大致可分
為四個時期。首先是盟軍佔領時期（1945-1952），此時期的日
華關係主要涉及戰爭賠償問題3與日華和平條約締結，而當時
在盟軍佔領下的日本與被中華民國接收的台灣之間，仍存在
著一定程度的經濟與文化的聯繫。其次是正式國交時期（1952-
1972），此時期主要涉及日本恢復獨立之後，對當時兩個中國
政府的承認選擇，以及對國府所採取的政策問題。第三是蔣經
國掌政時期（1972-1988），自蔣經國擔任行政院長至其總統任
內過世為止，由於國府進行本土化，使得駐日代表人選也開始
有台灣人擔任，而日華關係轉為以經濟為主，但其對自己地
位的主張與前一時期相同，只是強弱易位。第四是後冷戰時

2　此種戰後台灣與日本關係的二重性，一方面左右日本「去帝國化」的進程，另
　一方面亦對台灣的「去殖民地化」過程帶來影響。川島真，〈日華‧日台二重
　關係の形成——1945-51年——〉，川島真、松田康博編，《日台關係：1945-
　2005》（東京：東大出版會，近刊預定），頁13-37。

3　關於戰爭賠償問題，台灣方面的研究為遲景德，〈戰後中國向日本索取賠償研
　究〉，《抗戰建國史》（台北：近代中國出版社，1995年7月），頁498-547；
　吳淑鳳，〈戰後中國對日求償之交涉 （1945-1949）〉，《中華軍史學會會
　刊》第13期（2008年9月），頁267-293。日本方面的代表性著作為殷燕軍，
　《中日戰爭賠償問題》（東京：御茶水書房，1996年10月）。

期（1989-），由於台灣的民主化，使得國府外來政權的性質轉
變，「日華關係」有逐步轉化爲「台日關係」的趨勢，但由於
持續使用「中華民國」國號，且未釐清與中國的關係，使得此
項轉變並未能達到最高效果。尤其甚者，此項轉變在馬政府上
台後出現倒退的傾向。本文即針對以上各點進行討論。

二、盟軍佔領時期（1945-1952）

關於在戰後初期的日華關係，即日本接受波茨坦宣言投降
迄日華和平條約簽訂爲止之期間（1945-1952年），日本方面的先
行研究主要集中於戰爭賠償問題4 與日華和平條約締結5 等議
題。至於國府在此時期的對日政策，相關資料的發掘仍有待累
積6，故只能從回憶錄或口述歷史著手，但專門研究相對上實
屬缺乏。

---

4 關於戰爭賠償問題，台灣方面的研究爲遲景德，〈戰後中國向日本索取賠償研
　究〉，《抗戰建國史》（台北：近代中國出版社，1995年7月），頁498-547；
　孟祥瀚，〈戰後運台之日本賠償物資研究〉，《興大歷史學報》，第10期（台
　中：中興大學歷史學系，2000年6月），頁21-57；吳淑鳳，〈戰後中國對日求
　償之交涉（1945-1949）〉，《中華軍史學會會刊》第13期（2008年9月），
　頁267-293。日本方面的代表性著作爲殷燕軍，《中日戰爭賠償問題》（東京：
　御茶水書房，1996年10月）。
5 關於日華和平條約，台灣方面的代表性研究爲黃自進，〈戰後台灣主權爭議與
　《中日和平約》〉，《中央研究院近代史研究所集刊》第54期（2006年12
　月），頁59-104。日本方面的主要研究爲袁克勤，《アメリカと日華講和》
　（東京：柏書房，2001年3月）；石井明，〈中國の對日占領政策〉，《國際政
　治（日本占領の多角的研究）》，第85號（1987年5月），頁25-40。
6 相關研究見楊子震，〈中國駐日代表團之研究──初探戰後中日‧台日關係之
　二元架構〉，《國史館館刊》，第19 期，頁51-86；張啓雄，〈占領期中華民
　國的對日政策（1945-52）〉，發表於早稻田大學「戰後の台灣と日本學術研討
　會」（2007年10月29日）等。

　　由於日本當時尚未恢復獨立，因此並不存在自主的外交關係，國府當然亦無駐日大使館，其時對日政策的實際執行與辦理交涉單位，只有中國駐日代表團（Chinese Mission，1946-1952年）[7]。雖然當時中華民國政府對於日本的戰後處理，最關心日本的非軍事化、民主化與賠償問題等[8]，但與處理戰後日本的問題相比，中國戰後的內部問題更為緊迫，再加上因戰後各方面皆須依賴美國援助，因此只能支持與配合美國的對日佔領政策方針，而毫無置喙的餘地。

　　事實上，國府並不是不想積極參與日本的戰後處理。日本投降後，國府國防最高委員會曾針對如何處置日本的戰後問題，審訂《處理日本問題意見書》[9]。由於日本並不是被國府所打敗，因此國府對戰後日本的軍力充滿疑慮，而此一疑慮自然影響到國府對日本的戰後構想。因此，該《意見書》除提示

7　由於吏治習慣於貪污腐敗，中國駐日代表團的評價相當負面。如陳誠曾回憶：「抗戰勝利後，我們派遣到日本去的中國代表團，對內分別門戶、爭權奪利，對外招搖撞騙、假公濟私，簡直不成體統到了極點，以致引起各方面的輕視與憎惡。日本人暗地裏不說這是中國代表團，而戲謔之為『代表中國團』，這還不算丟盡了整個國家的臉嗎？」參照薛月順編，《陳誠先生回憶錄——建設台灣（上）》（台北：國史館，2005年7月），頁123。高玉樹亦曾批評駐日代表團：「代表團頂著戰勝國的光環，穿得漂漂亮亮，專做表面功夫，專講官話，鬧緋聞，做起事來，卻敷衍塞責，甚至上下其手，貪污腐化。他們雖然也派有兩個人辦僑務，但錢是不會供給窮苦的人的，對台僑沒有什麼幫助。」高玉樹口述、吳君瑩紀錄、林忠勝撰述，《高玉樹回憶錄：玉樹臨風步步高》（台北：前衛出版社，2007年7月），頁29。

8　山極晃，〈中華民國と對日占領〉，袖井林二郎編，《世界史のなかの日本占領》（東京：日本評論社，1985年4月），頁289-293。

9　《處理日本問題意見書——民國三十四年八月十二日國防最高委員會審定參考資料》，秦孝儀主編，《中華民國重要史料初編——對日抗戰時期・第七編：戰後中國（四）》（台北：中國國民黨中央委員會黨史委員會，1981年9月），頁637-640。

國府對日政策的基本原則外，對於日本的政治、經濟、教育、法律等方面，亦詳列國府的處理原則。根據《意見書》內容可知，國府最關心的是全面改造軍國主義國家日本，因此對日本的非軍事化與民主化提出多項意見10。

　　另一方面，國府又想借重日本軍隊。在1945年8月15日日本宣布無條件投降後，國府與日軍中國派遣軍司令官岡村寧次合作，希望其手下的百萬日軍保持現有態勢，由其接收日軍所有的武器裝備，希望壟斷接受日本投降的權利。意料之外的是，岡村寧次不但表示願意配合，甚至建議願以在中國的128萬日軍戰鬥部隊，幫助蔣介石打共產黨11，深獲蔣介石嘉許，並承諾「准其以其勞績贖罪，免以戰犯懲處」12。果不其然，1948年12月23日東京審判結束，東條英機等7名日本首要戰犯被處以絞刑，但岡村寧次於1949年1月26日在中國的戰爭法庭

10　如張群提到：「在日本投降以後，我政府除趕辦遣送日僑及日本戰俘，並派遣駐日軍事代表團協同盟軍總部處理日本的戰後問題之外，中日兩國間當然並無任何外交事務；不過我們對日本戰後所可能發生的變化，不能不表異常的關切。……究竟日本戰後的軍國主義將來是否可能利用國際局勢的變動而復活？日本民主政治是否能建立起來？將來是否還可能回到極權政治的老路？日本經濟如果復興，是否能使日本再行侵略的陰謀？或是妨害我國的經濟建設？盟軍總部執行對日管制政策是否正確？這許多問題都應求得理解，事關我國利益及今後亞洲局勢，自不能等閒視之。」張群，《我與日本七十年》（台北：中日關係研究會，1980年4月），頁96-97。

11　岡村寧次撰寫《從敵對立場看中國軍隊》的論文，闡述國共軍隊的戰略戰術和作戰特點，建議國民黨軍隊如何利用共產黨軍隊的弱點，採取特別戰術予以應對。後來在美國反對以及其他種種考慮下，蔣介石未能運用投降的百萬日軍進行「戡亂」、「剿匪」。

12　在受降之後，國府照樣承認岡村寧次的指揮權，只是將「中國派遣軍總司令官」改為「中國戰區日本善後總聯絡官」，其原有的官邸、衛隊、座車都保留享用。1946年12月29日《大公報》。

被判無罪當庭開釋。

　　由於岡村寧次被判無罪的鼓勵，日本軍官根本博於1949年7月化名林保源，率領七名部屬乘坐小漁船抵台助陣。蔣介石隨即將彼等派往金門，輔助湯恩伯將軍作戰，直到古寧頭大捷後才返台。1950年3月1日，蔣介石在台灣復任總統；同年6月25日韓戰爆發，岡村寧次建議蔣介石秘密招募富有作戰經驗的日本少壯派軍官，赴台組成軍事顧問團，協助訓練國府的陸海空三軍官兵，爭取3至5年內提高戰鬥力，以期俟機反攻大陸，此為「白團」的由來13。這是日華關係較不為人知的一章。

　　然而，隨著時間的推移，國府逐漸對賠償問題轉為積極。如在前述《意見書》中，關於賠償問題僅提出：「日本工業除同盟國許可其繼續存在之和平工業以外，其餘設備應設法向同盟國交涉，移交我國，作為賠償之一部分。」將拆運日本國內工業設備為國府對日索賠的方針之一。但在其後的《中國對日要求賠償的說帖》中，則於賠償政策之目的指出：「此一賠償政策之目的有三：懲處日本以往罪行，以彰正義，而不壓迫其無辜之平民，一也。補償我國一部分損失，加速戰後復興，從而建立東亞經濟局勢上之均衡，二也。解除日本經濟武裝，消滅其戰爭潛力，免其重惹戰禍，三也。」強調由於中國的犧牲慘重，中國於對日索賠問題上應有其特殊地位14。國府之所以

13　由於以前日本華南派遣軍參謀長富田直亮（化名白鴻亮）少將為總領隊，故稱為白團。參照林照真，《覆面部隊：日本白團在台祕史》（台北：時報，1996）；楊碧川，《蔣介石的影子兵團──白團物語》（台北：前衛出版社，2000年）；謝森展、古野直也，《台灣代志（上）》第11章〈白團保衛台灣〉。

對賠償問題如此重視，著眼於中國的戰後經濟復興，並希望藉削弱日本工業能力，抑制日本再起威脅的可能[15]。

1945年11月，國府國防最高委員會擬訂《關於索取賠償與歸還劫物之基本原則及進行辦法》[16]，並由國府外交部召集會議進行檢討。該《辦法》除了確定對日索賠以實物為主、賠款為輔之外，並明確規定所謂實物除中國境內（包括東北、台灣、澎湖群島）之日本公私財產外，日本國內的現有全部商船所有權、軍需工業和重工業的工廠與設備，非平時經濟所需要的輕工業工廠與設備、現存的圖書與科學儀器等等。由此可知，戰後初期國府於構思對日賠償政策時，不僅嚴厲且鉅細靡遺[17]。

然而，雖然國府對日本賠償問題積極關注，但中國本身的國力是否能有效接收與運用日本所賠償的工業設備，不免令美國方面多少抱持著疑慮[18]，當美國的對日政策受到國共內戰與東亞地區冷戰逐漸深化等因素的影響，由壓抑預防日本軍國主義再起，轉變為積極協助日本經濟復興時，極度依賴美國支持

---

14 《中國對日要求賠償的說帖》（作成時間不明），中華民國外交問題研究會，《日本投降與我國對日態度及對俄交涉》（台北：中國國民黨中央委員會黨史委員會，1966年10月），頁307-315。

15 吳半農，〈序言〉，中華民國駐日代表團編，《在日辦理賠償歸還工作綜述》（台北：文海出版社，1980年2月，1949年9月，初版復刻），頁1。

16 秦孝儀主編，《中華民國重要史料初編——對日抗戰時期‧第二編：作戰經過（四）》（台北：中國國民黨中央委員會黨史委員會，1981年9月），頁7-27。

17 殷燕軍，《中日戰爭賠償問題》（東京：御茶水書房，1996年10月），頁115。

18 〈聯合國賠償委員會美國委員鮑萊自東京來函〉（1945年11月26日），〈事略稿本——民國34年11月〉，《蔣中正總統檔案》，國史館藏，檔號：002060100206026，光碟碼：06-00949。

的國府，其對日索賠之構想與期待便不免受到挫折。此外，由於1949年以後國府國際地位的低落，甚至連1951年9月舊金山和約都無法參加，使得國府關心的賠償問題自然落空。在日本重新恢復獨立自主地位後，國府更擔憂日本與中華人民共和國簽訂和平條約，因此對於賠償問題當然更不能主張。1952年4月28日，國府與日本於台北簽訂日華和平條約；同年8月5日，雙方交換和約批准書，條約正式生效。雖然對日賠償政策未能落實，但總算讓日本承認國府爲代表中國的政府，對其後的日華關係影響重大。

三、正式國交時期（1952-1972）

二次大戰之後，日本政府於1951年11月17日在台北開設駐外辦事處[19]。1952年4月28日，吉田內閣遵從美國政府的意向，與國府簽訂「日華和平條約」，並於同年8月5日生效。由於該條約的生效，使台日間開始正式的外交關係，兩國並重新在台北與東京互設大使館。日本方面任命前外相芳澤謙吉爲首任駐台大使，國府則任命中央日報董事長董顯光爲首任駐日大使。以此爲契機，台日間逐漸發展兩國的經濟交流。然而，國府在經濟交流之外，更期待日本在政治、軍事方面加入反共國家行列，和國府組成聯合戰線。

在美國的施壓之下，吉田內閣承認國府是「中國的唯一正統政府」這個神話，但內心其實從未如此接受。於是，直到在

---

19 アジア政經學會編，《中國政治經濟總覽》，一橋書房，昭和35年，804頁。

1954年12月7日第五次吉田內閣下台為止，該內閣幾乎都是採取「政經分離」（日中雙方於1952年6月6日簽訂「民間貿易協定」，維持與中國間的實質外交關係）、「兩個中國」或「一中一台」的外交政策。此點由日華和平條約的規定即可看出。

　　由於中國並未參加舊金山和約，因此日本必須與中國單獨締結和約，但在當時中國已形成兩個政府併存的狀態，所以日本必須考慮與哪一個政府締結和約的問題，當然此一問題涉及政府承認的問題。問題在於中華人民共和國政府統治絕大部分的中國領土與人民，而這些領土與人民是戰爭真正發生的地點與對象；但另一方面，中華民國政府雖是日本當年真正交戰的政府，但卻僅統治台澎金馬。因此，選擇哪一個政府代表中國締結和約，令日本相當難以抉擇！

　　在美國的示意下，日本選擇中華民國政府締結和約，但亦埋下其後與中華人民共和國政府另締和約的伏筆。1952年4月28日，日本與中華民國政府簽署「中華民國與日本國間和平條約（簡稱日華和平條約）」20，並於同年8月5日生效後，雙方互設大使館，但從吉田書簡的具體聲明來看，日本對中華民國政府只是進行「限定承認」而已21。

---

20 1952年4月28日，簽署「中華民國與日本國間和平條約（簡稱日華[台]和平條約）」，6月7日日本眾議院批准，日本內閣會議於7月8日通過，7月15日由參議院批准。7月31日，中華民國立法院批准。8月5日，日華和平條約生效，雙方互設大使館。M. Carlyle (ed.), *Documents on International Affairs, 1949-1955*, pp.622-3.

21 在中華民國與日本商訂和約的前夕，吉田茂致杜勒斯的書函（即第一次吉田書簡）中，日本政府便表明即使簽訂和約，該約「關於中國國民政府之一方，應適用於現在中華民國國民政府控制下及將來在其控制下之全部領土」。果然，「中日和平條約」的換文照會第一號中即將此立場納入，載明條約適用範圍僅止於

　　吉田書簡在開頭處即指明：「日本政府最終是希望在與鄰邦中國之間，能樹立全面性的政治和平及通商關係」，此處所說的「中國」當然是指代表中國全體的政府。吉田書簡接著指出：「對於在聯合國擁有中國席位、發言權及投票權，現實上亦對若干領域行使施政機能，且與大部分聯合國會員國維持外交關係的中華民國政府⋯⋯若在法律上可能的話，我國政府將在中國國民政府亦希望的情況下，依據此多數國間和平條約所示之諸項原則，準備與其締結重建正常關係的條約。此兩國間條約的條項有關中華民國的部分，係適用於中華民國國民政府現正支配下，以及今後統治的所有領域。」22

　　如前所述，日本在吉田書簡中明白指出，中國大陸並不屬於條約的適用地域，而是依據實際狀況採取對國府限定承認的立場23。儘管國府方面堅持將適用範圍涵蓋中國本土，但日本方面則希望明確規定「限定的適用範圍」24，而最後是採取日本的主張。在規定條約適用範圍的第一號照會中，雙方即明言：「本約各條款關於中華民國之一方，應適用於現在中華民

<hr />

　　「現在中華民國政府控制下或將來在其控制下之全部領土」。此外，吉田政府為求「日華和平條約」在國會獲得通過，即曾表示「日華條約是與台灣政權的關係，與中共政權無關」。吉田茂對國民政府是採取這種「限定承認」的態度。

22　吉田茂，《世界と日本》，番町書房，昭和38年，頁145-6。

23　植田捷雄，〈台灣の地位〉，《國際問題》，日本國際問題研究所，昭和36年7月25日，頁56-7。

24　關於此一情況，吉田茂指出：「交涉中最重要的爭議點，是有關條約基本性的前提。對方的想法是以代表包括大陸在內之全中國的政權，來與日本締結和平條約。但是，我方的態度是認定國民政府為局部性統治的實權，以此前提來與其進入修好關係。此點在最初即是雙方之間的一大差距，為填補此一認知上的差距，即足足花費兩個月以上的時間。」吉田茂，《回想十年》，第三卷，新潮社，昭和32年，75頁。

國政府控制下或將來在其控制下之全部領土」，指出適用範圍
僅爲台灣與澎湖群島等領域。此乃是當時吉田政權已看出會出
現「兩個中國」的事態，而思考如何在將來對大陸中國推動外
交時，能使日華和平條約的障礙減至最低[25]。

　　其後，環繞著日本加入聯合國的問題，當時的鳩山首相表
示考慮恢復日蘇及日中邦交[26]，國府因而對日本大爲不滿。最
後雖由堀內大使基於日本政府的訓令，向國府外交部說明日本
政府正式否認該錯誤消息，從而暫時解決此一問題。然而，國
府其後即開始提防日本接近中國的舉動，國府的對日輿論亦逐
漸強硬，雙方的信任關係日益惡化。

　　1956年12月3日，鳩山首相因病請辭，由以自主外交和擴
大對中貿易爲口號的石橋湛山接任內閣。國府表明對石橋內閣
的不信任，並警告其不得接近中國[27]。另一方面，恰與國府相
對照地，北京政府則對石橋內閣表示強烈的關心。爲解決中日
友好和台灣問題，石橋首相自許其能成功扮演美、中兩國斡旋
人的角色。然而，石橋在組閣不久後即積勞成疾，而由岸信介
外相於1957年1月31日起暫代首相職務。同年2月23日，石橋內
閣正式提出總辭，成爲執政僅兩個月的短命內閣。

---

25 西村熊雄，〈奇妙な台灣の法的地位〉，《世界週報》，1961年2月28日號，
　　32頁。

26 鳩山首相說：「我希望和北京當局恢復正式的外交關係，但由於台灣當局是這
　　個目標的障礙，所以其前提是須解決中國存在『兩個政府』的問題。若中國這
　　兩個政府能解消對立狀態，則問題即能迎刃而解。我已非正式地提議中共首相
　　周恩來和國府總統蔣介石雙方進行會談。這不算是干涉中國的內政。」引起國
　　府震怒。《中華民國を繞ぐる國際關係》，135-6頁。

27 《中央日報》（1956年12月19日）社論〈對石橋湛山的期望〉。

　　1957年2月25日，岸信介內閣成立。岸首相曾於戰前擔任滿洲國的高官，是激烈反共的亞洲主義者，曾提出「日本外交的中心地區為東南亞」與「日美新時代」，表示希望修改美日安保條約。因此，岸首相乃以日本加入聯合國（1956年12月18日）為契機，為宣揚日本重生的形象，而於1957年5月20日出訪東南亞六國，途中在台停留4天，成為首位訪台的日本首相28。當時岸信介為取得蔣介石對其「政經分離」政策的諒解，曾表示在某種意義上中國共產黨比蘇聯共產主義更可怕，並明言歡迎國府光復大陸29，此點讓蔣介石非常滿意，其後表示要強化日華間的合作關係。於是，塵囂一時的日中關係正常化當然轉趨倒退。

　　1958年，由於中國商務辦事處於日本升起國旗一事，引起日、中、台三者間極大的波瀾。國府認為這種升旗舉動等於是「國家承認」而堅決反對，並採取中止台日貿易的強硬措施。日本政府不得已在同年4月9日由岸內閣官房長官愛知揆一發表談話，表示日本政府並未承認中國政府，不認同該國商務代表處的升旗舉動。如此雖滿足國府的要求，但卻也招致北京當局的抗議，其後甚至發表暫時中止貿易協定的聲明。1958年5月2日，長崎「濱屋」百貨發生中國國旗遭人撕扯事件，而日方的處理引起中國極大的憤怒。5月12日，日中兩國的貿易終於全

28　China Yearbook Editorial Board, *China Yearbook 1957-58.* China Publishing Co., Taipei, 1958, pp.182-3.

29　《朝日新聞》（1957年6月4日）。事實上，當時是蔣介石提出其「光復大陸」的政治「願望」，岸信介表示同意這種看法，但並無協助支持的意圖。林金莖，《戰後中日關係之實證研究》，中日關係研究，1984年，51頁。

面停止，日中關係降到冰點[30]。

　　1960年1月19日，岸內閣在華盛頓與美國簽署新安保條約，宣布共同處理他國對日本的攻擊。該條約第六條規定有所謂「為保障日本的安全，以及遠東地區的國際和平與安全，美國陸軍、空軍及海軍得使用其在日本境內的設施及基地」的「遠東條款」[31]。在同年12月26日，日本國會審查該條約時，日本政府即曾針對「遠東」的範圍公開發表統一見解，提到「遠東係指菲律賓以北及日本周邊地區，包括韓國及中華民國所統治的地區」。

　　岸內閣在和美國交換批准書後下台，由池田勇人接任。值得注意的是，池田內閣在對華關係上提出「兩個中國」及「一中一台」的主張，私下和歐美各國交涉以促成此事。這是根據1998年公布的池田內閣時代外交檔案才知曉此事。在這些外交檔案中，池田首相於1961年6月19日至22日訪問美加兩國時，對甘迺迪總統及蒂芬貝克（John G. Difenbacker）總理表明：「6億人口的國家在聯合國無代表席次是不符現實的。如為鞏固台灣的地位，反而更應對此採取積極的措施。」但當時甘迺迪總統雖有同樣的構想，但由於新政權成立尚不到半年，而不得不考量國內民意（特別是與國會的處理），只得對大幅轉換對中政策一事採取消極的態度。結果，在未獲美國支持及中國、國府雙方

---

30 霞山會，《日中關係基本資料集，1949-1997年》，同會，1998年，140-2頁。

31 渡邊洋三‧岡倉古志郎編，《日米安保條約》，勞動旬報社，昭和43年，422-4頁。

的反對下，池田的構想最終還是未能實現[32]。

　　另一方面，由於日中貿易不斷擴大，引發國府深感不滿。1963年8月20日，因池田內閣同意提供中國經濟援助一事[33]，國府爆發前所未有的震怒，並於同月21日召回駐日大使張厲生，表示不惜斷絕對日外交關係的姿態。同年10月7日，發生中國機械視察團通譯周鴻慶逃亡事件，蔣介石以在台日人安全可能受危害，「恐嚇」日本不得將周某交給中共，導致日本外務省的態度轉趨強硬[34]。在確認周某將遣返中國後，國府對日本政府提出強烈抗議，並非難池田內閣「忘恩負義」。同月14日，國府的官派示威隊伍闖入台北的日本大使館及大使公邸，並進行投擲石塊等暴行，且在其後更發起拒買日貨運動。

　　此時，法國於1964年1月27日宣布承認中國，使得國府外交遭到很大的打擊。於是，池田內閣派出和國府有深交的前首相吉田茂訪台，並不惜提供國府經濟協助，謀求以維持國府面子的方式恢復兩國關係。同年6月，國府任命魏道明為新任駐日大使，日華關係終於回歸正常。

　　1964年11月19日，池田首相因病辭職，由佐藤榮作繼任。佐藤內閣持續前政權的「政經分離」政策，並堅守「吉田書簡」的基本原則，在其持續7年8個月的長期政權期間，對國府

---

32 《朝日新聞》、《東京新聞》、《每日新聞》，1998年6月14日。

33 當時是池田內閣許可日本輸出入銀行融資給倉敷尼龍公司，使其得以對中國輸出維尼綸工廠設備。

34 11月21日，在外務省的高層會議中，亞洲局長後宮虎郎表示：「現在的問題是要繼續維持和台灣的關係，還是維護我國的尊嚴？」大平外相亦發言：「不可能持續和這種國家來往」。日本外務省中國課則已備妥當國府「決定中止對日外交關係」時的新聞稿。《東京新聞》，1998年6月14日。

非常友好。另一方面，由於中蘇對立，讓中國必須爭取鄰邦友誼，亞洲情勢開始真正轉趨緩和。

1968年，在聯合國亞洲及遠東經濟委員會（ECAFE）提出「艾默里報告」35，指出東海海域確實蘊藏豐富的油氣資源。1970年6月，日本政府組織「尖閣列島周圍海域及海底地質調查團」，前往釣魚台海域（日本稱為尖閣列島）進行實地調查。此時，由於美國宣布要將琉球的施政權交給日本，國府因即將失去聯合國代表席位，因而在悲傷、憤怒、恐懼等情緒下，展開反日的保釣運動36，形成日華關係的另一個新衝突。

1971年7月，美國總統助理季辛吉秘訪中國。1972年5月，美國更公開尼克森總統訪問中國事宜。此事不僅對國府造成震撼，也對佐藤內閣帶來致命性的衝擊。1972年5月15日，日本取回沖繩施政權。以此為契機，佐藤在同年6月17日宣布下台。同年7月7日，主張促進日中關係正常化的田中角榮擊敗福田赳夫，成立田中內閣。隨著新政權的成立，日華關係驟然發生極大的變化。

四、蔣經國掌政時期（1972-1988）

由於國府在1971年被逐出聯合國，再加上「尼克森震撼」，使得新登場的日本田中角榮內閣急遽接近中國。為避免

35　朱鳳嵐，〈中日東海爭端及其解決的前景〉，《當代亞太》，第7期，2005年，頁3-4。

36　高橋庄五郎，《尖閣諸島の領有権問題》（東京：青年出版社，1979年）。〈http://akebonokikaku.hp.infoseek.co.jp/page032.html〉

引起尼克森政權的憂慮，日美兩國於1972年8月31日和9月1日在夏威夷舉行高峰會談，確認如何處理美日安保條約、1969年佐藤·尼克森共同聲明與日中邦交正常化的整合性。

在取得美國事前了解之後，田中於同年9月17日派椎名悅三郎（自民黨副總裁）爲特使前往台灣，向蔣經國行政院長等人說明維持台日關係（包括外交關係）的方針以及日中邦交正常化的交涉情形，努力以口惠進行安撫。在了解日方的意圖之後，蔣介石大發雷霆，拒絕會見椎名而僅由蔣經國代爲接見。

1972年9月25日，田中·大平訪中團前往北京進行建交會談。在會談期間，雙方最大歧見是在台灣問題方面。最初，中國方面提出美日安保條約的「遠東」範圍應排除台灣。周恩來一面承認美日安保條約的存在，一面又以此要求田中讓步，其主要意圖是使原本針對中蘇的美日安保能將「主要敵人」轉爲蘇聯[37]。因此，當田中首相拒絕此點之後，周恩來即未再提出更強烈的要求。

其次，中國主張「台灣是中國領土不可分割的一部分」，但高島益郎條約局長則強調：「事實上中國政府的統治權並未及於台灣，因此日本不能同意中國的主張。同時，日本在舊金山和約中已放棄對台灣的一切權利、權利名義和要求，故日本政府已無議論台灣歸屬的資格，只能對中國的主張表示理解與尊重。」總之，由於同年2月的美中聯合公報已對台灣的最終歸屬問題取得協議，所以當日本沿其主旨表明立場時，中國方面也不得不加以接受。

---

37 《朝日新聞》，1997年8月27日。

　　最後，中國主張「日華和平條約是非法的、無效的，必須廢除」，但高島益郎局長反駁說：「日華和平條約係經正式手續締結，日本政府不能主張該條約無效。」結果，在法理上居於不利的周恩來，只得表示「日中邦交正常化是政治問題，不是法律問題」，而以「政治解決」的方向處理台灣問題與國府政權問題[38]。

　　經過以上的經緯，1972年9月29日日中雙方發表包括前言和九個條款的「日中共同聲明」。日中聲明的最大焦點當然是台灣問題。在雙方折衝共同聲明的內容時，高島益郎條約局長從法理面堅持日本的主張，最後是依據周恩來的政治判斷，而以第（三）項的形式達成妥協，且故意不提及「日華和平條約」。於是，在共同聲明發佈之後，日本大平外相更於記者會中重申：「日本政府對台灣問題的立場正如聲明第（三）項所示。開羅宣言中提及台灣歸還中國一事，而波茨坦宣言第（八）項則規定有履行開羅宣言的條款。從我國接受波茨坦宣言的經緯來看，（日本）政府堅持波茨坦宣言的立場是理所當然的。（中間省略）此外，日中共同聲明中雖未提及日華（台）和平條約的問題，但由於日中關係正常化的結果，使該條約失去存在的意義而終止。此爲日本政府的見解」[39]，以此說法重申日本對台灣問題和日華和平條約的立場。

　　於是，日中兩國終於實現邦交正常化。9月29日，日本駐台大使宇山厚基於日本政府的訓令，通告國府外交部終結雙方

─────────────

38　同上，1997年8月15日。
39　前揭《日中關係基本資料集，1970-92年》，100頁。

的外交關係。國府亦於同日針對此項預料中的通告，立即發表
「對日斷交聲明」，並痛斥田中政權。然而，無論國府如何虛
張聲勢，怒斥日本政府「無恥」、「忘恩負義」，但現實上自
1965年日本借給國府1億5千萬美金以來，日台經濟結構是台灣
極度依賴日本的狀況。結果，日台間為維持實質的經貿關係，
乃各自成立半官半民的交涉窗口，日本方面為「財團法人交流
協會」，台灣方面則是「亞東關係協會」，雙方於1972年12月
26日正式簽訂「財團法人交流協會與亞東關係協會相互設立駐
外辦事處之有關協定」，而開始運作。

　　值得注意的是，日本於1972年9月29日轉而與中華人民共
和國建交，並非「台日間斷絕外交關係」。就國際法而言，台
日之間並無斷交問題，因為台灣並非國家名稱，雙方從未建立
過外交關係，何來斷交之有！所謂「台日斷交」，正確的說法
應是日華斷交[40]，而日華斷交並非一般外交關係的終止，而是
政府承認的更迭。

　　通常斷交係發生於兩國關係極度惡化之際，故而採取撤回
使館人員、斷絕外交關係等激烈抗爭方式，但基本上兩國的法
律地位並無改變[41]。但中華民國當時並未與日本發生衝突，何
以非要斷交不可，其原因是因為在一個中國的前提下，日本不
得不在兩個政府中做一個選擇所致。因此，所謂日華斷交並非
因兩國關係極度惡化，而是由於日本對中國的政府承認發生更
替，造成雙方的法律關係發生變化，從而無法繼續兩者間的邦

40　日本國際法學會編，《國際關係法辭典》，有斐閣，2001年，頁83。
41　王志安，《國際法における承認》，東信堂，1999年，頁201-5。

交。亦即，中華民國這個原本代表中國這個國家的政府，被日本取消其政府承認，從而在法律上已不能做爲一個國際法的主體，因而失去與日本建立邦交的資格。在此種情形下，日本當然不可能再與之維持外交關係。換言之，台灣之所以無法與日本建立正式關係，主要是中華民國這個原本代表中國這個國家的政府，被日本取消其政府承認，從而在法律上已不能做爲一個國際法的主體，因而失去與日本建立邦交的資格。

　　日本之所以做成上述政府承認的更替，主要是聯合國大會於1971年做成第2758號決議，正式決定中華人民共和國政府是中國唯一的合法政府，使得控制台灣的中華民國政府在事實上雖然仍舊持續而穩定地存在，只因爲在堅持一個中國原則的前提下，在國際社會上失去法律地位。亦即，在國際法「一個國家只有一個中央政府」的原則下，中華民國既未主張自己是「不同於中國的另一國家」，又失去代表中國的正統政府地位，因此在法理上成爲「被推翻的舊政府」或「被取消承認的舊政府」，只能是「中國」的「叛亂團體」或「地方性事實上政府」，不具有國際法的地位。國府爲解決此一問題，先後提出「務實外交」、「彈性外交」和「雙重承認」等策略，但均因不符合國際法的一般原則，而無法改變國際上不利的地位42。

　　1974年4月20日，在日華斷交之後，雙方又因日中兩國簽署「日中航空協定」一事而發生齟齬。在簽署該協定之際，日本大平外相發表談話指出：「日本國和中華人民共和國間的航

42 同前註。

空運送協定是國家間的協定，日台間則是地區性的民間航空往來。基於日中共同聲明，日本國自該聲明發佈之日起，不承認台灣飛機上的旗幟標識爲所謂的『國旗』，〝中華航空公司〞不被視爲代表國家的航空公司。」

此項說法引起國府的激憤。國府於同日立即以外交部長沈昌煥之名表示：「我國政府爲維護國家民族的尊嚴，絕對不能容忍任何方面因屈從中共威脅而損害我國之權益。」宣布對日斷航聲明。但在當時台灣經濟幾乎全依賴日本的情況下，採取此種魯莽的行動，當然使台日雙方均蒙受重大損失。在一年後的1975年7月1日，三木內閣外相宮澤喜一在參議院外交委員會答詢時表示「有些國家認爲青天白日旗爲國旗，這是包括我國（日本）在內任何人所不可否認的事實」，使國府保有顏面。雙方乃於同年7月9日簽訂「維持日台民間航空業務協議」而重新復航[43]。

另一方面，1978年日中兩國簽訂和平友好條約，而在交涉過程中雙方一次也未提及台灣問題。這是因爲在1972年9月的日中國交正常化中，日本政府再三向中國表明遵守波茨坦宣言第八項的規定，聲明日本已「放棄對台灣的一切權利、權利名義及要求」，因此沒有資格討論台灣的歸屬問題，所以日中雙方都有意不再觸及台灣問題[44]。如後所述，當時美中關係正常化的交涉正由檯面下浮現，台灣問題成爲重大焦點，中國是

---

43 馬樹禮，《使日十二年》，聯經出版事業公司，1997年，78-9頁。
44 福田首相對於該條約的效用和特徵，有如下的敘述：「日中和平友好條約僅是將田中內閣時期的日中共同聲明加以條約化，並未追加任何新的內容。它不是講和條約，而是和平友好條約。」

將目標集中在主軸（美國），而避免日中之間發生齟齬。事實上，在日中和平友好條約締結之後，日中之間在台灣問題上毫無爭議，可說是風平浪靜。

五、後冷戰時期（1989-）

　　在李登輝及陳水扁兩位總統二十年的努力下，日華關係在政經文化社會方面均突飛猛進，甚至在認知上有逐漸將「日華關係」轉變爲「台日關係」的趨勢。如1992年5月，日本同意「亞東關係協會辦事處」改名爲具有更高政治性的「台北駐日經濟文化交流代表處」，雙方人員的交流年年增加，甚至有部長級人員來訪。然而，無論雙方關係如何發展，若以國際法來看日華關係的發展，只要是繼續使用中華民國國號，不表明自己是主權獨立國家，即使在名稱上「日華關係」轉變爲「台日關係」，也只能是實質性的關係而無法律效果，從來不是指國與國的外交關係。以下即從日本最高法院的光華寮判決、日本國會修正出入國管理法使台灣人赴日免簽證和日本版「台灣關係法」的提案等三點，探討日華關係的新動向。

（一）光華寮訴訟

　　在1972年以後，日本透過司法府的判決，一度以「政府的不完全繼承」理論，給予中華民國政府特別的法律地位。此點可以光華寮訴訟來說明。光華寮一案原屬房屋所有權者要求房客搬遷的單純民事訴訟案件，但由於本案審理之際，日本政府變更對「代表中國唯一合法政府」的承認，故使得光華寮的產

權歸屬成為涉及複雜國際法理論的問題。

　　在以往的判決中，日本法院認為採取形式性的僵硬主張，而無視其與現實的矛盾，並不能合理地解決國內法上的繫案事件，唯有因應事實的客觀狀況，以其合理規範為裁判的基準，才能謀求事件的妥善解決。在此前提下，許多判例顯示國際法的承認不能產生規範國內法的效果，基於合理的解決事件的需要，對於未被承認政府或國家，應由本國國內法庭自行決定如何加以評價。因此，日本法院認為，中華民國政府曾是日本所承認代表中國正統政府，且在政府實效支配的確立上，其地位已超越叛亂團體或交戰團體等事實上政權，故在意義上應為「被取消承認政府」或「未被承認的政府」，屬於受限制的國際法主體，而並非完全不具國際法地位的存在[45]。

　　然而，日本最高法院於2007年3月27日對此案做成判決，跳過先前四次判決的法理，逕自以民事訴訟法的問題，主張由於原告欠缺中國這個國家的必要授權，故本件訴訟必須依日本民事訴訟法第37條及第124條1項3號於1972年9月29日中斷。日本最高法院認為，「中華民國」為中國這個國家的國名，自日本於1972年9月29日轉變對中國這個國家的政府承認之後，對日本政府而言，中國這個國家的國名已從「中華民國」變更為「中華人民共和國」，中華民國已喪失中國這個國家的代表權，而本案的原告是中國這個國家，因此已無法代表中國這個國家的「中華民國」，當然不能成為訴訟的當事者，「中華民

45　參照廣部和也，〈光華寮事件の法理と課題〉，《ジュリスト》第890號，1987年7月15日，頁20-21。

國駐日本國特命全權大使」與「中華民國財政部國有財產局長」也不是中國這個國家的代表者,而由其授予訴訟代理權的律師團亦爲無權限者。在此情況下,日本最高法院認爲中華民國已喪失中國國家代表權,不再擁有訴訟權,而將此案發回一審的京都地方法院更審。眾所周知地,中華民國已喪失中國國家代表權,但許多台灣人仍認爲「台灣是國家,國號爲中華民國」,但從日本光華寮判決可知此種說法至少目前並未爲國際社會所接受46。

(二)出入國管理法

在2005年愛知縣舉辦萬國博覽會期間,日本決定開放台灣觀光客赴日免簽證。值得注意的是,爲要達到這項免簽證目標,日本內部需經兩階段的修法程序,一是日本政府計畫在2005年1月開始的通常國會中,先以議員特別立法的方式讓台灣旅客於愛知博覽會期間免簽證赴日;基於此法,自3月25日起到9月25日爲止,台灣赴日觀光客將可以免簽證在日本停留90天。四月起再向日本國會提出「出入國管理法修正案」,將此法第6條規定免簽證的限定對象從原本的「國家」再加上「地區」,如此台灣旅客在愛知博覽會結束以後,仍可繼續享受免簽證待遇。

同年2月8日,日本國會眾議院通過在愛知萬博期間「外國

---

46 如在國際社會極具盛名的英國學者James Crawford,在其2006年新著中罕見地以大篇幅討論台灣地位問題,他以各種台灣自身的官方文件,說明台灣不是一個國家,而其理由是「台灣從未自我主張自己是一個國家」。

人觀光旅客來訪促進法案」的入境日本免簽證特別法。翌日，日本參院也全會一致的通過此項法案，因此該法正式生效。然而，台灣爲何不能像韓國一般直接由行政裁量獲准，而必須「暫緩幾天」來進行特別立法，以取得愛知博覽會期間可享免簽證待遇？因爲在有關外國人出入境法中規定「免除簽證之措施應通知外國政府」，但是台灣當局在日本官方認知上不屬於外國「政府」，所以此項政策無法適用台灣。

其次，日本國會提出「出入國管理法修正案」，將此法第六條規定免簽證的限定對象從原本的「國家」再加上「地區」，如此台灣旅客在愛知博覽會結束以後，仍可繼續享受免簽證待遇。但如果台灣被日本政府承認是一個「國家」的話，那麼根本就不需要大費周章地訂法修法。換言之，由於日本在法律上並不將台灣視爲國家，免簽證的優惠對象限定爲國家，因此日本才必須著手修改入國管理難民法，放寬免簽證對象必須爲國家的條文，將台灣也列入免簽證對象之列。

（三）日本版「台灣關係法」

2006年10月，日本學者淺野和生提出依1979年美國國會制定的《台灣關係法》模式，制定日本版《台灣關係法》的說法47。事實上，美國的《台灣關係法》授權美國政府向台灣提供防禦性武器，並在法律地位上將台灣視爲「外國和其他民

---

47 淺野和生，〈日台關係、一九七二年体制の見直し — 日本版「台灣關係法」制定へ向けて〉，《續・運命共同体としての日本と台灣》，早稻田出版，2005年12月，頁71-119。

族、國家、政府或類似實體」。換言之，美國與台灣「斷交」並不影響美國法律適用於台灣，即美國在國內法律事務上給予台灣不受中美外交關係影響的獨立「準國家」或「實體」地位。

　　值得注意的是，美國的台灣關係法第15條B項規定：「台灣一詞將視情況需要，包括台灣及澎湖列島，這些島上的人民、公司及根據適用於這些島嶼的法律而設立或組成的其他團體及機構，1979年1月1日以前美國承認為中華民國的台灣治理當局，以及任何接替的治理當局（包括政治分支機構、機構等）。」此點將台灣做「土地空間」化的界定。此外，在《台灣關係法》中，美國將台灣從斷交前的相互承認主體貶抑為該法第15條中的規範客體。其次，台灣關係法第二條A項2款規定：「美國國會認為有必要制訂本法：授權繼續維持美國人民及台灣人民間的商務、文化及其他各種關係，以促進美國外交政策的推行。」

　　同時，台灣關係法第2條B項1款規定：「維持及促進美國人民與台灣之人民間廣泛、密切及友好的商務、文化及其他各種關係；並且維持及促進美國人民與中國大陸人民及其他西太平洋地區人民間的同種關係」；台灣關係法第二條B項6款規定：「維持美國的能力，以抵抗任何訴諸武力、或使用其他方式高壓手段，而危及台灣人民安全及社會經濟制度的行動」；台灣關係法第2條B項5款規定：「提供防禦性武器給台灣人民」；台灣關係法第2條C項規定：「本法律的任何條款不得違反美國對人權的關切，尤其是對於台灣地區一千八百萬名居民人權的關切。茲此重申維護及促進所有台灣人民的人權是美

國的目標」；台灣關係法第3條C項規定：「指示總統如遇台
灣人民的安全或社會經濟制度遭受威脅，因而危及美國利益
時，應迅速通知國會。總統和國會將依憲法程序，決定美國應
付上述危險所應採取的適當行動」；且台灣關係法第4條B項4
款規定：「當適用美國法律需引據遵照台灣現行或舊有法律，
則台灣人民所適用的法律應被引據遵照」等，這些規範所針對
的對象都是「台灣人民」48。

　　由此可知，自1979年1月1日起生效的台灣關係法，是以
「台灣地位未定論」為前提而制定。因為如果台灣是「中國」
的一部分，則美國制定該法即是針對外國的領土設定法律關
係，此點明顯是干涉內部的行為；而如果台灣已是獨立國家，
則不論有無邦交甚至有無承認，美國都可以國與國的關係來處
理彼此往來（如今日對北韓的方式），因此根本無須制定台灣關係
法。就此而言，美國只有在「台灣地位未定論」的前提下，才
能針對既不是中國一部分亦不是獨立國家的台灣，也就是針對
一個不屬於自己統治下的領域，以國內法定位自己與該領域的
雙邊關係49。日本如果採此立場，恰恰證實台灣不是國家。

---

48 另一方面，美國在1972 年的《上海公報》中明確表示：「美國認識到，在台
　　灣海峽兩邊的所有中國人都認為只有一個中國，台灣是中國的一部分。」美
　　國在三個公報中聲稱：「兩岸都承認一個中國，未來由兩岸的中國人和平解
　　決。」由此可知，美國認為台灣內部存在兩種人：「台灣人民」和「海峽這邊
　　的中國人」。「台灣人民」是台灣關係法保護和賦予權利的對象，而海峽這邊
　　的中國人是認為「只有一個中國」，而在未來與「對岸的中國人」共同和平解
　　決問題的當事者。

49 某些學者認為這是一種立法部門的承認，但承認基本上仍是外交等行政部門的
　　權力，因此台灣關係法只能說是美國在國內法秩序中賦予台灣「準國家」的地
　　位。

　　同時，美國《台灣關係法》的立法目的在於填補行政部門內對台政策的空白，而其立法精神則是延續美國過去的台灣地位未定論。如「為了各種目的，包括在美國法院中的訴訟在內，國會同意美國和（美國在1979年1月1日前承認為中華民國的）台灣當局所締結的一切條約和國際協定（包括多國公約），至1978年12月31日仍然有效者，將繼續維持效力，直至依法終止為止」（第4條C項）的規定，等於予以台灣事實承認；但如「美國法律中有關維持外交關係或承認的規定，不論明示或默示，均不應對台灣適用」（第4條B項8款），則為法理上的不承認。二者合而為一，則實際仍為一種條件較不利的台灣地位未定論。過去的未定論美國主張台灣應以自決以脫出未定狀態以求獨立；此後則認定要永遠維持在「未定」的「現狀」50，並不支持台灣獨立。事實上，日本已給予台灣在日本國內類似在美國國內的法律地位，因此並無制定《台灣關係法》的必要，反而留下模糊空間有利於台灣爭取更多權益，只是不主張成為不同於中國的國家，即無法取得正常的地位。

六、結語——政策時空錯亂的日華關係

---

50 台灣關係法第十五條二項：「『台灣』一詞將視情況需要，包括台灣及澎湖列島，這些島上的人民、公司及根據適用於這些島嶼的法律而設立或組成的其他團體及機構，1979 年1月1日以前美國承認為中華民國的台灣治理當局，以及任何接替的治理當局（包括政治分支機構、機構等）。」此點將台灣做「土地空間」化、「居民化」的界定，若以大地法的範圍及國際法做為「空間秩序」等概念考察，則「台灣」在我國國內法中不是個法概念。見台大法律學院教授顏厥安語。

在聯合國於1971年決議中國代表權歸中華人民共和國政府
之後，統治台灣的中華民國政府既未主張「兩個中國」，亦未
宣布成立獨立的台灣國或台灣共和國。基於上述事實，國際社
會當然認為中華民國與中華人民共和國仍像1949年至1971年間
一樣，雖然「實際上」成為兩個各自統治一定領域的國家，但
雙方均主張自己為全中國的正統代表，並未主張成為兩個分別
的獨立國家。在此情形下，雖然「兩岸」未曾統一，但在法律
上卻是兩個中國政府長期併存的問題，而在國際社會大多數國
家承認中華人民共和國政府代表中國的情況下，中華民國即變
成被取消承認的舊政府，淪為地方性事實上政府，也就是所謂
的「叛亂團體」51。此點使得包括日本在內的國際社會都無法
與台灣建立任何正式關係52。

不僅如此，雖然經過李登輝總統與民進黨執政的時代，但
外交部的策略總是透過友邦提案要求「討論」台灣問題，甚至
不是以「中華民國」名義要求「重返」國際組織，就是以「關
稅領域」、「經濟體」、「捕魚實體」、「公衛實體」等名
稱，直到2007年才正式以「台灣」名義真正提出過加入申請，
但由於國號仍是中華民國，而且在國民黨重新執政之後，此種
進步即化為歷史陳跡53。

---

51 許慶雄，〈台灣國際法地位之演變〉，《台灣評論》，1993年10月，頁11-
   14。
52 關於國民黨政權錯誤的政策，參照許慶雄，〈孤立外交之省思〉，《律師通
   信》第一七七期，1994年7月，頁14-18。
53 唯一例外是2007年以台灣名義申請入聯與2008年以台灣名義申請加入WHO。
   但隨後入聯公投的失敗與主張終極統一的馬英九先生當選總統，等於明確向全
   球宣示恢復以往「一個中國」的統一主張。

　　尤其甚者，在台灣的中華民國政府迄今仍使用包括外蒙古在內的秋海棠地圖，國營企業亦稱爲「中國造船」、「中國鋼鐵」，政黨取名爲「中國國民黨」、「中國新黨」[54]，且對外關係上仍使用「中美」或「中日」等用語替代「台美」或「台日」，甚至稱中華人民共和國時使用「中共」或「大陸」的稱謂，或以「兩岸關係」稱呼「台中關係」，而不正式認爲中華人民共和國是另一國家時，由此可知中華民國政府的做法是至今仍自認爲是中國的政府[55]。

　　目前執政的國民黨及其支持者雖口頭主張「中華民國是主權獨立國家」、「要捍衛中華民國主權」，但他們的前提是「中國只有一個，中共非中國」，也就是仍堅持中華民國政府仍是中國的正統政府，並不能使國際社會承認台灣的國家地位。同時，過去的努力雖使得「日華關係」轉變爲「台日關係」，但在馬政府上台後，「台日關係」發生質變，彷彿又走回過去「日華關係」。

---

54 中國新黨與其前身「新國民黨連線」的公開活動，經常引起台灣人民的激烈抗議。例如1993年3月14日於高雄發生三、四萬人衝突事件；1994年7月25日再於高雄發生一萬人衝突事件。

55 參照丘宏達，《關於中國領土的國際法問題論集》，台灣商務印書館，1975年，頁7。

參考書目

戴天昭著，李明峻譯，《台灣國際政治史》，前衛出版社，2002年。

許慶雄、李明峻共著，《國際法入門》，元照出版社，2001年。

許慶雄，《台灣前途答客問》，台灣教授協會，1991年11月。

許慶雄，〈台灣國際法地位之演變〉，《台灣評論》，1993年10月。

許慶雄，〈孤立外交之省思〉，《律師通信》第一七七期，1994年7月。

陳荔彤，《台灣主體論》，元照出版，2002年4月。

姜皇池，《國際法與台灣》，學林文化出版，2000年12月。

李明峻主編，《當代國際法文獻選集》，前衛出版社，1998年。

日本國際法學會編，《國際關係法辭典》，有斐閣，2001年。

王志安，《國際法における承認》，東信堂，1999年。

林金莖，《戰後の日華關係と國際法》，有斐閣，昭和六二年。

古川萬太郎，《日中戰後關係史》，原書房，1988年。

淺野和生，〈日台關係、一九七二年体制の見直し ── 日本版「台灣關係法」制定へ向けて〉，《續・運命共同体としての日本と台灣》，早稻田出版，2005年12月。

R.C. Frankensetin, *Formosa, son statut juridique et sa situation politique*, Revue politique et parlemcntaire.

L.C. Green, *The recognition of Communist China*, The International Law Quarterly, July 1950.

M. Carlyle (ed.), *Documents on International Affairs,1949-1955.*

六、台灣中國關係六十年的省思

2009年10月24-25日

政治大學助理教授
李福鐘

李　福鐘

台灣大學歷史研究所博士，現任政治大學台灣史研究所助理教授，專長中華人民共和國史、戰後台海兩岸關係、台灣電影史。

摘要

　　1949年以來台灣與中國關係雖然曾歷經多個不同階段，然而國民黨政府有關中國政策的思惟方式，卻是自蔣介石以下幾乎長達半個世紀不曾改變，亦即所謂「漢賊不兩立」的僵固「一個中國」立場。這一立場從1950年代至1990年代李登輝總統執政初期，事實上為台灣的國際處境造成了非常嚴重的傷害，包括台法斷交，以及被驅逐出聯合國等等，實際上都與落伍過時且冥頑不靈的中國政策脫離不了關係。此外，1990年代李登輝主導下與中國的數度交手談判，亦由於未能及早擺脫「一個中國」的糾纏，以至於頻失先機，處處受制於人。本文除了針對中華民國政府的中國政策進行歷史回顧外，同時亦將對於1987年開放國人赴中國大陸探親之後，未能及早對中國經貿政策預作規劃進行反省檢討。

　　關鍵詞：中國政策、一個中國、漢賊不兩立、台灣、中國

一、從軍事熱戰到外交冷戰

二、中國政策的僵化與失誤

三、「一個中國」立場之困境

四、兩岸經貿政策之檢討

五、結　論

　　前海基會董事長辜振甫生前說過一段頗發人深省的話：「世界上從來不曾有兩個國家像台灣與中國這樣，經貿關係如此密切，而政治軍事卻又經常處於緊張狀態之中。」辜振甫先生的這番話，可謂說中了當前台灣在中國政策上的兩難局面──如何創造雙贏的可能，一方面維持國家主權的獨立完整，一方面又能夠繼續分食中國經濟成長的大餅？

　　這個問題之所以成為兩難局面，原因在於自中華人民共和國成立以來，中國共產黨領導人從未一刻放棄「解放台灣」的念頭。1954年8月1日中國人民解放軍總司令朱德在「中國人民解放軍建軍二十七周年紀念會」上的講話，無疑將這一點表達得既清楚又明白：

　　同志們：台灣自古以來就是我國的領土，中國人民一定要解放台灣。台灣的同胞還在水深火熱中受著苦難。不徹底消滅蔣介石匪幫，不把台灣解放，我們解放全中國的任務就還沒有完成。台灣一天不解放，我們全國人民，首先是人民解放軍指戰員，就一天沒有洗清自己身上的恥辱，我們更沒有什麼值得

驕傲的地方。[1]

　　雖然朱德這些話發表已半個多世紀，然而事實證明，中國軍方將領至今依然念茲在茲。1996年3月中華民國第九任總統選舉投票前夕，中國人民解放軍持續在海峽對岸進行軍事恫嚇，3月8日中國國防部長遲浩田在全國人大會議福建團的小組討論中，公開重提當年朱德說過的話語。遲浩田說：

　　朱德總司令健在時曾講過：「台灣一天不解放，中國人民歷史上的屈辱就沒有洗掉；祖國一天不統一，我們人民武裝力量的責任就不算完成。」……敵對勢力總是挖空心思分裂我們，這一點我們必須有充分的認識，什麼時候都要做兩手準備。……所以我們才不承諾不使用武力，這一條要堅定不移。[2]

　　遲浩田這番表白之所以語驚四座，在於1979年1月30日鄧小平以中國國務院副總理身分訪問華盛頓時，曾公開向美國參眾兩院議員宣布：「我們不再用『解放台灣』這個提法了。」[3]然而曾幾何時，原來中共領導人並非真的放棄「解放台灣」的念頭，只是為了「和平統一」的戰略方針，不方便公開承認罷了。鄧小平既然宣布不再使用「解放台灣」這四個

1 人民出版社編，《台灣問題文件》（北京：人民出版社，1955年5月），頁65。
2 《文匯報》（香港），1996年3月9日，二版。
3 《人民日報》（北京），1979年2月1日。

字，但又並不眞正放棄「解放台灣」的意圖，因而只能拐彎抹角以「不放棄使用武力」來遮掩。關於這一點，鄧小平1985年在北戴河接見日本參議院議長木村睦男時的說法，最能傳神表達北京高層的想法。鄧小平說：

> 解決台灣問題，我們不能承擔不使用武力的義務，因為不這樣，和平談判就不可能。我在訪問美國時，美國參、眾兩院都問我，是否可以申明不使用武力？我說不行，如果這樣宣布，蔣經國的尾巴就會翹上一萬米，永遠也不可能和談。[4]

為了不讓台灣領導人的尾巴「翹上一萬米」，所以要隨時準備好大棒，以戰逼降。只不過不管是在蔣氏父子時代，或是來到李登輝和陳水扁兩位總統時代，大多數台灣人民從未想要屈從於中國共產黨的統治之下。因此，不論是1950年代的台海軍事衝突，或是1960年代至1970年代的國際外交對抗，以至於1980年代至2008年之前的反併吞、反和平統一、反文攻武嚇，[5]台灣人民始終發揮了不屈不撓、愈挫愈勇的耐力與決心。

然而台灣與中國之間所謂的「兩岸關係」，在2008年國民

---

4 見《文匯報》（香港），1985年7月22日。鄧小平對木村睦男的這一番講話，在《人民日報》1985年7月22日第一版刊出時，刻意將「蔣經國的尾巴」云云等字眼刪除。

5 有關台灣與中國自1949年至二十世紀末的關係演變及階段分期，參考李福鐘，〈「解放台灣」與台海危機——1949年以來的中國對台政策〉，《現代學術研究‧專刊8》（台北：財團法人現代學術研究基金會，1997年9月），頁221-251。

黨重新執政之後，有了戲劇性的變化。這一戲劇性轉變，是否意味半個多世紀以來台灣與中國所身處的環境結構，已出現本質上的改變？或是台灣與中國的互動關係，來到了一個「不可逆轉」（irreversible）的轉捩點？

為了能夠從本質上掌握台灣與中國六十年來的關係變遷，有必要對台灣的中國政策演變，做一基本的歷史回顧。

一、從軍事熱戰到外交冷戰

1949年年底中華民國政府撤退台灣，面對共產黨政權在中國大陸的所向皆捷，台灣遭受中國人民解放軍的登陸攻擊，似乎是遲早的事。1950年1月5日，美國總統杜魯門（Harry S. Truman）發表了一份不干預台海情勢的聲明，6 此舉對於危如累卵的國民黨政府來說，無異雪上加霜。

然而1950年6月25日韓戰爆發，6月27日態度丕變的杜魯門發表「台海中立化」聲明，宣布派遣第七艦隊巡弋台灣海峽，7 自此台灣正式被納入全球冷戰的地緣戰略結構中。從1953年5月中國軍隊恢復對浙江沿海島嶼發動登陸作戰，至1958年10月金門「八二三砲戰」落幕，台海局勢雖然隨時處在軍事衝突的緊張局勢中，然而仰賴美國強大軍事保護傘及「中美共同防禦條約」的屏障，台灣無疑免除了直接受到中國武力攻擊的威脅。

6　聲明全文，見Hungdah Chiu ed., *China and the Question of Taiwan* (New York: Praeger, 1973), pp.220-221.

7　Ibid., p.228.

　　至於蔣介石念念不忘的「反攻大陸」，事實上依據1958年10月美國國務卿杜勒斯（John F. Dulles）來台，與蔣介石所簽署「中美聯合公報」之第六條內容：

　　中華民國政府認為恢復大陸人民之自由乃其神聖使命，並相信此一使命之基礎，建立在中國人民之人心，而達成此一使命之主要途徑，為實行孫中山先生之三民主義，而非憑藉武力。[8]

　　顯然蔣介石在美國的壓力下，也不得不對「武力反攻」的可行性重新評估。事後證明，1965年發生的「八六海戰」和「烏坵海戰」，[9]我國海軍在短短三個多月內折損三艘艦艇，籌畫多年的軍事反攻方案「國光計劃」最終只能束之高閣，「反攻大陸」終究只是黃粱一夢。

　　在美國的強力介入下，1950年之後的台海軍事衝突始終只維持在局部層面。台灣與中國真正的戰場，反而是在國際外交場合。

　　1949年至1970年間，雖然國際社會上已普遍承認中華人民共和國才是真正代表中國的政權，然而對於台灣，一方面由於美國的支持，中華民國仍然是聯合國安全理事會五個常任理事

8　《中央日報》（台北），1958年10月24日。

9　1965年8月5日我國海軍兩艘軍艦「章江」與「劍門」號前往閩、粵交界的東山島一帶執行機密任務，卻事先遭中國軍方鎖定，8月6日凌晨兩艘軍艦先後遭解放軍魚雷快艇擊沉，是為「八六海戰」。同年11月13日深夜烏坵附近海面我海軍兩艘軍艦「山海」與「臨淮」號再遭解放軍魚雷快艇狙擊，「臨淮」艦接戰沈沒，稱為「烏坵」海戰。

國之一，握有安理會至關緊要的否決權力。在此一情況下，全球主要國家仍願意維持與中華民國的外交關係。即使如英國的例子，1950年1月宣布承認中華人民共和國，並撤回對中華民國的外交承認，然而英國卻一直未向中國任命大使，只派遣一位代辦駐在北京；反而英國駐淡水的領事館仍照常運作，試圖與雙邊均維持某種程度的實質關係。雖然北京方面屢屢對此提出抗議，英國仍不為所動。直到1971年10月中華民國退出聯合國，英國才於1973年3月與中華人民共和國簽署聯合公報，將雙方外交關係由代辦提升為大使，並關閉駐淡水領事館。

也就是說，1971年退出聯合國（實際上是被驅逐），決定了台灣在國際外交戰場全面潰敗的命運。總計從1949年10月1日起到1970年年底，二十一年時間裡一共有二十七個國家與台灣斷交，其中較重要的西方國家，包括英國、法國、加拿大、義大利。然而截至1970年底，維持與中華民國外交關係的國家仍有六十八個。1971年退出聯合國前後，台灣開始大量流失重要邦交國，外交部變成「斷交部」，在1971至1972的短短兩年間，台灣失去了二十六個邦交國，包括智利、土耳其、伊朗、比利時、日本、西德、澳大利亞、紐西蘭等；另方面則是中華人民共和國的邦交國數字快速成長，1970年底時只有五十一國，1972年底竄升至八十七國。10 簡言之，台灣與中國的外交「零和」競爭，在1971年之後已分出勝負。

---

10 以上數字，綜合參考黃剛編撰，《世界相關各國與中華民國終斷使領關係之述論》（台北：國立政治大學國際關係研究中心，1998年4月）；以及外交部新聞文化司編，《中共與各國建交聯合公報彙編》（台北：外交部，1999年1月）二書之相關資料。

　　1979年1月1日起美中建交，中國開始以「和平統一」的統戰宣傳對付台灣。起初蔣經國回應以「三不政策」（不妥協、不談判、不接觸），然而1987年7月台灣解除戒嚴之後，民間競相挑戰政府僵固之大陸政策，台灣與中國之間老死不相往來的局面已難以維持。同年11月2日，國民黨政府宣布開放國人赴大陸探親。對於台灣人民來說，不論在對岸是否有親可探，淨空了近四十年的海峽，終究擋不住民間社會意欲前往一探究竟的強烈企圖。台灣與中國的互動，自1987年11月之後步入陸續開放的新階段。

二、中國政策的僵化與失誤

　　回顧蔣氏父子時期的中國政策，固然必須肯定其為了反抗中華人民共和國「解放台灣」之企圖，以及守護台澎金馬的安全，而傾全力動員人力物力以保家衛國的決心，然而近四十年間強硬頑固的「反攻大陸」及「一個中國」政策，則為台灣的憲政與外交處境，帶來無可彌補的遺患與損失。「反攻大陸」意味著台灣隨時處於戰爭動員狀態下，因而原本僅適用於「接戰地域」或動亂狀態下的戒嚴令，竟實施長達三十八年，此「反攻大陸」的遺患之一。又動員戡亂時期臨時條款嚴重違背憲政主義原理，卻又成為強人威權統治得以在台灣實施長達四十年的主要憑藉，此「反攻大陸」遺毒之二。「萬年國會」實為人類民主政體無以倫比荒謬之創舉，而竟得以存在四十餘年，此「反攻大陸」遺毒之三。

　　蔣氏父子所堅持的「一個中國」政策，亦與「反攻大陸」

息息相關。就因爲相信有朝一日可以「反攻大陸」，因此「一個中國」仍是中華民國，仍是虛擬中秋海棠之故國。這一意識形態之堅持，導致在外交領域出現愚不可及之「漢賊不兩立」政策，致使我國在1980年代之前的外交工作，只能與中國競賽「零和」遊戲，最終全盤盡墨，得不償失。

　　最能夠清楚說明「漢賊不兩立」政策錯誤的重要例子，是與法國斷交的經過。法國早自1949年起便考慮過與中華人民共和國建交的問題，只不過越南與阿爾及利亞戰爭陸續爆發，雙方始終處於敵對陣營。1962年7月法國正式承認阿爾及利亞獨立，之後便積極尋求與北京建交。然而法、中建交過程中最難以解決的問題，便是北京要求法國必須主動宣布與中華民國斷交。法國總統戴高樂（Charles de Gaulle）不願意主動宣布與中華民國政府斷交，於是法、中建交的計畫便持續擱置。最後是北京做出讓步，中共高層評估，只要法、中宣布建交，台北一定會自動宣布與法國斷交，這樣就避開了讓法國政府爲難的事情。11 於是1964年1月27日法、中發表建交公報，氣急敗壞的中華民國政府果然在半個月後（2月10日）宣布與法國斷交，在斷交聲明中，外交部這麼表示：

　　茲法國政府不分敵友，不顧我國政府之一再抗議，漠視法國本身及整個自由世界之基本利益，竟在與中華民國政府仍維持正常關係之時，遽然宣布與此一黷武好戰之僞政權建立外交

11　張國強，〈回眸中法建交全過程〉，收入黃舍驕主編，《春華秋實四十年——中法建交回憶錄》（北京：世界知識出版社，2004年1月），頁236-250。

關係，實屬嚴重損害中華民國之權益，並違反聯合國憲章之基
本精神。……其所產生之一切嚴重後果均應由法國政府負其完
全責任。

　　中華民國政府茲鄭重聲明：反攻復國，拯救大陸同胞及反
對任何兩個中國之觀念，為中華民國政府之既定國策，此項基
本立場在任何情況之下絕不變更。12

　　事實上在法、中建交的過程中，美國一直向蔣介石傳遞訊
息，希望台北不要主動宣布與法國斷交。13 然而蔣介石的答覆
竟然是：「中華民國政府原則上願意接受在法國宣布與中共建
交時，不立即對法國斷交，然而一旦法國與中共互換大使，則
中華民國將立即宣布斷交。」14 當國家明顯處於愈來愈艱難的
國際環境下，這樣的決策思維，既失去外交工作原本應有的彈
性與主動，同時還企圖憑藉全球冷戰框架，執行全無彈性的對
外政策，徒令自身陷入難以自拔的窘境。15

12　引自黃剛編撰，《世界相關各國與中華民國終斷使領關係之述論》，頁21-
　　22。
13　美國國務卿魯斯克（Dean Rusk）1月18日曾特地召見我國駐美大使蔣廷黻，
　　希望「法中宣布建交之後，台北方面勿急著與法國斷交，並須克制反法之言論
　　及行動，應測試在法台仍維持邦交的情況下，考驗中國是否決定與法國互換大
　　使」。見*Foreign Relations of the United States,* 1964-1968, Vol. XXX, China
　　(Washington, D.C. : U.S. Government Printing Office, 1998), p.10.
14　Ibid., p.14.
15　有關台法斷交之詳細過程，請參考許文堂，〈建交與斷交──1964年臺北、巴
　　黎、北京的角力〉一文，收在黃翔瑜執行編輯，《戰後檔案與歷史研究：第九
　　屆中華民國史專題論文集》（臺北：國史館，2008年12月），頁159-200。許
　　文堂教授的論文，徵引了大量法國外交部檔案（MAE）和我國外交部檔案，其
　　結論與本文註11所引中國官方說法基本上若合符節。

　　另一足以說明「漢賊不兩立」政策缺失的事例，則是1971年聯合國席次保衛戰中，遲遲不肯採取「雙重代表權」路線，以致於錯失時機，最後落得失去會籍的下場。其實早在1970年11月舉行的聯合國第廿五屆大會上，由中華人民共和國代表中國席次的提案，即已獲得過半數的贊成票。然而由於表決之前，美國、澳大利亞等國已提案將「中國代表權問題」（Chirep issue）列為「重要問題」，必須獲得三分之二以上的贊成票方能通過，使得中華民國有驚無險地保住了代表權，然而事態發展無疑已提出警告，台灣在聯合國的席位岌岌可危。

　　事實上美、日等我重要邦交國，早就試圖勸說蔣介石及早放棄「漢賊不兩立」政策，以求保住聯合國席次。1969年日本前首相岸信介曾秘密訪台，當面勸說蔣介石放棄聯合國安理會常任理事國予中華人民共和國，改以一般會員國身分留在聯合國內。然而蔣介石聞訊色變，反應激烈，岸信介只能無功而返。[16]

　　1971年8月3日美國駐聯合國大使布希（George H. W. Bush）亦曾以「中國代表權問題草案稿」當面交給我國駐聯合國大使劉鍇，其中強調：「雙重代表案如能優先表決獲通過，則阿（爾巴尼亞）案即當然失敗，而不必付表決，故爭取雙重代表案優先表決最為重要。」[17] 對於布希大使的這項分析，我國政府亦

16　《中國時報》（台北），2006年9月1日，A14版。

17　「劉鍇致外交部次長第五六○號電」（民國60年8月3日），《忠勤檔案》，檔號：3010.82/5044.01-045，「聯合國案」，編號二，《蔣經國總統檔案》，國史館藏。轉引自涂成吉，《中華民國在聯合國的最後日子》（台北：秀威資訊公司，2008年8月），頁75。

未能真心接納，原因在於蔣介石始終將排除中華人民共和國於聯合國外置於優先地位。說穿了，也就是「漢賊不兩立」心態的作祟。

1971年10月，聯合國第二十六屆大會上接納中華人民共和國入會案再度被提出，美國知道這一次「重要問題」案恐怕得不到多數支持，因而在大會召開前，除了「重要問題」提案外，又與日本等國在8月17日共同提出了「雙重代表權（兩個中國）」提案，亦即讓中華人民共和國擁有常任理事國資格，但同時仍保留中華民國在聯合國席位。18 布希大使同時向聯合國秘書長吳丹（U Thant）遞交了一份備忘錄，要求在處理中國代表權問題時，聯合國應認識到，中華人民共和國和中華民國「都是存在的」，「應當在規定中國代表權的方式中反映出這一不容爭議的現實」。而8月17日距離聯合國大會議程提案截止日僅剩四天。也就是說，布希最後取得台北方面默許得以提出「雙重代表權」案，時間上已是迫在眉睫。

事先未能審度時勢，以至於半推半就，逼不得已在最後關頭才勉強拋出「雙重代表權」議案，錯失動員拉票的關鍵時刻，是1971年我國失去聯合國席次最不可寬恕的敗筆。無怪乎前駐美大使沈劍虹在回憶錄中提到這段往事時，仍不免慨歎：

> 我不得不說，在必須當機立斷的時候，我外交當局卻顯得

---

18 美國試圖勸服蔣介石接受「兩個中國」或「雙重代表權」安排的努力，至少必須回溯至1960年代，甚至1950年代後期杜勒斯擔任國務卿時，即已有若干跡象。參考涂成吉，《中華民國在聯合國的最後日子》，頁32-41。

猶豫不決。……當友邦政府詢問我們，我們希望其代表如何投票時，我們不知道怎麼回答。結果，我們只能向他們說明我們的困境，要求他們根據本身的判斷投票。這使我們的許多友邦感到困惑。最後事實證明，這是我們失敗的原因，因為他們不知道我們到底希望他們做些什麼。[19]

　　正由於我國政府直到聯合國大會針對「中國代表權問題」投票前夕，仍企圖主打「重要問題」案，繼續一如往年將中華人民共和國摒除於聯合國大門之外，繼續堅守「漢賊不兩立」的立場。因此在聯合國大會辯論提案表決優先順序時，美、澳等友邦仍選擇以「重要問題」案來對抗「阿爾巴尼亞提案」，反而「雙重代表權」案並未獲得應有之重視，表決次序排在「阿爾巴尼亞提案」之後。[20]最後「重要問題」案在大會表決時以五十五贊成、五十九反對、十五票棄權，遭到否決；而阿爾巴尼亞提案則以七十六票贊成、三十五票反對、十七票棄權獲得通過。如此一來做為備胎墊底的「雙重代表權」案連表決的機會也沒有，成為廢案。如果歷史能夠重來，在聯合國第二十六屆大會召開前夕，即放棄以「重要問題」（漢賊不兩

---

19 沈劍虹，《使美八年紀要——沈劍虹回憶錄》（台北：聯經出版公司，1982年4月），頁53-55。

20 參考外交部國際司編，《中華民國出席聯合國大會第二十六屆常會代表團報告書》（台北：編者，1972年4月），頁105-106關於表決優先之辯論過程。有關1971年台灣被趕出聯合國的詳細過程，以及蔣介石政府為何選擇主打「重要問題」而非「雙重代表權」案，還可參考蔡秉修，〈中華民國退出聯合國歷程之研究（1949-1971）〉，國立中央大學歷史研究所碩士論文，2008年7月。尤其該論文之第四章與第五章，頁136-214。

立）爲主訴求，而改採「雙重代表權」（「兩個中國」或「一中一台」）策略，誰說不能爭取當時聯合國其他會員國之同情與支持？可惜，歷史並未如此發展，當年台灣的決策層峰，亦欠缺此等智慧。

當年隨同我國代表團出席聯合國第二十六屆大會的外交官陸以正，曾在回憶錄中做出這樣的論斷：

> 中共外交部爲阻止雙重代表權案，早在那年八月即發表聲明表示，如果聯大通過任何「兩個中國」或「一中一台」的決議，中華人民共和國政府絕不接受，而且拒絕與聯合國有任何往來。……假如那年雙重代表權案獲得通過，中共肯定拒絕加入。頂多再拖個一、兩年，在西瓜靠大邊的情勢下，我國仍然會被趕出聯合國，反而更加窩囊。21

此言不僅令人費解，而且繆之千里。如果能再拖個一、兩年，挨過尼克森訪中的外交風暴，誰說台灣不能在聯合國中爭取到有利形勢？既然台灣不再與中國競爭安理會常任理事國、不再動輒以「法統」自居，誰說聯合國其他成員會強爲了要拉中華人民共和國入會，而驅逐中華民國？被趕出聯合國的「窩囊」局面，外交決策的「漢賊不兩立」要負相當大的責任。回顧蔣介石在其有生之年的中國政策，其僵化與頑固，置國家利益於不顧，一心一意爲了爭「正統」，可說反而幫了中華人民

---

21 陸以正，《微臣無力可回天──陸以正的外交生涯》（台北：天下遠見出版公司，2002年4月），頁192、198。

共和國的大忙，在在爲日後我國外交處境之困頓，創造了即使敵人也難以獨立完成的條件。

三、「一個中國」立場之困境

與法國斷交及退出聯合國，只是蔣介石主政時代因堅持「一個中國」立場所造成的兩起外交重大災難。死守「一個中國」的代價尚不止於此。1988年1月蔣經國病逝，李登輝繼任總統。在歷經年餘凶險的政治鬥爭並逐漸穩住陣腳後，李登輝在其第八屆總統任內，開始試圖掌握對中國政策的主導權。然而起初阻力甚大，原因在於行政院長郝柏村亦欲以所掌握的行政部門，主導中國政策走向。例如1990年9月由紅十字會秘書長陳長文赴金門與中國紅十字會秘書長韓長林所簽訂的「金門協議」，事前竟未向李登輝報告，而是簽字完成後，才向總統報備。這件事情頗讓李登輝耿耿於懷。22

1990年9月，正當行政院試圖將大陸工作會報轉型爲大陸委員會（陸委會）之際，總統府亦著手籌設「國家統一委員會」（國統會）。按照總統府原有構想，國統會將直接統攝陸委會與民間中介團體「海峽交流基金會」（海基會），成爲中國政策的眞正領導核心。然而當1990年8月初總統府副秘書長兼國統會幕僚小組執行秘書邱進益，銜命赴行政院與副院長施

---

22 李登輝口述，鄒景雯採訪記錄，《李登輝執政告白實錄》（台北：印刻出版公司，2001年5月），頁180-181。有關金門協議之談判及簽署過程，可參考王銘義，《不確定的海峽》（台北：時報文化出版公司，1993年11月5日），頁158-168。

啓揚等人開會討論時，計劃遭到行政部門反對，最終國統會只能成爲純「諮詢性質」機構，不制定組織條例，亦不具有眞正法源依據。中國政策的權責機構，依然爲陸委會。[23] 也就是說，行政院長郝柏村在這場與李登輝的中國政策主導權競爭中，一開始居於上風。李登輝必須等到1993年2月郝內閣總辭之後，才眞正取得中國政策之控制權。

而在1990年5月至1993年1月「李郝共治」期間，卻也是台海兩岸建立對話機制的關鍵階段。海基、海協兩會之協商管道奠基於此時，同時國統會陸續通過「國統綱領」及「『一個中國』之三項涵義」兩項文件。整體而言，這一階段中國政策持續受限於「一個中國」的框框，以致於與中國官方代表談判時，處處掣肘。1992年10月海基會法律服務處處長許惠祐前往香港，與海協會代表舉行「香港會談」，提出我方之「一個中國」三種文本，立即陷入對方之論述框架中，以致日後竟出現所謂「九二共識」。我方雖以「一個中國、各自表述」自圓其說，然而中國官方所認定之文本，卻是「兩岸各自以口頭方式表述『一個中國』」。北京所選擇的表述形態，事實上根本令我方難以「說清楚、講明白」，原因就在於香港會談中我方所主動提出之文本，確實出現「在海峽兩岸共同努力謀求國家統一的過程中，雙方雖均堅持一個中國的原則……」這樣的字眼。[24]

---

23 限於篇幅，有關國統會籌設過程，以及與行政院的協調始末，必須留待日後以另文論說。

24 蘇起、鄭安國主編，《「一個中國，各自表述」共識的史實》（台北：財團法人國家政策研究基金會，2003年修訂三版），頁40。

　　更何況，不論是「一個中國、各自表述」或「各自以口頭方式表述『一個中國』」，兩者在表面文字與實質涵義上均高度重疊，寄望以「各自表述」方式加以區隔，實際上難以開創論述上的操作空間。選擇這麼一個與對手論述具有九成相似度的口號，一方面無助於內部實質共識的凝聚，另方面還授敵人以把柄，動輒落入對方圈套。「一個中國、各自表述」所形成的論述背景，不僅無助於跳脫中共談判代表所設下的「一個中國」陷阱，反而綁手綁腳，讓我方失去談判桌上的戰略縱深。

　　事實上，以實收效益衡量「九二共識」，所獲得的成果僅僅是1993年新加坡辜汪會談，暫時緩和了一下台海的政治緊張。然而兩年後李登輝訪美，兩岸依舊兵戎相見。「九二共識」一方面模糊化中華民國的國家與主權立場，同時是否長期有助於台海情勢穩定，不無可議。「九二共識」的歷史評價，仍有待將來重新檢討之必要。

　　直到1999年7月，李登輝總統在卸任前夕終於提出「兩國論」主張。然而，如果李總統能在1993年之前即早早宣示「兩國論」立場，[25] 放棄六十年來持續對台灣外交工作與國際處境造成嚴重傷害的「一個中國」思惟方式，則整個1990年代台灣對中國的決策方向與談判機制，說不定能夠儘早取得先機。即使短時間可能掀起台海風暴，然而日後既然免不了1995、1996

25　1993年11月財政部長江丙坤代表我國出席在美國西雅圖舉行之亞太經合會（APEC）時，曾語出驚人說：「在統一條件未成熟前，中華民國當局將以務實態度，採取以一個中國為指向的『階段性兩個中國』政策。」然而此一發言，隨即遭行政院否認。見《中國時報》（台北），1993年11月22日，第一版。由此可見，李總統當時確實考慮過公開放棄「一個中國」原則，然而終究未大膽執行，必須等到1999年才有能力付諸實現。

年台海危機，則早兩年選擇「長痛不如短痛」，又何損失之有？如果辜汪會談並未實際為中華民國帶來太多國家利益，則1992年11月與中國達成一種費而不惠的「各自口頭表述」默契，又能暫時止痛多久？

　　簡言之，本文認為在1992年至1993年間當政府的中國政策尚處於摸索草創階段時，即應針對數十年來「一個中國」政策所付出的沈重代價加以嚴肅反省，同時力求改弦更張。然而，當時李登輝政府未能及於此，以致於失去先機。待到1999年「兩國論」提出，多少有為時已晚的遺憾。民進黨執政後，陳水扁總統雖在2002年8月喊出「一邊一國」，然而民進黨的執政基礎始終不穩固。況且「兩國論」的中國政策，在2008年國民黨重新執政後，隨即遭到棄置。

四、兩岸經貿政策之檢討

　　自1987年11月開放台灣人民赴中國探親以來，有關中國政策另一必須反省之處，是台灣對中國經濟日益依賴的不可逆轉趨勢。長期以來，政府對此只能以袖手無策來形容，不論是李登輝1996年9月提出的「戒急用忍」，或是陳水扁總統提出的「積極開放，有效管理」，最終都只淪為政治口號。二十年來，只看到台灣企業與資金不斷出走，造成產業嚴重空洞化，根留台灣成為空話，企業主前仆後繼前往中國複製生產經驗，而攸關台灣經濟前途至為重要的產業升級轉型，卻只是海市蜃樓。此一問題如果再不設法解決，台灣未來能否躲過被中國以經濟力量併吞的下場，頗堪憂慮。

　　首先，過去二十年來，究竟有多少台灣資金匯往中國？根據經濟部投資審議委員會（「投審會」）從1991年起至2007年8月為止的統計數字，政府核准赴中國投資的台商資金一共是611億3613萬美元，高過日本的602億美元，也比美國的555億美元要多出許多。但如果按照中國官方統計，台灣資金截至2007年8月底只有448億美元，排在香港（將近3000億美元）、英屬維京群島、日本、美國之後，居第五位。不過有趣的是，居中國外資第二位的英屬維京群島（位於中美洲加勒比海），總人口才二萬二千多人，由於是所謂的「避稅天堂」，因此成為許多跨國企業設立資金中轉據點的理想場所。不少台灣企業事實上也在該群島設立公司行號。究竟英屬維京群島在中國的670億美元投資中有多少是台灣企業所貢獻？恐怕必須進一步釐清。

　　總之，台灣對中國資金大失血，早已是全國人民心知肚明的事實，資金失血意味著對本土的投資與消費都無法有效提振。更何況，台商大舉西進，幫助了中國的經濟成長，反過頭來更加形成政治上「促統」的壓力。

　　足以說明台資西進對本土政經環境造成壓力的另一個指標，是台灣的進出口統計數字。台灣自1970年代以來之所以成功締造經濟奇蹟，與工業產品成功拓展外銷息息相關。如今台灣製造業與服務業大規模前往中國投資，直接帶動兩岸貿易金額不斷飆高。中國自2003年起，已經取代美國成為台灣最大的進出口貿易國。事實上，早在1990年代後期，中國已經是台灣最重要的貿易順超來源；而自2002年起，台灣對中國的出口金額也已超越美國，中國成為台灣最大的出口對象。到了2006年，台灣自中國進口金額甚至也超過美國，不論進口或出口，

中國都是台灣最大的貿易夥伴。

　　整體貿易活動集中在中國的結果，是台灣對其他國家的進出口比重（甚至是金額）不斷下降。以美國爲例，自2000年之後的七年來，台灣與美國的歷年進出口貿易總額甚至都未再超過2000年的600億美元水準。2006年略微回升至550億美元，但距離2000年的紀錄還是短少了將近50億美元。這種對外貿易全部集中在中國的現象，政府與民間都用一句傳神的話來形容：「將全部雞蛋放在同一個籃子裡。」

　　這種「集中押寶」的產業發展策略所帶來的惡果，莫不以ECFA（Economic Cooperation Framework Agreement，經濟合作架構協議）的簽署，最能夠表達那種被「趕鴨子上架」的悲哀。以國共兩黨對此議題的協商表現來看，目前ECFA的簽署已經是中國不急，而台灣朝野一頭熱的局面。經濟命脈掌握在別人手中，自己還急著把脖子送上刀口，天下最諷刺的事，莫過於此。

　　事實上在產業界最強力主張並施壓推動ECFA簽署的，是以出口爲導向的石化業者，尤其台塑集團，更是國民黨政府大力促銷ECFA議題的幕後推手。26 目前台灣生產的塑化原料，銷往中國所佔之出口比重分別在48.7%%至96.1%之間，包括聚氯乙烯的48.7%，聚苯乙烯的79%，聚丙烯的78.9%，丙烯腈丁二烯苯乙烯塑膠的84.4%，高密度聚乙烯的51%，丙烯的57%，丁二烯的57%，對二甲苯的96.1%，以及苯二甲酸二

26　《蘋果日報》（台北），2009年4月7日，B3版，記者直接披露：「ECFA能否簽署攸關台灣石化業者的生存，而台塑集團總裁王文淵奔走兩岸層峰，是推動ECFA納入第三次江陳會的幕後功臣。」

辛酯的61.3%。[27] 也就是說，整個石化業的命脈已經過半仰賴中國市場，一旦中國政府積極與東協（ASEAN）國家簽署自由貿易協定（所謂東協十加一），則台灣的產業競爭力馬上受到威脅，企業家群起向政府施壓，以致於執政者不得不在經濟與政治上做更大之讓步。台灣近二十年來「雞蛋放在同一個籃子」的產業走向，結果完全應驗了「以民逼官，以商圍政」這句老話。然而不論是國民黨政府、民進黨政府，似乎統統束手無策，如此這般「身而為台灣人的悲哀」，只能以無語問蒼天來形容。[28]

五、結論

　　六十年來台灣的中國政策，基本上可以1987年11月開放兩岸探親做為分水嶺，劃分為兩大階段。在此之前，身處全球冷戰與台海軍事對抗的二合一結構，台灣的中國政策一方面堅持「一個中國」，一方面又在軍事上反共。反共國策雖然基本上捍衛了台澎金馬各島嶼的安全，然而缺乏彈性的「一個中國」政策，卻又讓台灣在外交戰場頻頻失利，終於被驅逐出聯合國，淪為國際孤兒。此一階段「一個中國」立場在戰略戰術上的失敗，已於前文有所論述。可以說，這種罔顧國際現實以及妄圖仰賴美國冷戰圍堵政策，以維持自身國際地位的做法，完

---

27 同上。

28 簽署ECFA的風險當然不僅僅只在政治方面，其對台灣傳統產業的衝擊，以及可能造成失業率的飆高，經濟學界早已做出警告。本文所著重者，主要集中在政治影響的部分。

全欠缺前瞻性與危機意識。一旦1970年代美國改變其中國政策，拉攏北京以對抗莫斯科，則台灣已躲不掉被出賣的命運。在1960年代初東南亞與非洲情勢呈現急劇變化之際，未能審度時勢，未雨綢繆，考慮「兩個中國」或「一中一台」的可能性，以致失去先機，是當時蔣介石政府在外交策略上的最大的敗筆。更何況，強人威權領導者如蔣介石，如果生前能及早爲「兩個中國」或「一中一台」鋪路，則或許能夠有效鬆動台灣內部「一個中國即是中華民國」的政治神話，待李登輝主政時，亦不需要如此綁手綁腳，受制於兩蔣時代所留下來的國家認同包袱。

　　從1993年11月江丙坤在美國西雅圖所發表的「階段性兩個中國」來看，李登輝確實考慮過突破處處受制於人的「一個中國」立場。然而，「階段性兩個中國」在1993年之際顯然仍遭受內外強大阻力，無法正式成爲政策。待到1999年李總統卸任前才拋出「兩國論」，平心而論，時機太遲，環境的助力亦不夠，因爲1998年柯林頓訪問中國，美中之間已逐漸拋開天安門事件以及台海軍事危機以來的心結。柯林頓甚至還在上海發表對台「三不」聲明，29 台灣處境益加艱難。歷史上中華民國政府從未能充分利用每一次國際環境的變遷時機，爲自身的國家定位問題，安排一可長可久的戰略方針。這是吾人口口聲聲強調台灣是個主權獨立國家之時，最難以接受的政策失敗。

　　同樣的政策性失敗，還表現兩岸經貿方針的色厲內荏、力

---

29 柯林頓的「三不」分別是：不支持「一中一台」、「兩個中國」；不支持台灣獨立；不支持台灣加入以國家身分為會員資格的國際組織。

不從心。「以民逼官,以商圍政」的老話,從1990年代初即已成為坊間常識,然而政府部門從未真正提出可行對策,遇到企業集團的壓力,往往亦消極放任。其結果便是整個經濟發展方向完全被中國牽著鼻子走,幾乎到了無力自拔的地步。

如今之計,如何善用台灣民主政治的監督鞭策力量,以選票凝聚共識,以民意決定未來。除此之外,台灣恐怕沒有第二條路,可以掙脫中國的政經包圍。

徵引書目

論　文

李福鐘，〈「解放台灣」與台海危機——1949年以來的中國對台政策〉，收入《現代學術研究‧專刊8》（台北：財團法人現代學術研究基金會，1997年9月），頁221-251。

許文堂，〈建交與斷交——1964年臺北、巴黎、北京的角力〉一文，收在黃翔瑜執行編輯，《戰後檔案與歷史研究：第九屆中華民國史專題論文集》（台北：國史館，2008年12月），頁159-200。

蔡秉修，〈中華民國退出聯合國歷程之研究（1949-1971）〉，國立中央大學歷史研究所碩士論文，2008年7月。

專　書

人民出版社編，《台灣問題文件》。北京：人民出版社，1955年5月。

王銘義，《不確定的海峽》。台北：時報文化出版公司，1993年11月。

外交部新聞文化司編，《中共與各國建交聯合公報彙編》。台北：外交部，1999年1月。

外交部國際司編，《中華民國出席聯合國大會第二十六屆常會代表團報告書》。台北：編者，1972年4月。

沈劍虹，《使美八年紀要——沈劍虹回憶錄》。台北：聯經出版公司，1982年4月。

李登輝口述，鄒景雯採訪記錄，《李登輝執政告白實錄》。台北：印刻出版公司，2001年5月。

涂成吉，《中華民國在聯合國的最後日子》。台北：秀威資訊公司，2008年8月。

黃舍驕主編，《春華秋實四十年——中法建交回憶錄》。北京：世界知識出版社，2004年1月。

黃剛編撰，《世界相關各國與中華民國終斷使領關係之述論》。台北：國立政治大學國際關係研究中心，1998年4月。

陸以正，《微臣無力可回天──陸以正的外交生涯》。台北：天下遠
　　見出版公司，2002年4月。

蘇起、鄭安國主編，《「一個中國，各自表述」共識的史實》。台
　　北：財團法人國家政策研究基金會，2003年修訂三版。

Department of State ed., *Foreign Relations of the United States*, 1964-1968,
　　Vol. XXX, China, Washington, D.C. : U.S. Government Printing Office,
　　1998.

Hungdah Chiu ed., *China and the Question of Taiwan*, New York: Praeger,
　　1973.

報　刊

《人民日報》（北京）

《文匯報》（香港）

《中央日報》（台北）

《中國時報》（台北）

《蘋果日報》（台北）

七、台美關係發展的歷史觀察

政治大學教授
陳文賢

陳 文賢

現任國立政治大學台灣史研究所教授。佛羅里達大學政治學博士。曾赴印度防衛暨戰略分析研究中心及澳洲莫那許大學亞洲研究部擔任訪問研究員。教授台灣國際關係相關科目。與台灣新世紀文教基金會董事長陳隆志教授共同主編《聯合國：體制、功能與發展》（2008）。

摘要

　　台美關係發展重要歷史案例的探討，基本上可以理出下列幾點參考：（一）美國不論是共和黨或民主黨執政，基本上是基於中華人民共和國必將在國際事務上發揮更大影響力的現實上制訂美國對中國及台灣的政策。（二）美國並沒有因台灣的民主化而外交承認台灣或協助台灣在國際社會取得和台灣在政治及經濟發展成就相稱的國際地位。（三）台灣的民主化讓美國在與中國交往時會讓美國政府比過去面對一個不民主的台灣更加的謹慎。（四）美國已經取得了台海現狀解釋的主導權，而這項主導權建立在美國相對於中國優勢的軍事武力，但中國軍事力的強化也勢必衝擊美國此一主控台海現狀的權力。基於此歷史的觀察，台美關係未來發展的基石會是雙方密切的經貿利益及共享的民主價值。

　　關鍵詞：台灣、美國、中國、中國代表權、民主化、台海安全

一、前言

　　2008年5月台灣的中央政權從民主進步黨（以下簡稱民進黨）執政八年之後又回到過去曾經統治台灣達半個世紀以上的中國國民黨（以下簡稱國民黨）手中。一個正常民主國家的政權轉移原無特別令人感到憂慮之處，但因為國民黨「一個中國」的主張及其總統當選人馬英九追求終極與中國統一的目標，台灣中央政權的再度回到國民黨手中就格外引發關心台灣前途之人民的憂心。

　　在馬英九的「外交休兵」政策之下加上無法向北京堅持其外交休兵的底限，使台灣在國際社會的許多場合面臨被「去國家化」的窘境，這也是外交休兵政策下的代價。有些國際活動固然不一定具有國家為基礎的意涵，但只要北京方面覺得有顯示台灣是個國家意涵的名稱，台灣就被迫改名，離本論文初稿完成最近的一個例子即是2009年10月台灣參與世界最大規模的法蘭克福書展，即在中國政府壓力之下，二十餘年來以台灣館「Taiwan」名稱參與，卻被迫改為「Taiwan Publishers」（「台灣出版人館」）。台灣與美國及中國複雜之歷史及現實的關係，特別是馬英九政府在穩定台海兩岸關係的大纛下急速傾向中國的政策作為下，更令人加深對台灣未來的憂心及台灣與美國關係的發展。

　　從2008年5月以來國民黨馬英九政府積極推動與中國的各項交流，已經到了被批評為向中國嚴重傾斜並有犧牲台灣主權及利益之程度，馬英九政府雖是信誓旦旦認為這些被視為嚴重傾中的政策是有助於台灣的經濟發展，但卻無法得到多數人民的認同與支持，反而是看到中國談判代表來台時為國家帶來的不安及龐大的社會成本。在台灣與中國正朝著馬英九所希望之終極統一的目標逐步向前時，更令人注意美國與台灣關係的發展及美國所扮演的角色又是如何等關鍵問題。

　　國與國間的關係容或有因現實經濟、政治及安全等利益而有所衝突，但若是一個短暫性的現象，也許在當時會被賦予各種解讀，但若把時間拉長攤開歷史，又會令人看到一個持續性關係的存在。不管是從2000年到2008年陳水扁所代表之民進黨的執政，還是馬英九所代表的國民黨執政，都讓人看到美國對

台關係有因當下環境所做的政策作為，因此從冷戰及後冷戰不同時代背景下美國對台關係到底有那一些持續及變化的現象也是本文所想要探討的問題。

　　從台美關係的歷史案例中我們想了解基於美國國家利益的前提下，美國關心台灣的是什麼？是對台灣重要的戰略地位，還是1990年代以來台灣穩健的民主化成果？這幾樣指標都將幫助我們了解台美關係的基礎，並從那樣的基礎預期台美關係未來的發展。如果這樣的假設及論述的邏輯可以成立，那麼也就更能有助於我們對台美關係未來發展的觀察。

　　本篇文章即試圖從歷史的角度來觀察台美關係的發展，但因時間及篇幅的限制，本文無法鉅細靡遺的論述包含政治、經貿、文化交流等諸多面向的台美關係的歷史發展。而是希望藉助對台美關係史中曾經發生且對雙方關係產生重大衝擊的事件來探討美國對台政治關係的變與不變，而此種政治關係也將對台灣在國際社會的地位產生深邃的影響。論文並希望從這些歷史案例所提供的實質結果及意涵來觀察台美關係未來發展的可能性。

二、1950年代以來台美關係的案例觀察

（一）杜魯門放棄國民黨政府到派遣第七艦隊　　　巡弋台灣海峽

　　1949年中華民國政府流亡到台灣時，當時美國杜魯門政府已經估算若中國人民解放軍攻打台灣，蔣介石的部隊將會敗亡，而台灣將被中國統一，因此準備放棄國民黨政府不再介入

中國的內戰。不料，韓戰爆發之後，杜魯門政府為對抗共產主義的擴張，才派第七艦隊巡弋台灣海峽，讓國民黨政府得以不遭解放軍的渡海攻台而延續其在台灣的統治。杜魯門的國務卿艾奇遜（Dean Acheson）更是以因中蘇之間可能的衝突而讓北京有倒向西方陣營的機會做為說明放棄台灣的理由。₁艾奇遜在向杜魯門總統報告為有關介紹及解釋這個美國對華政策研究計畫案所完成之報告——「中國白皮書」的序言中即明白的指出，國民黨在中國內戰中敗給共產黨絕不是輸在美國對國民黨政府的援助不夠，而是輸在國民黨政府的領導人無能去面對及應付危機、國民黨的軍隊喪失了戰鬥的意志及國民黨政府失掉中國多數人民的支持。₂

（二）艾森豪與中美共同防禦條約

美國與中華民國簽訂於1954年12月的「中美共同防禦條約」，一般認為主要的遠因是韓戰的發生。艾森豪政府因擔心一旦台灣落入中國共產黨的控制，則美國在西太平洋的第一島鏈防衛就會出現漏洞。而近因則是1954年9月中國人民解放軍對金門發動激烈的砲擊，同時調集了約十萬名部隊到福建省沿海。但艾森豪總統並不認為美國應去保衛台灣及澎湖之外的離島。

---

1 戴天昭著，李明峻譯，《台灣國際政治史》，台北：前衛，2002，頁345。

2 U.S. Department of State, *The China White Paper August 1949*, Volume 1 (CA: Stanford University Press), 1967, p.xiv. 此份報告書最初出版的名稱是*United States Relations with China, With Special Reference to the Period 1944-1949*，是在1949 年8月由美國國務院出版。

　　1954年12月2日美國與中華民國政府簽訂了「美中共同防禦條約」，並於1955年3月3日正式生效。中美共同防衛條約第六條及第七條的內容指出，美中雙方基於此條約所要防衛的中華民國領土只有台灣及澎湖，易言之，美國僅同意防衛台灣及澎湖，至於其他中華民國所控制的領土（當時指的是金門及馬祖及大陳島與一江山等離島），則可由雙方協商同意來加以決定。1955年1月29日美國國會（包括參議院八十五票比三票及眾議院四百零九票比三票）幾近一致的同意通過「福爾摩沙決議案」（the Formosa Resolution），授權美國總統在必要時動用軍隊保護台灣及澎湖。雙方同意不設條約的期限，不過任何一方可以在終止條約的一年之前向對方提出終止的通知，一年到期之後，則條約效力就自動終止。中美共同防禦條約也就在此情況下，美國卡特政府於1978年12月向國民黨政府提出終止的通知，而於1979年12月正式失效。

　　儘管美中雙方從1955年9月就開始在波蘭首都華沙展開秘密談判希望促成美中關係正常化。1958年6月艾森豪的亞洲行，期間 6月18日至19日在台灣和蔣介石舉行兩次會談。蔣介石一再強調中共因人民公社問題引發大規模民怨，大陸人民抗暴時機已經成熟，希望以游擊隊武力及特種部隊空降大陸邊遠地區鼓動人民起義。但是艾森豪在會談後發表的聯合公報中僅強調雙方應緊密合作，應付中華人民共和國的挑釁，不願正面回應蔣介石出擊中國大陸的建議。這更進一步確認了之前杜勒斯國務卿與蔣介石會面時，蔣介石說沒有美國的同意不進行反攻。[3]也就是一般所稱的「放棄以武力反攻大陸」論。艾森豪的訪問台灣，也成為唯一在任內訪問過台灣的美國總統。

（三）甘迺迪與詹森反對蔣介石以武力反攻大陸

　　甘迺迪（John F. Kennedy）於1961年1月就任美國總統，國民黨政府對於民主黨籍的甘迺迪是否會支持其反攻大陸的政策有更深的疑慮，國民黨政府認為它就是受害於美國民主黨籍的總統例如杜魯門總統時代。比之過去堅決反共的共和黨籍的艾森豪總統，甘迺迪的確更加確定不支持蔣介石以武力反攻大陸的政策。但另一方面，甘迺迪為了因應聯合國會員的增加而影響到「中國代表權」案的變化，也為了確保中華民國在聯合國的席位而進一步有「兩個中國」或「一中一台」的構想。

　　1961年時已有馬來西亞聯邦、賽浦路斯及奈及利亞等亞非國家主張應該由有關各國談判並成立適當的機構來解決中國代表權的問題。聯合國已有更多的國家認為應接受中華人民共和國進入聯合國的主張，但同時也贊成確保中華民國的會籍。英國是最早外交承認中華人民共和國的西方國家，都強調雖然英國投票贊成中華人民共和國擁有聯合國的中國席位，但並不表示就此決定了台灣的主權及台灣在聯合國代表權的問題。

　　甘迺迪及詹森政府雖然對中國的政策並沒有太大的轉變，但是美中雙方的會談仍舊進行著，雖然美國也知道蔣介石及毛澤東都反對「兩個中國」，但是從1961年起美國對中國的政策就朝更接近現實的情況在思慮，例如美國外交高層一直在研議承認「兩個中國」案，甚至希望以中華人民共和國承認台灣為獨立國家來交換北京進入聯合國及美國外交承認中華人民共和國。此外，當時美國高層也曾研擬在兩個中國都進入聯合國的

3　戴天昭著，李明峻譯，《台灣國際政治史》，台北：前衛，2002，頁406。

情況下，由印度取代中華民國在安理會常任理事國的席位及給
予日本安理會常任理事國的席位。4 1963年11月22日，甘迺迪
總統於德州達拉斯遭到暗殺身亡，副總統詹森繼任總統，有關
兩個中國的構思並未能進一步落實。而詹森總統任內因美國逐
漸陷入越戰，更讓在詹森之後角逐總統的尼克森認為中華人民
共和國能在協助美國結束越戰扮演重要的角色。

（四）尼克森與聯合國「中國代表權」問題

　　回顧聯合國「中國代表權」的歷史，可以看出國民黨政府
與美國之間也曾因為聯合國的席位問題而有長期的「愛恨」關
係。從1950年到1971年，美國支持蔣介石的國民黨政府在聯合
國擁有常任理事國的席位，但後來因美中關係正常化及國際社
會對台北政府繼續在聯合國代表全中國的不耐，促使尼克森開
始有了「兩個中國」的計議及政策的推動。早在1950年韓戰爆
發之時，英國及印度為求儘快恢復朝鮮半島的和平而有讓中華
人民共和國加入聯合國之議，並希望以此做為粉碎蘇聯冀望中
華人民共和國與西方國家不來往的手段，但遭到當時美國國務
卿艾奇遜（Dean Acheson）的反對。5 而蔣介石完全倚賴美國政府
及不改「漢賊不兩立」的僵硬政策，終導致聯合國通過2758號
決議案驅逐蔣介石在聯合國的代表，也導致美國「兩個中國」
政策的瓦解。

4　Dean Rusk, *As I Saw It* (New York, N.Y.: Penguin Book, 1990), pp.282-291.
5　Dean Acheson, *Present at the Creation: My Years in the State Department* (New
　ork: W.W. Norton & Company, 1969), p.418.

　　尼克森及其國家安全顧問季辛吉有關台灣的對話，在美國相關的解密檔案中指出，1971年4月尼克森的特使墨菲（Robert Murphy）從台北所帶回的訊息是，蔣介石堅持美國必須主張保留安理會的席位給國民黨政府才會接受「兩個中國」案。蔣介石此一立場讓尼克森感到不耐及不滿，因為他準備以安理會席位給中華人民共和國但保留中華民國政府在聯合國做為一般會員國的計畫沒有得到蔣介石的支持。讓蔣介石誤判情勢的是季辛吉根本不認為在台灣的國民黨政府會是美國大戰略的一個主要成員。尼克森也同意季辛吉所言，美國除了與蔣介石政府間一些情感面向的考慮外，台灣對美國而言真的是微不足道。因此，尼克森同意，若北京願意幫助美國促成越南的和平，美國將從台灣撤出其軍事力量。而與中華民國政府斷交、從台灣撤出美國駐軍及軍事設施、以及廢除中美共同防禦條約一直就是北京向美國所提做為美國與中華人民共和國關係正常化的條件。

　　事實上，尼克森在他的回憶錄中一再強調美國與中華人民共和國之間關係的重要性，尼克森說他最早提出此一觀點是他發表於1967年《外交事務季刊》（Foreign Affairs）中的一篇文章。之後他當選美國總統，又再次於1969年1月的總統就職演說中提及。然而他在致國會的外交報告中，強調要改善美中關係的呼籲，必須等到1970年才進一步得到北京的回應。1971年4月尼克森政府解除了對中華人民共和國幾近二十年的貿易禁止政策。6

　　1972年2月尼克森訪問北京時，台灣在蔣介石的軍事戒嚴統治之下，人民的聲音並未能自由且充分的表達，尼克森政府

雖是爲了美國國家利益與周恩來簽署了上海公報，有關台灣的
定位問題卻也忽視了台灣人民眞正的聲音。彭明敏教授早在
1960年代參與聯合國代表團時即已注意到此一問題，認爲中國
代表權問題「此事有關國民黨的命運，而台灣人的命運也隨著
浮沈」。7尼克森政府時代積極推動美中關係正常化的政策，
台灣在尼克森及季辛吉的中國政策中顯得微不足道，在中華民
國政府與美國仍維持有邦交關係時，國民黨政府的駐美大使甚
至外交部長，卻也經常受氣於季辛吉和主導中國政策的其他美
國高層政府官員。8

（五）卡特政府與中華民國政府斷交

　　1979年卡特政府時代，美國與中華民國政府斷交改而外交
承認中華人民共和國，卡特總統及其策士似乎並不關心美國與
中華民國政府斷交之後，台灣對美國在東亞地區之利益所佔的
位置。若非美國國會及台僑等的積極奔走要求卡特政府批准維
繫美國與台灣政府及人民之間非官方關係的「台灣關係法」，
在美中兩國有正式邦交，又美國希望在蘇聯入侵阿富汗之後，
聯合中國來抗衡蘇聯之擴張勢力的現實考量下，當時的台灣恐
怕會更加的被邊緣化。美中建交可以說是1954年美國與中華人
民共和國開始接觸及談判以來最大的外交成果，1980年一項對

6　Richard M. Nixon, *The Memoirs of Richard Nixon* (New York, N.Y.: Touchstone, 1978), pp.545-546.
7　彭明敏，《自由的滋味：彭明敏回憶錄》（台北：前衛，1994），頁125。
8　請詳沈劍虹，《使美八年紀要：沈劍虹回憶錄》（台北：聯經，1982）及錢復，《錢復回憶錄（卷一）》（台北：天下文化，2005），頁141-194。

美國人民所做的民調顯示，認為中國是美國一項嚴重威脅的只佔18%也顯示美中關係正值蜜月期。9

（六）雷根政府與軍售台灣之問題

　　雷根政府時代，中華人民共和國在美國對抗蘇聯的戰略中仍舊佔有重要的地位，雷根政府與中國簽署了上海八一七公報，公報中指出美國政府了解中國方面會克盡全力尋求台灣問題和平解決的前提下，要逐年減少對台軍售的質與量，並尋求此一對台軍售問題的最終解決，顯見台灣在美國戰略地位的大幅降低。而上述幾個事件的發生背景又都是台灣在蔣介石和蔣經國的高壓或威權統治之下，原本對美國而言台灣就只有國民黨政府反共此一價值，惟一旦美國與中國大幅改善關係之下，台灣對美國的戰略價值地位就更加的降低。

　　台灣對美國具有戰略地位價值的說法恐怕是要端看整個亞洲的局勢以及美國與中國的關係而定。從上述的幾個歷史案例來看，台灣對美國的戰略地位價值是隨著美國與中國關係發展的情況而有程度上的差別。換言之，若美國與中國關係友善提升，則台灣對美國的戰略地位價值就相對降低，而美國與中國關係惡化時，則台灣對美國的戰略地位價值就相對的提高。

　　老布希總統曾出任美中尚未建交前的美國駐中國聯絡辦事處主任，與中國政府領導階層有深遠的關係，這從天安門屠殺

---

9 藍普頓（David M. Lampton）著，《同床異夢：處理1989到2000年之中美外交》（*Same Bed, Different Dreams*），許秋楓譯，香港：中文大學出版社，頁301。

事件也可以看出，當時的布希總統爲了保護美國與中國長遠的
關係，甚至沒有召回美國駐中國的大使以表示抗議。而1991年
布希在面臨競選連任時，爲了出售F-16戰鬥機給台灣以穩住他
在德州的選情，卻又擔心違反雷根政府時代與中國所簽署的
「八一七」公報及觸怒北京，布希召見中國駐美國大使，並由
國家安全顧問史考克羅夫特（Brent Scowcroft）向中國大使朱啓禎
明講此一軍售無關台灣或針對中國大使個人的問題，而是關係
到布希總統連任的問題。私下布希也曾向他的幕僚表示，一旦
他獲得連任，將對中國有所補償。10

（七）柯林頓政府與台海飛彈危機

　　1996年3月台海危機發生時，美國除了積極展開美台中三
方的會談希望和平解決台海危機之外，當時台灣已經步入民主
化，而更何況台灣正舉行第一次的總統直接民選。以當時而
言，美國柯林頓政府與江澤民領導之下的中國雙方都有朝美中
戰略夥伴關係之目標邁進的期待，雙邊關係可說是相當融洽，
此一時期台灣對美國的戰略地位價值應是偏低。但是柯林頓政
府還是派遣航空母艦接近台灣海域，而終能化解一場可能一觸
即發的軍事衝突。台灣的民主應是當時美國政府必須維護而不
讓中國共產黨摧毀的重要因素。

　　但台海危機並沒有阻礙柯林頓政府與中國朝建立戰略伙伴
關係的目標前進，1998年柯林頓訪問中國時說出所謂的對台

---

10 Patrick Tyler, *A Great Wall: Six Presidents and China: An Investigative History*
　(New York: PublicAffairs, 1999), pp.377-379.

「三不」政策，亦即美國不支持台灣獨立、不支持「一中一台」也不支持台灣加入以國家爲要件的國際組織。事實上這項「三不政策」，早在1970年代初尼克森及季辛吉都已經答應過中國的領導人。[11]

（八）小布希政府反對台灣入聯公投

　　2007年7月19日陳水扁政府首度以「台灣」的名義向聯合國提出成爲新會員國的申請，這是台灣首度向國際社會表示台灣是一個國家，而不是像過去自認爲是中國之下的一個政治實體。同時也於2008年3月總統大選時舉辦入聯公投凝聚民意，向國際社會展現台灣人民加入聯合國的集體意願。台灣透過友邦索羅門群島及史瓦濟蘭王國駐聯合國常任代表團，向聯合國秘書長潘基文（Ki-Moon Ban）遞交台灣申請加入聯合國的申請書，但卻遭到聯合國法律事務室（The U.N. Office of Legal Affairs）的拒絕申請。

　　也正因爲台灣首度以「台灣」之名向聯合國秘書處遞交加入聯合國的申請書，而引起美國布希政府對入聯公投的強烈反應。美國國務院副國務卿尼格羅龐迪（John Negroponte）表示，美國視台灣入聯公投爲台灣朝向獨立及改變現狀的步驟。2007年8月30日，美國白宮亞洲事務代理主任韋德寧（Dennis Wilder）在一項記者會中進一步表示，聯合國的會員必須是國家，而台

---

11 藍普頓（David M. Lampton）著，《同床異夢：處理1989到2000年之中美外交》（*Same Bed, Different Dreams*），許秋楓譯，香港：中文大學出版社，頁102。

灣或中華民國目前於國際社會都不是一個國家。美國的立場是中華民國是一個未決定的問題，許多年來它都一直是未被決定。[12]

　　2007年9月13日東亞暨太平洋事務副助理國務卿柯慶生（Thomas J. Christenson）在美台國防工業會議上表示，舉行以台灣為名稱的入聯公投既沒有可能改變台灣在國際舞臺上的實際位置，同時又加劇了台海緊張局勢，並且疏遠了可能支援台灣擴大國際空間的各方。[13] 他表示台灣此一舉措對台灣及各方都不利。布希總統及國務卿萊絲（Condoleeza Rice）雖然盛讚過台灣的民主，布希曾表示美國將竭盡所能防衛台灣，但還是會為了美國的國家利益而做出反對台灣入聯的表示。

三、歐巴馬政府對台政策初探[14]

　　從美國歐巴馬（Barack Obama）總統的就職演說中，不難瞭解歐巴馬政府上台所面對的最主要問題莫過於解決美國的金融

---

12 韋德寧此一發言的英文原文如下：However, membership in the United Nations requires statehood. Taiwan, or the Republic of China, is not at this point a state in the international community. The position of the United States government is that the ROC -- Republic of China -- is an issue undecided, and it has been left undecided, as you know, for many, many years. 網址：http://www.businesswire.com/portal/site/google /index.jsp?ndmViewId=news_view&newsId=20070830005962&newsLang=en

13 http://www.voafanti.com/gate/big5/www.voanews.com/chinese/archive/2007-09/w2007-09-13-voa30.cfm

14 本節部分論述出自於作者發表在新世紀智庫論壇的文章而成。請詳陳文賢，「美國歐巴馬政府亞太政策初探」，《新世紀智庫論壇》，45期，2009年3月，頁120-123。

危機及其所衍生對全球經濟的重大衝擊。此外，美國所面對的重要外交及國際問題尚包括：美國在伊拉克及阿富汗的駐軍問題、打擊國際恐怖主義、中東以阿和平、北韓及伊朗的核武問題及全球氣候變遷等。15 這些問題都需要歐巴馬政府調整或改變過去布希政府的作風，並積極尋求國際間的合作才可能順利的因應並獲得解決之道。

　　儘管中國國際關係學界有專家認為中國不要太輕忽美國在2008年這一波金融危機衝擊下經濟復甦的能力，但也有些專家認為美國對阿富汗及伊拉克戰爭所耗損的國力及遭受金融危機的打擊，已經無法避免逐漸式微的結果，並認為金融危機的發生更是正式宣告美國所領導之一超多強國際體系的結束，代之而起的會是一個以主要崛起中國家如中國、俄羅斯及巴西所形成的多強國際體系。美國學者認為中國在此一觀點下，對於中國與日本、越南及菲律賓等國家的領土爭議可能會採取更堅定的行動，甚至對台灣採取強制脅迫的政策，這一類可能都一直是中美關係中揮之不去的危險。16

　　舉例而言，2006年以來一般中國人民開始急速的改變他們原對印度比較友好的看法，是否即因上述中國對美國國力衰退所持之看法所導致也相當值得注意。因為2006年以來部分中國戰略學界、退休外交人員及官方媒體甚至網路部落格等即時常

---

15 http://www.whitehouse.gov/the_press_office/President_Barack_Obamas_Inaugural_Address/

16 Bonnie S. Glaser and Lyle Morris, "Chinese Perceptions of U.S. Decline and Power," *China Brief,* July 9, 2009, http://www.jamestown.org/programs/chinabrief/single/?tx_ttnews%5Btt_news%5D=35241&tx_ttnews%5BbackPid%5D=414&no_cache=1.

提醒印度不要誤蹈1962年的覆轍，並散佈中國應教訓印度等說法，這些中國外交專家主要認為印度扶持達賴喇嘛在西藏製造動亂及鼓吹分離主義等而視印度為一項威脅。[17]

中國宣稱將建造航空母艦發展遠洋海軍力量，而過去幾年也有船艦入侵日本領海的記錄。2009年2月中國第一次派遣艦隊遠赴非洲東岸的亞丁灣保護行經該海域的中國商船避免遭受海盜的攻擊。中國在海南島構築可供核動力潛艦出入的軍港，也提供了中國軍艦快速進入麻六甲海與南中國海的重要基地。

柯林頓國務卿（Hillary Clinton）表示歐巴馬政府將持續尼克森政府以來對中國的交往政策，此一政策被認為也證明了對美中兩國是互利的。她認為橫梗在美中兩國的重大問題是全球金融危機、氣候變遷及雙方都希望看到朝鮮半島非核武化的共同目標。雖然柯林頓國務卿在2009年2月訪問中國的行程中並未提到中國的人權問題，但她在訪亞洲行之前於紐約亞洲協會所發表的演講中即提到歐巴馬總統與她都承諾建立一個西藏人及中國人都可以享有宗教自由而不須擔心被迫害的環境。[18]

美國學者認為維持台灣海峽的權力平衡自冷戰以來一直就是美國在東亞的一項很重要的政策，此一政策不但對美國也對台灣有利。但在中國崛起及馬英九政府持續傾向於和中國發展更為密切之關係，及台灣的經濟與參與國際組織愈來愈倚賴中

---

17 Mohan Malik, "War Talk: Perceptual Gaps of 'Chindia' Relations," *China Brief,* October 7, 2009, http://www.jamestown.org/programs/chinabrief/single/?tx_ttnews%5Btt_news%5D=35589&tx_ttnews%5BbackPid%5D=25&cHash=127f567fb8.

18 http://www.asiasoc.org.au/events/events_pdfs/090213_HillaryClinton_AsiaSociety.pdf

國的情況下，美國政府有必要重新思考對台灣的政策，特別是在台海的軍力平衡已經對中國有力的情況下。[19] 另外也有其他美國學者建議，在台海軍事平衡已經對中國有利的情況下，歐巴馬政府應思考儘快完成於2008年通過的對台65億美元的軍售案，同時也應思考給予台灣進一步的安全保障。[20]

2009年值美國政府制訂「台灣關係法」三十週年的紀念，3月24日美國眾議院口頭表決通過堅定信守台灣關係法的承諾及稱台灣關係法為美國政策基石之決議案。該決議案主要也是眾議院台灣連線共同主席柏克麗（Shelly Berkely）所領銜推動。之前眾議院外交委員會已通過該項決議案，屬民主黨籍的Berkely即言，我們必須竭盡所能保護台灣。[21]

美國學界有一些學者擔心馬英九對中國的妥協政策並未獲得北京政府的善意回應，例如台灣的國際空間是否有進一步的增加，這些學者並建議馬英九應該強調若台灣未獲北京政府善意回應，台灣就可能採取不同的策略。他們也建議歐巴馬政府應該進一步強化與台灣的軍事合作，對於台灣欲向美國採購的F-16C/D戰機也都應從強化台灣的安全加以考量，如此也才能讓馬英九政府在推動與北京合作降低台海緊張關係的過程中有

---

19 Robert Sutter, "Cross-Strait Moderation and the United States—Policy Adjustments Needed," *PacNet #17*, February 17, 2009. http://www.csis.org/pacfor/pacnet/.

20 Felix K. Chang, "Keeping the Balance: U.S. Security Policy in Asia," *FRPI*, February 27, 2009, http://www.csis.org/pacfor/pacnet/.

21 http://www.examiner.com/x-1969-Boston-Progressive-Examiner~y2009m3d25-Interest-in-Taiwan-grows-in-US-House-of-Representatives-as-1979-defense-pact-is-reaffirmed

堅強的談判實力。[22]

　　儘管部分美國學者認為歐巴馬政府應該追求的是美國、中國及台灣三方的共贏策略，而不是像過去通常都是一種零和遊戲。[23] 但是驗之過去的歷史，台美關係的加強會被北京認為自己也是贏方的可能性幾乎是不存在的。舉例而言，美國對台灣的軍售會強化美台之間的安全合作關係，但北京不可能認為自己也是贏家。柯林頓總統於1998年訪問中國時在上海發表對台的所謂「三不」政策，同樣的道理，台灣也不可能認為美國如此向中國表態之下台灣會是贏方之一。

　　對於馬英九政府不願觸怒北京的「外交休兵」政策，美國政府因不願看到台海緊張對峙的情勢發生而謹慎觀察，美國在台協會主席薄瑞光（Raymond Burghardt）曾表示美國的利益並沒有如外傳受到台海兩岸關係緩和的威脅。美國國防部主管亞太安全事務的助理國務卿葛瑞格森（Wallace Gregson）於美國維吉尼亞州所舉行的第八屆美台國防工業會議（US-Taiwan Defense Industry Conference）演說中也指出，馬英九的政策降低了台海兩岸的緊張關係，也改善了美國與台灣之間的對話。但他也同時

---

22 Shelly Rigger, "Needed: A Newish Policy for a Newish Taiwan Strait," March 2009, http://www.fpri.org/enotes/200903.rigger.newishtaiwanstrait.html, 任雪麗（Shelly Rigger）認為陳水扁政府在2001年到2008年的外交作為讓國際社會認為陳水扁是一個麻煩製造者，這幾年當中台灣失去了六個邦交國，或許更嚴重的是讓台美關係的互信處在最為低落的時刻。

23 如葛萊儀（Bonnie Glasser），See Bonie Glasser, "What Hu Jintao Should Expect: Predictions about Obama Administration Policy toward Taiwan," *PacNet*, #1, January 5, 2009, http://csis.org/publication/pacnet-1-january-5-2009-what-hu-jintao-should-expect.

指出一個強大的台灣，將會更有自信與中國交往。24

　　但是導致台灣在政治經濟上過度的依賴中國，應也不是歐巴馬政府所願見到的。特別是中國「以經促統」的政治操作表露無遺，馬政府卻又以傾中政策加以配合，更會導致台灣尚未從中國獲得相對的退讓前，即已見台灣主權的逐步流失，並因而增加包括美日等國在內對支持台灣的疑慮。台海政軍力量的嚴重失衡必影響到美國及日本等國的利益，也將進一步導致東亞權力平衡的改變，對台灣不利應也是顯而易見。

四、結語

　　從上述台美關係歷史案例的探討及美國歐巴馬政府上任之後至今台美關係的初步觀察，基本上可以理出下列幾點參考：（一）美國不論是共和黨或民主黨執政，基本上是認識中華人民共和國的存在及其必將在國際事務上發揮更大影響力的現實上制訂美國對中國及台灣的政策。（二）美國並沒有因台灣的民主化而外交承認台灣或協助台灣在國際社會取得和台灣在政治及經濟發展成就相稱的國際地位。（三）台灣的民主化讓美國在與中國交往牽涉到台灣利益時會讓美國政府比過去面對一個不民主的台灣更加的謹慎。（四）美國已經取得了台海現狀解釋的主導權，而這項主導權建立在美國於亞太地區仍保有相對於中國優勢的軍事武力，但中國軍事力的強化也勢必衝擊美國此一主控台海現狀的權力。

---

24 http://n.yam.com/cna/international/200909/20090929032149.html

　　至於台美關係未來發展的觀察，台美之間的雙邊貿易額一年已超過600億美元，經貿關係相當的密切。但此一密切的經貿關係並未反映在雙方的政治關係上。不過過去美國政府固然認為台灣的入聯公投無助於台灣拓展國際空間，美國也不同意台灣參與國際組織須要先與中國政府商量的做法。馬英九接受一中原則及其外交休兵的政策讓原本支持台灣入聯的友邦例如巴拉圭及海地等國在2009年的聯大召開之前即公開的表示，不會在聯大為台灣加入聯合國一事發言，對台灣拓展國際空間造成一定的影響。1993年起台灣每一年透過友邦向聯合國表達參與或加入聯合國的意願，但2009年馬英九政府卻停止透過友邦在聯合國為台灣參與或加入聯合國發聲。

　　中華人民共和國政府從1971年成為中國在聯合國的唯一合法的代表以來，就一直以聯合國做為阻止台灣獲得國際支持的工具。從中國曾經在聯合國安全理事會投下的六次反對票，就有兩次是因為台灣的關係。[25] 1997年中國反對聯合國在瓜地馬拉的維和任務，瓜地馬拉至今（2009）年與台灣都維持有邦交關係。1999年再次反對聯合國在馬其頓的維和任務，當時馬其頓與台灣也有邦交關係。2007年中國又否決了延長聯合國在海地的維和任務，海地至今（2009）年與台灣維持有邦交關係。但是馬英九政府中斷了從1993年起不論是國民黨或民進黨執政每一年推動參與或加入聯合國的外交作為，對台灣國際地位的傷害及長遠的影響都相當值得注意及觀察。

---

25 Evan S. Mederios, *China's International Behavior: Activism, Opportunism, and Diversification* (Santa Monica: Rand Corporation, 2009), p. 171.

　　馬英九界定台灣與中國的關係是特殊關係但並非是國與國的關係，據他說因為兩邊的憲法都不允許在其統治之區域有一個國家存在，因此也不可能在國際社會得到雙重承認。[26] 從歷史的角度看，這與蔣介石時代置台灣於「一個中國」的政治意識型態之下所造成對台灣外交及國際地位的傷害似乎相當雷同。

　　台美關係的磋商有歷史所提供的教訓，也有現實利益的糾纏，但是台灣已經完全的民主，與美國及所有民主國家都有共同的自由民主價值。台灣的戰略地位就算是美國不太重視，做為美國在亞洲最為重要盟邦的日本，絕對不敢輕忽台灣的走向。美國若圖對台關係的改變恐怕必須兼顧日本的看法。而台灣與美國長期密切的經貿、文化關係及台灣的民主已經成為台美關係重要的基石，這也一直是美國政府在制定對台政策上所最為重要的考量，因此，台美關係未來的發展及強化的共同基石應會是持續維護並深化這些雙方互利的經貿關係及雙方擁有之共同的民主價值。

---

26 有關對馬英九執政一年使台灣民主及主權倒退的分析批判，請詳Michael J. Fonte, "The Ma Administration after One Year: Rolling Back Taiwan's Democracy and Sovereignty," *Taiwan Communique* (June/July 2009), pp. 4-8.

徵引書目

一、專書

沈劍虹，《使美八年紀要：沈劍虹回憶錄》。台北：聯經，1982。

彭明敏，《自由的滋味：彭明敏回憶錄》。台北：前衛，1994。

錢復，《錢復回憶錄（卷一）》。台北：天下文化，2005。

戴天昭著，李明峻譯，《台灣國際政治史》。台北：前衛，2002，頁345。

藍普頓（David M. Lampton）著，《同床異夢：處理1989到2000年之中美外交》（Same Bed, Different Dreams）。許秋楓譯，香港：中文大學，2003。

Mederios, Evan S. *China's International Behavior: Activism, Opportunism, and Diversification,* Santa Monica: Rand Corporation, 2009.

Nixon, Richard M. *The Memoirs of Richard Nixon*, New York, N.Y.: Touchstone, 1978.

Rusk, Dean. *As I Saw It*. New York, N.Y.: Penguin Book, 1990.

Tyler, Patrick. *A Great Wall: Six Presidents and China: An Investigative History*. New York: Public Affairs, 1999.

U.S. Department of State, *The China White Paper August 1949*, Volume 1 CA: Stanford University Press, 1967.

二、論文

陳文賢，「美國歐巴馬政府亞太政策初探」，《新世紀智庫論壇》，45期，2009年3月，頁120-123。

Fonte, Michael J. "The Ma Administration after One Year: Rolling Back Taiwan's Democracy and Sovereignty," *Taiwan Communique* (June/July 2009), pp. 4-8.

三、網路資料

Chang, Felix K. "Keeping the Balance: U.S. Security Policy in Asia,"

FRPI, February 27, 2009, http://www.csis.org/pacfor/pacnet.

Glaser, Bonnie S. and Lyle Morris, "Chinese Perceptions of U.S. Decline and Power," *China Brief*, July 9, 2009, http://www.jamestown.org/programs/chinabrief/single/?tx_ttnews%5Btt_news%5D＝35241&tx_ttnews%5BbackPid%5D＝414&no_cache＝1.

———. "What Hu Jintao Should Expect: Predictions about Obama Administration Policy toward Taiwan," *PacNet*, #1, January 5, 2009, http://csis.org/publication/pacnet-1-january-5-2009-what-hu-jintao-should-expect.

Malik, Mohan. "War Talk: Perceptual Gaps of 'Chindia' Relations," *China Brief*, October 7, 2009, http://www.jamestown.org/programs/chinabrief/single/?tx_ttnews%5Btt_news%5D＝35589&tx_ttnews%5BbackPid%5D＝25&cHash＝127f567fb8.

Rigger, Shelly. "Needed: A Newish Policy for a Newish Taiwan Strait," March 2009, http://www.fpri.org/enotes/200903.rigger.newishtaiwanstrait.html.

Sutter, Robert . "Cross-Strait Moderation and the United States—Policy Adjustments Needed," *PacNet* #17, February 17, 2009. http://www.csis.org/pacfor/pacnet/.

第肆場

黨國體制下
的台灣（上）

八、外人？國人？

——國民黨移入政權的族群政治 *

龔　宜君

國立暨南國際大學
東南亞研究所教授
兼所長

主要
著作

《出路：台商在東南亞的社會形構》，台北：
中央研究院亞太計畫，2005。《外來政權與本
土社會》，台北：稻鄉，1998。

吳　鯤魯

銘傳大學公共事務
學系所暨通識教育
中心副教授

著作

〈政治自由化的潛流：1970年代威權統治下的
台灣人權發展〉，收入《人權理論與歷史論文
集》，頁345-371，台北：國史館，2004。及
與薛化元，陳翠蓮，李福鐘，楊秀菁合著，
《戰後台灣人權史》，台北：國家人權紀念館
籌備處，2003。

＊本文部分內容係以龔宜君博士論文出版之專書《外來政權與本土社會》為基
　礎修改而成，原文發表於台灣教授協會辦「中華民國流亡台灣60年暨戰後台
　灣國際處境學術研討會」（2009年10月24日，國立台灣大學社會科學院國際
　會議廳）。

摘　要

　　本文希望能經由國民黨對1950年代來自中國的新移民的滲透過程的釐清，討論國民黨政權於移入台灣之初，如何以「集中隔離」的方式滲透軍公教部門的成員，在眷村、退輔會所屬機構中則形成了一個集體效忠的共同體，外省新移民由此成為移入之國民黨政權鞏固的重要社會基礎。此外本文也試圖討論，在歷經本土化與民主化之後的台灣，此種溯源於移入政權的省籍族群特殊的政治性格與政治認同，以及塑造的「省籍族群政治遺產」還剩下多少可資揮霍。

關鍵詞：移入政權，外省籍新移民，國民黨威權體制，國家基礎
　　　　權力，族群政治

一、前言

　　在以往對國民黨政權鞏固的討論中，學者們雖然已經注意到外省籍族群之忠誠性對國民黨政權鞏固的重要。可是他們通常將國家菁英與外省籍族群間的關係視之爲給定條件，或者視外省籍族群爲附屬於國民黨的追隨者，對國民黨的效忠乃是理所當然的；或是認爲由於外省籍族群特殊的歷史經驗使他們自然認同於國民黨。在這種視之爲當然的討論中，都不是將外省籍族群當成一個獨立的研究客體做系統性的討論；因而忽略了外省籍族群對國民黨政府的效忠，並不是自然發生的，而是在特殊的結構條件下，國民黨國家機關在滲透外省籍族群的過程中所逐步形成的。當國民黨政權以「分而治之」與個別吸收的方式來滲透地方社會的地方菁英與人民時，它卻以「集中隔離」的方式來滲透軍公教部門的成員。於是我們看到地方社會中派系林立而在利益上彼此衝突；在眷村、退輔會所屬機構中則形成了一個集體效忠的共同體。

　　在我們的研究中發現，國民黨的特別黨部組織在滲透外省

族群的過程中扮演著相當重要的角色，自1950年黨改造之後，特別黨部的滲透網絡即遍及了大多數外省籍族群生活或工作領域，如學校、軍隊、眷村、退輔會各機構、國營事業單位等，更以生活資源掌握與集中隔離的方式來保持其效忠的純粹性。在這種種的滲透與維持的策略下，才會出現一般人所稱的「鐵票部隊」。本文即希望能經由國民黨對1950年代來自中國的新移民的滲透過程的釐清，來討論外省新移民如何成為移入之國民黨政權鞏固的重要社會基礎。

二、遷佔者國家機關與移入政權

十九世紀中葉，早期漢人移民在台灣經歷土著化的過程。[1]至日治時期，經由殖民政府的基礎建設與政治動員，台灣住民更承接與中國人不同的特殊物質器用生活與歷史經驗。此後因中國內戰移入台灣的政府與軍隊成員，以及隨之而來大批流離失所的民眾，固然是新移民，也和舊移民來自同一文化母體，但是由於多數新移民俱之而來的組織化特性，加上政權強制以全中國法統為準據進行籍貫登記，區隔外省籍族群的體制基礎已然形成。

雖然1949年12月初中華民國行政院才決議遷都到台灣，但以軍政強人蔣介石為核心的組織化人員與資源卻早從1948年底

---

1 陳其南，〈土著化與內地化：論清代台灣漢人社會的發展模式〉，收入中研院社科所編，《中國海洋發展史論文集》（台北南港：中央研究院，1984），頁335-360。

就逐步由中國大陸移入，預備做爲重建政權的基地。[2]台灣與
中國之間的短暫資源連繫關係更在上海於1949年年中遭共軍攻
佔後，就已大部分中斷。切斷與中國大陸的經貿往來後，不僅
物資的供應問題需要解決，台灣對外輸出也須再度轉向，「上
海的淪陷意味著一個『離鄉政府』（"absentee" government）對
台灣汲取資源時代的終結」。[3]但就移入台灣的外省籍族群而
言，與家鄉的一切連繫也開始斷絕。

　　蔣介石的政權當時面臨通貨膨脹，國交中斷與戰事頻頻失
利等財經、外交與軍事的危機，但是二戰之後美國的亞太戰略
規劃變化、台灣海峽的防衛優勢及韓戰爆發前後各種政治勢力
的相互激盪，使得原本幾乎無力回天的國民黨政權到1950年代
不但未潰亡消散、塵埃落定，反而在台澎金馬疆域上藉其既有
的組織化資源，強加新的統治關係。台灣社會自此無可奈何地
接受了一個原本以爭奪廣大中國領土的統治權而設計的潛勢國
家機關（potential state）。

　　對於此一潛勢國家機關及其掌控國家機關的政權如何定
位，學界歷來曾有不同的概念討論，本文仍承襲我們以往的研
究，將掌控遷佔者國家機關之政府體制型態，稱作移入政權。

　　所謂遷佔者國家機關（Settler States）指的是新到的移民集
團在社會體系中建立相對於本土住民的優勢地位，並且基於政
治宰制原則，建立起獨立於其母國的、可自我維繫的國家機
關，重要的是遷佔者不只切斷來自殖民中心的資源與壓力，

2　林桶法，《1949 大撤退》（台北：聯經出版社，2009）。
3　蕭全政，《台灣地區的新重商主義》（台北：國策中心，1989），頁47-8。

也易地生根將移民所在視為永久安居的地方。此概念主要由Ronald Weitzer在1990年的*Transforming Settler States*書中提出，而成為國內學者主要的引用書目。

Settler 在國內首度引介時被譯為「遷佔者」，可能是避免直譯為「殖民者」會使人望文生義。不過，絕大多數的遷佔者國家的建立和殖民主義有相當淵源，從字義上也可直接看出，colonize 指的是開拓土地為殖民地，直接的受詞應指「土地」，至於 settle 主要意義是將人民移居於其他土地上，直接的受詞是「人民」，而以「土地」為間接受詞。colonizer 因此指的是殖民初期的開墾者，而settler 則是後期定居下來的移民者。

由於Weitzer 關心的是當時轉型中的遷佔者國家，所以他的焦點放在諸如羅德西亞、南非、賴比瑞亞、北愛爾蘭、以色列和台灣等，並以羅德西亞和北愛爾蘭為個案，比較影響轉型的因素。不過，他曾指出同樣的定義其實也適合於美國、加拿大、澳大利亞與拉丁美洲的一些國家，而在這些國家，原住民早已遭到絕對的壓制，變為歐洲社會，很難再有本土化轉型的問題。

遷佔者國家和殖民國家不同的地方在於，殖民國家以帝國主義的掠奪和戰略利益為目標，為殖民母國的政經利益服務，未必需要佔領太多領土，或建立完善的行政統治機關，而基礎設施常以最小必要為限。相對來說，遷佔者國家的行政統治力求完備，建立最多的屯墾區，並且獨立於殖民核心國的利益之外。為保持長久的宰制，遷佔者經常是佔據大多數的政經資源，並且引進社會隔離機制，以及剝削或邊際化本土勞工。而

威權體制幾乎是必要的保持宰制的制度設計。

　　Weitzer指出和其他遷佔者國家相比，台灣具備相當的獨特性。一來台灣的遷佔者政治宰制目標主要是尋求避難所，而非以經濟剝削爲目的；二來由於中國遷佔者和台灣本地人有相同的漢族背景，相較於其他遷佔者國家統治下的社會，同化程度較高，而社會區隔遠不明顯。

　　但是也許因爲Weitzer並未以台灣爲主要研究對象，他並沒有看到台灣眞正和其他遷佔者國家最明顯不同的其實是時空環境。大體而言，國民黨政權與社會的關係，是凌駕在社會之「上」的（state above society），和大多數 （特別是歐洲）民族國家的興起脈絡是在長期與各社會中的力擁有者多方角逐、盤整後，國家的形成是在社會之「中」的（state in society）迥然不同。4台灣在19世紀末由亞洲的晚期帝國主義日本所取得並殖民，日本的殖民目標與手段和其他老牌殖民母國有相當落差。何況台灣原先殖民母國的日本和遷佔者國的中國在二次大戰中激戰過，戰後不久台灣爲龐大的中國潛勢國家機關所遷佔，外來統治者快速轉換，半個世紀日治時期安置的遷佔者戰後已遭遣返。此外和其他遷佔者國家不同，國民黨對共產黨的內戰並非爲台灣的自主而戰，內戰狀態延續下來，規模龐大的新移民又在短時間之內隨著移入政權渡海來台，在民族國家的建構史中歷來僅見，這些曲折都造成台灣和其他多數遷佔者國家有所

---

4 黃崇憲，〈利維坦的生成與傾頹〉，收入謝國雄主編，《群學爭鳴：台灣社會學發展史，1945-2005》（台北：群學，2008），頁356。

歧異。5

　　以上歧異正是本文要援用移入政權此一少見概念的原因。移入政權喪失了與原文化母體間的政治統治關係，特殊的遷佔者國家機關由短期間移入的有權者把持。在新的疆域上反客為主所建立起來的體制，並不曾實施過長期的殖民統治，又缺少由本土社會自我統治的戰後新興國家正當性之主要來源。為求生存及統治的鞏固，並解決因正當性不足造成的汲取資源的困難，移入政權必須利用本身與原文化母體間的情結及依靠既有的組織性稟賦，一方面尋求外來的支持，特別是國際霸權的保護，另一方面則對本土社會進行全面與直接的控制。

　　無論如何，移入政權外緣的共通特性可能是，遷佔的領土多半位於重要的戰略位置上，或控制交通要道，或能生產不可或缺的原料，或其上居住的族群之關係構成國際霸權正當性的基本原則，移入政權因之多能得到霸權國或區域強權的直接支持。二戰之後能和國民黨移入台灣的政權類比的個案不多，以色列、北愛爾蘭、阿爾及利亞幾個國家的移入政權在歷經戰亂後，或鞏固、或崩潰，差堪比擬。6

　　在台灣重建的移入政權，利用的是外省籍新移民重返家園的期待及逃亡歷程造成的不安全感。這些新移民因中國內戰被迫移遷，不論是為了保產保身而移出的資本家、地主或黨政幹

5　吳鯤魯，〈遷佔者國（SETTLER STATE）的概念問題〉，《台灣歷史學會通訊》第三期（台北：台灣歷史學會，1996）。

6　參考 Ian S. Lustick, *Unsettled States, Disputed Lands: Britain and Ireland, France and Algeria, Israel and the West Bank-Gaza.* (Ithaca: Cornell University Press, 1988.)

部，抑或人在軍中，身不由己的兵丁與流亡學生，早期在心態上均有重返家園的期待。美國大使藍欽在回憶錄中曾有過這樣的記載：「美國人因為厭戰，而看不到『返回大陸』這個口號的意義。……在維護和平的努力中，不應過分削弱重要的反共力量，也不應無視數百萬難民最終重返家園的夢想，這種夢想一旦破滅，它們對自由世界的價值也將消失。事實上，有很多人會覺得除了投向敵人營壘之外，別無他法。」7

另外一種常見於外省籍族群的心態則是不安全感，他們在台灣本土社會中缺少根基與網絡，對逃亡的切膚之痛難以忘懷，因過客心態而再向外移民者不乏其人。其餘多得依靠同鄉關係，安身在從屬於國家機關的龐大軍公教部門或公營事業中。返鄉的期待及流亡的不安全感兩種心態並非始終相一致，當外在限制使得「反攻大陸」希望愈趨渺茫時，防衛既得權益以保身家的趨向則愈重，移入政權的省籍區隔及滲透機制就愈有發揮的餘地。

三、移入政權的社會滲透機制

台灣威權體制的特徵，是以列寧式之黨國（party-state）為主導核心，在國民黨政權移入台灣重新立國的過程中所逐步形成的。基本上，列寧式的黨國體制，除了要求黨對國家的監督和指導外，它對社會也要求一種全面與直接的控制，和對社會

---

7 程道平譯，藍欽著，《藍欽使華回憶錄》（台北：徵信新聞報，1964），頁54-5。

生活各個方面無所不到的干預。8 也就是說，列寧式的國家機關與社會的關係，是黨國高度的滲透與穿透社會部門。國民黨政權移入台灣後，即企圖以黨國一體式的威權主義來控制台灣的經濟、政治與社會各層面。表現在經濟層面的是，壟斷大規模的公營事業，如1949年台灣公營事業與公用事業的產值佔總工業產值的72.5％，並以經濟計劃與管制的方式主導台灣的整體經濟的發展方向。9 表現在政治社會方面的是，在戒嚴體制下人民基本權利受到限制，意識形態的操控，以及對人民團體的積極滲透與控制。

　　爲達成對社會全面性的控制，移入台灣後的國民黨政權在接收了國家機關之後，便在各級國家政經資源的支持下，以列寧式黨國體制的方式展開對台灣社會的滲透，以便能順利實現全面控制社會的目標。1950年國民黨改造計劃的目的之一，即是「建立普遍深入群眾的組織，使社會每個角落都有黨的組織，以掌握大多數的群眾」，10 一方面可以因深入滲透而監控群眾，一方面則藉此吸收群眾成爲支持政權的社會基礎。1952年改造完成後，一個以滲透整個台灣社會爲架構的黨組織便已建立起來了，成爲移入的國民黨政權控制台灣社會的重要機制；而國民黨政權在滲透過程中，所建立起來的社會支持力量，也是政權鞏固與發展的重要基礎。

---

8 呂曉波，〈關於革命後列寧主義政黨的幾個理論思考〉，收入周雪光主編，《當代中國的國家與社會關係》（台北：桂冠圖書公司，1992），頁195。

9 蕭全政，〈國民主義：台灣地區威權體制的政經轉型〉，《政治科學論叢》第2期，1991：頁76。

10 中興山莊，〈基層黨務工作方法〉（台北：中興山莊），頁10。

　　改造之後的國民黨對滲透社會劃分成區域黨部與特別黨部，在區域黨部方面是以一般縣市鄉鎮中的個別人民為吸收與滲透的對象（包括農民），其下運作的組織包括21個縣市所屬的各區黨部、分部和小組黨員。而特別黨部並不只以生產單位為主，而是以重要集體組織中的成員為滲透的對象，因而其中則包括了以校園中之學生、教職員、工友為組織與滲透對象的「青年知識黨部」；和以最忠貞之「鐵票部隊」而聞名的「特種黨部」，它是以各級軍事機關、學校、醫院、部隊中的成員與軍眷、退役軍人為滲透對象；另外，還包括以鐵路、公路、郵政、電訊、航業等交通事業、煤鐵金屬等礦場與有關之國防工業的成員為滲透範圍的「產職業黨部」。

　　在上述國民黨滲透台灣社會的組織架構中，實則將群眾區分為兩大類：一類是散居於黨國威權體制之社會控制末梢之基層鄉鎮社會中的人民，國民黨將他們劃歸為區域黨部滲透的範圍；另一類則是位於黨國社會控制核心之集體組織中的成員，國民黨將之劃歸為特別黨部滲透的範圍。而國民黨中央統治菁英之所以如此區分滲透社會成員的方式與組織，乃受限於它當時所設定之政策目標與擁有的資源。以特別黨部所滲透的領域來說（學校、軍隊、眷村、各公營事業等單位中的成員），這些都是1950年代國民黨政權在維持政治社會安定、反共復國、主導經濟發展、安置外省新移民追隨者目標下的重要部門，也是當時國民黨可以運用國家機器加以壟斷之社會控制的核心部門；因此，為達成上述各項目標，國民黨政權乃藉著對政經資源的掌握與同時移入台灣的特殊聯帶情感，來直接滲透這些特定單位中的成員，而將之整編成其鞏固政權的重要社會基礎。於是乎

在國民黨的組織架構中，並沒有將這些成員打散到地方性的區域黨部中，而是將他隔離在特別黨部的範圍內，以中央直接統治而不假手於省級黨部的方式來掌控特別黨部，以保持特別黨部效忠的純粹度。

相對於特別黨部來說，區域性地方黨部的建立，主要是為滲透分散於縣市鄉鎮中的社會成員，在1950年代特別是指鄉鎮基層社會中本省籍的農村群眾。在國民黨黨國威權體制中，農業部門一直是被擠壓的而非被培養或照顧部門，國民黨政權除了汲取農業部門資源來培養工業部門外，同時也以隱藏性的稅收方式汲取糧食來照顧軍公教部門。此外，這些基層社會中的群眾是國民黨政權無法以黨國之政經資源來掌握的社會控制末梢；再加上，移入的國民黨政權做為一個外來者（alien）與農村的本省籍族群間並沒有特殊的聯帶關係，所以並不存在著移入國家菁英與農村社會間的聯繫管道。於是，國民黨必須先在台灣的各鄉村鄰里建立起地方及基層黨部，並在地方上安置黨的代理人；而後代理人與黨員再以遊說、服務或利益交換的方式來滲透、爭取人民。

國民黨的特別黨部與區域黨部在滲透、組織群眾時，所面對的是完全不同的結構與條件。特別黨部掌握了黨國政經資源與聯帶上的優勢，區域黨部則面臨著資源缺乏與「外來者」的劣勢。這其間的差異顯示了一個國家機關與社會各部門間的聯結（tie）關係是不均衡的，而國家對他們的期望亦不盡相同，因而在各部門形成了不一致的「國家—社會」關係。而這樣的差異關係塑造了移入國家機關社會基礎的特殊性。

1952年改造計劃結束後，國民黨已在整個台灣社會建立起

表1・改造後國民黨的組織發展（1952-1969）

	黨員數	小組數		黨員數	小組數
1952	282959	34999	1957	509864	—
1953	345106	—	1958	564784	56051
1954	408119	—	1963	667235	66256
1955	465781	—	1968	919327	—
1956	491975	—	1969	950993	—

※1952-1957年資料引自：中央委員會第一組，"組織概況表"，1957:2。
※1958年資料引自：中央委員會秘書處，"中國國民黨第八屆中央委員會第二次全體會議記錄"，1959:184。
※1963年資料引自：台灣黨務公報室，"台灣黨務公報"，乙類第五十七號，1964:1299。
※1968年資料引自：張翠絲，1985:242。
※1969年資料引自：林吉朗，1981:84。

滲透的組織網絡。由表1中我們可以看到，隨著國民黨黨員人數的增加，其小組的組織數量也不斷的擴張。這些數字象徵著移入的國民黨政府逐步地在台灣形成社會基礎。

　在國民黨改造後所逐步形成的社會基礎中，我們發現區域（地方）黨部這個滲透機制相較於特別黨部來說，不論在黨組織的建立或黨員的吸收上其數量都遠遠不及（見表2）。區域黨部於1952年7月改造末期，建立了1萬5千多個滲透台灣社會的小組組織，吸收黨員11萬5千多名。特別黨部於同一時間則建立2萬3千多個滲透的小組組織，黨員將近16萬3千多名，約是區域黨部黨員的1.4倍。在1950與1969年中，區域黨部的黨員均未超過40%，特別黨部的黨員則一直保持在60%上下。

表2 · 國民黨1950與1960年代各種黨部組織構成表

	黨員總數	區域黨部	特別黨部	其他
1952	282959	115037	163403	4519
（％）	（100）	（40.7）	（57.7）	（1.6）
1953	345106	123238	219187	2586
（％）	（100）	（35.7）	（63.5）	（0.8）
1954	408119	155159	249923	3002
（％）	（100）	（38.0）	（61.2）	（0.8）
1955	465781	183117	277716	4945
（％）	（100）	（39.3）	（59.6）	（1.1）
1956	491975	192655	293645	5662
（％）	（100）	（39.2）	（59.7）	（1.2）
1957	509864	194496	309303	6155
（％）	（100）	（38.1）	（60.7）	（1.2）
1969	950993	321436	585812	43745
（％）	（100）	（33.8）	（61.6）	（4.6）

※1952-1957資料引自：中央委員會第一組，1957:2；1969年之資料引自：郝玉梅，1979:84-98、林吉朗，1981:84。

※特別黨部包括：中央直屬知青黨部、特種黨部、鐵路黨部、公路黨部、海員黨部與產業黨部。

※其他黨部包括：金門特派員辦公處、馬祖特派員辦公處、立法委員黨部、監察委員黨部、中央直屬區黨部（機關黨部）與郵電黨部。

　　自表2的數據與上面的討論，我們可以看到國民黨政權在1950-69年間，社會基礎的特徵之一是特別黨部的成員超過地方黨部的成員甚多；而特別黨部是以滲透軍公教成員為主，所以我們推論軍公教成員應該是國民黨政權重要的社會基礎。當我們再進一步分析1950-69年國民黨黨員的職業類別時，發現軍公教在所有黨員職業類別中，確實佔了多數。

　　1950-1969年國民黨社會基礎的職業類別，見表3。從表3中可以看到，國民黨黨員的職業類別，於1952年、1954年和1957年時佔最大比例的是軍警這一個類屬，比例分別是56.3%、57.7%和51.3%，佔了全部職業類屬的一半以上。其次，在1950年代佔第2大比例的職業類屬是公教人員，在1952年、1954年及1957年，所佔比例分別是11.9%、15.1%與17.5%。軍警與公教人員這2個類別的人數相加，就佔了當年所有職業類別的70%左右。一直到1969年，軍公教仍然是比例最大的職業類別，佔了52.7%，如果與學生的比例相加，則超過61%以上。

表3‧改造後國民黨黨員社會成分之比例：以職業分

	黨員總數	農民	工人	工商業者	學生	軍警	公教人員	自由職業	其它
1952	282081	18335	26798	27080	4231	158811	33568	13258	—
（%）	（100）	（6.5）	（9.5）	（9.6）	（1.5）	（56.3）	（11.9）	（4.7）	—
1954	403260	25002	38713	21373	5242	232681	60892	19357	—
（%）	（100）	（6.2）	（9.6）	（5.3）	（1.3）	（57.7）	（15.1）	（4.8）	—
1957	509864	40282	44312	42784	5211	261932	89256	3769	22320
（%）	（100）	（7.9）	（8.7）	（8.4）	（1.0）	（51.3）	（17.5）	（0.7）	（4.4）

	黨員總數	農鹽漁民	工商企業	學生	軍公教	家庭婦女	自由職業	其它
1969	950993	93197	168326	84638	501173	28530	30432	43746
（%）	（100）	（9.8）	（17.7）	（8.9）	（52.7）	（3.0）	（3.2）	（4.6）

※1952與1954年資料引自：中央委員會第一組印，"中國國民黨六十年來組織之發展"，1954a:21。
※1957年資料引自：中央委員會第一組編印，"組織概況表"，1957:6。
※1969年引自：郝玉梅，1978:84-98、林吉朗，1981:84。

　　雖然國民黨在改造大綱中一再強調要以「農、工生產者
為社會基礎」，但在表3中1952年及1954年的職業百分比資料
中，農民只有6%強，1957年時也未超過8%，只高於自由業
者和學生；而工人也只有9%上下，均低於軍警與公教人員。
直至1969年時農漁鹽民也只有9.8%而已。若進一步以1952年
的就業人口來看，大約只有1%的農民是國民黨黨員；而卻有
27.1%的公務人員是黨員（見表4）；如果再以60萬大軍來估
算，在1952年時約有24.3%的軍人是黨員。到1954年時，仍然
只有1.4%的農民是黨員，但公務人員增加到54.1%，即有一
半以上的公務人員是國民黨的黨員，而軍人則增加到35%是
黨員。1957年時，更高達74.2%的公務人員是國民黨黨員，
43.6%的軍人是國民黨黨員。一直到1969年時，15歲以上的軍

表4·國民黨黨員佔從業人口比例 (1952、54、57)

	農民黨員／ 農民人口	公務黨員／ 公務人口	軍人黨員／ 軍人人口
1952	1%	27.1%	24.3%
1954	1.4%	54.1%	35%
1957	2.4%	74.2%	43.6%
1969	農業黨員／ 農民人口	軍公教黨員／ 軍公教人口	
	4.2%	57.1%	

※1952年12歲以上的農業人口為1791713，從事公務員工作的人口為123640
（台灣省政府民政廳，1959:113）；軍人人口以60萬大軍計，軍人黨員則以特
種黨部的黨員計。
※1954年12歲以上農業人口為1753803，公務人口為112652（同上:4）。
※1957年12歲以上農業人口為1709850，公務人口為120339（同上:4）。
※1969年15歲以上農漁業人口為2001283（內政部，1969:66），15歲以上公教
人口為277019（轉引自：鍾基年，1993:2），軍人人數仍以60萬計算。

公教人口仍然有5成以上是國民黨黨員。

因此，不論從國民黨本身黨員職業類別的比例來看，或是從黨員佔就業部門人口的比例來看，軍公教人員都佔較大的比例。在黨內軍公教黨員是重要的成分，而在社會上軍公教部門也是國民黨政權滲透力強並能收編較多黨員的部門。換言之，黨國威權體制控制核心的軍公教部門，是國民黨政權移入初期重要的社會基礎。

我們可以再進一步追問，既然國民黨依恃著壟斷國家政經資源的優勢，而較容易吸收、滲透軍公教部門中的黨員，那國民黨是否也能藉由安置同時移入台灣之追隨者的恩惠關係，而吸收到較多的外省籍社會成員？在以往的研究中，有些資料指出國民黨在改造之後本省籍的黨員比例大幅度增加，甚且已超過外省籍黨員比例；[11] 其實這是因為資料的不足而有的錯誤。由於過去我們較常看到的是國民黨區域黨部（台灣省黨部）的資料，因此，往往只根據省黨部的資料來統計國民黨的黨員比例，而忽略了特別黨部中的黨員才是國民黨龐大的黨員基礎。如果只根據區域黨部的資料來看，在表5中關於區域黨部省籍方面的資料，我們可以看到國民黨黨員省籍成分的比例是：改造完成1952年時，本省籍黨員佔56.0%、外省籍黨員佔44.0%。來自台灣省黨部委員會1952年8月的資料，其間記載的省籍比例是：本省籍56.9%、外省籍

---

11 參見林佳龍，〈威權侍從政權下的台灣反對運動：民進黨社會基礎的政治解釋〉，《台灣社會研究季刊》2卷1期，1989:133；崔誠烈，〈國家，大資本主義與霸權計劃──台灣與韓國發展經驗的比較〉，台灣大學社會學研究所碩士論文，1993:43。

表5・國民黨1950年代區域黨部黨員屬性：以省籍分

	黨員人數	本省籍	外省籍
1952	115865	64854	51011
（%）	（100）	（56.0）	（44.0）
1957	194496	113058	81438
（%）	（100）	（58.1）	（41.9）
1960	267367	138489	128878
（%）	（100）	（51.8）	（48.2）

※1952年與1957年資料引自：中國國民黨台灣省第三屆委員會，"台灣省黨務報告"，1957:20；1960年資料引自：中國國民黨台灣省第四屆委員會，"台灣省黨務報告"，1960:16。

43.1%。[12] 兩者之間的數據並沒有什麼差異，本省籍的黨員都略高於外省籍的黨員。在1957年與1960年的資料，我們也可以看到本省籍的黨員比例都略高於外省籍的黨員。但當我們將特別黨部的黨員加進來時本省籍的黨員卻變成是少數，比例上相對尤其少，雖然本省籍人口佔台灣人口的相對多數。在表6中我們可以看到，國民黨的黨員中，外省籍的黨員自1952年到1963年間一直保持在70%上下，而本省籍的黨員則是在26%至30%之間。1969年時外省籍的黨員比例也仍在60%以上，雖然外省籍族群只佔台灣人口數的10%至12%之間。這種外省籍黨員較多的情形一直要到1975年以後才有所改變。

　　如果我們再以本、外省籍黨員佔台灣本、外省籍的人口比例來看，更發現外省籍族群與移入之國民黨政權間的親近性。從表7中，我們可以看到自1952至1963年間，本省籍的國

---

12 中央改造委員會，1952:41。

表6‧改造後國民黨全部黨員社會成分之比例：以籍貫分

	黨員總數	本省	外省
1952	282959	73852	209107
（％）	（100）	（26.1）	（73.9）
1954	403260	106459	296801
（％）	（100）	（26.4）	（73.6）
1957	509864	152464	357291
（％）	（100）	（29.9）	（70.1）
1958	564784	166046	398738
（％）	（100）	（29.4）	（70.6）
1963	667235	205000	462235
（％）	（100）	（30.7）	（69.3）
1969	950993	374666	576327
（％）	（100）	（39.4）	（60.6）

※1952年省籍比例引自：第七屆中央委員會編印，"黨務工作報告"，1957:22。

※1954年資料引自：中央委員會第一組編印，"中國國民黨六十年來組織之發展"，1954:21；為1954年7月份之數據。

※1957年資料引自：中央委員會第一組編印，"組織概況表"，1957:4；1957年資料中有109人的籍貫不詳。

※1958年資料引自：中央委員會秘書處編印，"中國國民黨第八屆中央委員會第二次全體會議記錄"，1959:184。

※1963年資料引自：台灣黨務公報編印，"台灣黨務公報"，乙類第五十七號，1964:1299。

※1969年資料引自：林吉朗，1981:84。

民黨黨員佔本省籍人口的比例都只在2％以下；而外省籍的黨員佔外省籍的人口比例則高達30％～38％以上，即使以修正過的外省籍人口來估算，其比例也在20％～29％之間（見表7說明部分）。也就是說，本省籍族群只有2％的人是國民黨黨員；而外

表7· (本／外)省籍黨員對(本／外)省籍人口之比例

	台灣現住人口總數	本省籍人口	外省籍人口	本省籍黨員／本省籍人口	外省籍黨員／外省籍人口
1952	8128374	7478544	649830	0.9%	32%
1954	8749151	7983087	766064	1.3%	38.9%
1957	9690250	8676022	1014228	1.8%	35.2%
1958	10039435	8943399	1096036	1.9%	36.4%
1963	11883523	10349254	1534269	1.9%	30.1%

※人口資料來自台灣省政府民政廳編印，"台灣省戶籍統計要覽：民國35-47年戶籍統計年報"，1959:3。

※根據李棟明的估計，1956年時約有27萬左右的外省籍軍人（李棟明，1970:66），未列入現住之人口總數中，如果將這27萬外省籍軍人加入外省籍人口中，則外省籍黨員對外省籍人口的比例將修正成：1952年的22.7%，1954年的28.6%，1958年的29.2%左右；一直要到1969年時，才將所有的現役軍人納入戶籍管理的範圍（官蔚藍，1976:132-135）。

省籍族群中，卻有30%多以上的人是國民黨黨員。平均來看，1個外省籍人士加入國民黨的機率是1個本省籍人士加入國民黨的15倍左右。所以，表6及表7的數據可以回答我們剛才的問題，移入台灣之初的國民黨政權確實可以吸收到較多的外省籍的社會支持者，但它如何運用安置追隨者的恩惠關係來吸收、滲透外省籍族？我們在下一小節來討論。

四、國民黨政權對外省新移民的滲透機制

由上面的討論，我們可以看1950-69年間國民黨社會基礎的兩個特徵，一個是特別黨部中的黨員（以軍公教為主）佔了國

表8·特別黨部中外省／本省黨員比例

	外省籍	本省籍
1952（%）	94.4	5.6
1957（%）	87.4	12.6

民黨黨員比例的大部分（約70%左右），另一個是外省籍黨員佔了國民黨黨員的大多數。但，這兩個特徵之間是否有著高度的重疊？在已有的文獻中沒有這樣的資料，但，我們以上述的資料估計出1952年與1957年特別黨部中外省籍族群的比例時，的確可以看出這樣的趨向，特別黨部中外省籍黨員的比例，分別為1952年的94.4%與1957年的87.4%（表8）。13 這樣的比例是相當高的，顯示著國民黨對黨國控制核心之集體部門中的外省籍族群有著較強的滲透力。

　　如前文所論，國民黨政權面對不同社會群體時，因結構條件的不一致，分別在社會控制核心與末梢建立起特別與區域黨部兩個不同的滲透機制。而其中的特別黨部是以滲透重要之集體事業單位為主，區域黨部組織則以滲透社會中各個成員為主。在特別黨部的軍公教成員方面，由於是國民黨政權移入之初鞏固政權（反攻大陸確保台灣、壟斷公營事業汲取資源、意識形態控制）的重要基礎，同時國民黨也掌握了對軍公教成員的生活資

---

13 特別黨部外省籍黨員比例＝外省籍黨員總數－區域黨部外省籍黨員數／特別黨部總黨員數
　　1952年＝209107－0.44×115037／163403＋4519＝0.944
　　1957年＝357291－81494／315458＝0.874
　　（※特別黨部中尚包括1952年之1.6%與1957年之1.2%之其他黨員資料）

源（工作及安置）與社會聯帶（追隨移入之情感）上的優勢條件；因此，特別黨部組織在滲透其中的社會成員時，也相對要求一種絕對的控制。於是，我們可以發現特別黨部是以一種隔離的方式來組織其所滲透的社會成員。如知青黨部、產職業黨部與特種黨部，是以行政組織爲範圍來建立黨部，在國民黨的組織體系中是於直屬中央黨部來管理，與地方黨部之間沒有互動之關係。基本上，在防衛地方勢力競爭的心態下，國民黨是將知識青年、公教人員、軍人隔離局限在自己的機關中的同時，也隔離了特別黨部中的成員與社會上的一般人民接觸的機會，當然也減少了地方勢力接近特別黨部的機會，而能保持特別黨部的效忠純度。

　　在特種黨部的組織方面，1951年改造期間，各級軍事機關都建立了許多與之相對應的改造委員會：高級軍事機關及部隊之中建立了44個改造委員會，軍屬師與相等單位之改造委員會132個，團與相等單位之改造委員會396個，連與相等單位之改造委員會1088個，小組7305個，做爲重建軍中黨部組織與吸收黨員的基礎（中央改造委員會，1952a:36-37）。黨員人數也不斷的增加，自1951年的8萬3千多人，歷經改造的14萬5千多人，到1957年的26萬1千多人；短短6年間，增加了黨員17萬8千多人（3倍多），在軍中的滲透力由此可見（參考表9）。

　　如果我們以1950年時中區防守司令劉安祺對台灣當時軍隊人數的估計，「所謂的六十萬大軍除了陸、海、空、兩棲外，還包括軍事學校，以及軍事後勤設施……海軍只佔三萬多，空軍不到三萬，其餘是陸軍。陸軍又包括警備總部、憲兵以及後勤部隊，眞正陸軍大約四十萬，總加起來號稱六十

表9‧1950年代特種黨部組織黨員數

	特種第黨部	支黨部	區黨部	區分部	小組數	黨員人數
1951	—	—	—	—	9448	83304
1952	23	106	600	2897	17501	145600
1953	—	—	—	—	—	184711
1954	21	128	701	4414	20870	211113
1955	—	—	—	—	—	234788
1956	—	—	—	—	—	249485
1957	22	126	701	4295	25284	261860

※資料來源：中央委員會第一組，1957:2；中央改造委員會，1952a:38-39；周國光，1957:13，55，118。

萬」。[14] 據退輔會的統計資料指出，1934年以前出生自中國大陸來台的資深退除役官兵（非在台入伍者），共有606046人；由此可以推斷1949年前後移入台灣的軍人至少有60萬人以上。[15] 在這60萬大軍中，國民黨黨員數於1954年時約佔了21萬，即35%左右的現役軍人是國民黨黨員，而且這21萬特種黨部的黨員是直屬中央黨部指揮，因而不論在移入國家機關的鞏固或選票動員能力上，都是其他區域、知青、產職黨部所望塵莫及的。

　　1949年後，隨著60萬軍籍人口的移入台灣，軍人與軍眷的居住問題更成為必須立刻解決的問題。1956年6月，為了解決

---

14 張玉法、黃銘明，《劉安祺回憶錄》（台北：中央研究院近代史研究所，1991），頁197。
15 退輔會統計處第一科，1994:3。

軍眷居住的問題，宋美齡在婦女反共聯合會的紀念會上提出為「軍眷籌建住宅」的構想，由婦聯會發起「民間捐建」「軍眷住宅籌建運動」，在這時軍眷住宅計劃開始被提出來。在同一時期修定公布的「國軍在台軍眷業務管理辦法」中，也提出「務使眷必歸戶，戶必歸村」的構想，在這個觀點下，「眷村」的居住生態乃逐建形成。[16] 而後由宋美齡主導的軍眷住宅籌建運動，在婦聯會與國防部組成的「軍眷住宅籌建委員會」下開始運作，由審計部、國防部、國民黨中央黨部與省政府共同組成「眷宅督工小組」，1957年，完成了第1批4,000棟眷宅，共分為13個眷村。[17] 其後10年間（至1967年），這種由婦聯會主導興建的軍眷住宅，一共興建了10期，共計37,620棟，分佈在台灣的11個縣市。在1967年時，如果加上由國防部和其他單位所興建提供的軍眷住宅量，台灣居住在「眷村」的戶數共有87,258戶；[18] 如果每戶以5個人來計算，[19]當時約有436,290人居住在眷村。若以1966年底外省籍的人口總數1,798,788人來看，也就是說當年有24.3%的外省人居住在眷村內，比例是很高的。如果再加上安置居住在退輔會各機構中的外省籍人士，這些新移入台灣的外省籍族群集中隔離的居住生態可以說十分

---

16 羅於陵，〈眷村：空間意義的賦予和再界定〉，台北：台灣大學建築與城鄉研究所碩士論文，1991，頁36-37。

17 同上註，頁39。

18 同上註，頁92。

19 1963年台灣平均每戶人口數是5.5人，據張瑞珊《台灣軍眷村的社區研究》估計，眷村中平均每戶人口是5至6人（張瑞珊，1980:4）；根據吳存金《軍眷村改建國宅的可行性之研究》的資料，台中市眷村平均每戶人口是5.05人（吳存金，1986:27）；另外，依規定，單身軍人不能進住眷村，因此，眷村住戶大都是有家眷者。

的明顯。

　　軍眷住宅的組織與一般的村里組織不同；眷村雖然在地方政府體系中，屬於地方自治所管轄的村里單位，也有里長、鄰長、村里民大會的設置；但真正發揮管理監督作用的則是國防部的自治會系統。「國軍在台業務軍眷處理辦法」第123條至127條，明確規定了國防部總政治作戰部與各軍種與眷村自治會的對眷村監督與管理的權責（吳存金，1986:35）。條例中規定，眷村中眷戶的異動、地方自治事務、福利等事項是由眷村自治委員會來管理；而眷村自治委員會的組織與管理，則歸各軍種當地師級以上駐在單位所列管。在一般情形下，眷村居民每2年選一次自治會會長，其中候選人名單要先經國防部核准，當選者的名單同樣也要向國防部核報。軍方政工單位也在眷村設有「眷村聯絡人」，由眷村的列管的輔導單位遴選單位內適當的軍官擔任，做為眷村與軍方的聯繫的媒介，反映眷村內部的需要與情況給軍方。[20] 另外，列管的軍方單位也必須對所屬眷村每一眷戶都建立省籍卡管理，內容詳列各眷戶家中人口的年紀、居住地、戶籍地、教育程度、工作等資料；而且，為維護這些眷籍資料的正確性，軍方更規定列管單位必須每半年一次，對所屬眷村眷戶實施全面的清查、校正。[21]

　　軍方在行政系統上高度滲透眷村的另一面是，眷村居民在生活上強烈的依賴軍方所提供的資源。例如，眷屬在生活上配有眷糧，子女就學有學費的補助，眷舍水電費用減半，生病可

---

20 自立晚報，“眷村聯絡人──聯繫眷村與軍方情感”，1994 / 11 / 6。
21 自立晚報，“鐵票部隊火力不再集中”，1994 / 11 / 7。

到榮民醫院、軍醫院或軍醫院診療所醫治，死亡可以獲得喪葬補助埋葬於國軍公墓等，22 可以說，眷戶自住進眷村後的日後生活都由軍方來照顧。在居民被納入這樣的一個特殊政經結構之時，也使得其與竹籬笆外居民在各種生活面向都有著距離。

　　在國防部總政治作戰部全面滲透眷村的同時，軍方特種黨部的勢力也在眷村長驅直入。國民黨在國防部中設有「王師凱黨部」，在黨國一體的體制中，由總政戰部主任兼王師凱黨部的書記。在國民黨的黨務系統中，王師凱黨部除了要滲透與動員現役軍人外，同時也負責滲透、動員台灣的各眷村內部的現役、退役軍人與軍人眷屬；行政院退輔會系統的「黃復興黨部」則負責滲透動員眷村外的退役軍人，如各地的散戶榮民，各退輔會單位就養、就業的榮民。23

　　1955年後，大多數隨國民黨政府移入台灣的資深官兵（約40萬）在退役後，除了部分介紹就業外，大都由退輔會集體安置在上述的各機構中。基本上，退輔會是以集體安置退除役官兵為原則。於1954年退輔會所訂定的安置大綱中，我們便可以看到這樣的原則：「國軍退除役官兵大都從軍時間頗久，已過慣集體生活且多離鄉背井，若個別安置或予以訓練後自行就業，不易迅速適應新的生活環境，故安置以集體生活為主」。24 因此，大多數的退除役官兵雖然離開了軍隊，卻依然

---

22 胡台麗，〈芋仔與蕃薯——台灣「榮民」的族群關係與認同〉，《中央研究院民族學研究所集刊》第69期，頁115-116。

23 時報周刊，vol. 871:159。

24 孫雄，〈國軍退除役官兵與民生經濟（民國四十三至六十七年）〉，台北：政治大學三民主義研究所碩士論文，1981，頁3。

過著集體的生活方式。

　　據退輔會統計，1961年「陸海空軍軍官及士兵服役條例」頒佈之前退役的人數共計軍官46,500人，士兵96,200人，總計在1961年前的裁軍中，共裁退了146,200人，其中獲得安置的約9萬多人，[25] 離開軍隊自謀生活的有5萬多人。[26] 這些退伍軍人離開了部隊，大多數被安置退輔會所屬的各榮家、農場、醫院、工程隊或黨國體制的相關機構中；而有部分則側身於大社會之中。那些被安置於退輔會的各機構的退除役官兵，同時也被納入了國民黨黃復興黨部的系統中。1955年退輔會成立後，國民黨為了能在其中發揮組織與監控的力量，隨即於1955年10月正式成立「國軍退除役就業人員黨部」籌備委員會（也就是我們慣稱的「黃復興黨部」），而於翌年正式成立黨部組織。[27]

　　當退役軍人進入退輔會的事業單位後，他們與台灣社會也出現了區隔關係。由於退輔會對退役軍人的安置，是以集體就業從事農墾生產與工程建設為主，或是集體安置於醫療單位或榮民之家中，而造成這種區隔結果。退輔會的農場和台灣一般的農村並不一樣，在其中進行的是「共同農墾」，成員們同吃同住，生產工具與農地都由退輔會供給；[28] 成員們在退輔會保護與監控的體制中生存，無法直接自然地與外在社會接觸。每個農場都有退輔會設置的行政組織，有場長、輔導室、人事

---

25 中華民國國家建設叢刊編輯委員會，第四冊，國防軍事建設，1971:290。
26 羅於陵，同註16: 頁23。
27 黃復興辦公室，《復興通訊》，第16、17期合刊，1956，頁1。
28 胡台麗，〈芋仔與蕃薯──台灣「榮民」的族群關係與認同〉，《中央研究院民族學研究所集刊》第69期，頁116。

室、分場主任、技術員、輔導員等編制，在地方村里行政組織之外形成另一管理系統。29 地方組織必須透過農場才能與農場內的榮民接觸，農場的榮民等於被監管在封閉的體系中，凡事以退輔會馬首是瞻。

　　榮民之家也有著類似的特性，榮民之家的內部組織是軍隊編制的轉化移植。榮家設有主任1人，是榮民之家的主事者。居住在榮民之家的榮民，採堂、房、戶之編組方式（類似隊、區隊、分隊），每堂派輔導員1名兼任堂長，房長、戶長由榮民選出。30 這樣的榮家與一般的村里組織是不同的，居住在其中的榮民過的是集體食宿的生活，衣服被服由榮家供應，喪葬也由榮家處理。等於一切的生活都依賴退輔會資源。

　　由上面的資料，我們估算於1967年時約有436,290人居住在眷村內；約有8萬多名的退除役官兵接受退輔會的安置，31 居住在退輔會的各農場、工作隊、榮民之家、榮民醫院中。也就是說，1967年時約有515,000名左右的外省族群居住在與外在社會有所區隔的環境裡，這些人約佔當年外省籍人口1,798,788的28.6%左右。當有將近1/3左右的外省籍人口被隔離起來居住生活而少與外在社會互動時，它對日後台灣族群關係的整合，應有相當的影響。

　　相當程度來說，特別黨部藉著黨國政經資源與移入聯帶關係，而將大多數的學生、教職員、國營事業員工、軍人、眷村

---

29 同上註，頁117。

30 同上註，頁115。

31 1967年時退輔會安置的退除役官兵共有13萬多名，減去自謀生活的退除役官兵5萬多人，則約有8萬名左右。

居民與榮民納入國民黨政權之政經結構中，並將他們轉化成集體效忠於國民黨政權的社會角色。因此，我們從歷次的選舉中都會發現國民黨政權所最能有效運用的選票，即是這些特別黨部中的「鐵票」部隊；一來可以支持忠貞者，二來可以制衡地方勢力。對特別黨部組織中的成員來說，這種集體效忠的獨特角色並非是自然發生的，可以說是在國民黨政權的滲透過程中有意形塑的。

五、省籍族群政治遺緒與討論

　　國民黨政權移入台灣建立並鞏固黨國威權政權後，本土化（台灣化）與民主化的過程一直造成國民黨內在的壓力與矛盾。在這個過程中，以往因戒嚴、動員戡亂而由移入國家統治菁英所壟斷的權力，透過選舉政治與體制轉型，經過政權輪替，移轉到不同且分立的統治菁英手上。以往之意識形態（反攻大陸、重返家園、代表中國法統等）幾乎隨風消逝，不具意義。轉變之初對於以移入外省籍菁英及其所代表之意識形態為政治效忠對象的外省籍族群「鐵票部隊」的確造成衝擊與困擾，跟隨著國民黨的分合，他們只能一再尋求可以替代的政黨認同對象。

　　大體而言，「鐵票」並未生鏽，只是轉向。1990年代中期，在蔣經國過世以及外省籍國家菁英的退出權力核心後，特種黨部、黃復興黨部與眷村中的成員與國民黨統治菁英之社會聯帶逐漸地斷裂，以及他們對台灣獨立的疑懼，「鐵票部隊」常陣前倒戈。當時雖然國民黨中央統治菁英無法有效地來動員

黃復興與眷村中的成員，可是以反台獨爲政治訴求的新黨外省籍的政治菁英，仍然得到黃復興與眷村成員大多數的支持，黃復興黨部的動員力量並未生鏽，只是悄然轉移。2000年前後，同樣的力量再度板塊位移向競選總統的宋楚瑜與其後的親民黨。

　　總之外省籍族群這種特殊的政治性格與政治認同，溯源於當初移入政權的各種政策結果，畢竟省籍做爲一種政治認同與區隔的指標並不是先於國民黨政權的重建而存在的，而是在國民黨政權主導形塑國家與社會關係策略下才形成的。

　　不過隨著民主化向前推展，如今，移入政權的省籍族群政治「遺產」還剩下多少可資揮霍呢？由於缺少具體資料，本文無法論斷。但是從長期趨勢看來，「鐵票」雖未生鏽，而且三轉四轉又回向國民黨身上，但是「鐵票部隊」的「老兵」逐漸凋零，加上體制的變革，鐵票的省籍意義與可操縱性都將降低，未來即使尚有動員能量，但可能不復在國家重大選舉中舉足輕重。

　　也許國民黨黃復興黨部並不這麼認爲，事實上，國家民主化後在國民黨的改革過程中，陸續將特種黨部裁撤，轉型成聯誼會性質的組織，卻獨獨留下黃復興黨部。其中王師凱黨部在軍隊國家化要求下裁撤，雖然2006年時一度傳出要將現役官兵黨員納入黃復興，遭到反對後似無下文。不過黃復興黨部反倒成爲國民黨內唯一的專業黨部，因此在黨內選舉，如中委與中常委及公職人員初選等各項選舉中，還是有相當影響力。依照國民黨網站上的資料，2002年1月黃復興黨部黨員人數爲17萬餘人。重獲政權後，持續擴張，到2009年4月止，黃復興黨

部黨員人數達20萬餘人，在21個縣市設支黨部、有200個區黨部、8,073個小組。黃復興自我評估的可動員能量，還包括250萬榮民眷，以及未登記的現役官兵黨員。[32] 就此而言，由於退除役將官兵的國民黨組織仍嚴密，傳統軍校中學長學弟期別相承，使現役官兵既有想法仍根深蒂固，那麼黨國遺產仍有繼續世代交替的可能，不乏一定影響力。

　　然而隨著軍中成員省籍結構偏倚的降低，此一遺緒到底在多大程度上仍屬於省籍族群政治的作用，就有待進一步研究。由於缺少目前黃復興黨部黨員的資料，只能從退除役官兵的省籍比例作推測。根據行政院退輔會前主任委員胡鎮埔在2007年10月於立法院委員會答詢指出，當時「外省籍榮民大概占所有榮民的三分之二，本省籍榮民占三分之一，而且在不久的將來會很快地改變」，老榮民凋零後，「未來的趨勢將是本省籍榮民多、外省籍榮民少」。[33] 就此而論，鐵票的省籍意義勢必降低。

　　其次在體制上最易形成隔離的政策都已改弦易轍，身分證登記欄已經以出生地取代籍貫，而改建眷村為國宅大樓的政策繼續推動。經過社會融合，新一代的住民已經很難從外觀、口音甚或生活方式上來判斷彼此的省籍身分。[34] 外省人共同記憶與鄉親情緣，在榮眷後代子弟等新世代身上的影響逐次減少。此外關係到政權的大選制度變革也讓特定少數族群的選票影響

---

32 中國國民黨全球資訊網 http://www.kmt.org.tw，2009/10/17 瀏覽。

33 立法院公報第96卷第66期: 30。

34 李廣均，〈籍貫制度、四大族群與多元社會〉，收入王宏仁、李廣均、龔宜君主編，《跨戒：流動與堅持的台灣社會》，台北：群學，2008，頁 95-98。

式微，其中立法委員選舉改採單一選區兩票制尤其可能造成變化。當制度使然，動員籌碼降低，而省籍認同式微後，鐵票的可操縱性可能進一步下降。

不過若從整體選票分布來看，外省族群固然並非完全反對綠營與民進黨，譬如自1998年之後的中央層級大選，大約總有百分之十以上的外省籍選民投票支持民進黨候選人，35 但相對於本省籍選民向來分裂支持兩個陣營，外省籍選民選票的高度集中於同一政黨，態度是截然不同的。

也許是在政治體系分割對立態勢下，外省籍選民選票依然高度集中於特定政黨。近年來政治體系裡的主要政治力聯盟持續以族群分歧動員市民社會，各種社會自主力量因此在藍綠與統獨等對立態勢牽引下相互畫線。結果遂使社會多元組合因為集體歷史經驗的不同，認知與情感的不同，有著對台灣前景截然不同的想像甚至利害相衝突的抉擇。甚至逐漸浮現為兩個「民間」、兩種族群民族主義間的競爭與對立。36 更且當政黨或政客一旦透過選舉掌握國家權力，由於沒有能力和對立的政治勢力交流溝通，也無良方去化解多元爭執不下的政經停滯情況，常片面而粗暴的設定及推行政治議程，結果只能加重而非消解前述的病徵。37

---

35 徐火炎，〈台灣政黨版圖的重畫：民進黨、國民黨與親民黨的「民基」比較〉，《東吳政治學報》，第十四期，2002，頁83-134；參考丁仁方，〈政治論述與論述政治：2004 總統大選後的政治風潮〉，中國政治學會年會暨學術研討會，台南：成功大學，2004，頁11。

36 李丁讚、吳介民，〈公民社會的概念史考察〉，收入謝國雄主編，《群學爭鳴：台灣社會學發展史，1945-2005》，台北：群學，2008，頁393-446。

37 顏厥安〈民主社會的合法性與正當性〉，《思想》11期，2009，頁166。

　　吳乃德就論證，民主化前後的族群緊張源由並不相同，在威權時期，族群緊張來自外省族群在政治上的宰制，以及對本土文化的壓制。源自政治的族群緊張同時也滲透入社會領域，造成本省人和外省人的社會隔離。民主化之後，政治宰制雖然不再，卻由於認同的興起和對立，族群關係進入另一個階段。隨著威權政治的轉型，「社會交融、政治隔離」才是民主化之後台灣族群政治的本質。「認同」的衝突是目前台灣族群關係最重要的表現，衝突和緊張的來源是台灣族群認同和中國文化族群認同的衝突。因此「選舉中的族群動員和高程度的『族群投票』，是政治劣勢的外省族群要求認可和代表（representation）的具體表現」。38 許多具有台灣認同的本省族群不太能接受外省籍人士擁有的中國認同，因為目前台灣認同最大的敵人正是堅持中國民族認同的中國政府，可以說地緣政治的外在因素，意外加重了族群間的不信任，而其反作用力再間接促使外省籍選票更加集中。

　　弔詭的，正是在類似的條件下，族群研究在台灣的主要意旨逐漸發生變化，特別是近年來有關台灣選舉的研究文獻相當豐富，許多研究將省籍與族群的概念做出區分，這和吳乃德的研究界定並不相同。最簡單明瞭的說，「省籍分歧是指客觀上的籍貫不同，而族群認同的分歧則是指主觀心理上自認為是台灣人或中國人的差異」，「省籍分歧所指涉的是祖先來台先後，以中華民國政府遷台為切割點的、所謂『本省人』與『外

---

38 吳乃德，〈認同衝突和政治信任：現階段台灣族群政治的核心難題〉，《台灣社會學》，第4卷，2002，頁83-86。

省人』的區別。族群認同則是指民眾因兩岸關係解凍、及政治上強調台灣生命共同體，而逐漸浮現的一種『我是中國人還是台灣人』的自我認同」。39 於此台灣主要族群的含意不但已超越籍貫，也不能爲過度簡化的「四大族群」所涵括。40

　　這樣的爭議讓我們回到了論文主題，國民黨移入政權的族群政治最終塑造的究竟會是外人？還是國人？隨著新世代的成長，外省籍選民的選票是否仍將高度集中？東南亞與大陸的婚姻新移民及其後代是否複雜化未來國家與社會的關係？有無可能進入一個新的循環？答案似乎都還未定，有待進一步的研究。

39　徐火炎，同註 35，頁11-12; 24-25。

40　李廣均，〈籍貫制度、四大族群與多元社會〉，收入王宏仁、李廣均、龔宜君主編，《跨戒：流動與堅持的台灣社會》，台北：群學，2008，頁98-103。

參考文獻

Lustick, Ian S.

1988 *Unsettled States, Disputed Lands: Britain and Ireland, France and Algeria, Israel and the West Bank-Gaza*. Ithaca: Cornell University Press.

Weitzer, Ronald

1990 *Transforming Settler States*, University of California Press.

丁仁方

2004 〈政治論述與論述政治：2004 總統大選後的政治風潮〉，中國政治學會年會暨學術研討會，台南：成功大學。

中興山莊

1962 "基層黨務工作方法"。

中國國民黨中央改造委員會

1950-1952《改造半月刊》第1期至第51期，中國國民黨中央改造委員會編。

自立晚報

1994a "眷村聯絡人──聯繫眷村與軍方情感"，1994 / 11 / 6。

1994b "鐵票部隊火力不再集中"，1994 / 11 / 7。

呂曉波

1992 "關於革命後列寧主義政黨的幾個理論思考"，收於周雪光主編，《當代中國的國家與社會關係》，台北：桂冠圖書公司。

陳其南

1984 〈土著化與內地化：論清代台灣漢人社會的發展模式〉，中研院社科所，《中國海洋發展史論文集》，頁335-360。

徐火炎

2002 〈台灣政黨版圖的重畫：民進黨、國民黨與親民黨的「民基」比較〉，《東吳政治學報》，第十四期，頁83-134。

吳乃德

2002，〈認同衝突和政治信任：現階段台灣族群政治的核心難題〉，《台灣社會學》，第4卷，頁75-118。

吳存金

1986 "軍眷村改建國宅可行性之研究——以台中市為個案研究地
　　區"，台北：政治大學地政研究所碩士論文。

吳鯤魯

1991 〈國民政府重建與財政收入之政治經濟分析〉，台大政研所碩士
　　論文。

1996 〈遷佔者國（SETTLER STATE）的概念問題〉，《台灣歷史學會
　　通訊》第三期，台北：台灣歷史學會。

李丁讚、吳介民

2008 〈公民社會的概念史考察〉，收入謝國雄主編，《群學爭鳴：台
　　灣社會學發展史，1945-2005》，393-446，台北：群學。

李棟明

1969 ："光復後台灣人口社會增加之探討"，《台北文獻》直字第9、
　　10期。

1970 ："居台外省籍人口之組成與分佈"，《台北文獻》直字第11、
　　12期合刊。

李廣均

2008 〈籍貫制度、四大族群與多元社會〉，收入王宏仁、李廣均、龔
　　宜君主編，《跨戒：流動與堅持的台灣社會》，台北：群學。

林吉朗

1981 "中國國民黨輔選政策之研究"，台北：政治作戰學校政治研究
　　所碩士論文。

林佳龍

1989 "威權侍從政權下的台灣反對運動：民進黨社會基礎的政治解
　　釋"，《台灣社會研究季刊》2卷1期。

林景源

1981 《台灣工業化之研究》，台北：台灣銀行經濟研究室。

林桶法

2009 《1949大撤退》，台北：聯經。

郝玉梅

1978 "中國國民黨提名制度之研究"，台北：政治作戰學校政治研究
　　所碩士論文。

官蔚藍
1975 "戶政制度暨戶籍登記措施檢討與改進之研究"，行政院研究發
　　展考核委員會編印。

胡台麗
1990 "芋仔與蕃薯──台灣「榮民」的族群關係與認同"，《中央研
　　究院民族學研究所集刊》第69期，頁107-132。

黃復興辦公室
1954-1960 "復興通訊"。

黃崇憲
2008 〈利維坦的生成與傾頹〉，收入謝國雄主編，《群學爭鳴：台灣
　　社會學發展史，1945-2005》，321-392，台北：群學。

程道平譯，藍欽著，
1964 《藍欽使華回憶錄》，台北：徵信新聞報。

孫雄
1981： "國軍退除役官兵與民生經濟（民國四十三至六十七年）"，
　　台北：政治大學三民主義研究所碩士論文。

張玉法、黃銘明
1991： 《劉安祺回憶錄》，台北：中央研究院近代史研究所。

張玉珊
1991： "外省第二代省籍意識之研究"，台北：政治大學社會學研究
　　所碩士論文。

張瑞珊
1980： "台灣軍眷村的社區研究：以合群、復興兩眷村為例"，台
　　北：台灣大學社會學研究所碩士論文。

張翠絲
1985： "中國國民黨組織成長之研究"，台北：政治作戰學校政治研
　　究所碩士論文。

崔誠烈
1993 "國家，大資本主義與霸權計劃──台灣與韓國發展經驗的比
　　較"，台北：台灣大學社會學研究所碩士論文。

顏厥安
2009 〈民主社會的合法性與正當性〉，《思想》11期，163-171。

蕭全政

1989《台灣地區的新重商主義》，台北：國策中心。

1991 "國民主義：台灣地區威權體制的政經轉型"，《政治科學論叢》第2期。

羅於陵

1991："眷村：空間意義的賦予和再界定"，台北：台灣大學建築與城鄉研究所碩士論文。

龔宜君

1998《外來政權與本土社會》，台北：稻鄉。

時間：

呂　東熹

1960年生，雲林人。

學歷　世新大學新聞系
　　　　銘傳大學傳播管理研究所碩士

經歷　《自立晚報》、《蘋果日報》、《台灣
　　　　日報》副總編輯；《黑白新聞週刊》撰
　　　　述委員；《華衛電視台》採訪主任；
　　　　《公視》新聞部製作人、副理；台灣新
　　　　聞記者協會發起人、第八屆會長

現職　公視新聞部《台語新聞》製作人
　　　　台灣新聞記者協會常務監委

摘要

　　1945年，戰後台灣雖有短暫的言論自由，但在二二八事件之後，不但報刊遭到查封，報社負責人被捕，台灣社會籠罩著恐怖的政治氣氛，加上語言障礙及物價波動等文化、經濟的衝擊，台籍報界人士大多與報業絕緣（何義麟，1997：93）。至1949年，國民黨政府統治下的台灣，由於忌憚共產黨的思想滲透，對於可疑共黨份子或言論，一向採取「寧可錯殺一百」的毀滅性撲殺心態，以警備總部為主的情治機關，更成為國民黨政權管控言論最主要的強制性國家機器，動輒以「叛亂」、「匪諜」等罪名進行整肅，對新聞界人士加以逮捕判刑入獄或管訓，甚至採取「監控」、「約談」、「停刊」等手段，箝制新聞自由的空間。

　　緊接著之後，在黨國體制之下，對於報業實施了五項措施：限證、限張、限印等所謂三限，加上限價、限紙，形成統稱的「報禁」，台灣報業在國民黨威權宰制下，成為國民黨傳輸文化霸權論述的工具，新聞專業理念受到侵蝕，媒體新聞價值呈現也就以「黨國利益」為優先取向。

　　本文藉由戒嚴時期，國民黨對於言論宰制的文獻分析與歷史研究，及對台灣媒體的影響，期盼能從歷史回憶中，學習對民主、人權有更多的認識，並期望能重新解構報禁解除後，台灣新聞自由的精神。

關鍵詞：戒嚴時期　威權體制　警備總部　報禁　本土報業

一、研究動機與目的

　　台灣在1945年日本戰敗至1988年報禁解除，政治（國家）與媒介（報業）的關係，有二個關鍵，一是1947年的二二八事件；二是1952年國民黨進行黨的改造運動。前者因國民黨強力鎮壓台灣人的抗暴，造成本省知識菁英全面退出政治舞台，尤其是言論主導權；後者鞏固了國民黨準黨國威權體制，順利滲透了社會各個部門，使得國民黨與媒體之間的關係更加複雜。

　　台灣威權解構之前，台灣在新聞傳播相關研究領域，一向以延續中國大陸時期的報業發展為主體，對台灣戰後的報業發展較少提及，近來，傳播學界雖也逐漸展開對戰後傳播史研究，但大多數以經營管理或傳播內容探討佔較多數，有關國家

與媒體關係的研究，以及國民黨透過黨國體制控制言論的議題，特別是「白色恐怖」時期，對新聞記者所造成的陰影，以及對媒體生態的影響，多不願去碰觸此類議題。

本文嘗試從威權體制時期，國民黨政權透過黨、政、軍、特四大單位，如何掌控媒體的言論方向，並透過實際箝制新聞言論的案例，以及「報禁」政策的實施，來探討此一時期，黨國體制與報業之間的關係。

二、黨國體制的形成與媒體特質

1945年二次大戰結束後，接收台灣的國民政府一度解除日治時期的報禁，台灣人當時承襲日本殖民時期文化啟蒙運動的精神，紛紛重操文人辦報的特質，使得戰後初期報紙如雨後春筍地蓬勃發展，時任《台灣新生報》記者的文學家吳濁流在《台灣連翹》一書中敘述當時經驗：「二二八事件發生以前的報紙確實是自由的，言論方面絕不比文明國家差。當時的新聞記者個個以社會的木鐸自許，也以此為傲。」（吳濁流，1988：156）

戰後初期，知識份子咸認為被解放，台灣人基於對祖國的熱烈期待與政府廢止新聞許可檢閱制度，言論自由得到保障，充份表現在民間報紙、雜誌的蓬勃發展，展現前所未有的盛況（歐素瑛，2000：793；楊淑梅，1995：192），但也因為這樣，幾乎各種調查報告或研究者都認為，媒體在二二八事件中扮演極為重要角色。（廖風德，1995：202；蔣永敬等編，1988：397-399；葉明勳，《中國時報》，1992.02.28；賴澤涵等著，1993：132）

　　1947年3月5日之後，經常報導不利於政府的報界人士幾乎都遭殃，本省籍人士受創尤深，除了《民報》之外，如包括《人民導報》、《大明報》、《中外日報》、《興台日報》、《重建日報》等至少八家報刊都被查封（吳純嘉，1998；《二二事件文獻補錄》，1994：694-695），在這次事件中，知名報人或記者或被捕槍斃，或失蹤，被通緝或四處躲藏（表1），甚至連國民黨台灣省黨部宣傳處長、《國是日報》創辦人林紫貴也被禁閉一天後釋放；長官公署機關報《台灣新生報》社長李萬居差一點被捕（楊錦麟，1993：186）。[1] 使得這樣蓬勃的言論市場與智識份子批判精神的發展良機，在二二八事件衝突中消失。（何義鱗，1997：325-35）

表1：二二八事件中被牽連新聞從業人員

牽連結果	新聞從業人員
被捕後失蹤	• 人民導報第一、二任社長宋斐如、王添灯 • 台灣新生報總經理阮朝日、日文版總編輯吳金鍊 • 民報社長林茂生、幕後創立者李仁貴、廖進平、法律顧問王育霖 • 上海「商報」記者鮑世杰被捕

---

1 二二八事變之時，李萬居儘管身兼省參議會副議長、《台灣新生報》社長、國大代表等重要職務，但在3月的某日仍被大批軍警強行押走，並被扯掉國代徽章，後經急電行政長官公署派憲兵來解圍，才倖免被捕。李萬居雖倖免於難，但他的《台灣新生報》同仁被捕的被捕，失蹤的失蹤，可查證者包括日文版總編輯吳金鍊、總經理阮朝日、印刷廠長林界、高雄分社主任邱金山、嘉義分社主任蘇憲章，加上其好友宋斐如等人被捕槍殺，甚至屍骨無存（楊錦麟，1993：196），這樣的政治情勢與發展，強烈震撼著李萬居，並促使他在政治上逐漸與其他「半山」走向不同的從政之路，也讓他下定決心，開始集資創辦純民營的《公論報》。

牽連結果	新聞從業人員
被捕後遇害	• 台灣新生報印刷廠長林界、嘉義分社主任蘇憲章、台中分社吳天賞 • 大明報發行人艾璐生 • 國聲報發行人王石定、採訪主任李言 2 • 自由日報總經理（也是民報台中分社記者）陳南要被槍決
被捕後入獄	• 人民導報總主筆陳文彬 • 大明報總編輯馬銳籌、主筆王孚國、馬劍之、編輯陳遜桂、文野 • 台灣新生報採訪主任呂天南、台南分社記者楊熾昌 • 和平日報社長李上根、副總經理林西陸、記者劉占顯、蔡鐵城、嘉義分社主任鍾逸人 • 重建日報社長蘇春楷 • 國聲報發行人王天賞 • 興台日報社長沈瑞慶、主筆彭啟明 • 中華日報屏東記者林晉卿 • 中外日報社長林宗賢
被通緝逃亡	• 民報總編輯許乃昌、總主筆陳旺成 • 人民導報總編輯蘇新、高報記者周傳枝（周青） • 大明報資助者鄧進益逃亡一年後自首、主任編輯陳季梓逃至大陸 • 台灣新生報賴景煌、高雄分社記者謝有用 • 自由報的蕭來福、潘欽信、蔡子民（蔡慶榮） • 中外日報記者吳克泰逃亡中國
事件中死亡	• 台灣新生報高雄特派員邱金山死於高雄市政府前 • 和平日報東石分局長張榮宗死於大埔美
其他	• 民報總經理林佛樹、記者駱水源被控叛亂 • 人民導報編輯楊毅（外省人，曾任台南縣教育科長、山地委員），1949年夏天失蹤 • 陳文彬被監禁到五月中旬釋放，出獄後與呂赫若合辦左翼刊物《光明報》，1949年全家逃至大陸，1982年11月9日病逝北京；呂赫若參與鹿窟事件，被毒蛇咬死；宋斐如之妻嚴華協助陳文彬逃亡被槍斃。

資料來源：本研究整理

　　台籍知識精英在這種情勢下，大多噤聲膽寒，從此脫離言論出版界，二二八事件不僅嚴重挫傷了台灣報界，它造成的政治恐怖也切斷了歷史文化的傳承。

　　緊接著戒嚴體制而來的「檢肅匪諜運動」與「報禁」，更造成台灣報業遭受重大挫傷，國民政府透過訓政體制的合法保障下，由黨政軍特四個單位分別介入報業，成為各單位的宣傳機構。

（一）黨國體制的形成

　　二二八事件之後，1949年國民黨在中國與共產黨鬥爭失敗撤退來台，為達成反攻復國的目的，一方面進行黨的改造並滲透控制整個國家機器，以先佔領政治社會空間；另一方面積極限制政治社會內有力的競爭者出現，以達成政治霸權的局面（陳明通，1995：107）。透過實施十年的動員戡亂體制，頒布戒嚴令，禁止政治社會內自主性新興政治團體及政黨的出現，強制「黨外無黨」，徹底排除任何可能的組織化勢力產生，形成了威權統治。

　　在威權主義下的黨國體制理念型中，黨國二元一體原是基本特徵，但國民黨在1947年行憲後，已不可能再如同訓政時期一樣，進行所謂「以黨治國」，因此在1952年黨的改造時，為

2　王石定時任高雄市參議員，據林界女兒林黎彩表示，王石定是1947年3月6日在高雄市政府等代表們的消息，不料被彭孟緝派兵掃射市政府，他死在市府廣場往愛河方向，王石定夫人交代其子女，不准向228基金會申請補償；李言的兒子李宜宏則向林黎彩轉述說，他父親是3月6日於採訪途中被槍殺，兩人都未被捕。

有效達成「黨國一體」的目標，在組織的形式上先將黨的體系
與國家行政部門的體系合為一體，再透過黨自主性的民主集權
式領導系統，達到「以黨領政」的目的。（倪炎元，1995：110）

　　國民黨在台灣完成了黨的改造後，立即在民間社會推動一
個以黨為決策核心、以國家行政部門為執行機構的「總動員運
動」。此一運動包括政治、經濟、文化與社會四大改造運動，
其所設定的原始目標在於「反攻大陸」，但卻達成了另一項目
標，促使黨有效的滲透了民間的各個部門，國民黨滲透民間各
個部門的方式，是運用了國家的統合主義（State corporatism）策
略，以「硬式支配」的強制方式，由上而下扶植行政部門所成
立的團體，並排斥各部門自主性的組織，且透過政黨動員進行
「軟式支配」。（許福明，1984：125；倪炎元，1995：134-136）

　　大致來說，國民黨在兩位最高領袖（蔣介石與蔣經國）各領
台灣20年，前20年由蔣介石所統治的台灣，因為實施的白色高
壓統治可稱為「剛性威權主義」，後20年，蔣經國推行本土
化政策及行政革新措施，才逐漸馴化為「柔性威權主義」。
（Winckler，1984；李金銓，1993）

（二）雙元聯盟統治下的社會結構

　　國民黨在1952年完成威權統治體制，由蔣介石掌握了最高
統治權力，再經由黨、政、軍、特等正式或非正式組織層層節
制下，透過統治社會（ruling society）、政治社會（political society）
及市民社會（civil society）三種社會的結構，形成了所謂的威權
結構（陳明通，1995：1-2），再透過掌控的國家機器，將意識型
態內容強制灌輸在整個社會上，並神化了領袖與領導，同時操

作與運作統治權力，使成獨霸的地位，完成了政治動員與社會控制。（陳明通，1995：83-100）

　　這樣的威權政體結構，知名憲法學者胡佛稱之為「現代威權政體的傘狀結構」（the umbrella structure of modern authoritarianism），即結構就像一把傘，統治者是三支傘的機紐，而在政黨的主軸上，撐起控制統治社會、政治社會及市民社會的三支傘柄，將威權體制的傘張開，而在統治集團內部，形成了政治學上所謂的「依恃主義」（或侍從主義）。3（陳明通，1995：2-4，胡佛，1991：36）

　　國民黨透過這種雙元統治結構，對政治社會加以壟斷、控制，不但政黨部門被國民黨壟斷，國會部門被凍結，選舉部門也被操縱；在民間社會方面，工商業、媒體、勞工、校園、農民，都被國民黨所操控或動員，形成所謂準黨國威權政體（倪炎元，1995：104-130），同時透過教育灌輸國民黨的威權心態及價值文化，特別對大眾傳播媒介的控制，成為國民黨建立文化霸權的另一項重點（陳明通，1995：114-117；陳國祥、祝萍，1987：33；葉明勳，1987：33）。且經由教育體系、傳播媒體、文化事業的控制，對知識份子、影藝人員的過濾，對出版品及外來資訊流傳的管制，幾乎達到「萬山不許一溪奔」的地步。

---

3 「依恃主義」，指的是以「恩庇─依隨二元聯盟關係」（patron-client dyadic alliance），來完成對政治社會體系的動員與控制（陳明通，1995：7）；也是一種存在於兩個人之間的交換機制，他們有面對面的直接關係，透過交換恩惠或提供需求形成自願性結盟的協議（Lande，1977：xiii-xiv）。其形式主要有兩種：垂直的和水平的。前者即是侍從主義；後者則是指涉結盟的雙方，在地位、權力和財富上是相當的，沒有上下從屬或層級指揮關係，彼此的合作或結盟建立在平等的交換上。（吳芳銘，1996：25）

（三）雙元聯盟下的報業結構與媒體特質

　　國民黨因兼具了黨國體制與非黨國體制兩種制度的特徵，所以其與媒體關係就顯得更形複雜了。在戒嚴期間，政府對媒介的控制，即不屬於被動的，也不屬於有目標的主動干預，而是處於二者之間（包淡寧，1995：224）。其控制媒體的政策，主要有幾個特點：（1）以黨政軍三頭馬車方式進行，有國民黨文工會（以前稱為四組）；在政府方面則由行政新聞局負責；軍特方面包括，警備總部、國家安全局、國防部總政戰部。（2）一方面以軍警特（槍桿子）鎮壓異己，另一方面利用媒體（筆桿子）塑造特定的世界觀。（3）對於媒體控制寬鬆不一，廣電系統直接操縱，報紙管制嚴格，但仍有黨報、黨員報及黨友報之分。（4）廣電的控制並衍生出惡質的國家資本主義的矛盾典型，一方面加強意理控制，另外則又強化商業利益（李金銓，1993：524-528）。

　　這種制度性的控制機制，幾乎壟斷性的掌握電子媒體的所有權，以及報紙的部分所有權。除了黨國直接經營之外，國民黨有時也透過各種運作收購民營報紙，以免其落入黨外人手中。

　　國民黨介入報紙所有權收購著名的例子有兩個，首先是《公論報》，是台灣報禁之後最早、也最著名的政治異議媒體。早在1950、1960年之交，《公論報》創辦人李萬居投身組黨活動之前，國民黨政府即透過各種手段，企圖封鎖《公論報》，譬如不准政府機關在《公論報》刊登廣告（當時政府機關的廣告幾乎是報紙的唯一收入來源）、不准政府機關及各公營企業購買該報，也不准報攤展售《公論報》等等。

　　這些壓抑的手段雖然不能達到使《公論報》關門的目的，但是卻迫使李萬居為了維持報紙的營運，為應付經濟困難，於1959年10月，商請參與《公論報》創刊的蔡水勝（總經理）、陳祺昇（首任發行人）再行增資合作，國民黨即利用這個機會，運作國民黨籍台北市議會議長張祥傳加入經營，並將《公論報》改組為股份有限公司，董事會改聘蔡水勝為發行人，此次改組，已注定《公論報》被迫關門的厄運。因為緊接著張祥傳掌握過半數股權，以債逼迫李萬居交出經營權，在1960年7月1日進一步逕行宣布改組，由張祥傳擔任社長，8月17日，公論報改選董事會，蔡水勝為發行人，李萬居為董事長，因李萬居不承認這次改組，遂演變成「公論報改組糾紛事件」，張祥傳向台北地方法院提起民事訴訟，請求判決李萬居將《公論報》發行權交出，1961年，3月3日，高等法院判決李萬居敗訴，5日李萬居即宣布《公論報》停刊。（陳國祥、祝萍，1987：130；魏玫娟，1997：68-69；楊錦麟，1993：345-366）

　　國民黨介入報紙所有權收購的另一個著名的例子，是傅朝樞的《台灣日報》所有權轉讓事件。該報前身為《東方日報》，原由上海人夏曉華以600萬元買下，因經營虧損，律師傅朝樞說服夏曉華投資60萬元為條件加入《台灣日報》，進而取得報社經營權。1977年，中央民代選舉，傅朝樞將《台灣日報》一個版賣給黨外的黃信介，此舉震驚國民黨當局，1978年8月，軍方在總政部主任王昇指示下，以二億四千萬元台幣（亦有傳言是八千萬元）買下《台灣日報》，並准許傅朝樞結匯出國，傅朝樞後來在香港創辦《中報》。（沈冬梅，1987：176）

　　傅朝樞將《台灣日報》轉讓的對象，雖為徐亨、陳茂榜

與田原，但實際出資者爲國防部，軍方色彩濃厚。（歐陽醇，
2000：749-750；夏宗漢，1977:88；魏玫娟，1997：69）

　　另一家與《公論報》所有權移轉命運類似的是《工人報》
（原爲5日刊），該報於1951年5月1日，由台灣省總工會理事長
陳天順，以個人名義申請登記，並由陳天順出資經營，後來因
經營不善，以及總工會即將改選，陳天順無意續任，遂於1955
年5月25日，將發行權讓渡給黃通需，並已辦妥發行人變更登
記，繳回原領登記證，後來內政部卻遲遲不核發新登記證，不
久，陳天順就病逝了，事隔半年後，竟然引發發行權糾紛。

　　《工人報》爲台灣省總工會機關報，但發行量並不大，發
行權轉讓後，也是以會員爲發行對象，但不久後，國民黨文宣
單位發現無法掌控該報，於是要求新任理事長簡文發要與黃通
需爭奪發行權，經過幾個月的鬥爭後，簡文發遂於1956年7月
15日，以該報當初是以台灣省總工會的名義，行文台北市政府
申請登記爲理由，向台北地方法院提起告訴，認爲陳天順的讓
渡無效，1957年11月13日法院正式判決簡文發勝訴。

　　從所有權的轉讓過程（資本結構）可看出國民黨政府對報
紙的操縱介入之外，亦可由報紙經營者與黨政軍關係（人事結
構）的分析，看出黨國機構對新聞傳播媒體的掌控。黨營報、
公營報與軍營報事實上是屬於同一類的，其人事都由黨國機構
安排。至於民營報部分，即使解嚴前台灣的民營報有十六家之
多，但經過所有權的轉讓，實際上眞正屬於私人經營的不到
十六家，同時，這些民營報多數與國民黨關係良好（陳雪雲，
1991：131），這種威權政體類型上的差異，當然會影響其與媒
體關係。

（四）國家機關對媒體的控制：

　　由於台灣民間社會所具備的市場競爭與私有制經濟性格，使得具備黨國制度形式的國民黨政權，不可能壟斷所有媒體，民間社會出現自主性的媒體，特別是報紙與雜誌，是自然的發展趨勢。針對這些民營媒體，執政當局首要所採取的是一種剛性與柔性並濟壓制的關係。

（1）在剛性壓制方面：

　　為了強化上述限制和限制理由，執政黨並訂出許多法律及法令來執行。如國家總動員法，對報館、通訊社設立做了限制，並提供了限制報紙的法律依據；而戒嚴法則提供了出版物施行售前審查等限制；出版法和出版法實行細則，為出版物限張、限印等箝制措施，做了最好的撐腰，懲治判亂條例更為媒體言論自由以法律審判手段加以控制。前述各種臨時規定和緊急法令，取代或補充了憲法許多關鍵條款，它們對言論自由及報業發展形成了一股強大的力量。（田弘茂，1989：105；包澹寧，1995：237）

　　自1949年戒嚴令頒布後，執政當局就對民營的報業，採取一連串的干預性措施，即所謂的「報禁」，以抑制報業發展外，行政部門還透過各種法令大幅限制言論自由的範圍。1950年頒布的「台灣省戒嚴期間新聞雜誌管制辦法」中規定，「凡詆毀政府首長、記載違背三民主義、挑撥政府與人民感情，散佈失敗投機之言論及失敗之報導，意圖擾亂人民視聽，妨害戡亂軍事進行或誨淫誨盜之記載，影響人民秩序者皆查禁之」（陳國祥、祝萍，1987：54）。此外，戒嚴法第十一條也規定，戒

嚴地區最高司令官有權取締「認爲對軍事有妨害者」之新聞及
出版物。在該法令之下尚有一個「台灣地區戒嚴時期出版物管
制辦法」。戒嚴法與該辦法賦與警備總部極大的權力來檢查或
查禁出版品。（陳國祥、祝萍，1987：57）

　　除了戒嚴法與出版法，行政部門與軍方的警備總部還有許
多可以管理媒體的法律來控制媒體，包括廣電法、國家總動員
法、懲治叛亂條例、刑法第27章妨害名譽及信用罪等，上述法
律都賦予行政部門與軍情部門，相當高的自由性來審定媒體是
否違法，並可逕行採取取締、沒收、停刊、查禁、逮捕等處
分，而非由司法機關來認定。

　　在此一剛性的管制下，尋求獨立言論的文字媒體，自然
遭到壓制。執政黨對言論自由的限制，從1950年到1981年，
單是新聞局和警總查禁的書籍，就相當可觀，新聞局計查禁
了141本書，警總共查禁了142本（田弘茂，1989：156-258；倪炎

表2：黨外政論雜誌創刊及查禁或停刊數的對照
（1979-1985）

至該年年底	創刊數	同年已停刊或遭查禁數	最多累積存續數
1979	11	9	2
1980	7	4	6
1981	10	6	10
1982	7	4	13
1983	6	5	14
1984	23	19	18
1985			21

資料來源：馮建三，1995：185，資料爲馮建三個人蒐集，非官方統計

元，1994：140）；期間另有異議言論的黨外雜誌，亦在國民黨
對言論自由的限制下紛紛被停刊（見表2）；宋楚瑜自1979年
1月4日代理新聞局長起，至1982年止，其主掌新聞局前四年
（總共任職7年7個月），被停刊的黨外雜誌（李筱峰，1994：70-72）
有：《富堡之聲》、《夏潮》、《這一代》、《長橋》、《鼓
聲》、《村里鄰快訊》、《美麗島雜誌》、《八十年代》、
《春風》、《亞洲人》、《暖流》、《鐘鼓樓》、《海潮》、
《大時代》、《青雲》、《這一代》、《進步》、《春潮》、
《中流》、《國是評論》、《政治家》。

　　宋楚瑜之後轉任文工會主任一年多任期，又有一、二十本
刊物遭到停刊，尤其是1984年當局對台灣大眾傳播媒體的管制
特別嚴厲，同年6至8月，警備總部先後勒令《前進世界》、
《自由時代》、《民主時代》、《台灣廣場》、《新潮流》、
《政治家》、《先鋒時代》、《蓬萊島》等9家黨外雜誌停刊1
年；另有40多期黨外雜誌被查扣、查禁（黃嘉樹，1994：698）。

表3：1980-1986年間台灣出版品查禁數目

年份	沒收及禁止刊載	停刊處分	總數
1980	9	7	16
1981	13	6	19
1982	23	4	27
1983	26	7	33
1984	176	35	211
1985	260	15	275
1986	295	7	302

資料來源：田弘茂，1989：28

田弘茂統計1980-1986年間，台灣出版品查禁數目，一年比一年增加（見表3）。

　　　另外在1986年左右，爲了防止黨外言論的擴張空間，國民黨也發行一種假黨外雜誌，如「民主國家」、「全民」等，和眞正的黨外雜誌在狹小的言論市場上競爭。（林正義，1989：99）

（2）柔性的操控：

　　　剛性的壓制來自國家的行政與軍情部門，柔性的支配與操縱則是來自政黨部門。主要由文工會負責指導與連繫媒體的部門，經常透過正式的行文、非正式的聚會或以直接電話的方式，針對某些敏感的議題指示各媒體負責人處理原則。（Goldstein，1985：27；倪炎元，1994：140-142）一旦媒體未能配合文工會的指示，或做出被認爲「不適當」的報導，文工會也會施加壓力，要求撤換主管、直接懲罰，甚至迫使停刊。

　　　另外，國民黨除透過控制白報紙的配給來控制媒體，同時也經由國家的資助者角色，從三方面來優待報業，但這實際也是一種軟性控制，包括：(a) 稅率優惠方面：根據出版法第24條規定，報紙不必繳納發行收入之營業稅，附屬於報團的出版事業公司及其所得或其附屬作業之所得免納所得稅（鄭瑞城，1988：47）；(b)「訂報費」輔助，省政府每年從政令宣導補助費之下，播出專款，補助里鄰辦公室訂閱報紙之用，但是所訂的報紙僅限於五家黨、國營報紙（鄭瑞城，1988：47）；(c) 傳播工具的優惠待遇：依據出版法第25條的規定，出版品委託國營交通機構代爲傳遞時，得予以優待，新聞傳播工作人員且可享

受乘坐鐵公路優惠待遇，新聞事業機構裝置電話等通訊器材，亦可享受優惠（陳雪雲，1991：137-138）。

從這段期間起至政府全面實施報禁，雖不足十年，卻出現四種屬性不同之報業雛型，亦可視為台灣報業發展至今所具備結構之特性：其一為接收日人佔領時期之報紙，連同其後政府出版之報紙，形成官報類型；其二為執政黨所有之黨報類型；再則為具有執政黨背景採取商業經營之獨立報紙；另外為台灣本土報人所經營之獨立報紙類型。雖有類型之不同，由於前三種類型報紙實力之強大，台灣報業基本上仍為中國大陸時期黨人報業之延續。（王洪鈞，1995：128）

三、白色恐怖時期的新聞媒體與記者

(一)「白色恐怖」的背景

國民黨政權在國共鬥爭、全面撤退至台灣前後，為鞏固其統治權，1949年5月19日公布戒嚴令，陸續實施懲治叛亂條例、戡亂時期檢肅匪諜條例，大舉逮捕「叛亂犯」，實質目的卻在剷除異議份子。政府在長達38年的戒嚴時期，因為政治目的，使用公權力逮捕、殺戮、控制人民，威脅人權，造成整個社會的沉寂與噤聲，直到1987年7月15日解嚴，此一獨裁統治才告緩和。

根據非官方的資料統計，從1950年到1954年五年間，台灣在大規模的政治整肅活動中，因「匪諜案」而入獄的數字高達千人以上，全台籠罩在一片風聲鶴唳之中。（藍博洲，1997：21；彭懷恩，1997：76-77）

　　「台灣自救宣言事件」受難者之一謝聰敏統計，自1950年起，迄1987年解除戒嚴為止，台灣共發生29,000餘件政治相關案件，牽涉人數達140,000人，約有3,000～4,000人遭到處決，其中，新聞從業人員，受迫害之人數不計其數，警總則是政治迫害的主要執行者。（方來進，《勞工看台灣史》，2000）

（二）「白色恐怖」對新聞媒體與工作者的影響

　　在戒嚴令的授權下，警總獨攬了管制新聞言論的權力，政工人員橫行，其角色凌駕在行政院新聞局和國民黨文工會之上，4 做為國家對媒體宰制的強制機器，警備總部對於媒體言論的宰制大略採取了下列幾個策略。

　　包括因言論觸犯禁忌報社，命令改組或停刊；新聞記者文章或內容，不符黨國體制需要，則遭到逮捕，審判與監禁；甚至經常對新聞主管下達指令，干預新聞刊登方向、或進行文章檢查、直接監控及約談或撤換主管，讓人心生恐懼。

（1）言論觸犯禁忌報社被停刊：

　　戒嚴時期，因言論觸怒當局被停刊時常發生（見表4），包括《公論報》、《自立晚報》及《民眾日報》等都曾遭到停刊命運。甚至《中時》與《聯合》旗下報紙也有被迫停刊經驗。

---

4 警備總部時常約談新聞從業人員，並對報社新聞內容進行指示，跟蹤黨外領袖，監督他們的行動，沒收黨外雜誌，而警備總司令卻不須赴立法院備詢，出面備詢的是新聞局長，當時立法委員康寧祥質詢新聞局長宋楚瑜「混淆社會視聽」是什麼意思，宋無法回答，推說新聞局從未以「混淆社會視聽」沒收出版物，言下之意，似乎抱怨警總做的事由他受過。（李金銓，2005:155）

表4：報紙停刊事件一覽表

	停刊原因	政府處置	備註
民族報停刊事件	1949-08-23該報主筆張鐵軍在一篇社論中呼籲政府應提高軍人待遇引起有關單位不滿，認為挑撥人心，製造不安。	下令停刊之後，查明該報立場後，准予一個月後復刊。	王麗美，《報人王惕吾——聯合報的故事》，1994：18。
天南日報事件	1949年台中總社總編輯朱傳譽（又名朱信）因資金不足停發稿費，只好剪輯上海、杭州等報副刊刊登，其中一篇比較陳誠和何應欽將軍名人軼事文章，引起身兼東南軍政長官及台灣省主席的陳誠不滿。	陳誠下令以「挑撥軍事長官感情」為由，下令查封報社，《天南日報》結束經營。	戴獨行，《白色角落》，1998：32。
自立晚報事件	第一次停刊事件：1950年11月17日副刊「萬家燈火」一篇剪稿「草山衰翁」，被認為影射蔣介石。	主管當局勒令「停刊永不復刊」處分，為國府遷台後第一家被勒令停刊報紙，副刊主編吳一飛被捕，總計停刊10個多月，1951年9月21日才恢復發行。	《自立晚報40年》，1987：24。
	第二次停刊事件：1952年10月14日，自晚一版一則「孔祥熙共赴時艱／短期內攜眷返國／入境證上周已辦妥」新聞內容披露後，時值國民黨改造委員會正在開會，認為大陸失敗「孔宋」家族應負重責，自晚新聞讓會場群情激憤。	自晚翌日主動刊出更正啟事，表明「尚非事實」，但黨中央四組主任沈昌煥仍以自晚先前曾刊登「我將廢除中蘇條約」洩露外交機密為由，要求停刊一個月，經省新聞處折衝乃以內部整理為由，自1953年4月8日起停刊1周。	1. 張煦本，《記者生涯40年》，1982：148。 2. 《自立晚報40年》，1987：32

	停刊原因	政府處置	備註
	第三次停刊事件：1953年10月10日國慶節，《自立晚報》4版一則國慶花絮新聞，認為記者描述不妥，有詆毀元首之嫌，中央四組要求施以停刊3個月嚴厲處分。	10月17日停刊3個月，總編輯張煦本引咎辭職，由中共問題專家王健民接任，撰稿記者田士林（後任世新老師）及編輯分處5年徒刑，田士林並送綠島管訓8年。	1.《自立晚報40年》，1987：33。 2. 趙慕嵩，《老大在現場》，1993：92。
公論報事件	第一次停刊：1948年7月《公論報》刊載黃紀男（曾因廖文毅台獨案入獄三次）會見合眾社遠東支社霍爾布萊特及台灣再解放聯盟向聯合國提出台灣經營請願書新聞。	被停刊5日。	張炎憲等撰、黃紀男口述，《台灣共和國》，2000：98-99。
	第二次停刊：1949年5月3日，《公論報》刊載台大教授陳正祥「生活水準與人口問題」文章，被認為有違當局「反共大陸政策」和國父「增加國族人口政策」，1955年再度報導「台灣人口過多」等問題。	被下令停刊3天。	楊錦麟，《李萬居評傳》，1993：352。
	第三次停刊：1958年，雲林縣北港高中因禁止學生訂閱《公論報》，《公論報》以社論刊登「對北港高中禁止學生訂閱事件的抗議」一文，結果遭到警總查扣，報社被迫停刊。		江詩菁，《宰制與反抗：兩大報系與黨外雜誌之文化爭奪》，2003，台南師院文化研究所碩士論文。

	停刊原因	政府處置	備註
經濟日報事件	1967年9月21日刊載有關「琉球主權」相關報導，被認為事涉敏感國際事務未能淡化處理，而先前9月19日副刊「噩夢」一篇社會寫實小說寫法被認為有損國軍形象，也是停刊主因。	該報被處停刊4天。首任總編輯丁文治，先調回《聯合報》擔任副總編輯，之後被迫離開《聯合報系》永遠告別新聞界，丁文治後與友人創辦「學生書局」，任董事長。	1. 黃年編，《聯合報40年》，1991：58。 2. 歐陽醇、續伯雄輯注，《台灣媒體變遷見證——歐陽醇信函日記》（上冊），2000：21。 3. 戴獨行，《白色角落》，1998：208-209。 4. 《經濟日報30年》，1997：170。
美洲「中國時報」事件	1984年7月刊載參與洛杉磯奧運的中共代表隊奪牌報導，被認為太過顯著，10月15日又以一版處理《蔣經國傳》作者江南被暗殺可能涉及的幕後背景，以及刊載國內黨外消息過多，及社論批評雷根總統老邁等理由，招致國民黨內批判與壓力，文工會主任周應龍被撤換。	當局通知余紀忠三條路：一、是撤換美洲中時總編（周天瑞）、總主筆及會計主任，二、由《中央日報》接編，國民黨每月津貼報社70萬元，三、停刊。余紀忠選擇停辦，11月11日正式停刊（稱為雙十一事件），事件過程中，寫此篇社論的主筆孫慶餘及總主筆俞國基被解除職務。	1. 《中國時報50年》，2000：334-335。 2. 陸鏗，《今周刊》236期，2001：44。 3. 《財訊》61期4月號，1987：162。 4. 周天瑞，《20年前，政治謀殺了一家報紙》，2004.11.11日，《中國時報》A6版。
民眾日報事件	1985年6月7日1版因刊載「美聯社」電訊「中共將繼續走開放路線」，1版另一則「30位旅美前國軍將領建議政府取消戒嚴令另訂他法」觸犯禁忌。	勒令停刊7天（6月10日至16日），這是報禁解除前報紙被停刊最後一次。	《民眾日報40年》，1990：87-89。

（本研究整理）

（2）新聞工作者因言論賈禍：

除了報紙停刊事件外，新聞工作者因言論賈禍或思想左傾被逮捕、失蹤，所在多有（見表5），最著名是1960年的《自由中國》雜誌社事件，主角雷震本人判刑10年，雜誌社編輯傅正（傅中梅）、馬之驌（原來判五年徒刑）等均判處交付感化3年，爲馬之驌辯護的律師林頌和，最後也與「城固專案」被捕的《公論報》記者黃毅辛、林克明一起被捕，分處5年、10年徒刑（李世傑，1995：92-93；江南，1980：1105）。黃毅辛1949年來台後，一面在《公論報》工作，一面在《華報》兼差當記者，因《公論報》待遇不好，黃毅辛另在專門報導內幕新聞的《紐司週刊》兼差當主編，《紐司週刊》由前上海《申報》台灣特派員吳守仁創辦，因經常大幅刊登特務機關破獲「匪諜案」，銷路不錯，但最後該刊主編吳守仁則因匪諜案被捕；1949年1月5日，陳誠接任台灣省主席，他在就職記者會上宣布強人強政，將以「殺頭」警告「不法」，《掃蕩報》記者蕭楓因此在雜誌發表「與陳誠談殺頭」文章，引起陳誠不悅，公開怒斥。後來，蕭楓曾離奇失蹤一陣子才出現，從此態度轉爲低調。（王天濱，2005，171-199）

林克明擔任《公論報》記者時，主跑社會新聞，爲當時罕見本省籍社會新聞記者，因喜愛電影，經常以「綠影」或「藍冰」爲筆名，撰寫電影影評，大多發表於《台北晚報》影劇版，他就憑著幾篇影評，居然說服片商投資幾十萬元，讓他拍片，而且無師自通，自編自導一部台語片「七洋風波」（1958年5月上映），導演署名「綠影」，編劇「藍冰」，其實都是林克明本人。「七洋風波」取材自社會新聞，他因跑社會新聞，

有不少第一手資料，也是台灣記者投身電影圈第一人，但也僅此一片（葉龍彥，1999：113-114），因為他拍完此片後，就與《公論報》同仁一同被捕入獄。

在「白色恐怖」年代，幾乎每一家報紙都有記者遭到迫害，而《公論報》記者則是白色恐怖時期，被迫害次數及人數最多的報紙，《公論報》創辦人兼台灣省議員李萬居，除《公論報》被奪，1954年9月9日位在台北市西門町的寓所「瀞園」被焚，家中所藏化為烏有。（楊錦麟，1993：352-355）這當然與其批評當局的言論有關，李萬居在1959年的省議會質詢中，曾非常悲憤地提到好幾件案例。

李萬居在省議會質詢中提出「我的呼籲和抗議」時指出：5「《公論報》是我本人所創辦的，也是唯一台灣人所創辦的報紙。這些年來，本報被迫害的情形，真是一言難盡。本報副總編輯李福祥以莫須有罪名被治安機關拘禁達三個月；編輯阮景壽被禁錮1年1個月之久；總主筆倪師壇於1957年11月被逮捕，至今仍未恢復自由（後來病逝獄中）；總編輯黃星照、編輯陳秀夫和記者江涵，被國防部控以妨害軍機的莫須有罪名，各被判處徒刑；在各地的業務人員和記者也常被迫害，如東勢營業主任兼記者劉枝尾，以甲級流氓的罪名，被監禁於屏東縣小琉球海島上；礁溪記者兼營業主任張光熾也曾被拘禁過，

---

5 這是李萬居在台灣省臨時省議會時期，引起極大震撼的一次發言，1959年1月第三屆臨時省議會第四次大會上，總共多達22項的質詢，當時正值他與雷震等人籌組中國民主黨，遭到當局刻意打壓，其創辦的《公論報》正面臨淪入他人之手的危機，因此這份措詞強烈的發言稿，不僅是研究李萬居生平思想和事蹟的一份重要文獻資料，也是在野民主人士對當時政治環境的總檢討。

嘉義辦事處副主任童金龍則被處以二年半管訓。」（王文裕，
1997：106-107；楊錦麟，1993：352-353）

　　之後，1961年7月26日，《公論報》記者張建生被綁架恫
嚇案，算是記者被迫害案件中情節最輕微的，但是，也已經足
以使被害人整整做了30年的噩夢。張建生當時主跑政治新聞，
事件發生的前一天正好有一個這類敏感性新聞，特務在當天晚
上曾打電話威脅他不要報導，他基於《公論報》一貫的報導風
格，予以拒絕。26日一大早，特務機關看了《公論報》，立刻
派四名特務在上午七點多鐘來到他家，將他綁架上一部吉普
車，戴到台北三張犁公墓附近，進行祕密審問，直到深夜十一
時才釋放。

　　在一整天的審問過程中，雖然沒有足以致命或造成外傷的
殘酷刑求，不過，拳打腳踢、不給水喝和吃東西，精神脅迫和
凌辱，甚至以手槍威脅說要將他當場擊斃丟在公墓餵野狗等等
手段，全部都施展出來，企圖脅迫他承認是為中共臥底工作。
事件後不久，張建生就向《公論報》辭職，前往香港定居，經
過一段不短的時間休養，才在香港的《自由報》繼續擔任新聞
採訪的工作。

　　1962年1月，李萬居在台灣省議會第二屆第四次大會的質
詢中，提過此一事件，強烈質疑國民黨政權標榜有人權保障
的謊言，他同時提到了另一個案例。在張建生被恫嚇脅迫事
件的同一年12月27日，《公論報》的另一名記者許一君（亦名
明柱），1961年12月27日外出，突然被特務挾持，從此下落不
明，他的父母在苦等他30多年都看不到他的屍骨之後，淒苦抱
憾而病逝。許一君是一位傑出的新聞記者，特務對他的報導早

就多次提出警告；李萬居和雷震等人積極籌組政黨時，他曾熱心參與協助，傳聞『中國民主黨』的黨綱、黨章的初稿就是由他所撰擬。[6] 當年知道內情的新聞界人士，大多推斷他已經遭特務暗算了。（楊錦麟，1933：305、353；邱國禎，2007：333-334）

《公論報》創辦人之一，曾任《公論報》總經理的陳其昌，因該報會計主任，1949年向陳其昌借了三千元，「白色恐怖」時期，這位會計主任去自首，承認曾是台共組織人員，情治人員問他，錢是向誰借的，他說：是陳其昌，陳因此在1953年被依資匪罪名，判無期徒刑。（楊錦麟，1993：352；高晟「悼念陳其昌老先生」，http://www.strait-bridge.net/Big5/Yuanwang/YW0524__19.htm）

《公論報》之外，其他轟動大案還包括：台中《民聲日報》總編輯黃胤昌、編輯唐達聰1949年11月11日被控利用報社及學校宣揚匪黨毒素，打擊政府威信，從事造謠分化，兩人分處有期徒刑十年，黃胤昌判刑後，在監獄內又被控組織同監犯準備暴動，而被判死刑，後來被槍斃；同案陳正坤、林宣生（《民聲日報》編輯）兩人亦判處十年徒刑，其他同案黃鴻基七年，黃耀欽（省黨部人事科長）、鄭文導（省黨部組訓科長）及柯榮華、張南雷、丁靜、古若賢、趙篤先等人交付感訓。

《民聲日報》另一位助理編輯廖天欣，被控參加「台灣民主自治同盟」中部武裝組織（王再冀案），1950年7月25日被

---

6 根據傅正在「團結、組黨、爭民主──為紀念郭雨新先生過世一周年而寫」的說法，中國民主黨綱、黨章初稿，為夏濤聲所擬，此與楊錦麟的說法不同，本文收入郭惠娜、林衡哲（編），《郭雨新紀念文集》，臺北：前衛出版社，1988：92。

捕，判刑13年，至1963年8月1日出獄；另一位編輯蔡鐵城（原名蔡金城），戰後曾任嘉義《掃蕩報》及台中《和平日報》記者，二二八事變因暗中擔任謝雪紅「二七部隊」參謀長被捕，拘禁了3年，出獄後擔任台中《民聲日報》記者，兼台中縣議會議長李晨鐘私人秘書，1954年二度被捕，未經起訴、審判即被槍斃，農曆7月28日才通知家屬收屍，埋於台中大甲鐵砧山。（李敖審定，1991：19-21；廖天欣，1999：475-484、2001：34；官鴻志，1987：80-83）

前《南京日報》社長，綽號「龔大砲」的龔德柏，1950年3月來台後失蹤，差五天即滿五年，一家六口艱苦度日，太太因而削髮爲尼，經立委成舍我於1955年3月4日，在立法院總質詢公開此事，接著引起《自立晚報》重視，在「微言」、「天聲人語」專欄中提出呼籲，要求有關當局重視言論自由，速予審判或釋放（《自立晚報》，1955年3月4日、3月10日、3月22日），二年後，1957年3月，龔德柏才被釋放，恢復自由，3月9日《自立晚報》一版頭條獨家報導說，龔德柏因言論問題被政府拘禁感化近七年之久，恢復自由，並正式遞補國大代表。

《台灣新生報》曾是「二二八事件」時的重災區，從總經理阮朝日、總編輯吳金鍊到台中分社記者陳安南、嘉義分社主任蘇憲章、高雄分社主任邱金山，以及高雄印刷廠長林界都遇害，這是《台灣新生報》戰後第一波大整肅，當時受難者都是台灣人；1947年秋，《台灣新生報》改組，由蔣經國親信謝然之出任社長後，安插了許多中國籍員工，卻也因此在「白色恐怖」時期，揭開了《台灣新生報》第二波大整肅的序幕，受難者都是中國人。

　　五〇年代後期，真正的「匪諜」逮捕殆盡後，特務單位轉而清算歷史舊帳，利用大法官會議「釋字第68號」（1956年11月26日）解釋：「凡曾參加叛亂組織者，在未經自首或有其他事實證明其確已脫離組織以前，自應認為係繼續參加。」這項解釋文，卻因此成為特務羅織罪狀的尚方寶劍。換句話說，只要在中國跟「叛亂」組織（叛亂的定義特務說了算）有一些牽連，即使在台灣幾十年都安分守己，仍是在繼續叛亂。

　　改組後的《新生報》中國籍員工，不少人都有左翼的關係脈絡，因而成為有「前科嫌疑者」的所謂「潛匪」們，首先針對的是1933年的「閩變事件」（福建成立親共政府的事件）有關之所謂「福建幫」，首波逮捕對象是1957年的「黃爾尊案」。

　　戰後初期，黃爾尊曾任《台灣新生報》編輯，並在建國中學任教，同時亦為僑務委員會專門委員，案發時，他與中央社出身，葉明勳擔任《中華日報》社長時的祕書蘇衍，《台灣新生報》董事會祕書徐瀚波、地方通訊組主任路世坤等人同時被捕。徐瀚波、路世坤被捕，都判八年；蘇衍判刑10年，黃爾尊判無期徒刑，坐滿18年才出獄；其他牽連者都各判7至15年不等徒刑；《公論報》總主筆倪師壇則因知匪不報，判處6年徒刑，後病死獄中。（戴獨行，1998；李禎祥編，2002：40；李禎祥，《新台灣週刊》（第614期），2007.12.27）

　　1968年，國民黨特務組織「軍統」出身的調查局長沈之岳，為整肅「CC派」在調查局內部的「中統系」，利用中統旗下「福建省抗敵後援會」某一成員，於大陸失陷後出任中共福建省委的罪名，指控後援會是中共地下組織，後援會成員蔣海溶（調查局三處處長）、李世傑（調查局一處副處長，1949年來台

時，為廈門《中央日報》總編輯兼主筆，及《國民通訊社》發行人）、姚勇來（《新生報》編輯主任）、沈嫄璋（《新生報》黨政記者）、路世坤（《新生報》編輯）及陳石奇、鄧錡昌、林恂、余振邦等十餘人被捕，「福建省抗敵後援會」負責人，時任監察委員陳肇英等人雖出庭作證，但未被採認。

　　路世坤曾於1941年在福建被捕，來台後，任《自由日報》首任總編輯（1946年創刊於台中，發行人黃悟塵，社長陳茂林，為晚刊），1957年因「黃爾尊案」受到株連，被判刑8年，後來受調查局聘為雇員，協助調查局偵訊，減為5年，此後又因姚勇來、沈嫄璋案遭到逮捕。（周碧瑟，1996：260-261；李世傑，1995：92-108）

　　《新生報》第二波大整肅時，命運最悲慘的是「姚勇來、沈嫄璋案」。姚、沈兩夫婦，1945年曾在國民黨特務機關「中統局」福建統計室，會同第三戰區偵辦「羊棗案」時，同時被捕，經查明無罪釋放，兩人來台後，再與路世坤等人因「城固專案」被捕。被新聞界稱為「沈大姐」的沈嫄璋，原本主跑行政院長嚴家淦，以及蔣宋美齡和婦聯會新聞出名，是當時知名記者，她被捕後，引起新聞界極大震撼，沈移送調查局三張犁招待所審訊時，被調查局人員全身剝光逼供，最後不堪刑求上吊自殺，調查局甚至發布她「畏罪自殺」，並為她修築一個矮墳，同案，曾關在同一地點的蔣海溶，亦遭同樣命運，不堪受辱自盡。7（周碧瑟，1996：260-261；李世傑，1995：92-108）

　　沈嫄璋的丈夫姚勇來，與其他人都被判10至15年徒刑，但姚勇來另一個罪名是「違反基本國策」，1949年蔣介石撤退來台，因「二二八事件」影響，政策鼓勵台灣女子嫁給外省人，

當年發生已經結婚的外省人張白帆與台灣女子陳素卿相戀故
事，陳姓父母雖不知張已婚，但仍反對兩人婚事，張與陳因而
相約跳淡水河自殺，張以麻繩先將陳捆綁，然後捆綁自己，不
過卻留下活結，張因而獲救，事後各界吹捧張白帆是情聖，並
譴責陳家父母頑固，台大校長傅斯年還為此發起補葬陳素卿，
在《新生報》工作的姚勇來發現疑問，深入追查，因而揭發了
張白帆的謀殺陰謀，張後來因此案判刑10餘年，姚勇來則因
「陳素卿殉情事件」，被認為破壞基本國策而列入安全資料，
最後遭到整肅，連為他辯護的律師林頌和（亦是雷震案被告之一
馬之驌辯護律師），也被判5年徒刑（謝聰敏，1991：274；李世傑，
1995：92-108），姚勇來出獄後，在台北市頂好市場後巷的香江
大廈擔任管理員，兼賣香菸，九十年代病逝，終老於大廈管理
員之職。姚勇來的妹妹姚明珠、妹婿薛介民，都另案處死。

　　1969年案情擴大，《新生報》副總編輯單建周因被調查局
約談十餘次，怒懼交加，在台北市許昌街的一座大樓上，跳樓
自殺；隔年，該報經濟記者徐雪影也落網，被迫供出許多人
以換取「自新」，其中之一就是在抗戰期間與他結識的《台
灣新生報》副刊主編（有謂：資料室主任）童常，編輯陳石安、
程朱鑫等人，也一併被捕（戴獨行，1998；李禎祥等編，2002：40；
李禎祥，《新台灣週刊》（第614期），2007.12.27）。童常，本名童尙
經，1917年生，江蘇鎮江人。鎮江師範初中部畢業後，因父親

---

7 2009年10月24日，筆者參加台灣教授協會主辦的「中華民國流亡60年暨戰後台
　灣國際處境」學術研討會時，中央研究院社會學研究所吳乃德研究員說，本文
　提到的部分受難記者，根據未公布的口述資料，有一些人後來在受訪時，也承
　認他們的確是中共的潛匪人員。

經商失敗而輟學，赴上海《申報》圖書館工作，從而接觸左翼文學。1936年秋，他參加一個巡迴全國、宣傳抗日的「新安旅行團」，遠征西北與西南勞軍，由於這個因緣結識了一些左派朋友。官方資料宣稱他在1940年底加入共黨，在小組內擔任文化宣傳工作，並以該旅行團爲掩護發展組織活動。

童常在《新生報》期間，先後主辦《理想夫人》和《理想丈夫》徵文，1962到1963年間，在《新生報》副刊長期連載，博得好評，《新生報》在1963、1964年，先後出了兩本書，書名分別就是「理想夫人」和「理想丈夫」；因抗戰期的陳年往事被捕，1972年被綁赴刑場槍決。（戴獨行，1998；李禎祥等編，2002：40；李禎祥，2007年12月27日，《新台灣週刊》第614期）

《新生報》大整肅事件前後，另有林振霆案與李荊蓀案等兩件震撼新聞界的大規模整肅：林振霆案，主因是1958年「劉自然事件」而起；李荊蓀案，是因他在《大華晚報》撰寫「星期雜感」專欄批評當局，以及聯合新聞界，強烈反對修改「出版法」箝制新聞出版自由有關。

林振霆，廣東南海人，1948年7月來台，先入台北《經濟快報》擔任記者與編輯，1949年夏天《經濟快報》轉手經營前，轉往《成功日報》擔任採訪主任，二、三個月後，該報社長呂正之向台灣銀行冒貸鉅款事發被通緝，報社因而關門，後來前往嘉義《台灣日報》，1956年轉任基隆《民眾日報》編輯，白天兼任僑務委員會所屬《僑生通訊社》編輯。

林振霆被控罪名，是1946年夏天，進入上海新聞專科學校讀書，與共匪職業學生莊晴勳、江其才、孫毅等交往密切，1948年初，經孫毅吸收，在上海加入共產黨，1948年10月來台

後，與孫毅仍有聯繫，1949年開始做文字攻擊政府之活動。但實際上，林振霆被捕主要因1957年5月24日發生的「劉自然事件」有直接關係。[8]

「劉自然事件」發生後，時任記者的林振霆在現場採訪後，對示威過程做了過於詳細的報導，之後被控曾在美國大使館、中山堂及台糖大樓一帶鼓吹民眾與憲警爭吵，使事態擴大，事件後不久，他與中國上海新專同學戴獨行、李望、朱傳譽等多人就遭到祕密逮捕，被判處無期徒刑，在綠島關了25年才獲得釋放，1994年1月19日病逝台北（戴獨行，1998：10-63；李敖審定，1991：506-511；江南，1997：347-366）。林振霆同案受牽連記者，包括李望、戴獨行、朱傳譽、夏穌等人，與林振霆是上海中國新聞專科學校同學，其他人則與林振霆有公、私不等的關係，因此受到牽連。

李望本名李國章，與林振霆一起來台，也進入台北《經濟快報》擔任記者與編輯，該報轉手經營，李望進入《民本電台》當編輯，再到嘉義《台灣日報》任編輯，最後進入《中央社》攝影組工作；朱傳譽又名朱信，時任《國語日報》編輯，李望和朱傳譽被捕後，先在大龍峒與軍法處各自羈押了11

8　「劉自然事件」發生於1957年3月20日，當時駐台北的美軍士官雷諾槍殺國民黨革命實踐研究院少校學員「劉自然事件」，至5月23日，美方軍事法庭竟判決雷諾無罪，且依美國軍法規定，檢察官亦不得提起上訴，5月24日幾乎所有媒體都報導這件事，並嚴厲譴責，劉自然遺孀並至美國大使館抗議，最後該事件因為國民黨政權的軟弱無能，屈服於美國的壓力，致出現喪權賠款及道歉情事，再次造成台灣人民的示威暴動，造成1人死亡，5至6人受傷，台灣衛戍司令部還因此宣布台北戒嚴宵禁，事件中有111人被捕（包括數名記者），有46人被起訴，6月26日宣判，2人無罪、10人免刑、21人判處罰款或緩刑、7人分處1至6月徒刑。（邱國禎，2007：303-305）

個月,之後經軍事法庭裁定「交付感化」3年;夏龢被捕時爲
《中國廣播公司》記者,50年代,她在高雄擔任《台灣新生
報》南版（前身台灣新聞報）記者時,與南版採訪主任、知名報
人與新聞學者歐陽醇結婚,夏龢被關了兩個多月之後,因情節
較輕而「予以免究」。

戴獨行,1949年10月10日來台後,李望介紹他到《華報》
任助理編輯,實際上是晚上做校對,白天幫忙採訪;3個月
後,轉往台中《天南日報》台北辦事處擔任記者;1949年夏,
擔任《成功日報》記者。該報後來關門,當時朱虛白與范鶴言
買下《經濟快報》改爲《經濟時報》,朱兼任發行人和總編
輯。

1949年底,失業的戴獨行被其上海新專老師聘爲《經濟時
報》駐基隆記者,1950年春,朱虛白轉任省府新聞處長,放棄
發行人與總編輯職位,社長范鶴言找來中央銀行老部下何尹
仁接任總編輯,戴獨行升任台北記者,並兼《國語日報》記
者,1952年進入《中華日報》當記者,他也因爲採訪「524事
件」,牽涉「林振霆案」,同年在《中華日報》宿舍內被捕,
坐牢5年,罪名是「知匪不報」。

含冤5年的戴獨行,1998年他將這段漫長的牢獄歲月,現
身說法完成《白色角落》一書,紀錄一名記者對於白色恐怖時
代的親身經歷,爲五零年代國民黨政府對台灣言論自由的箝
制,以及對新聞界進行的大規模肅清事件,做了重要的歷史見
證。（戴獨行,1998:10-66）

受「林振霆案」連累的新聞工作者,還有《中央日報》記
者孫錦昌,他因和林振霆、李望同事過,還和李望在武昌同住

過，加上「自白」曾因爲好奇，寫了一封信給台共領袖謝雪紅，加重涉嫌，孫被捕、保釋後，辭去報社職務。擔任過《新生報》南版採訪主任的知名文藝作家尹雪曼，也因林振霆案受牽連，據推測，可能在大陸時期，李望任上海《益世報》記者時，尹雪曼是該報採訪主任，因爲是李望的上司受連累，幸經文壇名人陳紀瀅、王藍奔走，尹雪曼才獲得保釋。9

　　「公論報案」、「林振霆案」、「新生報案」是五、六零年代新聞界最大的整肅事件，七零年情治單位祕密逮捕《大華晚報》董事長李荊蓀，是《自由中國》雷震案之後，最震撼新聞界的事件，同案被捕的還有《中華日報》南部版總編輯兼副總主筆俞棘。

　　李荊蓀被捕時只有55歲，他最爲新聞界樂道的是，自1957至1970年間，連續在《大華晚報》撰寫「星期雜感」專欄，並在1958年聯合新聞界強烈反對修改「出版法」箝制新聞出版自由，但這兩件事，卻也成爲警備總部起訴李荊蓀的理由，說他「參加匪黨，潛伏新聞界，爲匪活動，企圖以非法手段顛覆政府，並付之行爲」，來打擊政府威信，以達共產黨新聞統戰及分化離間的陰謀。

9　尹雪曼出獄後，1968年王洪鈞在教育部文化局長任內，被延攬當主管美術、音樂、舞蹈等業務的第二處處長；李望擔任《民本通訊社》主任，朱傳譽回到《國語日報》負責專欄編譯，並在世新專任講師，再到政治大學新聞研究所任教，後來成為鑽研新聞史的知名新聞學者，也是兒童文學作家；戴獨行則先在台北私立再興中學當職員，並替《聯合報》影藝版翻譯稿子，1964年進入《聯合報》擔任記者，以及美國《華美日報》美國及香港影視版主編、泰國《世界日報》影視版主編、《歌唱雜誌》總編輯等；夏蘇保釋後，轉任《中國電視公司》新聞部編輯。

　　李荊蓀被控參加匪黨的證據，是1946年來台創辦《中外日報》的鄭文蔚，李荊蓀曾爲他介紹寇冰華來台主持編務，二二八事變發生後，該報被以「鼓動」嫌疑而遭停刊處分，鄭文蔚事先得到消息潛返中國，這些經歷，成爲治安單位逮捕他的罪狀。調查人員指控他在1935年即加入共產黨，並與鄭文蔚、寇冰華、俞棘等人被編入「匪黨文運小組」及「滲入中央日報工作等藉機解放台灣」；俞棘除寫文章批評政府外，早年也加入共產黨，還有「閱讀匪書《藝術論》及閱讀匪黨刊物數十冊所作之筆記、信件等」之證物，調查人員並從其家中搜到一封李荊蓀提到「對不流血革命還不死心，再試一試，報紙是方式之一」的信件，成爲指證李荊蓀的重要證物。（郭冠英，1996:145；陸鏗，1999：470-480；彭家發，2000：155-212；邱國禎，2007：417-418）

　　情治機關是先逮捕俞棘，再抓李荊蓀，辦案模式與「自由中國事件」案如出一轍，李荊蓀因本案先被判無期徒刑，後來改判15年有期徒刑，前5年被關在綠島監獄，後10年轉往台北土城「生教所」；俞棘判處5年徒刑。李、俞兩人在1971年6月12日被起訴時，外界才知道兩人早在1970年11月17日，已被警備總部拘押一段時間。

　　李荊蓀入獄的原因，眾說紛紜。作家張繼高說，主因是李荊蓀早年擺明不與蔣經國合作，又在《大華晚報》上反對「出版法」；邱國禎根據新聞界和政治界傳言，提出兩種說法，一說他們在報上所寫的言論犯了蔣政權的禁忌，一說是受到蔣經國和周至柔爲了行政院長職位的鬥爭所波及。（郭冠英，1996：145）

　　曾任保密局偵防組長的谷正文指出，李荊蓀案發生的原因，在於調查局的「沒事找事，入人於罪」，當年每周一次由蔣經國主持的情報會議中，調查局一直無事可以報告，後來調查員獲悉李荊蓀常到香港，因此憑著一股「職業敏感」，設想他是匪諜，進而查出中央政治學校畢業的李荊蓀，有個中學同學當上共產黨的中央委員，再一路查出「行跡可疑」，李荊蓀因此被當成匪諜而冤枉下獄。（谷正文，1995：195-196）

　　在所謂「檢肅匪諜運動」時期，抓人或槍斃是理所當然之事，但李荊蓀案所以震撼新聞界，是因為他出身國民黨機關報《中央日報》，殺雞意味相當明顯。李荊蓀早年曾經任職於國民黨中央宣傳部、南京《中央日報》總編輯；《中央日報》遷移台灣發行第2年，發生「錯字案」，幾位撿字員、校對及編輯被以匪諜嫌疑逮捕，李荊蓀則遭到調職。1954年，他自請停職，先後前往日本、美國進修，1957年回台後，先後擔任《中央日報》總主筆和《中國廣播公司》副總經理，退休後任《大華晚報》董事長。李荊蓀被捕時，還兼《聯合報》主筆及「國家安全委員會經濟建設計畫委員會機要祕書」。（陸鏗，1997：470-480）

　　除前述重大案件外，六零年代另有許多新聞界人士因種種原因遭受查詢、約談、監禁、判刑而身繫囹圄者，不在少數，最著名的事件，除了「自由中國事件」外，就是「文星雜誌」事件，[10] 作家李敖被扣上叛亂而判刑入獄。

　　但到底有多少新聞工作者受到文字獄的迫害，一直是個謎。可以找到資料，包括《中華日報》採訪組副組長周君平，他與《新生報》沈嫄嬋兩人，在戴獨行於安坑坐牢期間，連袂

前往會面，幾年後，兩人先後被捕坐牢；曾任《經濟時報》總主筆的王沿津，《中國時報》記者李慶榮，也都因文字得罪當道而入獄，《聯合報》記者楊蔚（作家何索），與戴獨行為同時期的受難者；《中央日報》印刷廠長何金章，因為把「偉大的」蔣總統誤印成「偉小的」蔣總統，包括他及編輯、校對在內，都被當成匪諜法辦；1964年「彭明敏事件」發生後，除魏廷朝、謝聰敏等多人被捕之外，新聞記者又與彭明敏有親戚關係的陳炳煌，在訪問彭明敏兄妹之後也被捕。（戴獨行，1998；謝聰敏，1991：295）

　　1966年6月23日端午節當天，《自立晚報》第四版刊出張化民「觀念、思想及中國文化自序」一文，[11] 內有「至於較年老及快入棺材的一代，則如墮落湍流的將溺者，竟把所能抓到的在漂流中的一根草桿或一片樹葉都當成救生圈，雖明知自保尚且不遑，卻還在做著我們國家民族的舵手呢！」之語，有關方面認定有影射蔣介石不敬之意，張化民被移送法辦，當局並

---

10 《文星雜誌》由蕭孟能創刊於1957年11月，1961年李敖等年輕人加入後，大力提倡現代化，極力宣揚西方民主科學，掀起中西文化論戰，接續了《自由中國半月刊》的市場，填補了《自由中國》被停刊後的空缺，發揮文化思想啟蒙工作，惟也因此遭到當局的注意，1965年發行第90期時，被下令停刊一年，次年又以「不宜復刊」為由而告終。（李筱峰，1999：64-65）

11 張化民，原籍中國山西，在中國時期是一位反共學生領袖，曾任「全國學生聯合會」會長，在閻錫山任行政院長時代，經常出入院長室，1949年隨蔣介石來台後，曾任《公論報》記者，他在1966年，曾為文批判蔣介石「自以為是的民族救星」，被判處8年徒刑，刑滿後再送感化2年，1975年出獄，將獄中所寫的《中國文化之診斷》交出版社出版，才一出版就遭查禁，1978年1月負責主編《今日府會》月刊，剛出刊就立即受到停刊處分；蔣介石去世後，蔣經國上台，1979年他響應國民黨黨務革新的文章「中國統一與中共統戰問題之探討」，沒想到因此換來8年徒刑，前後總共坐牢18年。（邱國禎，2007：475-477）

希望社長吳三連易人，最後延聘國民黨籍省議員李雅樵接任
《自立晚報》社長。（《自立晚報40年》，1987）

　　前中廣導播崔小萍，1968年6月因梁紹和叛亂案，供出16
歲就讀劇校時，曾加入奸黨組織，被調查局逮捕，至1977年才
減刑出獄。崔小萍另一個匪諜證據是，警總在她的電話聯絡
本發現「白克」這個名字，[12] 問與他是什麼關係，她據實以告
說，因曾輔助大專院校話劇社、中廣公司與日本NHK合作，
以及轉播「蔣介石」第三次連任時，經常商請台灣電影製片
廠工作人員協助商借佈景，白克是台製廠長，所以認識，她
說糊里糊塗被關了近10年，都還不知道，白克到底犯了什麼
罪（崔小萍，2001；黃仁主編，2003：46-47、83-94）；1972年，高雄
《新聞報》記者程之行，匪諜未自白，囚禁逾10 年（彭家發，
2000，170-171）；《中國文選》主編朱傳譽，因刊登抗日烈士、
中共新四軍將領魯雨的抗戰愛國文章，被判處七年刑期。（戴
光育，2007：51）

　　黨國抵制管制下的國民黨政權，因為深畏人言，經常藉故
泡製一些沒有根據的事由羅織罪名，其實多數遭迫害者不過是
善意盡言責發表批判言論，有些甚至發表與政治無關的文章，

---

12 白克導演，1914年生於廈門，廣西桂林市人，廈門大學教育系畢業，1937年考
　取公費留學，赴莫斯科電影學院深造，但因中日戰爭爆發，他放棄留學，追隨
　桂系軍人白崇禧將軍從事戲劇文化宣傳工作，1945年日本戰敗投降，再隨白崇
　禧將軍赴台拍攝「中國戰區台灣省受降典禮」，並負責接收日本人的「台灣映
　畫協會」、「台灣報導寫真協會」，合併為「台灣電影設製廠」，擔任「台灣
　電影設製廠」第一任廠長，且拍攝戰後台灣第一部台語片「黃帝子孫」。1962
　年，白色恐怖時期，被依匪諜罪名入獄，1964年2月22日被判死刑槍斃。（黃
　仁主編，2003：83-94）

卻被曲解爲散播匪僞言論而遭到逮捕感化。

　　像老報人童軒蓀就是最荒謬的例子，他因被檢舉與匪諜案有關，1949年11月8日深夜，在家裡被搜索之後押走，並在保安處關了三個月，雖查無罪證，最後仍以搜索到一本馬克吐溫著的《湯姆歷險記》做爲證據，情治機關認爲馬克吐溫與馬克思可能是一家人，而被以「思想左傾、意志不堅」爲理由，交付內湖「新生營」感訓7個月（江南，1997：246-247；王天濱，2005：194）；《新生報》南部版校對王泛洋，被控於國共和談期間爲匪宣傳，並於武漢大學就讀時發動學潮，王於1952年1月9日經《新生報》校對同事檢舉被捕，被判交付感化。（李教審定，1991）

　　1970年3月，菲律賓《華僑商報》社長于長城、總編輯于長庚，也被控在菲律賓連續以文字爲匪宣傳，經警備總部軍法庭判決于長城交付感化三年，于長庚交付感化二年。（《聯合報》1970年5月6日，第二版）

　　五、六零年代新聞界整肅事件，大多數是1949年由中國來台的外省籍記者居多，這樣的現象，一方面是因戒嚴體制所形成的「檢肅匪諜運動」而起；另外則因「二二八事件」之後，台灣的本省籍新聞記者多因此退出文化言論界。至七零年代，「黨外運動」逐漸興起，黨外人士紛紛以創辦雜誌，來突破報禁與言論禁忌，但也因此招來停刊，甚至牢獄之災。

　　首先是「台灣政論」雜誌事件，《台灣政論》月刊社1975年8月創刊，是延續1973年《大學雜誌》分裂後，13 離開國民黨的年輕知識份子許信良、張俊宏，與在野精英康寧祥結合，所創辦的政論雜誌，由黃信介任發行人，康寧祥任社長，張俊

宏任總編輯，法律顧問則聘姚嘉文擔任，曾任礁溪鄉長，因案遭停職的張金策，以及1967年因林水泉事件被捕，1975年甫出獄的黃華兩人擔任副總編輯，該刊是繼《自由中國》、《大學雜誌》之後，批判官僚制度上，發揮相當程度的功能，最後因刊登邱垂亮教授的「兩種心向——和傅聰、柳教授一夕談」，被依涉嫌煽動判亂罪名勒令停刊1年，1年後再被撤銷登記，但兩位副總編輯張金策被以貪污罪判刑10年，後來偷渡出境，解嚴後才回國；黃華則依「叛亂罪」，判處10年徒刑，再次入獄（史明，1980：1116-1117；李筱峰，1999：84-86）。《台灣政論》14 總共只出了5期，壽命雖短，但卻引導了黨外雜誌的興起。

　　1979年4月創刊《富堡之聲》，出刊四期即遭查禁，5月12日被依「違反台灣地區戒嚴時期出版物管制辦法」查封，同年10月總編輯李慶榮即遭逮捕，情治機關還以「爲匪宣傳」案，推上舞台公演（審）；在李慶榮被捕前兩個月，負責人洪誌良也以涉嫌「爲匪統戰」被捕。（史明，1980:1121；邱國禎，2007：493-494）《富堡之聲》之後，1979年4月27日，由主跑台灣省議會新聞的《中國時報》記者陳婉眞，及《台灣日報》被國防

13　《大學雜誌》，創刊於1968年，是由數位知識青年所創刊，原本只是一本文化思想刊物，1970年代初，正當台灣的國際地位挫跌，蔣經國準備接班之際，一群青壯知識分子，透過《大學雜誌》，發出維新變法的改革呼聲，經過兩年的集體論證，1973年元月分裂，楊國樞辭去總編輯，原來列有社長、總編輯及10名編輯委員的名單，自元月號（61期）的雜誌不再出現。（李筱峰，《台灣史100件大事》下，1999：80-83）

14　《台灣政論》雖然只出了5期，但卻成了民主運動分水嶺，從《台灣政論》到1986年民主進步黨成立的11年間，掀起政論雜誌的風潮，包括了：《八十年代》、《亞洲人》、《暖流》、《夏潮》、《春風》、《李敖論政系列》，以及鄭南榕的《自由時代》等黨外運動的宣傳刊物紛紛創刊。

部強權介入收購而離職的採訪主任吳哲朗兩人所創辦的地下報紙《潮流》，[15] 因強力報導省議會黨外省議員新聞，同年8月7日，警備總部逮捕了陳博文（《美麗島雜誌》編輯委員、《民眾日報》台中市辦事處主持人），及楊裕榮（印刷廠負責人），經陳婉眞在紐約北美事務協調委員會辦事處絕食，以及吳哲朗出面說明後，陳、楊兩人才以2萬元交保。（邱國禎，2007：469-471）

　　「潮流事件」之後，除因「美麗島事件」而遭停刊的《美麗島雜誌》及大逮捕外，《國際日報》事件是報禁解除前夕，最引人矚目的新聞界逮捕案件。

　　《國際日報》事件發生於1985年9月17日，時為高雄市私立國際商專及國際商工董事長李亞蘋被捕，理由是李亞蘋與其夫陳韜在美國洛杉磯辦的《國際日報》，主張三通，且經常發表有利於中共的言詞，李亞蘋本人還曾採訪中國駐美大使柴澤民，觸犯懲治判亂條例。李亞蘋被捕後，翌日，美國國務院發表強硬聲明，以李亞蘋擁有美國永久居留權，其所辦報紙在美國發行，受美國法律保護為由，要求台灣當局「立即檢討本案，釋放李女士，不宜多所延誤」，26日，美國眾議院也通過決議案，要求台灣當局立即釋放李亞蘋，撤回所有控罪，並為她返美提供方便。同日，警備總部將李亞蘋「具保開釋」。計李亞蘋於9月17日被捕，26日獲釋，前後共10天。（尤英夫，

---

15 《潮流》其實只是一張八開大的小型手抄油印報紙，1979年4月27日發行第一號，標榜的是「最原始的報紙，反映最純真的民意」，並且向違憲30年的「報禁」政策和歪曲的輿論報導表示強烈抗議。因為台灣省議會是當時台灣政治舞台熱度最高的中心，《潮流》乃以省議會做為報導重心，在省議會開會期間每天出刊一張兩面，休會期間則不定期出刊，之後在國民黨省議員發動圍剿下，台中縣政府奉命採取查扣行動，總計只發行103天，46期。

1987：221-237；《中國時報》、《自立晚報》，1985.09.27）

　　在國民黨黨國體制下，因匪諜案被判刑、槍決案件難以數計，警備總部宰制新聞媒體的權力相當大，多數人也可能被教化而認爲理所當然，資深演員孫越在「爲白克導演叫屈」一文回憶說，當年他對於白克導演被判死刑一案，他是認同「寧錯殺一百，不錯放一個」的政策，直到1981年他受洗成爲基督徒之後，因認識許多白色恐怖案件的家屬，日後都成爲基督徒後，以及認識了白克遺屬，在回憶白色恐怖時期所遭受的磨難，他才知道「寧錯殺一百，不錯放一個」是一件不對的事。（黃仁主編，2003：49-50）可見在這樣體制下被馴化，而仍認同國民黨當年政策無誤的人，的確大有人在，新聞界更是其中一員。

表5：白色恐怖時期因匪諜或類似案件被捕、判刑 的新聞界人士簡表

事件	發生日期	案由	備註
四六事件	1949年4月7日	台大及師大發生的「四六事件」中，《新生報》〈橋〉副刊主編史習枚（即歌雷）與董佩璜（張光直《蕃薯人的故事》記載爲《中華日報》記者，《公論報》當時報導稱爲《成功日報》記者），兩人因此事件與同案20餘名被告被關四個月。〈橋〉於1947年	1. 張光直，《蕃薯人的故事》（1998:63-79）。 2.《台大四六事件資料蒐集小組總結報告》（1997:26-30）。 3. 邱國禎，《近代台灣慘史檔案》（2007：111-112）。

事件	發生日期	案由	備註
		8月1日出刊到1949年4月12日停刊，總共出了223期，遭停刊的導火線是「四六事件」，但〈橋〉所刊登大量的「左翼」文學作品，也成為當局注意目標。 這一波被逮捕的新聞界人士，尚有日治時代作家、時為《力行報》副刊主編楊逵，以及《力行報》主要幹部，包括社長等人都被捕。楊逵甫於1949年1月發表「和平宣言」，特務機關已開始佈署逮捕行動，不久又發生了「四六事件」，楊逵因「和平宣言」事件判刑12年徒刑。楊逵、史習枚兩人被捕，被認為與當時太熱衷推動台灣新文學運動有關。	
華東局潛台間諜黃胤昌等叛亂案	1949年11月11日	黃胤昌（《台中民聲日報》總編輯）及編輯唐達聰利用報社及學校宣揚匪黨毒素，打擊政府威信，從事造謠分化，兩人分處有期徒刑10年，黃胤昌於判刑後，在監獄內又被控組織同監犯準備暴動而被判死刑，並槍斃；同案陳正坤、林宣生（《民聲日報》編輯）兩人判處10年徒刑，其他同案黃鴻基七年，黃耀欽（省黨部人事科長）、鄭文	1. 李敖審定，《安全局機密文件──歷年辦理匪案彙編》（1991）。 2. 廖天欣，《李萬居先生百歲冥誕追思紀念冊──反帝、反獨裁的鬥士李萬居前輩》（2001）；《人權之路──台灣民主人權回顧》（2002：17）。

事件	發生日期	案由	備註
		導（省黨部組訓科長）及柯榮華、張南雷、丁靜、古若賢、趙篤先判感訓。	
袁錦濤外患案	1950年3月	王光熹（前海南島海口《中央日報》採訪主任），被控受俄國情報員，時任美國合眾社記者袁錦濤收買，就近在台灣、海南島搜集軍政情報，袁判2年，王判1年半，盧伯臣（電信局報務員）判1年。	李敖審定，《安全局機密文件——歷年辦理匪案彙編》（1991）。
汪聲和李朋外患案	1950年3月1日	李朋（曾任中央社記者，兼職法新社）接受蘇聯塔斯社記者收買，潛赴台灣，假借新聞記者及省府新聞處英文祕書名義，參觀軍事基地等，搜集情報，被捕後判處死刑。同案汪聲和等人分處死刑、10年不等徒刑。蘇漢江（也是新聞記者）感訓處分，同案尚有中央社攝影記者秦凱、美新處職員孫成煜、空軍電台朱慕陶等人。	李敖審定，《安全局機密文件——歷年辦理匪案彙編》（1991）；《人權之路——台灣民主人權回顧》（2002：17）。
匪中央社會部潛台間諜蘇藝林叛亂案	1950年5月8日	《國語日報》編輯于菲（原名朱芳春，化名王實）為中共社會部潛台匪幹，發展組織，被控一度爭取孫立人將軍、游彌堅未果，本案於偵破前逃離台灣，餘涉案18人分處死刑、15年、10年不等徒刑。	李敖審定，《安全局機密文件——歷年辦理匪案彙編》（1991）；《人權之路——台灣民主人權回顧》（2002：17）。

事件	發生日期	案由	備註
陸效文叛亂案	1950年6月	陸原任《瀋陽日報》總經理，利用中央政治學校同學關係，發展組織，以文化人姿態打入新聞團體掩護活動，本案為曾涉案之新生報記者李蔚榮檢舉而破獲，全案計有陸效文、陳道東等11人涉案，6人死刑、1人無期、2人7至8年。	李敖審定，《安全局機密文件——歷年辦理匪案彙編》（1991）；《人權之路——台灣民主人權回顧》（2002：18）。
李建章叛亂案	1951年2月15日	李建章（29歲，苗栗人）被控成立匪新竹區竹南區委會，利用新聞記者身分出入機關學校吸引黨員，發展組織，判處死刑。全案計有李建章、詹俊英等十五人涉案，兩人死刑，六人十年。	李敖審定，《安全局機密文件——歷年辦理匪案彙編》（1991）；《人權之路——台灣民主人權回顧》（2002：19）。
陳其昌案	1953年	《公論報》創辦人之一，曾任該報總經理，因「意圖煽惑民心」、「意圖變更國憲」及資匪罪被叛無期徒刑。	楊錦麟，《李萬居評傳》（1993）。
熊琰光案	1953年6月23日	江流（《中華日報》南部版編輯組長），1947年5月來台後，介紹匪徒徐近入該社工作，並由徐妻成立南部新聞事業接管委員會，任委員，再利用報社為基地，渲染消息，竄改已排版文字，利用內幕新聞為題材，混淆視聽，迷惑讀者意識。其與同案四要犯均處死刑，於	李敖審定，《安全局機密文件——歷年辦理匪案彙編》（1991）；《人權之路——台灣民主人權回顧》（2002：20）。

事件	發生日期	案由	備註
		1955年11月8日執行完畢。全案計有熊琰光、楊紹禹等十二人涉案，六人死刑，一人十五年。	
張雅韓案	1954年2月10日	《公論報》記者高慶豊，被控受潛匪張雅韓吸收蒐集我軍情，判處10年徒刑。張雅韓、陶融死刑。	李敖審定，《安全局機密文件——歷年辦理匪案彙編》（1991）；《人權之路——台灣民主人權回顧》（2002：21）。
台灣民主獨立黨案	1955年11月15日	李傳茂（某報駐宜蘭地方記者）與廖招明（本案宜蘭線領導人）、李福順（李傳茂弟弟，任職鐵路局工務段）、郭振坤（留日回國）、蔡添懋（宜蘭縣政府）、陳振澄等六人被控參加廖文毅台獨組織被捕，除廖招明被調查局吸收赴日，其餘五人均未經法律審判程序，被調查局拘留1年，郭振坤1962年10月第二次被捕，關了五年。	張炎憲、胡慧玲、曾秋美採訪紀錄，《台獨運動的先聲——台灣共和國》上冊（2000：326-339）；同案日本《每日新聞》台北支局記者廖史眼（台灣民主獨立黨領導，台灣共和國臨時大統領廖文毅姪兒）兩次被約談。
新生報宋瑞臨叛亂案	1957年1月14日	《新生報》編輯宋瑞臨（被捕前調往彰化擔任特派記者），《徵信新聞》編輯周西，被控主導偽民盟之民社黨革新派（民革派）潛台匪黨，擔任宣傳處長及副處長，228事件時，與吳敏軒、汪大偉等發起組織「228事件後援會」，企圖聯合本省人	李敖審定，《安全局機密文件——歷年辦理匪案彙編》（1991）；《人權之路——台灣民主人權回顧》（2002：21）。

事件	發生日期	案由	備註
		與外省人一致反抗政府，宋、周分別判12年及10年徒刑。全案涉案十人，兩位女作家叢靜文、夏梅，前者交保，後者是文藝評論家王集叢的太太，因「知匪不報」判三年。	
林振霆叛亂案	1957年5月31日	林振霆（《基隆日報》編輯，兼《僑生通訊》主編，被捕時任《聯合報》記者）、戴獨行（《中華時報》記者）、溫維馨（印刷廠經理）、李望（嘉義《台灣日報》編輯主任）、朱傳譽（《國語日報》編輯）均為上海中國新聞專校畢業生，上海就讀期間參與匪偽組織，來台後進入新聞界，似有以合法身分繼續為匪活動。林判處無期徒刑；戴獨行知匪不報5年，溫判10年，李望交付感化，後轉入中央社任攝影記者，朱交付感化。其餘上海新專同學夏龢（台廣記者，後任職中視）、席淡霞（國語實小教師）、陸靜珍（建中教員）、嚴仲熊（中央社編輯）思想雖左傾，情節輕微交保省釋。	李教審定，《安全局機密文件——歷年辦理匪案彙編》（1991）；《人權之路——台灣民主人權回顧》（2002：21）；陸鏗，《陸鏗回憶與懺悔錄》（1997）。

事件	發生日期	案由	備註
福建幫黃爾尊案	1957年	倪師壇為《公論報》總主筆，知匪不報處六年徒刑，後病死獄中，黃爾尊無期；其餘八人七至十五年，路世坤等人因案受到株連，被判刑八年，後來受聘為雇員，協助調查局偵訊，減為五年。	楊錦麟，《李萬居評傳》，1993；謝聰敏，《談景美軍法看守所》（1991：274）；《人權之路──台灣民主人權回顧》（2002：21）。
徐英案	1967年	摩里西斯《中央日報》總編輯徐英，1949年赴北就讀大學，1967年路經台灣參加華人報紙負責人聚會時，遭到總部逮捕，判刑十五年。	王天濱，《新聞自由：被打壓的台灣媒體第四權》（2005：194）。
姚勇來、沈嫄璋夫婦案	1968年	屬於特務組織「中統」旗下「福建省抗敵後援會」某一成員，於大陸失陷後出任中共福建省委，後援會成員蔣海溶（調查局三處處長）、李世傑（一處副處長）、姚勇來（《新生報》編輯主任）、沈嫄璋（《新生報》黨政記者）、路世坤（《新生報》編輯）及陳石奇、鄧錡昌、林恫等十餘人被捕，沈嫄璋原本主跑行政院長嚴家淦新聞，是當時知名記者，卻在本案中不堪受辱自盡，蔣亦遭同樣命運。 路世坤早在《公論報》總主筆倪師壇案即受到株連，此次又遭逮捕；姚勇來也因「陳素卿事	謝聰敏，《談景美軍法看守》（1991：85-136）；李世傑，《調查局研究》（1995）。

事件	發生日期	案由	備註
		件」被認為破壞基本國策而列入安全資料，最後遭到整肅。	
崔小萍案	1968年6月5日	崔小萍（《中廣》導播），因梁紹和叛亂案供出16歲就讀劇校時，曾加入奸黨組織，被判10年徒刑，1977年減刑出獄，被關9年多。	崔小萍，《天鵝悲歌——資深廣播人崔小萍的天堂與煉獄》（2001）。
李荊蓀、俞棘匪諜案	1970年11月17日	李荊蓀（前南京《中央日報》及台北《中央日報》總編輯）時任《大華晚報》董事長，1971年2月18日起訴時被指控於南京《中央日報》時期指使記者陸鏗揭發揚子公司案，並於1957年至1970年大華晚報「星期雜感」專欄中抨擊政府反對修改出版法，1972年3月7日判處無期徒刑，因蔣介石逝世減刑為15年，1985年11月17日出獄。1988年2月12日心肌梗塞猝逝。同案俞棘（《中華日報》南部版編輯），與李為福州《南方日報》同事，判處3年徒刑，他被捕後，始終未送軍法看所守，一直囚禁在調查局，開庭期間直接送往軍事法庭作證，指控李荊蓀加入共產黨。	陸鏗，《陸鏗回憶與懺悔錄》（1997：470-480）；謝聰敏，《談景美軍法看守》（1991：274）；李世傑，《調查局研究》（1995）。

事件	發生日期	案由	備註
童常案	1970年 5月29日	童常（《新生報》副刊主編）、徐雪影（《新生報》經濟記者）、沈源嬉（《新生報》記者）在逃亡中被殺。周君平也因案牽連遭偵訊，王彤（前《徵信新聞》記者，駐美派員，時任《台灣日報》採訪主任）因違反總動員法被捕。	歐陽醇，《歐陽醇信函日記——台灣媒體變遷見證》上冊（2000：181）；李世傑，《調查局研究》（1995：418-419）；李敖審定，《安全局機密文件歷年辦理匪案彙編》（1991）。
程之行案	1972年	程之行（前教育部文化局處長，高雄《新聞報》記者）匪諜未自白，囚禁逾10年。	彭家發，《新聞學勾沉》（2000）。

（本研究整理）

（3）新聞產製隨時受監督與檢查：

　　戒嚴體制的台灣報紙，隨時處於「有關單位」的監督之下，新聞工作長期處在一種相當有限的新聞自由中運作。即使在六、七零年代後，新聞工作者仍籠罩在「白色恐怖」的陰影與威脅之下，「編採人員在從事編採作業時，依然小心翼翼，俯首貼耳，乖順習慣於自我檢查和事先『消毒』」。（戴獨行，1998：210）

　　在黨國體制下，有權對報紙進行監督的「有關單位」機構，包括：總統府、台灣省保安司令部（台灣警備總司令部前身）、調查局、情報局、中國國民黨第四組（中央文工會前身）、警察局、行政院新聞局、省政府新聞處，以及各縣市地方政府的新聞室等。特別是1971年被迫退出聯合國、1972年美國總統

尼克森訪問中國大陸，並發表《上海公報》等國際局勢變化擠壓下，國府外交形勢陷入困境，在島內，黨外成軍，氣勢高漲，已逐步威脅到國府政權的權威性。此時，國府遂加強對報業的控制，以求穩住陣腳。除了持續緊抓台灣報紙登記證額度不開放，讓報紙總數維持卅一家不變；其次，加強與新聞界聯繫，從1977年6月至11月間，國府先後舉辦5次黨政要聞記者及各報總編輯、總主筆及採訪主任座談會，以掌握報紙言論走向。國府同時印發宣傳通報，提示新聞宣傳重點及政策要求；國民黨也針對各類媒體分別舉辦時事座談，積極加強輿論指導（中國國民黨中央委員會黨史委員會編，1980：586-587；林麗雲，2000：116）。

在這樣威權體制下，報社採訪部門負責人，每天承受來自各方面的壓力與管制，動輒得咎，也因此早已養成「自我檢查」的慣性反應。新聞主管除了自我檢查，有關單位為了監督報社內容，也會採取「事前指示」及「事後檢查」的監控手段，而為了讓新聞控制滴水不漏，產生嚇阻作用，也會對新聞從業人員採取監控、約談、干預等手段。

(a) 事前指示：

所謂「事前指示」，即是當某一國內或國外之重大新聞事件，有關單位人員認為可能對國家、政府或元首有不良影響時，立即一一通知報社編輯主管人員，對新聞做淡化處理，或者乾脆禁止刊登；成為各報編輯部之上的「太上編輯部」。

王曉寒形容這種「事前指示」是：「每當處理重大新聞的緊張時刻，所有與『新聞管制』或名為『協調』與『連絡』的

有關單位的主管，都『責無旁貸』地『關切備至』，有政策性的指示，也有技術性的建議。」（王曉寒，2000：57）在有關單位的事前指示下，報紙固沒有刊登新聞的自由，也沒有不刊登的自由。

1970年4月24日在美國發生的「蔣經國被刺殺案」，新聞界處理這則新聞發生的許多困擾，歐陽醇說：「25日凌晨一時台北已收到外電，深夜無法請示，日報都不敢照發，到25日上午，起先晚報也不能登，到11時又說可以，中央社乃發出可以見報的新聞稿，各晚報都據以刊登，可是到中午11時，又傳出不能刊的指示，各晚報又收回消息，延到下午3時再次說可以，唯需依中央社稿為準。25日晚，龔聲濤（國民黨第四組總幹事）電話各報不能渲染，所以26日各報都是中央社的消息。」（續伯雄輯注，2000：155）當時只有《台灣新聞報》有發自紐約的目擊報導。

戒嚴時期，警備總部的影響力無所不在，那是個風聲鶴唳、動輒得咎的時代。警總動不動就指示「不准報導」（不需要任何理由），俞國基回憶說：「有一次，一架國軍訓練機因引擎故障，掉落在高雄岡山鄉間，砸壞了幾間民房，造成死傷，這是地方大新聞，但是晚上警總南部值星官撥電話給我（時任《台灣時報》總編輯）說：『這則新聞你們有嗎？』我回答說：『有啊。』警總值星官說：『我只告訴你一句話，不能見報！』警總說不能做就是不能做，第二天，所有報紙都沒有這則新聞。」俞國基說：「那時，警總就是新聞主宰！」（何榮幸、台大新聞研究所策劃，2008：150）

其他例子：1971年5月，應蔣總統之邀，前來台北訪問4天

的沙烏地阿拉伯國王費瑟，1975年3月25日，被他的姪兒行刺身亡，震驚全世界。如同以往一樣，凡是國家元首遇刺的新聞，有關單位嚴格要求「淡化處理」。用意是避免我們國內會有人效法，會危及國家元首安全；1972年，美國總統尼克森到中國訪問，台灣當局對媒體下了三點指示：不能刊登照片、不要自譯外電、不許作頭條新聞。（續伯雄輯注，2000：321）1974年尼克森因水門案被彈劾，因中央黨部四組有交代，台北各報處理都很保守謹慎，而且無一篇短評。（續伯雄輯注，2000：481）

　　1975年雙十國慶日，台灣省政府主席謝東閔，在家中被一枚郵包炸彈炸傷，立刻被送去醫院，這也是在台灣沒有發生過的重大事件。有關單位以各種的壓力，規定一律使用由政府機關發布的「通稿」，全文為：「（本報訊）台灣省政府主席謝東閔，於10日下午2時許，在家中拆閱書報時，左手受傷，蔣院長親往探視慰問，謝主席傷勢正在由醫生細心診治中」；1976年6月初，美國眾議院行政委員會主席韋恩‧海斯眾議員，爆發與該院秘書蕾伊的性醜聞，國民黨文工會對報紙發出「盡量少刊」的通知，至令報紙將稿件扣押不發。（彭家發，2000：170-171）

　　1976年6月5日，美國眾議院行政委員會主席韋恩‧海斯眾議員，與秘書蕾伊發行性醜聞，不會打字、不接電話，也不知檔案為何物的蕾伊，她的工作只提供議員性服務，曾與多名眾議員及兩名參議員發生性關係，最後海斯只索不給，蕾伊乃予於揭發，五個月後海斯連任失敗，而這起醜聞案，文工會事前通知盡量少刊，當時中國時報即將稿件，押住不用。（續伯雄

輯注，2000：606-607）

　　事前報導指示，有很多是針對在野或反對派動態，如「中壢事件」、「美麗島事件」、「民進黨組黨」等影響社會觀瞻較深遠的新聞，甚至其他異議份子或社會運動的新聞，也都會特別指示報導方向或不報導，1977年11月19日的「中壢事件」，是最爲顯著的案例。

　　當年台灣省舉行縣市長選舉，桃園縣中壢市的213號投開票所發生涉嫌舞弊情事，並且演變成爲群眾包圍及火燒中壢分局之暴動事件，這是國民政府1949年自中國遷台以來，繼1957年「劉自然事件」之後，第二次最嚴重的群眾暴動事件。儘管如此，在有關單位的嚴密指示下，新聞媒體噤若寒蟬；當天台灣地區的晚報和廣播電視完全沒有報導這件重大新聞，就好像什麼也沒有發生，台灣人民對這種現象也沒有什麼特別的反應，似乎已經習慣；第二天，報紙也只是以不起眼的篇幅，對「中壢事件」輕描淡寫，嚴重性似乎比不上一般的社會新聞。

　　「中壢事件」當晚，來自各有關方面對台灣傳播媒體的「指示」，都是一律不准報導，英文報也不能例外。可是，幾家國際通訊社駐台北的記者卻冒險發出了電訊，有的還透過特殊管道，把「中壢事件」現場拍攝的照片送到東京或香港，在第二天進口的外國報紙上刊登；形成「外國媒體獨家，台灣媒體獨漏」的奇特現象（王天濱，2005）；《中時》及《中央》兩報對於這起事件，始終交代不詳，《聯合報》直到11月26日才在第三版以全版刊載「中壢事件」新聞及圖片。（續伯雄輯注，2000：696-697）

(b) 事後檢查：

所謂「事後檢查」，即是有關單位設有專人，每天檢閱報紙內容，包括新聞、專論、專欄、社論、特稿等內文、標題、副刊文章，甚至漫畫等，是否有「問題」，這種新聞檢查包括了出報前與出報後的檢查。

在二二八事件發生時，警備總部公告了對新聞刊物的管制規定：「新聞雜誌書報均應檢查，除台北市應送由本部第一處負責檢查外，其他各地應受當地最高軍事機關檢查後方准發行。」警備總部同時也頒布了「郵電新聞檢查實施辦法」，其中第六、七點之規定：16「本部轄區內之郵電局及報社、通訊社、各種刊物發行機關，均應受當地本部駐軍專責人員檢查。」「檢查人員有刪改不正確新聞報導或修正刊物文字之權。」

1951年5月13日《大華晚報》因刊登警方破獲美國在台灣設置軍事援華顧問團首任團長蔡斯，於5月1日來台首日在機場失竊行李「獨家報導」，結果大華晚報總編輯薛心鎔被保安司令部關了10天才釋放，記者王文瑞被移送差點起訴，提供新聞的刑警，被依妨害軍譽，判了幾個月徒刑。（薛心鎔，1999：52-57）

1954年6月，《聯合報》刊出一幅「當兵九死一生」的漫畫，立即收到台灣保安司令部函，認為這句話「影響士氣，不利於兵役宣傳」，希望《聯合報》對此類詞句，能夠慎重刊

---

16 東南綏靖區司令部綏靖期間通信管制辦法（中央研究近代史研究所編，《二二八事件資料選輯》，台北：中央研究院近代史研究所，1992：36）。

載（夏祖麗，2000：161）；1956年，青年救國團出錢辦的台大學生刊物《台大思潮》復刊辭刊出後，國民黨中央一組檢舉認爲學生思想有問題，提出中央常會討論，蔣主席十分生氣，結果發行人、台大訓導長及該刊編輯人都被處分。（萬麗鵑編注，2001：94-95）

1961年9月《人間世》、《影劇春秋》；1963年4月2日，《時與潮》月刊因刊登雷震「獄中詩」而遭停刊一年。（史明，1105-1106）

1964年6月，《聯合報》刊登中美外交白皮書新聞，因不利於中美關係，引發政府不滿，蔣介石即召老闆王惕吾「談話」；1972、1973年間，《聯合報》主筆寫了一篇社論，批評財政部政策，財政部立即向行政院長蔣經國申訴，蔣經國交代中央黨部處理，中央黨部遂要求王惕吾處分主筆，此事後來不了了之（彭家發，2000：203）；1969年1月，卜幼夫辦的《展望》半月刊，轉載《花花公子》艾黎的照片引起很大的麻煩，台灣省新聞處長朱鶴賓下令雜誌扣留，後來將艾黎的照片添上奶罩及三角褲，才予於發還，但銷售大受影響（續伯雄輯注，2000：94）；1970年10月，副總統嚴家淦接見美國NBC（國家廣播公司）記者，中視播出訪問片斷，字幕上少打了一個「副」字，「嚴副總統」變成「嚴總統」，結果寫字幕的人被撤職。（續伯雄輯注，2000：195）

1979年4月22日，《台視》新聞主播盛竹如，因派記者周嘉川訪問涉及緋聞的刑光祖教授，引起各方不滿而遭到調職，由廖蒼松繼任（續伯雄輯注，2000：786）；1979年中（台）美斷交後，台灣乃暫停當年的選舉，蔣經國並特別召見《中央日報》

吳俊才、《中國時報》余紀忠、《聯合報》王惕吾談話，指示
三件事情要特別謹慎，其中一件便是選舉新聞，且曾談到適當
時機便會安排選舉，同年4月9日，《中國時報》一版刊登一則
發自中興新村的獨家報導，謂：「中央民代增補選舉年底恢復
辦理，可能決定在12月23日投票」，因被認為消息不正確，且
余紀忠事前已被告知要小心處理選舉新聞，當天代理總編輯
（總編汪祖怡南下出差）常勝君，隔天即請辭並獲准。（續伯雄輯
注，2000：783-784）

　　除國內媒體會遭受干預，外國媒體也不例外，1981年旅美
青年學人陳文成博士，被警總約談後一去不返，7月3日被發現
陳屍台大研究生圖書館，引起海內外震驚，陳文成的學校卡內
基美倫大學迪格魯教授及病理學家魏契，應邀來台了解，《美
聯社》駐台記者周清月一篇電訊，引用陳父說魏契已進行「驗
屍」，引發新聞局長宋楚瑜不滿，要求周清月更正，美聯社以
新聞稿說明，但宋楚瑜仍不滿意，在要求周清月寫悔過書道
歉，遭到拒絕後，宋楚瑜立即吊銷周清月記者証，並被禁止一
切採訪活動。（李筱峰，1994：80-82）

　　有一年的10月1日，《台灣時報》副刊文章有一行字被拿
掉，換成「今天是我們的國慶」（中華人民共和國國慶），報社在
凌晨五點多發現後，將所有印刷機暫停，但還是有少量的報份
被送出，這是大事，警總認為「一定有匪諜」，便派人到報社
坐鎮、清查。一個月後，警總終於找出一名工人（不是匪諜）為
了私仇，利用職務之便，竄改文章，嫁禍給另一個工人，後
來他被關三年多，左腿也被打斷了。（何榮幸、台大新聞研究所策
劃，2008：150-151）

1984年8月8日，新聞局長宋楚瑜轉任國民黨文工會主任後，《聯合報》副刊因大篇幅刊載訪問王拓的稿件，經宋楚瑜關切，王惕吾將總編輯趙玉明調職，由劉國瑞接任，同年，因處理與中共有關新聞問題，中視新聞部經理張忠倫也因而遭殃，記過一次，《民眾日報》總編輯也因此被免職。（續伯雄輯注，2000：964）

對於檢查結果的認定，有關人員往往採取「自由心證」，漫無標準，令人防不勝防，帶給新聞工作者極大的心理負擔與精神困擾。在檢查人員的「自由心證」之下，除了許多明顯的禁忌之外，報社工作者不知道有那些新聞和那些詞句惹來麻煩；尤其所謂的「內容有問題」，常常並非事實的對與錯問題，而是由於當時台灣的環境特殊，特別是某些有權勢者個人的好惡，或某些官僚政客和好事者喜歡玩弄權謀和狐假虎威而所認定的結果。（王曉寒，2000：36）

(c) 其他控制等手段：

戒嚴時期的媒體控制，除報館負責人或採訪負責人從內心的「自我檢查」，以及情治單位事前事後對新聞內容「實質檢查」外，尚有包括監控、約談與干預等無孔不入，行徑囂張的控制手段。

前《中時晚報》的總編輯李明儒曾親歷白色恐怖的牢獄之災，他形容：「那時晚上編報，警備總部就派人站在旁邊監督，看你怎麼下標題，好回去報告。」甚至報社記者在辦公室寫稿時，調查局文教組的人就在旁邊觀看，還明目張膽的在報社裡晃。由於各個情治單位人員充斥報社內外，進行直接或間

接的新聞檢查，因此，即使是在報社工作一段時間的高層主管，還是有人「始終沒有搞清楚，究竟有那些黨政機關和情治單位每天有專人在審查報紙」。（《中國時報50年》，2000：43；何榮幸等，1998：27；王曉寒，2000：31）

　　在戒嚴環境下，幾乎所有媒體裡都有很多幫安全單位工作的人，回憶當年的採訪環境，司馬文武說：「記者如果在立法院跟一些黨外的政治人物講話、見面，得到什麼消息，回去只要寫報告給安全單位，都會有獎金。」（何榮幸、台大新聞研究所策劃，2008：66）戎撫天也說：「報社也常有傳說，誰是調查局臥底的，誰是國安局臥底的、誰是警總臥底的，可是也沒有人能夠證實。」（何榮幸、台大新聞研究所策劃，2008：311）

　　對於警總等情治單位的監控，李永得有深刻的感受，李永得說：「當時情治單位甚至直接安排人在報社監控新聞，每家報紙都知道，有些是『明樁』，有些是『暗樁』。各報國際新聞組會有一位新聞編譯當明樁，代替警總監控國際新聞，早期，這些編譯拿的薪水還是警總付的。」（何榮幸、台大新聞研究所策劃，2008：424-425）

　　警總除了監控報社新聞的產製流程與內容，甚至跟蹤監聽與國民黨唱反調的報社記者，在《自立晚報》工作時曾有被情治單位監聽和跟蹤過的李永得說：「戒嚴時期跑新聞最大的收穫，就是學會擺脫竊聽和跟蹤。」當時記者和情治人員玩的遊戲是：用盡方法讓情治人員無功而返。李永得說：「我們打公共電話，因為報社電話一定有人監聽，甚至在國民黨中央黨部採訪，被採訪對象也不許我們打他們桌上的電話，因為他們的電話一定也被監控。」（何榮幸、台大新聞研究所策劃，2008：424）

　　對於較敏感的新聞處理，警總通常是藉由「背景說明會」的方式，由新聞局或文工會出面，邀集媒體的主管進行言論方式的指示，美麗島事件發生後不久，警備總部就把各報社社長、總編輯、採訪主任找去聽簡報，那時警備總司令是汪敬熙，文工會主任是楚崧秋，簡報裡講：黃信介、姚嘉文等人是台獨份子，跟共產黨掛勾。當時楚崧秋要吳豐山（自立晚報社長）講講話，吳豐山說：「這些人我都認識，我知道他們的訴求是民主開放，跟共產黨沒有關係！你們現在這樣白紙黑字，大庭廣眾說他們是共產黨，若是真的，你就去抓啊！不抓，是你不負責任！但我看你們也沒去抓，你們只是在利用國家機器製造恐怖氣氛，這樣對嗎？」吳豐山講完以後，楚崧秋有點下不了台，匆匆結束這場背景說明會，當時《聯合報》副總編輯鍾榮吉跟吳豐山說：「你很勇敢，但你以後自己要小心。」（何榮幸、台大新聞研究所策劃，2008：206）

　　類似警總干預新聞內容與人事的事件不勝枚舉，戒嚴時期警總對所有報紙的新聞指示帶有威權恐嚇，因此，少有報社不買帳。對於敏感新聞，警總對媒體主管下達的指令往往是「宣揚、淡化或封殺」。如果報社敢於違反指令，或者表現未讓當政者滿意的記者、主管，常遭處分；到最後，主管、記者自我設限，形成「人人心中有一個小警總」的恐懼感（若林正丈，1994：116-119）。

　　1987年2月2日，海外黑名單許信良闖關中正機場事件，《中央日報》因事先奉文工會主任宋楚瑜指示，新聞要淡化處理，翌日中央日報因處理所謂「中正機場事件滋擾案」新聞過於平淡，也無社論抨擊，主席蔣經國閱報大為震怒，社長姚朋

得悉立即請辭本兼各職，文工會先准辭總主筆兼職，改派黃天才接任，不到一個月，又因處理大陸學生遊行示威事件估算錯誤，姚朋終於下臺，由黃天才暫代，姚朋帶來報社的十七人則一同受過，總編輯王端正調主筆，[17] 改由政工幹校畢業的王曉寒繼任，副總編輯蘇玉珍調《香港時報》台灣辦事處主任，副刊主編胡有瑞調出版組副組長，副刊主編改由梅新（章益新）接任（續伯雄輯注，2000：1020-1022），[18]「中央日報調職事件」是報禁解除前，媒體從業人員因處理新聞而遭國民黨集體整肅的最大一起事件。

在「中央日報整肅事件」同一年2月22日，《台灣教會公報》因刊「二二八事件」相關史料文章，而遭到查禁沒收。在此之前，也就是1970年到1987年間，《台灣教會公報》時常遭到郵局查扣，甚至委託捷運公司載送，也莫名其妙地全數遺失，許多國內外訂戶讀者常收不到公報，就連住在台南市東榮街（公報社附近），也會遲至禮拜三才收到公報；1977年8月，台灣基督長老教會發表舉世矚目的「人權宣言」聲明時，所有報章雜誌均被國民黨政府，勒令不得刊登報導該宣言內容，當月的公報同時被扣押於郵局。（盧俊義，1988）

---

17 王端正，政大新聞研究所畢業，原任中央日報副總編輯兼採訪主任，1983年調任總編輯。他也是證嚴法師的胞弟，後來辭職離開《中央日報》，轉任《大成報》擔任第一任總編輯，之後轉任慈濟基金會執行長。

18 宋楚瑜處理《中央日報》之後隨即調升中央黨部第一副秘書長，並推薦新聞局副局長戴瑞明接文工會主任，續掌文宣實權，文工會副主任黃順德被調去接高雄市黨部主委，宋楚瑜安排曾在代理《中央日報》總編輯期間，因出了重大錯誤而被降職離開《中央日報》的朱宗軻接文工會副主任，朱宗軻反而變成《中央日報》的上級。（歐陽醇日記信函，續伯雄輯注，2000：1023-1026）

四、結論：傾斜的台灣媒體

在黨國體制影響下，台灣人的文化思想活動受到了壓抑，執政黨則透過國家機器，掌控了國家政權、軍事和媒體，而且握有實權及實際上媒體經營權大都是外省人（包澹寧，1995：252），這種情況除了報業外，電視廣播媒體更是明顯，電視台記者中，外省人與台灣人的比例是十比一（且不包括攝影記者），剛好與總人口比例相反（鄭瑞城，1988：98），不止電視、廣播、報業如此，幾乎是整個新聞界都是如此。（包澹寧，1995：252）

就整體媒介生態而言，報禁期間經由國民黨政策保障，所建立的龐大媒體托拉斯，以及由中國文化所建立的各種媒介優勢人口，仍然凌駕台灣主體性的本土論述，使得以台灣爲主體論述的言論主導權，仍然屈居於劣勢。

綜合近年來有關台灣傳播者人口背景之相關研究，亦可看出，台灣的媒體生態，屬於外省籍背景居相當大優勢：

（一）1985年，輔仁大學社會學系一項以「新聞傳播工作者的社會學分析」包括：性別、省籍、學歷、黨籍、工作年資爲架構的五項相關研究中，在省籍部分，大陸籍佔59.9%。（楊志弘，1992：322；1994：71-74；陳珀姿、陳慧心、饒燕如，1985）

（二）1988年，鄭瑞城分析台灣主要媒介，包括五家報社、三家電視台、一家廣播電台（見表6及表7），總社採訪組共215位（報社235人、電視60人）採訪記者的背景，其中大陸籍佔66.4%；電視部分：外省籍佔71.7%，本省籍佔28.3%；報紙部分：外省籍佔63.7%，本省籍佔36.3%。（鄭瑞城，1988：98）

表6：台灣五家主要報社總社採訪組新聞從業人員省籍結構

媒體 省籍	聯合報	中國 時報	自立 晚報	經濟 日報	青年 日報	綜合 統計
大陸籍	57%	63.2%	33.6%	66.5%	74.2%	63.7%
台灣籍	25%	36.8%	56.4%	39.5%	25.8%	36.3%

整理自鄭瑞成，《透視傳播媒介》，1988：98。

　　（三）1989年，彭芸針對國內3家電視台與24家廣播電台主管的調查研究，有關省籍部分，大陸籍佔77.4%；這項調查若再增加45名報紙負責人，大陸籍則佔72.7%。（彭芸，1991：101-102）

　　（四）1990年，彭芸再次調查124名媒介負責人（包括報紙65名、廣播59名），大陸籍佔69.1%，下降一點，但仍佔多數。（彭芸，1991：101-102）

　　（五）1990年，林麗雲分析台灣29家報紙131位主筆（見表8），發現大陸籍佔61.9%，本省籍為38.1%（林麗雲，1990：143），而且公營報團的大陸籍主筆高達91.4%，高於民營報社的51%。（林麗雲，1990：111-112）

　　（六）1996年，羅文輝從台灣地區的廣播、電視及報紙新聞從業人員中，抽出1300人進行「台灣新聞人員背景及工作概況之研究」問卷調查（見表9），在1300人中指出省籍的受訪新聞從業人員有1003人，其中本省籍閩南人有432人，佔43.1%；本省客家人有83人，佔8.3%；外省籍有447人，佔47.6%；原住民有4人，佔0.4%；華僑有6位，佔0.6%。若從電視、廣播、報紙分開統計，則廣播及電視新聞從業人員，外省

表7：台灣電視台、廣播電台總社採訪組新聞從業人員省籍結構

省籍＼媒體	台視	中視	華視	綜合統計	中廣
大陸籍	52.2%	80%	91.7%	71.7%	92.3%
台灣籍	47.8%	20%	18.3%	28.3%	7.79%

整理自鄭瑞成，《透視傳播媒介》，1988：98。

表8：報社主筆人員社會背景與全國人口比較表

籍貫＼變數		人數（1989年4-5月）	百分比	全國人口（1989年12月）
大陸籍主筆		81	61.9%	13.8%
本省閩南	本省主筆	43	32.8%	86.2%
本省客家		7	5.3%	
原住民主筆		0	0	
合計		131		

資料來源：林麗雲，1990：84-143。

表9：1996年台灣新聞從業人員省籍背景概況調查

省籍＼媒體	外省籍	本省籍閩南	本省籍客家	原住民	華僑	備註
電視	66.4%（71人）	24.3%（26人）	8.4%（9人）		0.9%（1人）	共107人
廣播	55.9%（76人）	33.8%（46人）	8.1%（11人）	1.5%（2人）		共136人
報紙	43.4%（330人）	47.4%（360人）	8.3%（63人）	0.3%（2人）	0.7%（5人）	共760人
綜合統計	47.6%（447人）	43.1%（432人）	8.3%（83人）	0.4%（4人）	0.6%（6人）	共1003人

籍從業人比例都超過半數以上，外省籍電視從業人員更高達
66.4%；報紙新聞從業人員則以本省籍最多，但外省籍新聞從
業人數比例仍很高，至於本省客家籍的人數比例，廣播、電
視及報紙新聞從業人員非常接近，均佔8%。（羅文輝，1996：29-
65）

（七）1992年，楊志弘研究台灣報社總編輯的人口背景
（表10），發現台灣報社總編輯的典型面貌：「46歲左右的大
陸省籍男性，擁有大學或碩士學位，極可能主修新聞相關科
系，多半是台大或政大校友，參加國民黨活動，出身中等社會
階級的家庭，父親是大專畢業的軍公教人員，母親是中學畢業
家庭主婦」，其中大陸籍總編輯佔65%，遠超過整體社會人口
籍貫。（楊志弘，1992：86、322；1994：71-74）

（八）1999年，曾進歷在「報業從業人員組織承諾研
究──以聯合報為研究對象」論文（見表11），研究聯合報整
體從業人員背景，台灣省籍佔54.5%，大陸籍佔45.5%；其中
採訪中心記者，台灣省籍佔56.4%，大陸籍佔43.6%；廣告服
務專員，台灣省籍佔58.5%，大陸省籍佔41.5%；發行服務專
員，大陸省籍佔52.8%，台灣省籍佔47.3%。

另外，2001年，財訊月刊也針對所謂三大報（《中國時
報》、《聯合報》、《自由時報》）主管省籍結構調查（表12），其
中，《中國時報》大陸籍佔65.6%，台灣籍（閩客）34.4%；
《聯合報》大陸籍佔82%，台灣籍（閩客）9%；《自由時報》
大陸籍佔25%，台灣籍（閩客）75%。（《財訊月刊》，2001，1月
號）

《財訊月刊》並引述《中國時報》主管轉述，創辦人余紀

表10：報社所有權屬性與總編輯籍貫關係表　N＝20人

所有權 籍貫	報團報	財團報	執政黨報	政府報	軍報	合計
台灣籍	4	3				7%
大陸籍	5	2	2	2	2	13%
合計	9	5	2	2	2	20%

資料來源：楊志弘，1992：87。

表11：聯合報從業人員省籍結構

各部門 省籍	整體從 業人員	採訪中 心記者	廣告服 務專員	發行服 務專員
大陸籍	45.5%	43.6%	41.5%	52.8%
台灣籍	54.5%	56.4%	58.5%	47.2%

資料來源：曾進歷，1999：46-47。

表12：三大報社（自由時報、中國時報、聯合報）主管省籍結構

報社	項目	主管 總數	閩南籍		客家籍		外省籍	
			人數	%	人數	%	人數	%
中國時報		32	6	18.8	5	15.6	21	65.6
聯合報		34	3	9	3	9	28	82
自由時報		24	16	66.7	2	8.3	6	25

註：1. 資料來源：《財訊月刊》，2000年1月號調查。

2. 省籍：以傳統父親省籍為主。

3. 主管：《中國時報》為各組「主任」以上，不含攝影中心、編企組及體育組；《聯合報》為組長以上，不含校對中心、編政、副刊、體育、攝影、綜藝中心、地方中心下之編政組；《自由時報》不含攝影及體育組。

忠曾經表示，以後報社多用本省人，由本省人來推動兩岸統一，比較有說服力（田習如，2000：232），省籍不必然代表政治立場，報社主管也不必然會在工作上貫徹個人的政治主張，但從媒體的省籍結構來看，大陸籍人士在媒體上的光譜，顯然佔據了較大的空間，相對所顯示出來的言論傾向，特別是統獨立場的言論曝光率，都與實際支持率有一定程度的落差。

前《Taipei Times》副總編輯勞倫斯・艾頓（Laurence Eyton），[19] 觀察台灣2000年總統大選的台灣新聞媒體現象指出，「目前台灣的資深媒體人，都是在戒嚴環境培養出來的，台灣現在雖然已經解嚴了，但是這些媒體人尚未從戒嚴的箝制中解脫出來。在已經沒有媒體檢查的狀況下，仍然繼續在內心作自我檢查，導致媒體報導仍然存在戒嚴時期的意識形態。因此在版面上呈現出來的，是對大中國的認同，是對新政府的反感甚至仇視。」（蘇秀琴，2001，24期：52-53）

對如此傾斜的媒體生態，艾頓分析認為，這是因為「台灣的媒體仍在戒嚴時期的大中國意識中自我戒嚴，而形成了顛覆事實的現象」。（蘇秀琴，《目擊者》（24期），2001：53）艾頓由戒嚴角度來分析目前台灣媒體的現象，是有一定程度的說服

---

19 Laurence Eyton來台灣近20年，先後擔任過倫敦《經濟學人》（*The Economist*）駐台記者、以及《東方日報》、《亞洲週刊》雜誌駐台記者、《China News》編輯、社論撰稿人。艾頓觀察2000年大選台灣媒體表現指出，統獨主張在媒體的曝光率上，統派約為55%，獨派約45%。照這種比例分配，應該是有55%的民眾支持親共的立場，但艾頓依據前總統李登輝提出兩國論時的民意調查顯示，當時有60%以上的民眾表示支持，再以族群比例做分析，台灣的外省族群佔約15%，如果再加上10%的台灣本土居民親共立場，加起來只不過25%，這樣的社會民意與版面分配比例，顯然並不平衡。

力，但他忽略了台灣媒體的省籍結構也是影響這種意識形態的擴張。

　　不管是報紙、電視、廣播的實際經營權或高層主管，外省籍掌控的程度都超越本省籍，特別是採訪、編輯的比例也多過本籍人口，高層、資深的媒體人士沉浸於戒嚴時期的意識形態，新進的傳播從業人口則在媒體高層主管或經營者的「社會化」影響，或馴服於組織文化，或因為省籍的危機意識使然，其呈現在媒體版面上的表現，自然無法反映實際的社會真實面貌。

參考書目

一、史料：

朱德蘭，《台灣地區戒嚴時期政治案件-50-70年代文獻專輯──崔小萍
　　事件》，台灣省文獻會，2001。

國安局，《安全局機密文件──歷年辦理匪諜彙編》（李敖編），台
　　北：李敖出版社，1991。

李翼中，〈帽簷述事〉，《二二八事件資料選輯》，台北：中研院近
　　史所，1992。

陳三井，〈台灣光復的序曲：復台準備與接收〉，《抗戰與台灣光復
　　史料輯要》，台中：省文獻會編印，1995。

廖天欣，〈廖天欣先生訪問紀錄──戒嚴時期台北地區政治案件相關
　　人士口述歷史〉，《白色恐怖事件查訪》（下），台北：台北文
　　獻委員會，1999。

歐素瑛，〈戰後初期在台日人史料及其運用──以國史館典藏台灣省
　　秘書處檔案為例〉，《政府接收台灣史料彙編》，台北：國史館
　　中華民國史料研究中心，2001。

鍾淑敏，〈館藏『台灣日日新報』的史料價值及其利用〉，《館藏與
　　台灣史研究論文發表研討會彙篇》，台北：中央圖書館，1994。

四六事件資料蒐集小組，《台大四六事件考察──四六事件資料蒐集
　　小組總結報告》，台灣大學，1997.6.7。

台灣省文獻委員會，《二二八事件文獻輯錄》，南投：台灣省文獻委
　　員會，1991。

台灣省文獻委員會，《二二八事件文獻續錄》，南投：台灣省文獻委
　　員會，1992。

台灣省文獻委員會，《二二八事件文獻補錄》，南投：台灣省文獻委
　　員會，1994。

中央研究近代史研究所編，《二二八事件資料選輯》（1、2集），台
　　北：中央研究院近代史研究所，1992。

侯坤宏主編，《國使館藏二二八檔案史料》（上、中、下集），新店
　　市：國史館，1997。

簡笙簧主編，《二二八事件檔案彙編》（1-12集），新店市：國史館，
　　2002。

薛月順、曾品滄、許瑞浩編註，〈從戒嚴到解嚴〉，《戰後台灣民主
　　運動史料彙編》，新店市：國史館，2000。

台灣行政長官公署宣傳委員會編印，〈台灣概況〉，《新台灣重建叢
　　書》，1946年11月。

台北市新聞記者公會，《中華民國新聞年鑑》，1961、1971、1986、
　　1991、1996。

行政院新聞局，《中華民國出版年鑑》，1976、1977、1978、
　　1979、1980、1988、1989、1990、1996、1999。

中國時報50年報史編輯委員會，《中國時報五十年》，2000。

自立晚報報史小組，《自立晚報四十年》，台北：自立晚報社，
　　1989。

自立晚報報史小組，《自立晚報五十年》，台北：自立晚報社，
　　1999。

自立社刊編輯委員會，《自立人社刊》，台北：自立晚報，1982、
　　1983。

自立工會，《台北自立報報》、《台北自立快報》，台北：自立產業
　　工會，1994。

台灣時報編輯委員會（吳春貴主編），《台灣時報十年》，高雄：台
　　灣時報，1981。

台灣時報50年特刊編輯委員會（黃廷雄主編），《台灣時報五十
　　年》，高雄，1996。

民眾日報社史編撰委員會，《民眾日報四十年》，高雄：民眾日報，
　　1980。

二、專書：

卜幼夫，《台灣風雲人物》，香港：新聞天地出版社，1962。

王詩琅，《日本殖民地體制下的台灣》，台北：眾文，1980a。

王洪鈞，《中華民國之新聞傳播事業》，《海峽兩岸四十年》，台
　　北：革命實踐研究院，1995。

《大眾傳播與現代社會》，台北：天下文化，1987。

王振寰，《誰統治台灣？》，台北：巨流，1996。

王文裕，《李萬居傳》，南投：台灣省文獻會，1997。

王惕吾，《聯合報三十年的發展》，台北：聯合報社，1981。

王麗美，《報人王惕吾──聯合報的故事》，台北：天下文化，
　　1994。

王曉寒，《白色恐怖下的新聞工作者》，台北：健行文化，2000。

王天濱，《台灣報業史》，2003，台北：亞太圖書，2003。

王天濱，《新聞自由：被打壓的台灣媒體第四權》，台北：亞太圖
　　書，2005。

尤英夫，《新聞法論》，台北：生活雜誌叢書，1987。

史 明，《台灣人四百年史》，美國：蓬島文化出版；台北：自由時代
　　週刊翻印，未註明年代。

包澹寧，《筆桿裡出民主──論新聞媒介對台灣民主化的貢獻》，台
　　北：時英出版社，1995。

阮美姝，《幽暗角落的哭聲》，台北：前衛出版社，2000。

江 南，《蔣經國傳》，台北：前衛出版社，1997。

李筱峰，《林茂生、陳炘和他們的時代》，台北：玉山社，1996。

───，《二二八消失的台灣精英》，台北：自立晚報社，1990。

───，《台灣民主運動四十年》，台北：自立晚報社，1987。

───，《台灣史一百件大事》，台北：玉山社，1999。

───，〈口才便給的新聞打手〉──《會診宋楚瑜》，台北：前衛
　　出版社，1994。

李瞻等編，〈新聞與教育生涯〉，《謝然之九秩華誕祝壽文集》，台
　　北：東大圖書，2000。

李金銓，《新聞的政治，政治的新聞》，台北：圓神，1987。

───，《大眾傳播學》，台北：政大新研所，1981。

───，《台灣的廣播電視藍圖》，台北：澄社，1993。

李美華，《社會科學研究方法》（譯，上、下），台北：時英出版
　　社，1998。（原書Earl Babbie[1998].The practice of social research,
　　8th ed.）

李明水，《台灣雜誌事業發展史》，台中：台灣省政府，1986。

李世傑，《調查局研究》，台北：桂冠出版社，1995。

李文朗，《台灣人口與社會發展》，台北：東大圖書，1992。

李旺台，《台灣反對勢力》（1976-1986），新店市：五千年出版社，
　　1993。

李禎祥等編撰，《人權之路——台灣民主人權回顧》，台北：玉山
　　社。2002。

邱國禎，《近代台灣慘史檔案》，台北：前衛出版社，2007。

何榮幸、台大新聞研究所策劃，《黑夜中尋找星星——走過戒嚴的資
　　深記者生命史》，台北：時報文化，2008。

谷正文，《白色恐怖祕密檔案》，台北：獨家出版社，1995。

林祁乾等總編輯，《台灣文化事典》，台北市：師大人文中心，
　　2004。

林俊義，《政治的邪靈》，台灣：自立晚報，1989。

林柏維，《台灣社會的變遷》，台南：自印發行，2001。

林笑峰，《記者生涯四十年》，台北：文雲出版社，1993。

林書揚，《從二二八到五〇年代白色恐怖》，台北：時報文化，
　　1992。

林正義，《台灣安全三角習題》，台北：桂冠圖書，1989。

吳三連、蔡培火等，《台灣民族運動史》，台北：自立晚報社，
　　1987。

吳豐山，《吳三連回憶錄》，台北：自立晚報社，1991。

吳濁流，《台灣連翹》，台北：前衛，1988。

吳哲朗，《黨外的新聞——台灣日報辛酸史》，台中，1978。

李旺台，《台灣反對勢力》（1976-1986），新店市：五千年出版社，
　　1993。

周碧瑟，《柏楊回憶錄》，台灣：遠流出版社，1996。

柯喬治，《被出賣的台灣》（陳榮成譯），台北：前衛，1992。

耿修業，《一勺集》，台北：里仁書局，1992。

陳國祥、祝萍，《台灣報業演進四十年》，台北：自立晚報，1987。

陳國祥，〈台灣民營報紙的辦報與言論精神〉，《新聞理論的中國歷
　　史觀》（王洪鈞編），台北：遠流出版社，1998。

陳芳明，〈已歸與未歸的望鄉人〉，《危樓夜讀》，台北：聯合文

學，1996。

———，《殖民地台灣——左翼政治運動史論》，台北：麥田，1998

陳明通，《派系政治與政治變遷》，台北：月旦出版社，1995。

陳允中，〈為台灣日報改組事件奉勸有關當局〉，《黨外的新聞——台灣日報辛酸史序文，台中，1978。

倪炎元，《東亞威權政體之轉型——比較台灣與南韓的民主化歷程》，台北：月旦出版社，1995。

涂炳榔，〈噩夢一場十年醒——涂炳榔的證言〉，《天未亮——追憶1949年四六事件（師院部分）》（藍博洲編著），台中：晨星出版社，2000。

陸鏗，《陸鏗回憶錄與懺悔錄》，台北：時報出版，1997。

夏祖麗，《林海音傳》，台北：天下遠見，2000。

崔小萍，《天鵝悲歌：資深廣播人崔小萍的天堂與煉獄》，台北：天下遠見出版，2001。

楊錦麟，《李萬居評傳》，台北：人間出版社，1993。

張光直，《蕃薯人的故事：張光直早年生活的回憶及四六事件入獄記》，台北：聯經出版，1998。

張炎憲、胡慧玲、曾秋美，《台灣獨立運動的先聲——台灣共和國》（上冊），台北：吳三連台灣史料中心，2000。

張炎憲等編，《台灣近百年史論文集》，台北：吳三連台灣史料中心，1996。

張炎憲、李筱峰、莊永明，《台灣近代名人誌》（第二冊），台北：自立晚報，1988。

張邦良，〈仁厚溫文仰吾師〉，《新聞與教育生涯——謝然之教授九秩華誕祝壽文集》（姚朋等編），台北：東大圖書，2000。

張煦本，《記者生涯二十年》，台北：自立晚報，1982。

葉石濤，《一個台灣老朽作家的五十年代》，台北：前衛出版社，1991。

葉建麗，《新聞歲月40年》，台北：新生報社出版，1994。

葉龍彥，《春花夢露——正宗台語電影興衰錄》，台北縣：博揚文化，1999。

彭懷恩，《台灣政治變遷四十年》，台北：自立晚報社，1987。

彭懷恩等譯，《社會學思想史》，台北：風雲論壇，1995。

彭家發，《新聞學勾沉》，台北：亞太圖書，2000。

程之行譯、Wilbur Schramm著，《大眾傳播的責任》，台北市報業新聞
　　評議委員會編印，1970。

曾虛白，《中國新聞史》，台北：三民書局，1966。

雷　震，〈第一個十年──雷震日記〉，《雷震全集》，台北：桂冠
　　出版社，1990。

黃仁主編，《台灣電影開拓者白克導演紀念文集暨遺作選輯》，台
　　北：亞太圖書，2003。

馮建三，《大媒體──媒體工業與媒體工人》，台北：元尊文化，
　　1998。

───，《大媒體──媒體社會運動》，台北：元尊文化，1998。

馮建三譯，《媒介經濟學》，台北：遠流出版，1994。（1995）。

齊振一，〈我與謝然之〉，《新聞與教育生涯──謝然之九秩華誕祝
　　壽文集》（李瞻等編），台北：東大圖書，2000。

楊青矗、高信疆等編，《1987──台灣民運批判『走上街頭』》，台
　　北：敦理出版社，1988。

歐陽醇，《台灣媒體變遷見證──歐陽醇信函日記（1967-1996）》
　　（續伯雄輯注），台北：時英出版社，1999。

鄭貞銘，〈黨公營報業之過去、現在與未來〉，《新聞理論的中國歷
　　史觀》（王洪鈞主編），台北：遠流出版社，1998。

鄭瑞成，《透視傳播媒介》，台北，經濟與生活，1988。

鄭瑞成、瞿海源，《解構廣電媒體》，台北：澄社，1993。

蔣永敬、李雲漢、許師慎編，《楊亮功先生年譜》，台北：聯經出版
　　社，1988。

賴澤涵、馬若孟、魏萼，《悲劇性的開端：台灣二二八事變》，台
　　北：時報出版社，1993。

蔡憲崇，《望春風──台灣民主運動人物奮鬥史》，台北，1981。

謝聰敏，《談景美軍法看守所》，台北：李敖出版社，1991。

隱　地，〈翻轉的年〉，《七十年代──理想及燃燒》（楊澤主編），
　　台北：時報文化，1994。

戴國輝、葉芸芸，《愛憎二二八》，台北：遠流出版，1992。

戴獨行，《白色角落》，台北：人間出版社，1998。

藍博洲，《白色恐怖》，台北：揚智文化，1997。

蘇新，《未歸的台共鬥魂——蘇新自傳與文集》，台北：時報文化，
　　1993。

三、學位論文：

江詩菁，《宰制與反抗：兩大報系與黨外雜誌之文化爭奪》，台南：
　　台南師院文化研究所碩士論文，2003。

杜劍鋒，《台灣文學的老井——以50年代的葉石濤及其再出發為中
　　心》，國立成功大學歷史研究所碩士論文，1999。

林富美，《台灣政經系絡中的報業發展——以聯合報為例》，政大新
　　聞研究所博士論文，1998。

林麗雲，《報社主筆人員的個人特質及其組織類型關係之研究》，台
　　北：政大新聞研究所碩士論文，1990。

吳芳銘，《地方派系的結盟與分化變遷之研究——以嘉義縣和高雄縣
　　為例》，中正大學政治學研究所碩士論文，1997。

陶芳芳，《從政治控制到市場機制：台灣報業發行之變遷》，台北：
　　政大新聞研究所碩士論文，1999。

陳雪雲，《我國新聞媒體建構社會真實之研究——以社會運動報導為
　　例》，政治大學新聞研究所博士論文，1991。

陳雪慧，《台灣報社的政治生產》，台大社會學研究所碩士論文，
　　1991。

陳明通，《威權政體下台灣地方精英的流動（1945-1985）：省參議員
　　及省議員的流動分析》，台大政治學研究所博士論文，1990。

陳瑩華，《報社漫畫家個人特質之研究》，台北：政大新聞研究所碩
　　士論文，1991。

郭正亮，《國民黨政權在台灣的轉化（1945-1988）》，台大社會學研
　　究所碩士論文，1988。

許福明，《中國國民黨的改造（1950-1952）——兼論其對中華民國
　　政治發展的影響》，台北：台灣大學三民主義研究所碩士論文，
　　1984。

曾進歷，《報業從業人員組織承諾研究——以聯合報為研究對像》，
　　台北，銘傳大學傳播管理研究所碩士論文，1999。

楊淑芬，《90年代副刊運作過程及其權力關係探討》，文化大學新聞
　　研究所碩士論文，1998。

楊淑梅，《光復初期台灣社會的社會精英（1945-1949）》，台北：師大
　　歷史學研究所碩士論文，1995。

楊肅民，《限證政策下的我國報業問題研究》，台灣：政治大學新聞
　　研究所碩士論文，1994。

楊志弘，《台灣地區報社總編輯職業角色之研究》，台北：政大新聞
　　研究所博士論文，1992。

張鐵志，《資本主義發展與民主化——台灣新政商聯盟與國民黨政權
　　維繫》，台灣大學政治研究所碩士論文，1999。

曹祥炎，《蔣經國先生主政期間的政治經濟分析》，政戰學校政治研
　　究所碩士論文，1988。

戴光育，《台灣日報控制權更迭之政經分析：1964-2006》，世新大學
　　新聞研究所碩士專班碩士論文，2007。

魏玫娟，《新聞傳播媒介在政治發展過程中的角色——解嚴前後新聞
　　傳播媒介的角色之分析》，中山大學政治學研究所碩士論文，
　　1997。

四、研討會論文：

侯坤宏，〈情治單位在二二八事件中的角色〉《二二八事件新史料學
　　術研討論會》，台北：財團法人二二八事件紀念基金會，2003。

林淇瀁，〈戰後台灣文學的傳播困境初探〉，《第一屆台灣本土文化
　　學術研討會論文集》，台北：國立台灣師大，1995。

呂東熹，〈李萬居與新聞自由——公論報在戰後報業發展史的角
　　色〉，《李萬居先生一白週年冥誕紀念專刊》（謝坤銓編），
　　「台灣民主與新聞自由的光源學術研討會」，2001。

廖天欣，〈反帝、反獨裁的鬥士李萬居前輩〉，《李萬居先生百歲冥
　　誕追思紀念冊》（謝坤銓編），「台灣民主與新聞自由的光源學
　　術研討會」，2001。

陳明通，〈台灣地區政商關係之演變〉，《國家政策中心：企業的社
　　會倫理與合理的政商關係建立研討會》，1992。

葉笛，〈吳濁流台灣文藝雜誌的意義與影響〉，《吳濁流學術研討
　　會》，新竹縣政府，1996年3月。

五、專刊：

王振寰，〈台灣的政治轉型與反對運動〉，《台灣社會研究季刊》
　　（春季號2卷1期），台北：台灣社會研究雜誌社，1989。

沈雲龍，〈事變的追憶〉，《歷史月刊》（4月號，3期），台北：歷
　　史月刊雜誌社，1988。

李筱峰，〈從民報看戰後初期台灣的政治與社會〉，《台灣史料研究
　　季刊》（第8號），台北：吳三連台灣史料中心，1996。

何義麟，〈戰後初期台灣報紙之保存現況與史料價值〉，《台灣史料
　　研究》（第8號），台北：吳三連台灣史料中心，1996。

───，〈戰後初期台灣出版事業發展之傳承與移植（1945-1950）
　　──雜誌目錄初編後之考察〉；〈『政經報』與『台灣評論』解
　　題──從兩份刊物看戰後台灣左翼勢力之言論活動〉，《台灣史
　　料研究》（第10號），台北：吳三連台灣史料中心，1997。

林淇瀁，〈台灣報紙副刊歷史軌跡的釐清──一個文學/文化傳播取向
　　的考察〉，《台灣史料研究》（第3、4號），台北：吳三連台灣
　　史料中心，1994。

林怡瑩，〈由《人民導報》看二二八事件對台灣報業的影響〉，《新
　　聞學研究》（63期），台北：政治大學，2000。

林佳龍，〈威權侍從政體下的台灣反對運動〉，《台灣社會研究季
　　刊》（春季號2卷1期），台北：台灣社會研究雜誌社，1989。

倪炎元，〈威權政體下的國家與媒體：南韓與台灣經驗之比較〉，
　　《東亞季刊》（26卷4期），1994。

楊志弘，〈台灣地區傳播者研究之探討〉，《民意研究季刊》（189
　　期），1994。

彭芸，〈廣播電視台負責主管對媒介功能與公信力的評估〉，《新聞
　　學研究》（41期），台北：政治大學，1987。

陶芳芳、郭良文，〈台灣報禁政策對發行與送報影響：一個時空辯證
　　觀點的思考〉，《新聞學研究》（65期），台北：政治大學，
　　2000。

馮建三，〈異議媒體的停滯與流變初探：從政論雜誌到地下電台〉，
　　《台灣社會研究季刊》（第20期），台北：台灣社會研究雜誌
　　社，1995。

蘇蘅、牛隆光、黃美燕、趙曉南，〈台灣報紙轉型的問題與挑戰——
　　提供讀者更好的選擇〉，《新聞學研究》（64期），台北：政治
　　大學，1994。

蘇正平，〈新聞自主的理論與實踐〉，《新聞學研究》（52期），台
　　北：政治大學，1996。

羅文輝，〈台灣新聞從業人員背景及工作概況之研究〉，《政大學
　　報》（73期），台北：政治大學，1996。

涂建豐，〈編輯室公約〉，《新聞學研究》（52期），台北：政治大
　　學，1996。

蔡天鐸，〈憶往事兩則〉，《王惕吾先生紀念集》，台北：聯合報系
　　創辦人王惕吾先生紀念集編印委員會，1993。

六、雜誌：

林富美，〈從自立早報停刊事件談台灣報業發展的宿命〉，《目擊者
　　雙月刊》（10期），台北：台灣新聞記者協會，1998。

薛心鎔，〈編輯生涯半世紀〉，《新聞鏡週刊》（568期），台北：新
　　聞鏡週刊社，1999。

田習如，〈台灣三大報「深層結構」大探索〉，《財訊月刊》（11月
　　號，224期），2000。

沈雲龍，〈追懷我的朋友李萬居〉，《八十年代》（10月號，1卷5
　　期），1979。

李南雄，〈記一位台灣報界、議壇雙棲人物——懷念先傅李萬居先
　　生〉，《八十年代》（2卷6期），1981。

李禎祥，〈稿費資助政治犯 童常主編被槍決〉，《新台灣週刊》（614
　　期），台北：新台灣週刊社，2007年12月27日。

何榮幸，〈一步一腳印，坎坷見真情——90年代記者自主運動回
　　顧〉，《目擊者雙月刊》（15期），台北：台灣新聞記者協會，
　　2000。

何榮幸、翁慧雯、姜如珮，〈陳浩：情治單位硬說我策動學運〉，
　　《目擊者雙月刊》（三期），台北：台灣新聞記者協會，1997。

官鴻志，〈戰士蔡鐵城〉，《人間雜誌》（18期），台北：人間雜誌
　　社，1987。

姚嘉文，《台灣政論》（2期），1975。

高玉樹，〈敬慕李萬居先政治生涯〉，《台灣日報》，1998.4.9。

涂建豐，《內部新聞自由的理論與實踐——以自立報系編輯室公約運
　　動為例》，自立早報，1994.08.20。

蘇秀琴，〈外國媒體人的台灣觀點——專訪台北時報執行主編勞倫
　　斯‧艾頓〉，《目擊者雙月刊》（24期），台北：台灣新聞記者
　　協會，2001。

台灣新聞記者協會，《目擊者雙月刊》，1998、1998、1999、2000、
　　2001、2002。

七、英文部分：

Busterna, J. C. (1988), Concentration and the industrial organization model.
In Picard, R.G., Winter, J.P. Mcombs, M. E., & Lacy, S. (Eds.). *Press
Concentration and Monopoly*: *New Perspectives on Newspaper
Ownership and Operation*. Norwood, New Jersey: Ablex Publishing
Corporation, 35-69.

Bagdikian, B. (1997), *The Media Moponoly*. Boston: Beacon. 5th ed.

Chu.Yun-han. (1984), *The Realignment of State-Business Relations and Re-
gime Transition in Taiwan*. in Andrew Mcyntyre (ed.)

Engwall, L. (1978), *Newspapers as Organizations*, England: Gower
Publishing Company Limited.

Fairclough, N. (1995), *Media Discourse*. London and New York: Arnold.

Fernand Braudel. (1980), *On History*, Chicago: University of Chicago Press.

Hung-mao Tien. (1989), *The Great Transition: Political and Social Change in the Republic of China,* Stanford: Hoover Institute Press.

Fields, Karlj. (1997), *Strong states and Business Orgnization in Korea and Taiwan.* in Schneider & Maxfield (ed.)

Gold, Thomas. (1980), *Dependent Development in Taiwan.* Ph.D.Dissertation, Harvard University.

Gold, Thomas. (1986), *State and Society in the Taiwan Miracle.*

Hallin, D.C. (1994), *We Keep America on top of The World—Television Journalism and The Public Sphere.* London: Routledge.

Main, R.S. & Baird, C.W.(1981), *Elements of microeconomics*, 2nd edit. St.Paul, MN: West.

McQuail, D. (1994), *Mass Communication Theory: An Introduction* (3rd ed.) BeverlyHills, CA:sage.

Michael O. Wirth & Harry Bloch. (1994), Industrial Organization theory And Media Industry Analysis, *The Journal Of Media Economics*.8(2).

Marx, Karl. (1974), *The Eighteenth Brumaire of Louis Bonaparte*, N.Y.: Vintage.

Raymond D.G (ed) (1989), *Freedom in the World: Political Rights and Civil Liberties 1988-1989*, N.Y. Freedom House.

Robbins, S.P.& Coulter, M. (1999), *Management* (6th ed.) Prentice Hall.

Stanley J. Baran & Dennisk K.Davis. (1999). *Mass Communication Theory: Foundations, Ferment, and Future*, Secord edition, CA: Wadsworth 1 Thomson Learing.

Underwood, D. (1988), *When MABAs Rule The Newsroom.* New York: Columbia University Press.

Underwood, D.,& Keith Stamm. (1990), Balancing business with journalism: Newsroom policies at 12 West Coast newspaper. *Journalism Quarterly*, 69 (2):301-317.

Weaver, D.H.,& G.Cleveland Wilhoit. (1986). *The American Journalist: A Portrait of U.S.News People and Their Work.* Bloomington: Indiana University.

Wu,Nai-the. (1987). The Politics of a Regime Patronge System: Mobilization and Control within an Authoritarian.

八、網路部分：

盧俊義，《長老教會文字事工在艱辛困頓中成長》，1988年7月17日文字傳道事工紀念主日專稿，http://www.laijohn.com/articles/Lou,CG/tokhkp.htm。

第伍場

黨國體制下
的台灣（下）

十、蔣經國時代所公告的歷史敘述
——著重與蔣介石時代差異的分析＊

若松大祐（WAKAMATSU, Daisuke）

日本東京大學綜合文化研究學院區域文化學系博士候
選人。對於台灣、中國、日本等東亞的現代歷史，有
興趣。目前焦點放在於歷史敘述在戰後台灣的演變。

著作　〈美國研究在亞太地區：戰後日本的國
　　　際學術交流〉，《思與言：人文與社會
　　　科學雜誌》vol.45：no.2（台北：思與言
　　　雜誌社，2007.06），pp.181-231。

＊本文初稿曾宣讀於「冷戰時期海峽兩岸歷史第六屆研究生工作坊」（中
央研究院近代史研究所兩岸發展研究群主辦，2009年10月2日）、「中
華民國流亡台灣60年暨戰後台灣國際處境」學術研討會，會後經過改
題，加以修正而成。非常感謝承蒙陳儀深、薛化元兩位教授以及匿名評
審人的批評以及指教。

摘要

　　蔣經國擔任國家領導的時代，國家如何敘述歷史呢？本文目的是解決此一問題。主要史料，以從1970年代後半期以來十幾年間總統的公開言論（文告、就職宣誓致詞、遺囑等）為主。尤其注意到，史料當中敘述者（Story-teller，亦即總統）所提示的（美蘇）冷戰邏輯與（國共）內戰邏輯之強弱。換言之，本研究的討論對象，是在蔣經國時代官方言論中所表現出的所謂近代史敘述，以及其近十幾年的漸進歷程。

　　吾人在概觀戰後台灣的歷史敘述過程之時，可以發現歷史敘述的重點實際上是從國民革命史轉變到民主憲政史。蔣介石在遺囑中堅持革命，蔣經國在遺囑中則期望建設民主憲政。此一轉變是如何發生呢？本文擬根據這種問題意識，就蔣經國時代的官方歷史敘述加以分析。

　　關鍵詞：歷史敘述，文告，革命，民主憲政，冷戰，內戰

序言

　　蔣經國擔任國家領導的時代，國家如何敘述歷史呢？本文目的是解決此一問題。吾人當概觀歷史敘述在戰後台灣的歷程之際，從此發現，歷史敘述的重點，究竟是從國民革命史轉變到民主憲政史。蔣介石在遺囑中堅持革命，蔣經國在遺囑中則期望建設民主憲政。此一轉變是如何發生呢？本文擬根據這種

問題意識，就蔣經國時代的官方歷史敘述加以分析。主要史料，以從1970年代後半以來十幾年的總統的公開言論（文告、就職宣誓致詞、遺囑等）為主。[1] 尤其注意到，史料當中敘述者（Story-teller，亦即總統）所提示的（美蘇）冷戰邏輯與（國共）內戰邏輯之強弱。換言之，本研究的討論對象，是在蔣經國時代官方言論中所表現出的所謂近代史敘述，以及其近十幾年的漸進歷程。

　　首先本文擬在此對於「歷史」加以簡單定義，而將其做為本文的分析概念。歷史到底是甚麼？本來，歷史具有兩種意義。第一，總體的歷史、存在的歷史。這意味著，在幾乎無限的時空範圍內，到現在為止發生的所有事象。因而，這屬於歷史概念的客觀性質。第二，被認識的歷史、被敘述的歷史。這意味著，從第一意義的歷史當中，人類選取而整理的敘述。因此，這屬於歷史概念的主觀性質。按照如此理解，本文將第二意義的歷史，稱之為歷史敘述（或歷史解釋、歷史認識）。[2]

---

1 歷任總統的每年談話（開國紀念日〔元旦，1月1日〕、建國紀念日〔雙十節，10月10日〕、台灣光復節〔10月25日〕）、總統宣誓就職致詞、遺囑，原則上以《總統府公報》（總統府，1948- ）為依據。有時候，此種官方見解文中的發表日期與《總統府公報》所登載的日期之間也有幾天的出入。為了避免繁瑣，本文引用之際，將官方見解的（1）種類與（2）文中的發表日期之二項目，填寫於內文中（　）裡。有關蔣經國的言論，本文亦參照，蔣經國先生全集編輯委員會（總編輯），《蔣經國先生全集》（台北：行政院新聞局，1991-92）。

2 有關歷史概念的兩種意義，參照如下：ヘーゲル〔Hegel, Georg Wilhelm Friedrich〕（著）；長谷川宏（譯），《歷史哲學講義》〔*Vorlesungen über die Philosophie der Geschichte.*；岩波文庫、上下〕（東京：岩波書店，1994），上p.108。林健太郎，《史學概論》（東京：有斐閣，1953；新版1970），pp.1-3。《歷史／物語の哲學》〔岩波講座哲學11〕（東京：岩波書店，2009）。

歷史敘述的三面向

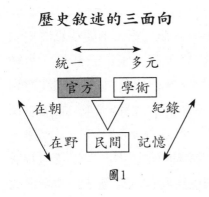

圖1

然後，歷史敘述擁有官方、學術、民間的互相影響的三個面向（如圖1）。此三者並不一定是完全分開獨立的，而是互動的，亦有時候是重複的。不過，此三者的個別特色如下：學術的解釋，是因為每個人各自持有學術見解，所以具有多元性質；官方的解釋，是因為國家需要表示公定見解，所以具有統一性質。民間的解釋，是其依靠記憶往往比依靠紀錄的多，也是各種各樣；常常是成為支持學術見解或官方見解的基礎。尤其是官方歷史在創造國族（Nation）的故事（Story）時，扮演非常重要的角色。

根據以上理解，本文擬探討蔣經國總統時代的「我們的歷史」（官方歷史敘述）之結構以及其演變。本文認為，在國家領導的公開言論當中，看得出「我們的歷史」。國家領導的蔣介石、嚴家淦、蔣經國、李登輝、陳水扁、馬英九的公開言論，不只是個人思想的表現而已。此種言論，都要企圖代表「我們」（全部國民）共同想法的。每年的總統談話，內容雖然簡單，但是回顧了「我們」的過去，對「我們」的現在賦與意義，確定「我們」的未來方向。因此可說，總統的公開論述，與其說是個人思想，不如說是每年、每一時期、每一時代政治言論空間上的氣氛之總體表現。美國總統的國情咨文（Union Address），中共國家領導的講話，也有同樣功

能。3

　　本文在閱讀如文告等國家領導言論之際，須要注意歷史敘
述的三層結構。第一是敘述的內容，第二跟第三都是「承辦
人」，一是敘述者，另一是作者（如圖2、3）。本文特別注意到
敘述者（即第二層次）以及其表述的內容（即第一層次）並加以探
討。本文幾乎沒有討論文告的背景（即作者的層次）。4 但是，
本文就分析如3、5、10年般長期時幅的敘述者層次以及內容層
次之演變。藉此可以掌握蔣經國總統時代的思潮之長期漸進改
變，即從國民革命史到民主憲政史的歷史敘述之改變。5

---

3 也有研究者曾經使用官方公開言論，加以探討戰後台灣的相關問題：（1）有
　關總統公開發言的內容分析，有游梓翔（編著），《領袖的聲音：兩岸領導人
　重要演講選輯 1906-2006》（台北：五南，2006）；游梓翔，《領袖的聲音：
　兩岸領導人政治語藝批評 1906-2006》（台北：五南，2006）。游梓翔的興
　趣，是屬於語藝研究（Rhetorical Studies）或修辭學（Rhetoric）。（2）有關
　臺灣光復節的官方論述之內容分析，有朱彥碩，〈「臺灣光復」論述的建構：
　以《中央日報》「臺灣光復節」特刊（1949-1987）為中心的分析〉（台北：
　國立政治大學歷史研究所碩士論文，2008）。（3）尤其1950-70年代官方論
　述之內容分析，有林果顯，《「中華文化復興運動推行委員會」之研究 1966-
　1975：統治正當性的建立與轉變》（臺北縣板橋市：稻鄉，2005）；林果顯，
　〈一九五〇年代反攻大陸宣傳體制的形成〉（台北：國立政治大學歷史研究所
　博士論文，2009）。

4 國家領導的文告，基本上有相當程度宣傳的意涵，亦有時與歷史的實際演變，
　未必能完全切合。本文也許須要對於論述與事實不合的部分，加以註明。不
　過，文告中的論述與事實，其實有密不可分的關係。而且本文目的，本來就不
　在於考證論述與事實，而在於掌握論述重點的演變。有關本文所探討的蔣經國
　時代之所謂歷史事實部分，請參照，薛化元，〈台灣の政治發展における蔣經
　國の歷史再評價：戒嚴解除を中心に〉，《廣島法學》〔The Hiroshima Law
　Journal〕32卷2號（廣島：廣島大學法學會，2008.10），pp.19-49。薛化元
　（主編）；台灣史料編纂小組（編輯），《台灣歷史年表》〔終戰篇1-5〕（台
　北：業強出版社，1993-1998）等。

5 本人為何要分析敘述者層次？本人擬在此簡單舉一個例子。本人幼年在日本就
　讀小學，暑假有幾種功課，其中一個就是要寫每天的日記。開學之後，學生向
　老師提交的日記，理論上是學生自己在暑假時候每天填寫的。但是，很多學生

一、第五任總統嚴家淦時期（自1975年4月）：
　　內戰革命、冷戰民主

　　蔣介石於1975年4月5日夜，結束了其生涯。此事對於當時台灣的歷史敘述帶來甚麼變動？本節擬首先釐清蔣介石時代的歷史敘述所持有的兩種邏輯（內戰與冷戰）。其次說明，在繼任總統嚴家淦的時期，內戰邏輯變強，冷戰邏輯則衰退。同時指出，官方歷史敘述就開始積極談及所謂戰後台灣的歷程。

（一）蔣介石的遺囑：內戰邏輯、冷戰邏輯

　　蔣介石時代的台灣，官方如何敘述歷史呢？本文探討的重點，還是在於蔣經國時代的官方歷史敘述。本文擬根據此重點，特別以蔣介石晚年時期為範圍，進行探討。由此導出（1）吾人可以將當時的歷史敘述稱為國民革命史觀，（2）然後如此歷史敘述包含冷戰邏輯與內戰邏輯的兩種邏輯。

　　1975年3月29日，覺悟死期的蔣介石讓秘書秦孝儀撰寫遺

　　（包括本人）往往在開學的前一個禮拜、或前幾天、甚至前一天，一次寫了整個暑假的所有日記。而且，日記的作者名義上是學生，但是有可能實際的作者是父母親。反正，無論如何，日記的敘述者就是學生，敘述者在每天晚上敘述當天故事。吾人從此知道，無法確定此種日記的實際作者是誰；但是此種日記，就代表那個學生；即使吾人困難肯定該日記代表那個學生，也可以至少肯定日記代表那個學生的家，或者那個學生的學校、或者甚至那時候的整個氣氛。薛化元的〈台灣の政治發展における蔣經國の歷史再評價：戒嚴解除を中心に〉，對於最近台灣民間的「蔣經國＝民主化」的評價，提出質疑，而詳細分析「蔣經國個人≠民主化」的歷史面貌。不過，本人則有興趣，最近台灣民間為何持有「蔣經國＝民主化」的評價。如果吾人依據當時歷年文告，而探討時代思潮的漸進演變，吾人或許亦可以採用「蔣經國時代＝民主化」的框架。因為所謂文告，不必代表蔣經國個人，而代表蔣經國時代。

囑（〈先總統　蔣公遺囑〉）6。他在不到300字的文章裡，隨著國家的歷程，一起回顧自己生涯，然後期勉海內外同胞實現自己無法達成的大業。做爲畢生之職志，蔣介石揭示「實踐三民主義，光復大陸國土，復興民族文化，堅守民主陣容」，將之定位爲海內外全中國人共通一致的革命職志。亦云，「惟願愈益堅此百忍，奮勵自強，非達成國民革命之責任，絕不中止！」因此可以將跟他生涯一起存在並演變的國家之過去、現在、未來，稱爲國民革命史觀。

　　不過，吾人不得不提出一種疑問。所謂實現光復國土、復興民族，與所謂屬於民主陣容，此兩件事項，爲何結合在一起，或者爲何必須結合在一起？的確，閱讀遺囑，就可以確認這一主張，即（1）本來世界上有自由對邪惡的善惡二元論之歷史觀或世界觀；（2）自己信仰孫中山的三民主義屬於自由民主陣容；（3）排除邪惡共產勢力，光復國土，就是全中國人一致的希望，而且是國民革命。那麼，三民主義、光復大陸、民族復興、民主，本來是有何種關係。這些論述中存在一種設定，即內戰邏輯經過三民主義而聯繫到冷戰邏輯。

　　內戰邏輯，冷戰邏輯，都是關係到「誰才是正當地統治中國」之問題。大致上，前者是對內的說明，後者則是對外的說明。所謂內戰邏輯意味著，孫中山將中國此一國族國家從異族統治解放出來，並爲了實現和平世界，領導國民革命，然後蔣介石繼承之；孫中山的三民主義乃是繼承中國固有傳統而

---

6 據說，大致上到1980年代之前在國中與高中，學生必須背誦「先總統　蔣公遺囑」。

創設出來，同時具有三序（三種階段的憲政實施，即軍政、訓政、憲政）的構想；因而三民主義持有歷史脈絡（即道統），亦具有法理脈絡（即法統）；所以中國國民黨擁有中國統治的正當性；另外，中國共產黨所依據的不是三民主義而是外來思想（馬列主義），由此沒有中國固有的歷史、文化之道統，亦不基於三序，因此也沒有法統；所以中國共產黨沒有統治中國的正當性。

另外，所謂冷戰邏輯意味著，世界史有民主潮流與反民主潮流的兩種；前者是美國獨立戰爭與法國革命以來的尊重自由民主之潮流；後者，帝國主義的侵略潮流，主要有法西斯主義（納粹和日本）與共產主義（斯拉夫霸權主義或沙皇帝國主義）；法西斯主義已經在第二次世界大戰崩潰了，但共產主義還存在，現在不斷侵略中國；所以中國的國共對立，並不是（對等的）內戰，而是合法政府國民黨政權對傀儡共產黨政權（以及其背後的蘇聯或共產國際）的國家對國家之戰爭（或者中國的防衛戰爭），更是世界戰爭（民主對極權的戰爭）；中國排除中共，才可做為國際社會上正當的國族國家，亦可以實現世界和平。

然後，結合此兩邏輯的就是三民主義。孫中山根據中國固有的歷史、文化，同時為了對世界史上的民主潮流有所貢獻，而創造三民主義。如此說明早在《中國之命運》（重慶，1943）[7] 以及《蘇俄在中國》（台北，1957）[8]（都是蔣介石本人名義的

---

7 蔣中正，《中國之命運》（重慶：正中書局，1943）。
8 蔣中正，《蘇俄在中國：中國與俄共三十年經歷紀要》（台北：中央文物供應社，1957年，再版）。

著作）中可看見。當然，日中戰爭期、冷戰初期、冷戰後期等不同的時空下，兩種邏輯與三民主義所持有的內涵就多少有所不同。不過，要理解到：以推動國民革命爲內戰邏輯的重點，以屬於民主陣容爲冷戰邏輯的重點，這是蔣介石晚年所屬的冷戰後期的官方歷史敘述的特色。

（二）蔣介石的延續與變遷：內戰邏輯增強

蔣介石去世之翌日，嚴家淦繼任總統。在其3年就職期間，官方如何敘述歷史？本文擬注意到蔣介石遺囑所具有的兩種邏輯之關係並加以探討。可以清楚說，在當時官方歷史敘述裡，冷戰邏輯衰退，內戰邏輯則增強起來。

嚴家淦在〈總統就職後談話〉（1975年4月6日）強調說，自己努力實現〈蔣公遺囑〉所說的「實踐三民主義，光復大陸國土，復興民族文化，堅守民主陣容」。嚴家淦對於「我們」所處的狀況，理解爲「國難未靖，匪禍未除，大陸同胞血枯淚乾、忍死待救」。在此所說的「我們」，就是「國人」、「海內外軍民同胞」、「全國軍民同胞」，而理論上意味著是所有的中國人。實際上，大部分的大陸同胞無法得知嚴家淦的動向以及文告。若只有按照〈總統就職後談話〉，並無法判斷，嚴家淦做爲一個文告的敘述者如何清楚地界定文告讀者的「我們」中國人。無論如何，有關「我們」將來的反共復國，嚴家淦「深信內除毛賊奸凶的亂源，即所以外致自由亞洲自由世界和平正義的福祉」。在此可知，內戰邏輯與冷戰邏輯的並存。換言之，文告根據漢賊不兩立（或者合法對非法）般的內戰邏輯，將敵對的共產黨設定爲非法集團，同時根據如自由對極權（或者

民主對侵略）般的冷戰邏輯，將自己設定為民主陣容之成員。

　　那麼如此兩種邏輯，是否以同樣比重存在於官方歷史敘述裡面？結論而言，當時官方歷史敘述經常多靠內戰邏輯，此一傾向愈來愈強。其原因在於冷戰邏輯漸漸失去功能。也就是說，現實的國際關係改變了以往的冷戰結構。民主對共產的以往單純二極對立，當年已經無法成立。加上，中（共）美接近、中（共）日建交、西貢淪陷等等，國際關係上，共產主義更加擴大其生存空間。相反，中華民國在國際上，被迫處於不利狀況，而縮小其生存空間。

　　在就職總統半年後的雙十國慶（1975年），嚴家淦對於共產勢力的擴大，慨歎地說，「不幸，（…中略…）若干自由國家，徬徨不知所措，不惜違背原則，與毛共和解，以圖一時的苟安」。他還向讀者警告，「共黨的對外擴張，其目標在赤化世界」，並說，「中南半島的悲劇，業已再一次證明：和解的錯覺，姑息的幻象，不但無補世局，且徒然助長共黨的兇燄，加深人類的禍患」。不過，這種對自由世界的警告，等於他不得已承認冷戰結構的變動，亦等於他對自己的冷戰邏輯宣布瓦解。

　　所以嚴家淦在該年雙十文告中，相當積極使用內戰邏輯。自從孫中山之推翻專制開始國民革命，蔣介石繼承之，並「以正克邪、以仁制暴」來克服國內外種種問題，這是當年被敘述的「我們」過去。在此揭示的理念，並不是來自西方進口的「自由（對奴隸）」或者「民主（對極權）」，而是「仁（對暴）」或者「正（對邪）」，而且「我們」也可以主張這些都是中國固有理念的。

　　對於蔣介石死亡之後的未來，嚴家淦根據內戰邏輯，而開展藍圖並強調，「我中華民國所承擔的神聖而莊嚴的任務，就是建設台灣，光復大陸，並為全球性的反共大業作先鋒」。只看到此一部分記載，可能以為此一部分似乎依循冷戰邏輯。但是，該記載還繼續說，「我們建設事業的進步，（…中略…）這項成果，匯歸於三民主義指導之下，植根於民族文化土壤之中」。由此可以判斷，此一記載還是依循內戰邏輯的。（雙十國慶，1975年10月10日）

（三）建設台灣，光復大陸

　　嚴家淦說明〈蔣公遺囑〉「留下了規模遠大的建國藍圖」。嚴視之為「我們」的藍圖，然後表示自己將根據它具體地進行國家事業（雙十國慶，1975年10月10日）。本文擬討論時，注意到論述中的兩種特色，即（1）台灣建設、（2）國家目標兩個階段。同時談及所謂「我們」的具體內容。

　　嚴家淦的總統文告，強調「建設台灣」。何謂「建設台灣」。原來曾提到國防與經濟（雙十國慶，1975年10月10日）。可是，3個月後，嚴家淦提出「我們」自己需要做到的4個項目。其中一個項目有「開創的事業」，嚴對此加以說明，「也是朝現代化目標創新發展的事業」。所謂「十項建設」（1973- ）也是包括在「開創的事業」內的。嚴表示如此「開創的事業」就是「為開發中國家塑造了繁榮開發的模型」。該文告所表示的建設內容，也將優先順序改變為「經濟與國防結合」，也就是說經濟優先國防其次（元旦，1976年1月1日）。嚴家淦的文告在提到國家建設之際大致上使用「現代化」概念。到了1977年，在

有關建設的項目當中，便少見國防因素，而優先提起政治要素，此外不知不覺中民主憲政成為既成事實而出現。例如，「今日復興基地的建設，在政治上樹立了民主憲政的宏規，在經濟上塑造了繁榮開發的模式，在社會上繪出了和諧安定的藍圖」（元旦，1977年1月1日）。1978年文告中將最近幾年的成果整理為3點；而在第3個項目「積極建設的成果」部分，表示即將完成十項建設，還有預告「現正策進十二項新的建設，邁向工業化與現代化的目標」，總結地說，「這些積極建設的成果，就是一切成之在我的體現」。（元旦，1978年1月1日）

「建設台灣」的成功引起了官方歷史敘述對戰後台灣歷程的（過於勉強的）積極評價。尤其是此觀點在「台灣光復三十二週年」文告中特別顯著。該文告在前面部分說，「國民革命運動，以光復台灣為主要目標之一。國父在檀香山組織興中會，當時發布宣言，即以『恢復台灣，鞏固中華』為宗旨」，在中間部分說，「台灣同胞在血統上是純潔的中華民族、受優良文化傳統的陶鎔。（…中略…）這也就顯示唯有光復以後，才能有政府結合全民的力量，使建設符合全民的要求，進入現代化國家的境界」（台灣光復節，1977年10月25日）。另外，本文對於為何嚴家淦在就職總統期間只有發表一次台灣光復節文告，其詳細情形尚未完全明瞭。

那麼，「建設台灣」是與「光復大陸」到底擁有何種關係？嚴家淦說明，「我們更應以三民主義建設的經驗，做為光復大陸建設的藍圖，以中華文化的光輝，洞穿黑暗的共產世界，使之無所遁形」；「將一切力量投入建設，以擴大建設的績效；將一切力量投入反共，以爭取反共的勝利」（雙十國慶，

1975年10月10日）。他在就職總統期間，大致上運用將「我們」未來分為兩種階段的表現方法。譬如云，「我們的建設，固已在復興基地提高了國民的生活水準，且已對大陸同胞提供了重獲自由的希望」（元旦，1977年1月1日）。也說，「我們在復興基地的一切建設，都是為了實現三民主義社會的理念，於光復大陸之後，必以之做為重建新中國的藍圖」（雙十國慶，1977年10月10日）。如此兩種階段，是以「骨肉相連的同胞愛」來連結的（台灣光復節，1977年10月25日）。

如上所述，國家（將來）目標按照時間上的遠近，被分為兩種階段。同時，「我們」亦有在空間上的遠近。何謂「我們」。其具體內容，是三軍將士、後備軍人、全體國民、海外華僑、大陸同胞（雙十國慶，1975年10月10日）。人口概數，是復興基地一千六百萬愛國軍民同胞、海外二千萬以上的僑胞，大陸上更有七億以上與共匪不共戴天的同志同胞（元旦，1976年1月1日）。不過，大陸同胞到底是否願意反共？中共當時是否真的即將崩潰？文告所描述的內容與實際狀況間是否一致等，已經超越本文的探討範圍。

二、第六任總統時期（1978-1984）：告別冷戰

蔣經國於1978年5月20日，就職為第六任總統。此事對於當時台灣的歷史敘述帶來甚麼變動？本節將指出中華民國官方的歷史敘述，首先由於中美斷交而告別冷戰邏輯。然後，企圖以內戰邏輯來重建民主憲政的涵義。不過新的民主憲政似乎沒有充實內容。

（一）就職宣誓：民主憲政與內戰邏輯

　　蔣經國當初如何敘述歷史呢？本文擬以蔣經國的就職致詞（第六任總統宣誓就職致詞，1978年5月20日）爲主，加以探討。藉此釐清三點：(A) 官方歷史敘述在談到過去、現在之時愈來愈依靠內戰邏輯，(B) 當談到未來之語亦同樣做，尤其是以往根據冷戰邏輯來說明的民主憲政，亦改爲依據內戰邏輯。(C) 可是冷戰邏輯尚未消失。

　　1978年5月20日，蔣經國根據國民大會間接選舉的選出，就職爲第六任總統。總統就職致詞，照舊繼承蔣介石、嚴家淦的基本框架，主張光復大陸的最終目標。他在簡單扼要地說明孫中山與蔣介石的三民主義國民革命之後，說，「今天反共復國的大業，就是三民主義國民革命道統法統的堅持、民族精神的激揚、革命行動的延續和貫徹」。由此可知，他在敘述過去、現在之時，是依據內戰邏輯。

　　在談到未來之時亦同樣依據內戰邏輯。其邁向未來的態度，是「應當把道義眞理放在一切之上」的。蔣經國說，「今天我們復國建國共同的行動方向，就是要充實國家力量、增加國民生活、擴大憲政功能、確立廉能政治，以實踐三民主義，光復大陸國土」。在此發現新的面貌，即蔣經國增加具體的工作項目，而且提出新的觀念。也可以這樣說，蔣經國提出台灣建設的復國建國事業四種，其中第三點呼籲擴大憲政功能。在此本文要指出，官方在對民主憲政上，以往根據冷戰邏輯來說明，但是現在改爲依據內戰邏輯來重建。

　　何謂民主憲政？蔣經國說，「民主自由是中國政治的道路，憲政是貫徹民主自由的根本，中國軍民用血汗犧牲的代

價，創造了憲政的光輝。（…中略…）並且還要擴大政治參與，
維護自由人權，使民主自由的基礎，建築在全民意志、國家利
益之上，建築在道德理性、法律尊嚴之上，建築在和衷共濟、
精誠團結之上」。也就是說，為了實現民主、自由，必須要充
實憲政。所謂憲政，本來是中國人用血汗獲得的。不過，實際
上（或歷史上），憲政是否中國人自己獲得？本文不加以判斷其
是否。本文認為，更重要的是吾人應該掌握蔣經國企圖將民
主、自由、憲政的普遍性理念，從中國人自己的歷史當中尋
找。也就是說，這現象表示蔣經國試圖說明此種普遍性理念並
不只是來自西方，也是扎根於自己的歷史中。換言之，蔣經國
企圖不依賴冷戰邏輯，而依靠內戰邏輯來說明民主憲政。

　　不過，冷戰邏輯還繼續存在。蔣經國說，「中華民國堅守民
主陣容，堅持反共立場，是絕對不會改變的，（…中略…）而我們
對於國際政治的基本政策和態度，是要在反共復國的前提之下，
加強對自由國家友好的道義關係，全力盡我一切義務責任」。在
此可見，這是一種根據如民主對共產、自由對極權般冷戰邏輯的
世界觀。他繼續說，「而中美關係的加強，更是我們一貫的政策
和原則」。或許，他感到自己以往開展的冷戰邏輯已經失效了，
所以開始利用內戰邏輯來敘述歷史（過去、現在、未來）。但，冷
戰邏輯未消失。「中國之利，即美國之利，中國之害，即美國之
害，中美關係，合則受其利，分則同蒙其害」。此文的對象（讀
者）不僅是自己國民，而且也是美國政府。

（二）中美斷交：冷戰邏輯的崩潰

　　1979年1月1日，中（共）美建交，同時中美斷交。中美斷

交對中華民國的官製歷史敘述帶來如何變動。本文擬根據中美斷交前的總統〈談話〉（1978）9、〈聲明〉（1978）10以及中美邦交失效的第一天的1979年元旦祝詞，加以討論。藉此釐清3點：(A) 因爲中美斷交，中華民國的官方歷史敘述告別冷戰邏輯；(B) 所以，要將反共理念的正當性基礎，尋找於自己經驗（受害體驗）此一（歷史）事實；(C) 因而官方提出一種想法藉由憲政（民主憲政）機能的擴大，從而強調仁政對暴政的內戰邏輯，並重新建立自己與中共之關係。

　　美國終於與中共建立外交關係，蔣經國稱之爲「不幸的事情」。他說，「而今美國政府不顧道義和信守」，所以「我們已經聲明一切後果應完全由美方負責」（談話）。例如，蔣經國擔心地指出，「美國進行與共匪『關係正常化』，（…中略…）加速中南半島各國之淪入共黨魔掌」（聲明）11。中華民國自身的態度還是「祇要反共到底，就能復國」。他強調說，國策是不變的。亦說，「就是依據既定國策，政治上我們將繼續堅守民主陣容，保障人權」（談話）。所謂民主陣容，意味著「宣稱維護人權加強民主力量以抵抗極權專制之宗旨」（聲明）。當然，在此自己還屬於民主陣容。

9　〈民國六十七年十二月十六日獲悉美國政府承認匪僞政權並斷絕與中華民國關係後向全國同胞發表談話〉，《總統府公報》第3448號（1978年12月18日）。亦收錄於《蔣經國先生全集》〔第13卷〕，pp.24-26。

10　〈民國六十七年十二月十六日獲悉美國政府承認匪僞政權並斷絕與中華民國外交關係後發表嚴正聲明〉，《總統府公報》第3448號（1978年12月18日）。亦收錄於《蔣經國先生全集》〔第13卷〕，pp.27-28。

11　這樣的看法，當年使國民黨政權僞造著名的〈南海血書〉（1978年12月19日）。

　　根據美蘇對立而來的冷戰邏輯，現在已經崩潰了。所以中華民國官方需要根據另一邏輯，來重新定義反共。最後，終於確定了一種根據民族固有歷史（過去、經驗）而來的邏輯。蔣經國訴求，「我中華兒女（…中略…），拿出最大決心與力量」。所謂最大決心，是「一切靠自己，為自由與生存與敵人共匪奮戰到底」。所謂最大力量，是「人人堅定沉著，發揚民族正氣，加強精神武裝，精誠團結，支持政府，奮鬥到底」（談話）。在此看出，團結、自由的理念一樣在反共目的下，加以說明的。可以說，反共理念的正當性基礎，有了性質上的變化。以往的冷戰邏輯之反共，是根據民主對極權的優先理念（歷史理念）。不過因為中美斷交，官方現在選取的來自內戰邏輯的反共，則根據如「受害者還是我們中國人民」（元旦，1979年1月1日）般的實際事實（歷史事實）。

　　中華民國終於告別冷戰邏輯，單獨地做為民主陣容之一，「以一主權國家，（…中略…）繼續致力於社會、經濟及政治等各方面之改進，忠於國家目標及所負之國際責任」（聲明）。

　　那麼，官方如何了解憲政呢？蔣經國表示，革命的目的，已經不是為了實現民主。民主是為了達成革命（光復大陸）的手段。蔣經國說，「我們的反共戰爭，基本上便是保民族、保文化的革命戰爭」；但是「目前國家確又處於橫逆侵襲的憂患之中」；為了實施「精誠團結」，亦為了實行「用自己的頭腦、自己的力量（…中略…）來迎接新的戰鬥，開創國家歷史的新頁」，蔣經國提倡「心理建設」；這也被形容為「國民精神建設」，以自立自強、團結為其重點；最後提示，「政府決心以憲政為基礎，盡一切力量，來保障國家社會的安全，促進國民

生活的福祉」（元旦，1979年1月1日）。吾人或許有點驚訝，蔣突然提到憲政，這似乎有邏輯上的飛躍。本文勉強解釋爲：蔣經國認爲，憲政在實現自由民主社會上，扮演核心功能；所以擴大憲政功能（如「動員戡亂時期自由地區增加中央民意代表名額選舉」〔1972-1991〕等），以現實事實來證明，自己爲（自由民主的）仁政，中共政權爲暴政的結構。

（三）自立自強

　　中美斷交以後，官製歷史敘述擁有何種特色呢？本文擬以自中美斷交至第六任總統卸任的1984年爲範圍，加以探討。由此導出兩點如下：(A) 官方根據自己已經實現民主憲政的事實（歷史經驗），說明自己擁有中華民國統治的正當性。(B) 雖然如此，但是文告幾乎沒有特別呈現強烈實踐民主憲政的具體個案記載。

　　中美斷交以後，官方歷史敘述的主要重點，在於訴求國人要精誠團結而克服國難。例如，蔣經國說，「深盼我海內海外同胞，咸能一心一德、互切互磋，發揮堅忍、勤儉、創新、奮發的革命精神，克服任何困難，以達最後勝利」（元旦，1982年1月1日）。這是蔣經國的爲人，也是當年官方所塑造的中國人的理想形象。

　　1980年代從1979年美麗島事件開始興起，在野人士要求改革運動，中國大陸則從1978年開始出現改革開放政策，這對中華民國的統治正當性，是一種挑戰。中華民國則以在台灣所實現「民主憲政」之既成事實爲證據，屢屢主張其中國統治正當性。

　　中華民國官方在如此背景之下，在中美斷交前的雙十國慶時，回顧自己國家的過去，並將其歷程分為兩種，即孫中山「締造了亞洲第一個民主共和國家」以及蔣介石「領導國民革命」。值得注意的是，官方認為，蔣介石的主要貢獻，是「完成北伐、抗日、行憲等偉大使命」以及「立下堅強不拔的復興基地」（雙十國慶，1978年10月10日）。從此可見，蔣介石與民主憲政連接的新觀點出現了。

　　蔣經國在1980年以中國國民黨主席身分，回顧過去說，「中國國民黨完成了北伐統一，實踐了自由平等人人參與的民主憲政」，然後將國民黨定位為「革命民主政黨」。12

　　蔣介石曾經在每一年呼籲「今年就是反攻大陸的關鍵年」。不過，大陸淪陷之後已經過了30年以上歲月。蔣經國卻只能以10年為單位例如「民國70年代」這樣的說法來主張反攻大陸。1981年正好是辛亥革命的70周年，蔣經國對辛亥革命，重新定義為屢次失敗之後最後勝利的最好個案，而將之視為現在光復大陸的模範（元旦，1981年1月1日）。

　　1981年雙十國慶，蔣經國批評說，「共匪（…中略…）竟又妄想篡奪國民革命歷史」（雙十國慶，1981年10月10日）。這是當年在中國大陸開始國家事業而編纂《中華民國史》13。台灣方面認為，這似乎是北京給台北的滅亡通知。正好中國歷代有編纂正史的傳統，一般而言，便是後代撰寫前代的歷史。中美

---

12 〈民國六十九年十月八日以中國國民黨黨主席身分發表告全國同胞書〉。亦收錄於《蔣經國先生全集》〔第13卷〕，pp.39-44。

13 李新（總編），《中華民國史》（北京：中華書局，1981- ）。

斷交以後，中華民國為了證明至少台灣（甚至中國）的統治正當性，如口頭禪般，屢屢主張民主憲政的實踐經驗。但是，官方終於沒有具體表示民主憲政如何年年擴充。

三、第七任總統時期（1984-1988）：
　　在內戰裡尋找民主

蔣經國在擔任第七任總統時期的1987年7月解除戒嚴令。此事對於當時台灣的歷史敘述帶來甚麼變動？本文擬在此以第七任總統時期（1984-1988）為範圍，加以探討。藉此說明兩點：(A) 官方每年不斷提倡實踐民主憲政，可是照舊似乎說服力不夠。(B) 但是蔣經國在1986年預告即將解嚴，從此以後，官方以解嚴的事實為證據，更強調民主憲政已經擴充。根據內戰邏輯所做的國民革命歷史，終於編入民主憲政此一重要概念。

（一）解嚴：在自我內部尋找民主憲政

官方歷史敘述每年不斷開展似乎沒有獲得充實內容的民主憲政。不過，終於開始改變以往的狀態。也就是說，解除戒嚴令的時間接近了。1986年10月7日，蔣經國在與華盛頓郵報董事長等的會談之際，明確表示儘早解除戒嚴令的想法。翌（8）日，《中央日報》等國內主要媒體也加以報導。蔣藉著答覆記者的提問，對於民主加以說明。蔣說，「我們一向以促進民主為職志，可是由於（中共）入侵的威脅，我們對人民的自由作了某些限制」。又說，戒嚴令之下「非軍人觸犯某些罪

行，將受軍法審判」，「某些犯罪將受嚴厲的處罰，而這些犯罪的性質規定得不夠明確」，可是解嚴之後，「非軍人不再受軍事法庭管轄，對個人自由的某些限制也會取消」，「作較明確的規定，同時刑罰會比較寬大」。14

　　蔣經國宣布在1987年7月15日0時起解嚴。解嚴成了推進充實憲政功能的政策方向。三個月後的雙十國慶，蔣說，「中華民國七十六年，在我們國家發展的進程上，是進入新時代的一年」。蔣強調此一年的變化。這表示變化得極大。又說，「今天所做種種政治上的改革、經濟上的創新，都是我們過去厚植民主基礎與民生均富開展的結果。往後奮鬥目標，要在（…中略…）朝著既定的民主憲政方向前進，（…中略…）創造更好的明天！」換言之，官方敘述表示，「我們」一直致力於運用民主憲政，因而解嚴不是被迫實行的。如此一來政府所主導的有關民主憲政的公定見解，更加鞏固所謂民主憲政發展史觀。文告宣稱，「中華民國開國、建國的歷程，處處留下了先烈先賢用生命與血汗鋪成的軌跡。 國父高瞻遠矚，首創三民主義，為中國前途立下了『民有、民治、民享』的宏規。先總統 蔣公堅苦卓絕，頒行憲法，揭開了民主憲政的紀元。七十多年來，國家雖然多難，但我們革命開國的精神，民主建國的志節，鍥而不舍，始終如一。苦難激發了堅忍圖強的毅力，團結加強了奮鬥進取的決心，使我們一致明確認定，全力反共，建

---

14 蔣經國，〈希望儘早解除戒嚴令〉〔1975〕，經國先生文化經濟協進會（編）
　　《蔣經國先生言論精選集》（台北：編者，2008），pp.70-72. 亦收錄於《蔣
　　經國先生全集》〔第15卷〕，pp.175-178。

設三民主義的民主共和國，是我們唯一可走的康莊大道」（雙十國慶，1987年10月10日）。

　　1988年1月5日，深感存世不久的蔣經國讓秘書撰寫遺囑（〈蔣總統經國先生遺囑〉）。蔣經國說，萬一自己死去，也「務望我政府與民眾堅守反共復國政策，並望始終一貫積極推行民主憲政建設」；又說，「國父三民主義與　先總統遺訓指引之下，（…中略…）加速光復大陸，完成以三民主義統一中國之大業，是所切囑」。換言之，蔣經國對於自己實效統治的自由中國，期能更進一步的擴充民主憲政，同時企圖提高憲法的絕對性質。對於自己無法統治的中國大陸，期待藉由三民主義來統一國家；而提示了，所謂全體中國人的公意就可以超越憲法，因此該公意亦可以涵蓋一種憲法無法普及的地方。在此，無法確定，官方見解的敘述者認為，「我們」到底是自由中國或者是全中國。

　　1988年1月13日，蔣經國逝去，李登輝則繼承總統職位。李登輝在「李總統登輝先生宣誓就任總統後談話」（1988年1月13日）中說，「經國先生多年來對力行民主憲政、建設復興基地的偉大貢獻」，而對蔣經國加以高的評價。不過，以往的官方見解，首先提起「建設復興基地」，然後提到「民主憲政」。優先順序的變化，似乎預告從此以後開始的李登輝時代思想。

（二）蔣經國逝去之後：內戰尚延續

　　在此，本文擬重新整理蔣經國時代官方歷史敘述的演變，而探討各個變化的意義。蔣經國時代，還是與蔣介石時代同樣

以自由中國爲己任。因爲採用民主政體，所以是一個自由民主國家。蔣經國對於所謂民主，經常使用民主憲政的概念來說明，因此官方致力於擴充憲政功能。所謂民主，是跟蔣介石時代一樣，透過與對岸極權主義（專制）的對比來確定，同時透過確認現在有沒有實施憲政來確定的。本文要指出，解嚴前後的蔣經國時代，對於現實政治的關注改變了。即過去將眼光放在自己已經無法統治的對岸，透過彼此政治體制的比較，而主張自己的優勢；現在（解嚴當時）將眼光放在自己的歷程，而期向更好的現在、更好的未來。

但是，蔣經國沒有表示解嚴之後的最高基準或最高原理。新制定的國家安全法代替以往戒嚴令下的緊急命令。那麼，國家安全法是依據甚麼來制定的？當時，動員戡亂時期臨時條款還存在，因此國家安全法不是完全根據憲法而制定的。的確，蔣經國由於解除戒嚴令而促進民主憲政。或許就他而言，民主化是一直實施的，解嚴是其中特別重要的一個里程。可是，蔣經國終究沒有將憲法優先於三民主義（光復大陸的根據＝中國統治的正當性）。

蔣經國基本上承襲蔣介石的國民革命史觀。但是，並不是完全的承襲，也有變化。蔣經國隨著時代的變化，比蔣介石更強調（1）呼籲大家爲了恢復國土（光復）而致力建設台灣此一復興基地，而且（2）揭示一個課題，即中華民國雖然因中美斷交而國際孤立，但是不改信心，而還繼續屬於民主陣容，貢獻於國際社會。這是兩種開端，即（1）戰後台灣的中華民國之歷程，過去並不太被重視，但是蔣經國開始對它加以積極評價，（2）蔣經國對於所謂普遍理念（例：世界和平）的基礎，不

只完全根據於西方概念，而且亦有依靠於民族固有概念（例：仁愛）。如果本文試著俯瞰戰後台灣歷史，或者可以這樣說此二點是（1）後來的一種台灣本土的國族歷史之前身，以及（2）產生這一歷史敘述的原始性概念之一。

　　那麼，此一官方見解在何種言論空間裡展開？本文擬透過對於官方見解中的讀者的探討，來確定官方見解的承辦人（即作者與敘述者的兩種）所屬的空間。1986年雙十國慶祝詞也是，1987年元旦祝詞也是，以「親愛的父老兄弟姊妹們」為文告中的讀者。敘述者「我」，對「親愛的父老兄弟姊妹們」呼籲說「我們」。「我們」生存在「復興基地」。所以，「我們」不包含「大陸同胞」。「大陸同胞」是被設定為「我們」必須從「共匪暴政」裡救出的他者（雙十國慶祝詞，1986年10月10日）。解嚴不久，官方見解也有時候將「大陸同胞」形容為「他們」（元旦祝詞，1988年1月1日）。

　　當時，無論中華民國是否承認，國際上都認定台灣海峽兩岸有兩個中國存在。官方見解的作者所生存的狀況，是自己國家的主權無法及於對岸。官方見解的敘述者則不敢承認此一狀況，理念上還不斷地主張其主權有效到全中國。不過，敘述者將「大陸同胞」視為他者，經常提到只有在台灣才有通用的話題（例：民主憲政、經濟建設等）。本文指出，蔣經國時代的官方見解，比起蔣介石時代，愈來愈增加只有適用台灣的概念；因此敘述者雖然站在敘述者自身所屬的全中國範圍之言論空間裡，但，大部分的話題卻幾乎集中於作者所屬的台灣範圍的言論空間中。

　　有關動搖的「我們」內涵，蔣經國的接班人李登輝，就加

以定位爲自由中國。更正確地說，李登輝將「我們」定位於
（台灣的）中華民國。廢除臨時條款（1991年5月），意味著在法
理上，重新界定「我們」的內涵；同時開始所謂憲法功能的正
常化。

（三）官方歷史敘述的漸進演變：
著重與蔣介石時代差異

　　蔣介石在歷史敘述中，原先設定三民主義國民革命，即民
族主義（獲得自由；擺脫異族殖民統治）、民權主義（基於憲法，實施
地方自治）、民生主義（土地改革），甚至主張已經在台灣實現了
三民主義。對此，蔣經國一邊繼承蔣介石的原先設定，另外一
邊關注戰後台灣的成長，如根據經濟成長來實現民生主義（均
富）、依據擴大憲政功能（如解嚴）來實現民權主義（人權）、依
照精誠團結以及自立自強的心理改革來實現民族主義，爲了一
種更充實實現的三民主義（甚至擴大到全中國），向台灣的中國
人呼籲民主憲政。

　　蔣介石時代的官方歷史敘述，按照民主與反民主的二大潮
流史之冷戰邏輯，來理解台灣。也就是說，過去中國大陸由
於致力抗日戰爭，而光復台灣，將台灣從反民主（日本法西斯主
義）的不自由殖民地狀態解救。因此，現在台灣必須致力於反
共抗俄（後來只有「反共」），由此光復中國大陸，從反民主（蘇
聯共產主義）的不自由奴役狀態解救。此一歷史敘述，導出以台
灣爲全中國三民主義模範省，同時以台灣爲反攻大陸的復興基
地之主張，並且鞏固這些主張。

　　中華民國官方所提倡的民主理念，本由兩種邏輯（冷戰與

內戰）所建立。不過，民主的兩種邏輯，都受到打擊。因此官方歷史敘述的主要邏輯，蔣介石時代是冷戰邏輯（或者兩種邏輯並用），到了蔣經國時代，改變爲內戰邏輯。此一變化，也有外在原因，即當年台灣國際環境的惡化。

　　中華民國官方，原來所說的以中共爲蘇聯的傀儡之論述，因中（共）蘇論爭而自1960年代後半起開始消失。然後1970年代，就中華民國官方論述而言，民主陣容的盟邦美國，背離正道，而接近原來的共同敵人中國共產黨。當然，就自由中國而言，美國做爲盟邦的重要性，並沒有改變。但是，中華民國官方在戰後20多年一貫提倡的歷史敘述以及從那裡所導出的藍圖，當然已經不適合現實的國際關係。中華民國官方，已經無法根據以往民主主義與極權主義的單純對比，來說明世界歷史和東西冷戰的意識形態對立。換言之，冷戰邏輯已經失效了。因而亦無法使用來自冷戰邏輯的民主理念，來結合自身與美國同爲民主陣容。

　　另外的內戰邏輯，也處於不利的狀況。蔣經國便告別冷戰邏輯，而依據內戰邏輯（仁政對暴政）來繼承國民革命史的敘述。換言之，他以正義對邪惡的戰鬥的邏輯，來說明過去光復台灣以及未來光復大陸間之必然連續性。就內戰邏輯而言，共產主義（外來思想）不適合中華民族，所以中國大陸現在仍然是處於奴役、黑暗狀態。但是，實際上中國大陸雖然一方面還保留中國共產黨一黨獨裁的形式，可是另一方面鄧小平於1978年12月開始主導改革開放政策。甚至國際人士眼中，在中國大陸，民主思潮似乎開始興起；在台灣，戒嚴令卻照舊存在。

　　從中美斷交、中（共）美國建交的前後起，蔣經國開始試

圖以民主當作自己（本國）的理念，而且與如正義、道義、仁政等東方風格理念一起使用。這意味著，中華民國官方企圖不依靠美國的權威，而獨自準備民主理念。因此，中華民國開始摸索獨特之道；然後在自己歷史經驗（開創民主共和國、行憲、自由地區增加中央民意代表名額選舉等）當中，找到了自己是民主的根據。1987年解嚴，就終於成爲自己是民主的最大根據。結果，官方歷史敘述（包括未來藍圖）的重點，離開了「對他」關心（反攻大陸），而傾向於「對自」關心（建設復興基地）。

　　官方歷史敘述，就開始帶著對自關心。1980年代台灣，雖然中華民國政府遷台之後過了30多年歲月，但是光復大陸依然無法實現。因此，台灣本來似乎停止歷史或者沒有歷史。通常，「我們」講到歷史，就幾乎想到中國大陸的歷史。不過，中華民國的歷史已經進入70年，而且其中一半的歷史舞台在台灣。從此出現小小變化，即「我們」在台灣發現歷史。（雖然在元旦文告、雙十國慶文告之中罕見，可是在台灣光復節紀念談話中看得見相關歷史敘述。）

　　蔣經國在官方歷史敘述中，增加復興建設（以民主憲政爲主）的歷程。雖然只有戰後的30年，但是官方對台灣歷史給予積極評價。解嚴前後的幾年，戰後台灣是被描述爲民主憲政歷史；而且如此敘述亦要追溯包含中國近現代史，因而整個中華民國史終於成爲民主憲政史。總而言之，官方的歷史敘述，原來根據冷戰與內戰的兩種邏輯來說明的國民革命史，終於漸漸演變爲根據內戰邏輯來說明的民主憲政發展史。

小結

在戰後台灣，現實政治如何敘述歷史？為了解決此一問題，本文做了以上探討。本文對於蔣經國時代文告加以分析後，發現官方歷史敘述的重點，是從國民革命史漸進演變到民主憲政史。換言之，本文研究對象並不是政治決策的部分，而是歷年文告所呈現的前後兩種不同歷史敘述之間的連續與變化。

其連續的機制如下：蔣經國的總統時代十幾年，「我們的歷史」，一貫以民主陣容為己任而繼續著。但，敘述的重點有變化，即（1）原來的國民革命史，是根據冷戰與內戰的兩種邏輯來說明的。（2）可是面臨中美斷交，官方歷史敘述就告別冷戰邏輯，而無法以美國為民主的根據，因而試圖在自己歷史經驗當中尋找民主憲政的證據。（3）1987年的解嚴就成為最大證據。官方歷史敘述最後只依賴內戰邏輯，並漸進演變為民主憲政發展史。而且，此一歷史敘述相當重視戰後台灣的歷程。（4）此點或許是後來的所謂台灣本土民主憲政發展史的來源之一。這也是筆者今後的課題。

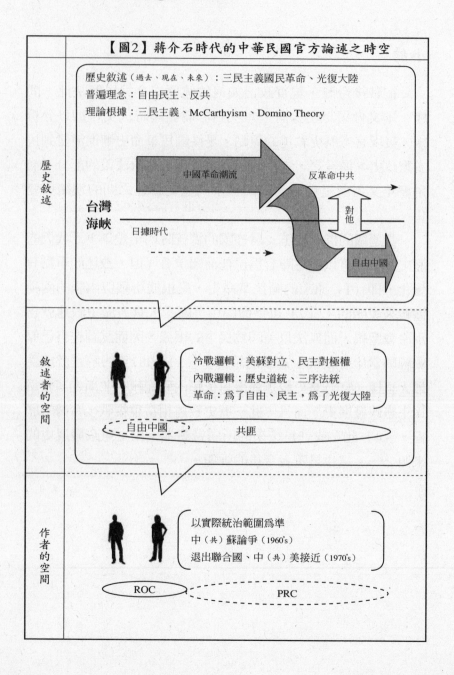

【圖2】蔣介石時代的中華民國官方論述之時空

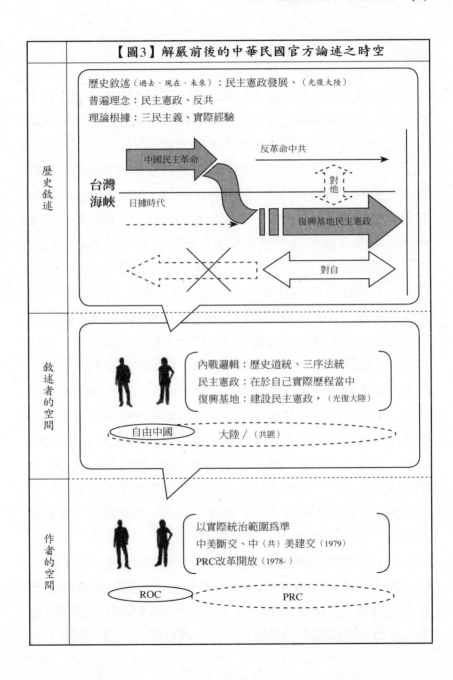

【圖3】解嚴前後的中華民國官方論述之時空

補述

為了讀者的方便，本人擬在此補充說明本文的研究途徑之意義。尤其是在「歷史敘述在戰後台灣如何演變？」此一課題上，加以說明「官方歷史敘述」的研究意義。

本文中已經指出，所謂歷史敘述具有互動的三種面向，即官方、學術、民間。但是一般而言，聽到「歷史敘述」，通常立刻想起其擔當者是專家，即歷史家。而且大多數的歷史家是學者。因而普遍認為，歷史敘述是呈現在研究論著或教科書上。這或許沒錯。但若是如此，歷史敘述的演變就應該等於史學史。以戰後台灣為對象的史學史研究，亦有一些累積（如書目1）。許冠三、黃俊傑、李金強等的戰後台灣的（近代中國）史學史研究，李雲漢的國民黨史學史研究，都是相關論文。至於王晴佳不但運用史料，而且採用相關人物的訪問紀錄，並繼承許冠三等人研究成果，撰寫專書。後來汪榮祖曾在書評中，加以大力批評，因而發生一些論爭。雖然如此，但是本人認為，王晴佳研究成果的涵蓋範圍廣泛、討論深入，應該給予相當的評價。當然，如王爾敏論文集亦主張，以王晴佳等為代表的史學史研究，基本上往往是以主流派學者與其著作為討論對象。更進而說，就算累積更多非主流派的研究，充其量也只能補充主流派的歷史進展而已。然而畢竟何謂主流，何為非主流？（研究者）每個人的問題意識不同，對此問題的答案亦不同。以往的大部分研究對象，是以那些有著「為學問而學問」理念的人物為主。例如：（北京大學、）中央研究院歷史語言研究所、台灣大學相關人物。另外，在台灣史研究方面，張隆志也

就史學部分進行研究。像張隆志等的研究中，他們所討論的對象，在台灣史的研究領域中，一直佔有主流地位，但所謂民主化之前，在整體歷史學界，卻不見得是佔有重要地位。

　　吾人在此不得不懷抱一個疑問。即，只要探討學術面向的歷史敘述，就可以充分地理解戰後台灣的歷史敘述之歷程嗎？本文認為極其困難。如上所述，理論上，學術面向的歷史敘述，就是讓每個人根據證據而多元地展示各自見解。但是實際上，在概觀學術面向的歷史敘述的歷程時，可看邏輯上的繼承關係（即學派），同時亦可看到政治上的繼承關係（即學閥）。以後者而論，人們往往有意無意地採行和某一集團或組織的統一或相同之見解或思想。如果對此傾向加以思考到底，在近代世界上，國族國家所具有的官方面向是不可忽視。從而在理解歷史敘述在戰後台灣的歷程之際，也有必要探討官方面向的歷史敘述。最理想的方式便是，要根據官方、學術、民間的互動，進而去理解歷史敘述的歷程。可是，因為民間面向具有根據記憶的多元性質，所以難以探討整體的民間面向。因此本文優先探討官方面向的部分。的確，以往研究將官方歷史敘述，視為譴責的對象，而幾乎忽略或忌避。理論上，官方面向的歷史敘述，是強調時間上的一貫以及空間上的統一。但是實際上，其內容也有緩慢的短期變化，也有較大的長期變化。因此可說，其歷史敘述的內容變化，就是漸進地、連續地說明了看起來是前後不同的兩種歷史敘述之演變。因此為了讓吾人史能夠理解歷史敘述在戰後台灣的歷程，官方面向的歷史敘述就成為適當的研究途徑。

【書目 1】學術面向的研究成果（依出版年為序）

許冠三，〈三十五年（1950-1985）來的台灣史界變遷〉〔附錄一〕，
　　《新史學九十年》〔上、下冊〕台北：唐山出版社，1987，
　　pp.241-273。

黃俊傑，〈歷史學〉，賴澤涵（編）《三十年來我國人文及社會科學
　　之回顧與展望》台北：東大圖書，1987。

李金強，〈傳承與開拓：一九四九年後台灣之中國近代史研究〉，香
　　港中國近代史學會（編）《中國近代史研究新趨勢》香港：香港
　　教育圖書公司，1994，pp.37-75。

李雲漢，〈黨史會與民國史研究〉，《中華民國建國八十年學術討論
　　集》台北：近代中國出版社，1991。

王晴佳，《台灣史學五十年 1950-2000：傳承、方法、趨向》台北：麥
　　田出版，2002。

汪榮祖，〈追尋半世紀的蹤跡：評王晴佳，《臺灣史學50年，1950-
　　2000：傳承、方法、趨向》〉〔書評〕，《中央研究院近代史研
　　究所集刊》，40期（台北，2003.06），pp.241-248。

王晴佳，〈對汪榮祖先生〈追尋半世紀的蹤跡〉的回應〉〔回應與
　　討論〕，《中央研究院近代史研究所集刊》，42期（台北，
　　2003.12），pp. 141-148。

汪榮祖，〈汪榮祖對王晴佳回應的回應〉〔回應與討論〕，《中央
　　研究院近代史研究所集刊》，42期（台北，2003.12），pp. 149-
　　154。

張隆志，〈後殖民觀點與臺灣史研究：關於臺灣本土史學的方法論反
　　思〉，柳書琴、邱貴芬（編）《後殖民的東亞在地化思考：臺灣
　　文學場域》臺南：國家臺灣文學館籌備處，2006。

王爾敏，《二十世紀非主流史學與史家》桂林：廣西師範大學出版
　　社，2007。

徵引書目 （依筆劃為序）

一手資料

《總統府公報》總統府，1948- 。

經國先生文化經濟協進會（編），《蔣經國先生言論精選集》台北：
　　編者，2008。

蔣經國先生全集編輯委員會（總編輯），《蔣經國先生全集》台北：
　　行政院新聞局，1991-92。

史料

李新（總編），《中華民國史》北京：中華書局，1981- 。

阮天仇，〈南海血書〉（1978年12月19日）。

蔣中正，《中國之命運》重慶：正中書局，1943。

蔣中正，《蘇俄在中國：中國與俄共三十年經歷紀要》台北：中央文
　　物供應社，再版1957。

（本文【補述】中的10篇著作。）

研究成果

《歷史/物語の哲學》〔岩波講座哲學11〕東京：岩波書店，2009。

朱彥碩，〈「臺灣光復」論述的建構：以《中央日報》「臺灣光復
　　節」特刊（1949-1987）為中心的分析〉（台北：國立政治大學歷
　　史研究所碩士論文，2008）。

林果顯，〈一九五〇年代反攻大陸宣傳體制的形成〉（台北：國立政
　　治大學歷史研究所博士論文，2009）。

林果顯，《「中華文化復興運動推行委員會」之研究 1966-1975：統治
　　正當性的建立與轉變》臺北縣板橋：稻鄉，2005。

林健太郎，《史學概論》東京：有斐閣，1953；新版1970。

游梓翔（編著），《領袖的聲音：兩岸領導人重要演講選輯 1906-
　　2006》台北：五南，2006。

游梓翔，《領袖的聲音：兩岸領導人政治語藝批評 1906-2006》台北：
　　五南，2006。

薛化元（主編）；台灣史料編纂小組（編輯），《台灣歷史年表》
　　〔終戰篇1-5〕台北：業強出版社，1993-1998。

薛化元，〈台灣の政治發展における蔣經國の歷史再評價：戒嚴解除
　　を中心に〉，《廣島法學》〔The Hiroshima Law Journal〕32卷2號
　　（廣島：廣島大學法學會，2008.10），pp.19-49。

ヘーゲル〔Hegel, Georg Wilhelm Friedrich〕（著）；長谷川宏（譯），
　　《歷史哲學講義》〔Vorlesungen über die Philosophie der Geschich-
　　te.；岩波文庫、上下〕東京：岩波書店，1994。

J. Bruce Jacobs（家博）

美國哥倫比亞大學博士，澳洲蒙納士（Monash）大學亞洲語言及研究學系教授，專門研究台灣及中國的政治及社會。

十一、蔣經國並不是民主的創造者

——自由化與民主化不同的分析 The Difference between Liberalization and Democratization

Chiang Ching-kuo Was Not Democrat

Abstract

In Taiwan and overseas there has been considerable debate about the role of Chiang Ching-kuo in Taiwan's democratization. Although Chiang Ching-kuo engaged in at least two periods of liberalization, the evidence demonstrates that Chiang Ching-kuo was *not* a democrat. The paper begins with a definition of democratization and contrasts democratization with liberalization. It then discusses liberalization under Chiang Ching-kuo's leadership from his accession to the vice-premiership in 1969 until his death in 1988. Evidence such as Chiang Ching-kuo's interview with Katherine Graham on October 7, 1986, however, shows Chiang was not a democrat even at the end of his life.

摘要

關於蔣經國在台灣民主化過程中所扮演的角色，在台灣乃至海外一直存在很大的爭議。儘管蔣經國至少發動了兩期的自由化，但證據顯示蔣經國並不是一個民主主義者。本文首先界定何謂「民主化」並比較民主化和自由化之不同，其次討論1969年蔣經國擔任行政院副院長開始，（歷經行政院長、總統）到1988年過世為止，他所領導的自由化歷程。蔣經國在1986年10月7日接受華盛頓郵報和新聞周刊的大老闆Katherine Graham的採訪紀錄顯示，他即使在臨終之際也不是一個民主主義者。

What is Democracy?

What is a democracy? In the simplest definition, a democracy is a political system in which the people regularly and freely choose their own leaders. Furthermore, in choosing their leaders, the people have the right and the ability to make the opposition the new government. In a democracy, people also have such civil liberties as freedom of speech and press and all citizens have relative equality before the law. Democracies appear in various shapes and forms. Some are presidential such as the United States, while others are parliamentary such as the United Kingdom and many Commonwealth countries. Some are unitary such as the United Kingdom and France while others are federal such as the United States, Canada, Australia, Germany and India. However, in all these cases the people have and do use their ability to change their rulers freely and peacefully.

Democracy versus "Liberalization"

In looking at the democratization of Taiwan, it is important to make an important distinction between democracy and "liberalization." Sometimes authoritarian regimes engage in "liberalization" allowing some increase in freedom of speech and the press. They may allow opposition politicians to win office in elections, though they do not relinquish ultimate control. This is "liberalization," not democratization. From the early 1970s, Taiwan had at least two waves of liberalization. But under both President Chiang Kai-shek and President Chiang Ching-kuo an opposition political party could never replace the Kuomintang as the ruling party.1 In fact, until September 1986, no one was allowed to establish opposition political parties of any kind and those who did were imprisoned.2 While various practices of "liberalization" in Taiwan under Chiang Ching-kuo's leadership did contribute to the smooth transition to democracy after his death in January 1988, Chiang Ching-kuo himself did not introduce democratization.

For readers of Chinese, the term "liberalization" may appear vague. In the United States, "liberalism," with its emphasis on human rights, is actually to the political left-of-center. However, in Europe, "liberalism" is often seen as right-of-center because economic rights are also important. In Chinese, the classic translation of "liberalization" is *ziyouhua* 自由化, but a more accurate translation might be *songbanghua* 鬆綁化, literally the process of "loosening restrictions."

---

1 The present writer started to draw this distinction in 1981, see J. Bruce Jacobs, "Political Opposition and Taiwan's Political Future," *The Australian Journal of Chinese Affairs*, no. 6 (July 1981): p. 21.

2 Before 1986, Taiwan did allow two minority parties, the Youth Party and the Democratic Socialist Party, both of which came to Taiwan from the Mainland. The Kuomintang heavily infiltrated both parties and neither attempted to overthrow the Kuomintang. On these two minority parties, see Ibid.: pp. 22-23.

Democracy and "Taiwanization"

Democratization in Taiwan and "Taiwanization" (*bentuhua* 本土化) have been two very closely linked processes, but they are different and distinct. Taiwanization emphasizes identification with Taiwan, consciousness of Taiwan and even a Taiwan nationalism. As I have argued elsewhere, the Nationalist Party or Kuomintang (KMT) created a "colonial" society in which the Chinese Mainlanders, who account for about fifteen per cent of Taiwan's population, controlled the majority Taiwanese who comprise eighty-five per cent of the population.[3] In this context, appeals to Taiwan identity provided an important attraction to and source of strength for the opposition. Clearly, not all of those who promoted democracy in Taiwan favored a separate Taiwan and this led to splits in the movement for democracy. Taiwan identity has become the most important—and most divisive—issue in Taiwan's democratic politics today. But, despite the close association between the development of Taiwan's democracy and the development of Taiwan identity, the two processes remain conceptually distinct.[4]

---

3 J. Bruce Jacobs, "Taiwan's Colonial History and Post-Colonial Nationalism," in *The 'One China' Dilemma*; edited by Peter C.Y. Chow (New York: Palgrave Macmillan, 2008), pp. 37-56.

4 John Makeham and A-Chin Hsiau, eds., *Cultural, Ethnic, and Political Nationalism in Contemporary Taiwan: Bentuhua* (New York: Palgrave Macmillan, 2005), explores issues related to Taiwan identity.

The Early Years of Chiang Ching-kuo's Leadership

Beginning in 1969, Chiang Kai-shek, who was then already 81 years old, began a more intensive training of his son, Chiang Ching-kuo, for the succession. Thus, Chiang Ching-kuo became Vice-Premier and was given key roles in economics including being in charge of the new Financial, Economic and Monetary Conference in the Cabinet, Chairman of the reorganized and strengthened Council of International Cooperation and Development, and Chairman of the Cabinet's Budget Committee. He also traveled abroad on behalf of his father.[5]

Following the Diaoyutai Movement and Taiwan's withdrawal from the United Nations, *The Intellectual* (*Daxue zazhi* 大學雜誌), a magazine with many intellectuals of both Taiwanese and Mainlander background, began to call for political reform at home. While mild in the context of modern, democratic Taiwan, the writers in *The Intellectual* broadened the limits of dissent.[6] As Chiang Ching-kuo was seeking support for his succession, he implemented a variety of reforms and began a new wave of "liberalization." Even before he became Premier in May 1972,

---

5 J. Bruce Jacobs, "Recent Leadership and Political Trends in Taiwan," *The China Quarterly*, no. 45 (January-March 1971): pp. 143-46.

6 An excellent analysis of *The Intellectual* and its contents may be found in Mab Huang, *Intellectual Ferment for Political Reforms in Taiwan, 1971-1973* (Ann Arbor: Center for Chinese Studies, University of Michigan, 1976).

Chiang Ching-kuo began to implement modest increases in the numbers of Taiwanese as well as somewhat younger people in central positions.

One important liberalizing reform concerned the three central "parliamentary" organs: the Legislative Branch (*yuan*), the Control Branch and the National Assembly. The terms of these bodies had been indefinitely extended owing to "the impracticability of holding an election on the mainland now."[7] In December 1969, Taiwan held limited elections to these three bodies as Taiwan's population had increased since the late 1940s. These new "parliamentarians" also had indefinite terms. The twenty-six new popularly-elected legislators and national assemblymen were all Taiwanese and had average ages in their fifties, considerably younger than those elected in the late 1940s.[8]

Several intellectuals, however, pressed for further reforms in these elections. Chen Shao-ting created a huge stir when he called for complete re-election of the central parliamentary organs by popular vote in the "free areas."[9] That particular issue of *The Intellectual* went through five printings. This debate[10] included an

---

7　Jacobs, "Recent Leadership," p. 133.

8　Ibid.: pp. 135, 142.

9　Chen Shaoting 陳少廷, "Zhongyang Minyi Daibiao De Gaixuan Wenti 中央民意代表的改選問題 [the Issue of Electing the Central Parliamentarians]," *Daxue zazhi [The Intellectual]* 大學雜誌, no. 46 (October 1971): pp. 13-16.

10　For more sources on this debate, see J. Bruce Jacobs, "Taiwan 1972: Political Season," *Asian Survey* XIII, no. 1 (January 1973): p. 106, n.12.

important statement from the Presbyterian Church that "every people has the right to determine its own destiny" and thus Taiwan should "hold elections of all representatives to the highest government bodies, to succeed the present representatives, who were elected 25 years ago on the mainland." [11] The debate led to important, but limited, reforms that proved less than anticipated. However, the new central parliamentarians, elected in December 1972, all had fixed terms of three or six years in accord with the Constitution. [12] Over the years the numbers of regularly-elected central parliamentarians increased, but the "old thieves" (*laozei* 老賊) elected in the late 1940s still controlled these bodies until an Interpretation of the Council of Grand Justices (Taiwan's Supreme Court) in mid-1990 finally ended their terms at the end of 1991.

The Premiership of Chiang Ching-kuo and Increased Liberalization

The external pressures, the internal demands for reform, Chiang Ching-kuo's desire for support and possibly his own "reform" agendas led to a new "liberalization." For example, Chiang

---

11 Presbyterian Church in Taiwan, "Public Statement on Our National Fate (December 29, 1971)," *in Let Taiwan Be Taiwan*, ed. Marc J. and Teng Cohen, Emma (Washington, D.C.: Center for Taiwan International Relations, 1990), pp. 76-77. This work may be obtained on the internet at http://homepage.usask.ca/~llr130/ctir1/ctir1.pdf.

12 Jacobs, "Taiwan 1972," pp. 107, 109-110.

Ching-kuo clamped down on corruption and even important officers of the Taiwan Garrison Command, one of Taiwan's most repressive security agencies, were publicly arrested and sentenced for corruption. At the same time, there were no new political arrests.[13] These reforms continued in 1973.[14]

When Chiang Kai-shek died on April 5, 1975, Vice-President Yen Chia-kan succeeded him in accord with the Constitution, swearing the oath of office the following day. The next day, April 6, Chiang Ching-kuo requested the Central Standing Committee of the Kuomintang accept his resignation as Premier, a request that the Central Standing Committee rejected.[15] The political reality emerged on April 28 when the Central Committee of the Kuomintang convened and unanimously chose Chiang Ching-kuo as the new Party Chairman.[16]

The death of Chiang Kai-shek on April 5, 1975 provided some opportunities for liberalization. On April 20, Premier Chiang ordered the Minister of Justice to prepare to shorten the sentences of criminals in accord with the "will" of the late President Chiang to "humanely and virtuously love the people." On May 30 the legislature passed a law "To shorten the sentences

---

13 Ibid.: pp. 108, 10.

14 J. Bruce Jacobs, "Taiwan 1973: Consolidation of the Succession," *Asian Survey* XIV, no. 1 (January 1974): pp. 22-24, 26-29.

15 *Zhongyang ribao*: 中央日報 *[Central Daily News]*, April 7, 1975, p. 1.

16 *Zhongyang ribao*, April 29, 1975, p. 1.

of criminals," to be implemented on July 14, the hundredth day after the passing of President Chiang,[17] and preliminary estimates suggested 9,000 criminals would benefit.[18] According to a modern source, 7,000 criminals were released as a result of their shortened sentences, but less than 200 political prisoners received shorter sentences and less than half of these were released.[19]

Later, in August 1975, Huang Hsin-chieh and Kang Ning-hsiang, two of the pioneers of the democracy movement, established a new magazine, *The Taiwan Political Review* (*Taiwan zhenglun* 台灣政論). Huang, born in 1917, had been elected a Taipei City Councilman in 1961 and was re-elected in 1964. In 1969 he was elected as one of the new legislators with a permanent term. Kang, born in 1938, was elected a Taipei City Councilman in 1969 after Taipei Municipality was raised to provincial status and in 1972 he won a three-year term to the legislature with the highest number of votes of any candidate in Taipei.[20]

---

17 *Zhongyang ribao*, May 31, 1975, p. 1.

18 *Zhongyang ribao*, May 31, 1975, p. 3. This page also has the text of the provisions for shortening prison sentences.

19 *Renquan Zhi Lu: Taiwan Minzhu Renquan Huigu [the Road to Human Rights: Looking Back on Taiwan's Democracy and Human Rights]* 人權之路：臺灣民主人權回顧, (Taibei: Yushan, 2002), p. 29. *The Road to Freedom: Taiwan's Postwar Human Rights Movement* (Taipei: Dr Chen Wen-chen Memorial Foundation: 2004), p. 29.

20 Zhang Fuzhong 張富忠 and Qiu Wanxing 邱萬興, *Lüse Niandai: Taiwan Minzhu Yundong 25 Nian, 1975-1987* 綠色年代：台灣民主運動25年，1975-1987 *[the Green Era: Twenty-Five Years of Taiwan's Democratic Movement, 1975-1987]* (Taibei: Caituan faren lüxing wenjiao jijinhui 財團法人綠色旅行文

Taiwan Political Review "was the first opposition magazine to raise the banner of 'Taiwan' since the Kuomintang had arrived in Taiwan."[21] As an opposition magazine it followed *Free China Fortnightly* (*Ziyou Zhongguo* 自由中國), *Apollo* (*Wenxing* 文星), and *The Intellectual*. With articles like "Can't We Criticize the Constitution and National Policy" by Yao Chia-wen and "Let's Remove Martial Law As Soon As Possible" by Chen Ku-ying, the magazine clearly challenged the ruling party. The magazine published 50,000 copies for its fifth issue in December 1975. However, with the December 1975 legislative election looming, the authorities clearly felt the magazine had gone too far and they closed it.[22]

The excuse for closing the magazine was an article by Chiou Chui-liang, an academic at the University of Queensland in Australia.[23] Chiou wrote about his discussions with two people from the People's Republic of China. In fact, the content was mild. Probably the government used Chiou's article as an excuse to close down *Taiwan Political Review* because Chiou was overseas and did not need to be arrested.

教基金會, 2005), II vols., vol. I, p. 26.

21 Ibid.

22 Ibid., pp. 26, 29.

23 Qiu Chuiliang 邱垂亮 [C.L. Chiou], "Liangzhong Xinxiang 兩種心向 [Two Ways of Thinking]," *Taiwan zhenglun* 台灣政論 *[Taiwan Political Review]*, no. 5 (1975): pp. 31-34.

Chiang Ching-kuo as Party Chairman and Further Liberalization

During Chiang Kai-shek's life, the Kuomintang did not play a strong role in township-level elections. Higher levels controlled funds and thus the actual functioning of government, so the Kuomintang allowed local factions considerable electoral leeway in the township. However, about April 1975, the Kuomintang began to push for greater power at the local level and began to intervene in local elections and decision-making. Party membership also increased substantially during this period.[24] At the same time, a number of young people became more active in opposition politics.

The December 20, 1975 legislative election created some controversy. Although the key non-partisans who had won in 1972— Kang Ning-hsiang, Hsü Shih-hsien and Huang Shun-hsing—all won re-election,[25] another prominent non-partisan, Kuo Yü-hsin, lost. Kuo officially obtained over 80,000 votes, but in his home Ilan County 80,000 of his votes were declared invalid and he lost.[26]

In early 1976, Kuo launched a case against the election results

---

24 J. Bruce Jacobs, *Local Politics in a Rural Chinese Cultural Setting: A Field Study of Mazu Township, Taiwan* (Canberra: Contemporary China Centre, Research School of Pacific Studies, Australian National University, 1980), pp. 25-26, 29-30, 178-79, 182-202. Alternatively, J. Bruce Jacobs, *Local Politics in Rural Taiwan under Dictatorship and Democracy* (Norwalk, CT: EastBridge, 2008), pp. 32-34, 37-39, 216-217, 222-246.

25 *Zhongyang ribao*, December 21, 1975, p. 3.

26 Zhang Fuzhong 張富忠 and Qiu Wanxing 邱萬興, *Lüse Niandai I*, p. 29.

led by two young lawyers, Lin I-hsiung also from Ilan County
and Yao Chia-wen, both of whom would lead the opposition
movement.27 In addition, several other key people became deeply
involved in the opposition movement at this time including Chen
Chu (who was Kuo's secretary) and Tien Chiu-chin, both also from
Ilan, as well as Chiou I-jen, Fan Sun-lü, Wu Nai-jen, Wu Nai-te,
Chou Hung-hsien and Lin Cheng-chieh among many others.28 Kuo
himself left Taiwan for the United States in 1977, where he died in
exile in 1985, but he left a burgeoning opposition movement that
would come together in 1977. At this time, the Presbyterian Church
re-entered politics declaring on August 16, 1977:

> *We insist that the future of Taiwan be determined by the
> 17 million people who live there... In order to achieve our
> goal of independence and freedom for the people of Taiwan in
> this critical international situation, we urge our government
> to face reality and to take effective measures whereby Taiwan
> may become a new and independent country.29*

27 Their book provides many details of these battles, see Lin Yixiong 林義雄 and
   Yao Jiawen 姚嘉文, *Huluo Pingyang? Xuanzhan Guansi Guo Yuxin* 虎落平
   陽？選戰官司郭雨新 *[Has the Tiger Descended to Pingyang? Election Battles,
   Court Battles and Kuo Yu-Hsin]* (Taibei: Gaoshan 高山, 1977).
28 Zhang Fuzhong 張富忠 and Qiu Wanxing 邱萬興, *Lüse Niandai I*, p. 30.
29 Presbyterian Church in Taiwan, "A Declaration on Human Rights," in *The
   Future of Taiwan: A Difference of Opinion*, ed. Victor H Li (White Plains, NY:
   M.E. Sharpe), pp. 186-87.

In many ways, the opposition coalesced during the campaign for the election of November 19, 1977, which chose provincial assemblymen and county executives as well as county assemblymen, township executives and Taipei City Councillors.30 Two key non-partisan legislators, Huang Hsin-chieh and Kang Ning-hsiang, travelled up and down the island seeking support. The election proved a "defeat" for the Kuomintang as non-partisans won four of the twenty county executive positions and twenty-one of seventy-seven seats in the provincial assembly. Even more significantly, all four non-partisan county executive winners defeated Kuomintang nominees as did fourteen of the non-partisans who defeated 20.3 per cent of the sixty-nine Kuomintang nominees for provincial assembly. (The Kuomintang had allocated seven provincial assembly seats to non-partisans.)

Although the term *dangwai* 黨外(outside the Party) was first used in the "Fifteen Demands" of March 18, 1960, it became especially popular around the time of the November 19, 1977 election.31 Not all of the victorious non-partisans could be included as genuine *dangwai*,32 but such key *dangwai* leaders as

---

30 For analyses of this election, see J. Bruce Jacobs, "Taiwan 1978: Economic Successes, International Uncertainties," *Asian Survey* XIX, no. 1 (January 1979): pp. 20-23 and Jacobs, "Political Opposition," pp. 27-35.

31 Zhang Fuzhong 張富忠 and Qiu Wanxing 邱萬興, *Lüse Niandai I*, p. 38 states incorrectly that the term was first used around the November 19, 1977 election.

32 Jacobs, "Political Opposition," p. 34.

Lin I-hsiung and Chang Chun-hung won provincial assembly seats from Ilan and Nantou counties respectively, while Hsü Hsin-liang won the position of Taoyuan County Executive.33 Fearing that the Kuomintang was stealing the election from Hsü Hsin-liang, Taoyuan County voters in Chungli City demonstrated vigorously and burned down a police station in the famous Chungli Incident. Fortunately, "liberals" in the Kuomintang held sway and the authorities did not to use repressive measures.

It would be easy to claim that the non-partisan success owed entirely to the appeal of the *dangwai* in the electorate. In the Kuomintang, one of Chiang Ching-kuo's key "liberal" subordinates, Lee Huan, headed the Party's Organization Department and thus had responsibility for the election. Even though Lee Huan was a "liberal," who contributed to the decision not to use repression in Chungli, he had responsibility for a variety of mistakes that the Kuomintang had made and which contributed to the KMT's defeat. First, the Kuomintang party machine played favorites during the nomination process and alienated many long-term and loyal party members, resulting in many "against party discipline" candidacies. Second, the KMT campaigned so vigorously, creating a resentment against the party

---

33 Other key *dangwai* provincial assemblymen elected included Su Hung Yüeh-chiao, the wife of Su Tung-ch'i, who had been released in September 1976 after serving fifteen years in prison, Ch'iu Lien-hui, and Huang Yü-chiao, who had been active in setting up the China Democratic Party in 1960.

that enabled non-partisans to seek "sympathy votes." Thus, the "defeat" of November 19, 1977 led to many changes within the Kuomintang.34

In 1978, the *dangwai* movement continued to be active in preparation for the central legislative and national assembly election scheduled for December 23. Because of difficulty in getting into the media, the *dangwai* held numerous demonstrations and published books as well as journals that were often banned. After April 1978, the security agencies let it be known that they would "kill the chickens to scare the monkeys" and arrest seven *dangwai* activists: Chen Chu, Shih Ming-te, Lin Cheng-chieh, Chang Fu-chung, Wang To, Yao Chia-wen and Li Ching-jung,35 none of whom held office at that time. On June 15, the security agencies tried to arrest Chen Chu, who fled to a church, but who was arrested on June 23. Under strong foreign pressure, the authorities decided on July 5 to release Chen Chu the next day, though in fact she was not able to return home until July 24 after being taken on an official tour of the "Ten Great Construction Projects" and Jinmen island.36

In preparation for the December 23, 1978 election, Huang Hsin-chieh established a "Taiwan *Dangwai* Personages Election

34 Jacobs, "Taiwan 1978," pp. 21-23.
35 Zhang Fuzhong 張富忠 and Qiu Wanxing 邱萬興, *Lüse Niandai I*, p. 53.
36 Ibid., pp. 55, 57.

Assistance Group" (*Taiwan dangwai renshi zhuxuantuan*) on October 6, which released twelve common political viewpoints for *dangwai* candidates on October 31 including "respect the Constitution and re-elect all central parliamentarians, directly elect the provincial governor, nationalize the military [instead of having a military loyal to the party]... end martial law... oppose discrimination on the basis of provincial origin and language... have a major amnesty for political criminals."[37] On December 5, more than forty candidates and seven hundred people met in the Chung-shan Auditorium in Taipei for a campaign rally and press conference, the first organized meeting in over thirty years of opposition on the island.[38]

On December 16, 1978 in Taiwan, the American government announced it was establishing formal diplomatic relations with China as of January 1. This naturally raised concern in Taiwan and led to the government postponing the central parliamentary elections scheduled for December 23.

With the indefinite postponement of the December 23, 1978 election, the *dangwai* continued its activities in an effort to stay in the limelight for the forthcoming election. Because of a conflict between Huang Hsin-chieh and Kang Ning-hsiang, several *dangwai* leaders went to Kaohsiung County to ask Yü Teng-fa, a

---

37 Ibid., pp. 60-62.
38 Ibid., pp. 62, 64, 66.

founding member of the "China Democratic Self-Government Research Association" who won election as Kaoshiung County Executive in 1960, to become the national "spiritual" *dangwai* leader. Yü agreed, but divisions soon appeared in the *dangwai*. Some, like Yü Teng-fa, Huang Shun-hsing (who later went to China), Wang To, Chen Ku-ying and Su Ching-li,[39] the editor of *China Tide* (*Xia Chao* 夏潮), a leftist magazine that began publishing on February 28, 1976,[40] advocated unity with China. Others, including Shih Ming-te, Lin I-hsiung, Hsü Hsin-liang, Yao Chia-wen, and Chang Chün-hung, favored a separate Taiwan.[41]

On January 21, 1979, the authorities arrested Yü Teng-fa and his son and charged them with "knowing a Communist and not reporting it." Yü Teng-fa was sentenced to eight years in prison on April 16. In a sense, the Yü Teng-fa case in itself is not important to Taiwan's ultimate democratization and I have analyzed it elsewhere.[42] More importantly, on January 22, the day after the arrest, Taoyuan County Executive Hsü Hsin-liang and other prominent *dangwai* leaders[43] went to Yü's home village and to Kaohsiung City to protest. In April, in order to impeach Hsü, the

---

39 Ibid., pp. 72-74.

40 Ibid., p. 55.

41 Ibid., p. 74.

42 J. Bruce Jacobs, "Taiwan 1979: 'Normalcy' after 'Normalization'," *Asian Survey* XX, no. 1 (January 1980): pp. 90-91.

43 A list of about twenty-five other leaders appears in Zhang Fuzhong 張富忠 and Qiu Wanxing 邱萬興, *Lüse Niandai* I, p. 79.

Control Branch announced an investigation into Hsü's taking leave without permission, participating in an illegal demonstration and signing leaflets that libeled the government.[44]

To support Hsü Hsin-liang as well as Yü Teng-fa, on May 26, 1979 the *dangwai* opposition organized a massive "birthday party" for Hsü Hsin-liang in his hometown of Chungli, the very location of the Chungli Incident eighteen months previously. Naturally, both the government and the opposition felt concern about the sensitive nature of the location. Between ten thousand and thirty thousand people attended to show support for the *dang-wai* and to listen to the speeches, but the uniformed police and military stayed well away from the crowd. As the largest non-government sponsored, non-electoral peaceful political gathering up to that time in Taiwan's history, Hsü's birthday party was very important for the development of democracy in Taiwan. Unfortunately, the Committee on the Discipline of Public Functionaries suspended Hsü from office for two years. Hsü left for "study" overseas and promised to return to finish the final six months of his term in June 1981.[45]

On June 1, 1979, key members of the *dangwai* established *Formosa Magazine* (*Meilidao zazhi*). As Shih Ming-te told this writer in May, the opposition would establish a political

---

44 Jacobs, "Taiwan 1979," p. 91.
45 More details can be found in Ibid.: pp. 91-92.

party without using the term "political party." The magazine established county offices around the island, offices which they called "service centers" (*fuwu chu*). Ironically, this was exactly the same term used by the Kuomintang in its external nomenclature for its county party headquarters, though interviews several years later indicated the *dangwai* leaders did not realize this.[46] Naturally, this organization, as well as the language, scared the Kuomintang which had consistently prevented the establishment of any organization that could threaten Kuomintang rule.

In the meantime, as it could not gain publicity in the Kuomintang-controlled media, the *dangwai* continued its public demonstrations throughout 1979. The Taichung Incident of July 28, 1979[47] and the Chungtai Hotel Incident of September 8, 1979[48] are the most famous. The *dangwai* movement was clearly

---

46 At the township level, the Kuomintang used the external nomenclature of "Service Station" (*fuwu fenshe* 服務分社) rather than the internal nomenclature of "District Party Office" (*qudangbu* 區黨部). However, at the county level, the KMT generally used the internal nomenclature of County Party Headquarters (*xian dangbu* 縣黨部) rather than the external nomenclature of Service Center (*fuwuchu* 服務處).

47 See, for example, He Wenzhen 何文振, "Qi Erba Taizhong Shijian Zhenxiang 七二八台中事件真相 [the Truth About the Taichung Incident of July 28]," *Meilidao* 美麗島 [*Formosa*], no. 1 (August 16, 1979): p. 73. and Fan Zhengyou 范政祐, "Qi Erba Taizhong Naoju Zhi Wo Guan: Gei Taizhong Shimin De Gongkai Xin 七二八台中鬧劇之我觀：給台中市民的公開信 [My Views on the Taizhong Farce of July 28: An Open Letter to Taizhong's Citizens]," *Meilidao* 美麗島 [*Formosa*], no. 1 (August 16, 1979): pp. 74-76.

48 The classic account of this incident is Wu Zhengshuo 吳正朔, "Zhongtai Binguan Shijian Shimo 中泰賓館事件始末 [the Chungtai Hotel Incident from

growing and by the fourth issue, published November 25, 1979, the circulation of *Formosa Magazine* reached 100,000,[49] about one per cent of Taiwan's population. Worried, the "liberal" Premier Sun Yün-hsüan warned the legislature on October 2, "Now is not the time to establish an opposition party." [50]

From the perspective of today, the Kaohsiung Incident of December 10, 1979 has great importance to the establishment of democracy in Taiwan.[51] At the time, however, the celebration of Human Rights Day in Kaohsiung was only one of a series of demonstrations with a planned culmination in Taipei on December 16, the first anniversary of the United States announcement of the break in diplomatic relations between Taipei and Washington.

Careful interviewing in the month after the demonstration has

---

the Beginning to the End]," *Da shidai* 大時代 *[Great Epoch]*, no. 4 (October 5, 1979): pp. 7-19. See also Ben she 本社 [Formosa Magazine], "Dangwai Zhenglun: Shaoshu Pai Yu Baoli, Ping Zhongtai Binguan Qian De Naoju 黨外政論：少數派與暴力，評中泰賓館前的鬧劇 [Debate among the Dangwai: The Minority Faction and Violence, a Critique of the Farce in Front of the Chungtai Hotel]," *Meilidao* 美麗島 *[Formosa]*, no. 2 (September 25, 1979): pp. 4-5. and Wen Chaogong 文抄公, "Ni Kan De Shi Shenme Bao? Ge Bao Dui Zhongtai Shijian De Baodao 你看的是什麼報？各報對中泰事件的報導 [What Newspaper Do You Read? The Reports of Different Newspapers on the Chungtai Incident]," *Meilidao* 美麗島 *[Formosa]*, no. 2 (September 25, 1979): pp. 83-87.

49 Katherine Lee, "Taiwan's Dissidents," *Index on Censorship* 9, no. 6 (December 1980): p. 54.

50 Jacobs, "Taiwan 1979," p. 93.

51 The writer's planned next book is an analysis of the role of the Kaohsiung Incident in Taiwan's democratization.

convinced the writer that the Kaohsiung Incident was a "Tragedy of Errors." The *dangwai* demonstrators insisted on marching after they had been told they could have a demonstration that did not move. The authorities used new equipment to approach the demonstrators. In any case, violence broke out when the authorities surrounded the marchers and appeared to use tear gas, which is a crowd dispersant. The newspapers stressed the injuries among the security forces, but demonstrators were also injured.

On the morning of December 12, the *dangwai* leaders held a press conference in Taipei and expressed regret for the violence. However, at this very time, the Fourth Plenum of the KMT's Eleventh Central Committee was meeting at Yangmingshan. After considerable, lengthy debate about how to deal with the *dangwai,* the conservatives under General Wang Sheng52 proved victorious and in the early hours of December 13, more than fifty hours after the end of the Kaohsiung demonstration, security forces arrested many key *dangwai* leaders. This brought to an end the first phase of liberalization under Chiang Ching-kuo which lasted for a decade from 1969 to until 1979.

---

52 For a useful biography of Wang Sheng, see Thomas A. Marks, *Counterrevolution in China: Wang Sheng and the Kuomintang* (London and Portland, Ore.: Frank Cass, 1998).

The Conservative Repression

The arrested leaders were kept isolated and some were tortured. The Taiwan Garrison Command issued formal indictments on February 20, 1980 against 37 people including eight who would be tried in a military court. A major new group of lawyers joined the democracy movement to represent the defendants including former President Chen Shui-bian, former Premier Su Tseng-chang, former Premier Hsieh Chang-ting (Frank Hsieh), former Premier Chang Chün-hsiung, legislator and former County Executive Yu Ch'ing, and the late Chiang Peng-chien, the first Chairman of the Democratic Progressive Party.[53]

Despite the appearance of an open trial and despite the failure of the prosecution to prove its case,[54] the military court convicted all of the defendants in accord with the original indictments and on April 18, 1980 sentenced them to long terms in prison ranging from twelve years for six of the defendants to fourteen years for Huang Hsin-chieh and life for Shih Ming-te.[55] Thirty-three other defendants tried before civil courts all received sentences ranging

---

53　Zhang Fuzhong 張富忠 and Qiu Wanxing 邱萬興, *Lüse Niandai I*, p. 105.

54　Every morning, the *Zhongguo shibao* 中國時報 [*China Times*] published a full transcript of the preceding day's court proceedings. The newspaper planned to publish the transcript as a book, but the authorities forbad this.

55　The best English-language work on the trial is John Kaplan, *The Court-Martial of the Kaohsiung Defendants* (Berkeley: Institute of East Asian Studies, University of California, Berkeley, 1981).

from three to six years.

When the elections, postponed from December 23, 1978, were finally held on December 6, 1980, most of the *dangwai* leadership was in prison. Three relatives of imprisoned leaders won elections including Chou Ching-yü, wife of Yao Chia-wen, who became a National Assemblywoman; Hsü Jung-shu, wife of Chang Chün-hung, who became a legislator; and Huang Tien-fu, younger brother of Huang Hsin-chieh, who also became a legislator. Incumbent Kang Ning-hsiang and Chang Te-ming, a lawyer who defended the Kaohsiung defendants, also won legislative seats. Other successful *dangwai* candidates for National Assemblyman included Huang Huang-hsiung, Huang Yü Hsiu-luan, the daughter of Yü Teng-fa, and Wang Chao-chuan.[56] Thus, at worst, these candidates received many "sympathy votes" and at best the *dangwai* received considerable support despite their oppression from the authorities.

In the election of November 14, 1981, the *dangwai* lawyers joined others to enter politics. Chen Shui-bian, Hsieh Chang-ting as well as Lin Cheng-chieh and Kang Shui-mu won Taipei City Council seats. Chen Ding-nan won the position of Ilan County Executive while Chiu Lien-hui won the county executiveship in Pingtung and Huang Shih-chang won in Changhua County. In the Provincial Assembly race, Su Tseng-chang and Yu Shyi-kun won

---

56 Zhang Fuzhong 張富忠 and Qiu Wanxing 邱萬興, *Lüse Niandai I*, pp. 113-14.

seats as did twelve other *dangwai* candidates.57 Thus, despite the imprisonment of its key leaders, the *dangwai* movement continued to grow and achieve some electoral success under the conservative, repressive regime.

In building the *dangwai* movement, the publication of monthly magazines proved an important element.58 These magazines advocated a variety of viewpoints and gave many younger *dangwai* adherents, such as future legislator Lin Cho-shui and Chiou I-jen, later an important DPP leader and key member of President Chen Shui-bian's office, opportunities to play useful roles at a difficult time.

In addition to promoting democracy, these magazines also began to promote a Taiwanese nationalism, especially after mid-1983.59 Towards the end of 1983, the government signaled the end of the ultra-conservative period with the appointment on September 20 of General Wang Sheng as ambassador to Paraguay, a polite *de facto* exile for the formerly powerful archconservative.

In the December 3, 1983 election for legislature, the *dangwai* did less well than in 1980, winning only nine of 71 seats, three less than in 1980. Most successful was Fang Su-min, the wife of Lin

---

57 Ibid., pp. 124-25.
58 Details on the many magazines are available in Ibid., pp. 138-56.
59 Details appear in J. Bruce Jacobs, "'Taiwanization' in Taiwan's Politics," in *Cultural, Ethnic, and Political Nationalism in Contemporary Taiwan: Bentuhua*, ed. John Makeham and A-Chin Hsiau (New York: Palgrave Macmillan, 2005), pp. 22-33.

I-hsiung, who returned from the United States and won with a huge number of votes. She and Lin had lost their twin daughters and his mother in a brutal slaying on February 28, 1980, the only time that innocent family members of political prisoners had been murdered in Taiwan's history. In addition, other *dangwai* winners included Hsü Jung-hsü, Yü Chen Yue-ying (who had married into the Yü Teng-fa family), Chiang Peng-chien, Chang Chün-hsiung and Cheng Yü-chen. Three *dangwai* incumbent legislators lost in their bids for re-election including Kang Ning-hsiang, Chang Te-ming and Huang Huang-hsiung. Many other candidates also lost.[60]

Chiang Ching-kuo's Final Liberalization

With the exiling of Wang Sheng, who had built another power center within the Kuomintang, Chiang Ching-kuo, who had shifted from the premiership to the presidency during the first half of 1978, moved into his last "liberal" phase. In February 1984, Chiang chose Lee Teng-hui, a Taiwanese technocrat who had become an excellent politician, as his vice-presidential running mate. While Chiang Ching-kuo clearly trusted Lee Teng-hui, "their relationship remained fairly formal and Lee did not belong to Chiang's inner group of mainlanders."[61] However, President

---

60 Zhang Fuzhong 張富忠 and Qiu Wanxing 邱萬興, *Lüse Niandai I*, pp. 157-60.
61 J. Bruce Jacobs and I-hao Ben Liu, "Lee Teng-Hui and the Idea of 'Taiwan'," *China Quarterly*, no. 190 (June 2007): p. 379.

Chiang did give Vice-President Lee several key tasks including aspects of foreign relations and dealing with political prisoners.[62] In part owing to the efforts of Vice-President Lee, Lin I-hsiung as well as Reverend Kao Chün-ming and two other prisoners were released on August 15, 1984.[63]

Despite the "liberalization," violence against perceived enemies continued. In addition to the killing of Lin I-hsiung's mother and twin daughters on February 28, 1980, the regime had also killed Chen Wen-cheng, a thirty-one year old Taiwanese professor of at Carnegie Mellon University visiting his family in Taiwan on July 2, 1981 during Wang Sheng's archconservative reign. But now, on October 14, 1984, the regime killed Henry Liu (Liu Yi-liang), also known as Jiang Nan, a journalist and author with connections to various security agencies including those of China and Taiwan as well as the United States. Liu had penned critical articles and a biography of Chiang Ching-kuo, first published in September 1984.[64] In killing Henry Liu in the United States, the Kuomintang regime had overstepped many boundaries.

---

62 Ibid.

63 For Lee's role, see Li Denghui 李登輝, *Jianzheng Taiwan: Jiang Jingguo Zongtong Yu Wo* 見證台灣：蔣經國總統與我 [*Witness for Taiwan: President Chiang Ching-Kuo and Me*] (Taibei: Yunchen wenhua 允晨, 2004), pp. 50-52, 57-60. A year later, in mid-1985, Lü Hsiu-lien (Annette Lü) was released on medical grounds.

64 Jiang Nan 江南, *Jiang Jingguo Zhuan* 蔣經國傳 [*a Biography of Chiang Ching-Kuo*] (Los Angeles: Meiguo luntan bao 美國論壇報, 1984).

The American FBI proved the Taiwan authorities were involved, a fact the Taiwan government admitted in mid-January 1985.₆₅

Soon afterwards, in early February 1985, the regime faced another major scandal with the "Tenth Credit Cooperative Incident" (*shi xin shijian*), the bankruptcy of a major financial institution owing to corruption and illegal loans to government figures. Chiang Ching-kuo obtained the resignation of Tsiang Yien-si (Chiang Yen-shih), the KMT Secretary-General and one of Chiang Ching-kuo's closest "liberal" advisers.

In the provincial assembly election of November 16, 1985, the *dangwai* elected eleven of the eighteen candidates it had recommended including such people as Yu Shyi-kun, Su Tseng-chang and Huang Yü-chiao. In the Taipei City Council election, all eleven candidates recommended by the *dangwai* committee won election including Hsieh Chang-ting, Chang Te-ming, Lin Cheng-chieh and Kang Shui-mu. In the county executive races, only Yü Chen Yüe-ying won in Kaohsiung County. Chen Shui-bian lost his last-minute bid in Tainan County.

---

65 For a good summary of the Henry Liu case, see Richard C. Bush, *At Cross Purposes: U.S.-Taiwan Relations since 1942* (Armonk, NY and London, England: M.E. Sharpe, 2004), pp. 206-09. More details appear in Jay Taylor, *The Generalissimo's Son: Chiang Ching-Kuo and the Revolutions in China and Taiwan* (Cambridge, MA and London: Harvard University Press, 2000), pp. 327-328, 385-394. For a useful biography of Henry Liu and a history of his murder case, see David E. Kaplan, *Fires of the Dragon: Politics, Murder, and the Kuomintang* (New York: Atheneum, 1992).

Two days later, on November 18, 1985, Chen's wife, Wu Shu-chen, was run over by a truck and became a paraplegic.[66] When Vice-President Lee Teng-hui sent a basket of flowers to Wu Shu-chen to express sympathy, he wrote in the diary of his interactions with Chiang Ching-kuo, "Chiang Ching-kuo was not happy. He felt that I should not get involved in the matter."[67] Yet, on December 25, 1985, Chiang Ching-kuo stated clearly, a member of the Chiang family "could not and would not (*bu neng ye bu hui*) run for president."[68]

The year 1986 clearly proved a critical year in reforming the Kuomintang colonial regime. The difficulties of Philippine President Ferdinand Marcos from late 1985, culminating in his resignation of February 26, 1986, shocked dictatorial regimes in Asia including Taiwan and South Korea. Chiang Ching-kuo determined to implement some reforms, though, as argued below, this writer does not believe Chiang made major contributions to Taiwan's democratization.

In the words of then Vice-President Lee Teng-hui, "At the beginning of 1986, the Kuomintang had to change (*Guomindang bu bian bu xingle*)."[69] The release of Chen Chu, one of the eight

66 Zhang Fuzhong 張富忠 and Qiu Wanxing 邱萬興, *Lüse Niandai I*, pp. 176-78.

67 Li Denghui, *Jianzheng Taiwan*, p. 141.

68 *Taiwan Lishi Nianbiao* (1979-1988) 台灣歷史年表 [*Chronology of Taiwan History*], vol. III (Taibei: Guojia zhengce yanjiusuo ziliao zhongxin, 1990), p. 220.

69 Li Denghui, *Jianzheng Taiwan*, p. 163.

main Kaohsiung defendants, on February 4, 1986 was one early sign of good will.70 The Third Plenum of the Twelfth Kuomintang Central Committee opened on March 29, 1986 and chose a Twelve Man Committee (*shi'er ren xiaozu*) to discuss six reform topics.71 Lee Teng-hui's analysis of the Twelve Man Committee is worth quoting at length:

> *Actually, the six reform topics did not make any real progress in the committee. Perhaps these people were better than those in the CC Faction, but from my perspective all we did was hold a meeting for each reform topic. At the meetings, everyone just talked superficially, so there was no real reform. When I now think back, I have a deep feeling that although the Third Plenum called for political reform and established the Twelve Man Committee, [the committee] just performed perfunctorily in order to show Chiang Ching-kuo [that it acted] and it certainly did not institute reforms. At that time, Chiang Ching-kuo actually had reform ideas. Actually, he also knew*

70 Zhang Fuzhong 張富忠 and Qiu Wanxing 邱萬興, *Lüse Niandai* I, p. 184.

71 Li Denghui, *Jianzheng Taiwan*, pp. 163, 67 n. 252. The twelve members were Yen Chia-kan (Convenor), Shieh Tung-min, Lee Teng-hui, Ku Cheng-kang, Huang Shao-ku, Yu Kuo-hwa, Nieh (Ni) Wen-ya, Yüan Shou-ch'ien, Shen Chang-huan, Lee Huan, Chiu Chuang-huan, and Wu Poh-hsiung. A KMT Deputy Secretary-General states the KMT Central Standing Committee meeting of April 9, 1986, on a motion from Chiang Ching-kuo, actually approved the Twelve Man Committee, Liang Surong, *Dashi Dafei: Liang Surong Huiyilu [Right and Wrong: The Memoirs of Liang Su-Jung]* (Taibei: Tianxia wenhua, 1995), p. 223.

that these people had no methods for reform.[72]

Another drive for reform involved the "dialogues" (*goutong* 溝通) with *dangwai* leaders. Chiang Ching-kuo had never been afraid to speak to members of the *dangwai* and people like Kang Ning-hsiang had spoken with him on several occasions over the years. Some talks had begun at the end of 1984 as well as in late 1985 and in early 1986, as the *dangwai* began to organize, but these talks did not succeed.[73] On April 29, 1986, Chiang Ching-kuo met with Tao Pai-chuan, the great liberal who, as a member of the Control Branch, had criticized the prosecution of the Lei Chen case in 1960. According to a KMT participant in the talks, without Tao Pai-chuan's participation, the talks would have failed.[74] The impetus for the more formal, structured dialogues, which began in May 1986, came from Chiang Ching-kuo himself.[75] On May 7, Chiang told the Kuomintang Central Policy Committee to strengthen dialogues with the opposition in order to increase mutual understanding.[76]

---

72 Li Denghui, *Jianzheng Taiwan*, pp. 163-64.

73 Liang Surong, *Dashi Dafei*, pp. 210-11 and C.L. Chiou, *Democratizing Oriental Despotism: China from 4 May 1919 to 4 June 1989 and Taiwan from 28 February 1947 to 28 June 1990* (New York: St Martin's Press, 1995), pp. 96-97.

74 Liang Surong, *Dashi Dafei*, p. 210.

75 Li Denghui, *Jianzheng Taiwan*, p. 157.

76 Ibid., p. 157 n. 236. Liang Surong, *Dashi Dafei*, p. 210 and Chiou, *Democratizing Oriental Despotism*, p. 97.

The first of these formal "three-way meetings" took place on May 10. In addition to the four "middle" persons, three deputy secretaries-general of the KMT and some "moderate" *dangwai* leaders met for five hours and reached a three-point agreement: (1) all agreed the Republic of China Constitution should be implemented, though they still needed further discussion on how to implement democratic constitutional government; (2) all expressed agreement that a public political association (*gong zheng hui*), sometimes translated as Public Policy Research Association, should be established with branches, though they still required further discussion about its "registration" and its "name" and (3) all agreed they would work toward political harmony during future talks. A Kuomintang participant praises this agreement as a major step in implementing democratic politics,[77] but another analyst is much more restrained.[78]

However, both the government and the *dangwai* were divided. On the same day as the dialogue, the Taiwan Garrison Command closed *The Eighties,* a magazine of Kang Ning-hsiang, one of the participants in the dialogue from the *dangwai*. KMT rightists also attacked the "middle" people in the dialogues, comparing them to the "democratic" intellectuals of the Chinese Civil War in the late 1940s.[79] Also on the same day as the dialogue, Chiang

---

77 Liang Surong, *Dashi Dafei*, p. 212.
78 Chiou, *Democratizing Oriental Despotism*, pp. 97-98.
79 Ibid., p. 98.

Peng-chien, Hsieh Chang-ting, Chen Shui-bian and Huang Tien-fu (who had been invited to the dialogues, but declined) established the Taipei Branch of the Public Policy Research Association.[80] Five days later, Kang Ning-hsiang, angry about the closure of his magazine, established a "Capital Branch" of the Public Policy Research Association.[81]

Then, on May 19, 1986, the thirty-eight anniversary of the implementation of martial law in Taiwan, the *dangwai* held a "May 19 Green Movement" (*wuyijiu lüse xingdong*) at the Lungshan Temple in Taipei. The demonstrators had announced they planned to march on the Presidential Office to demand the end of martial law. The security forces surrounded the demonstrators for over twelve hours, but no violence ensued.[82]

The second "dialogue" meeting on May 24, 1986 proved difficult. Both the KMT and the *dangwai* told the other that they must stop their actions, which were hurting the dialogues. The three KMT representatives said that the *dangwai* must not use the term "dangwai" in the name of the Public Policy Research Association, but the *dangwai* representatives said they had no power to remove the word.[83] In fact, one of the KMT

80　Liang Surong, *Dashi Dafei*, p. 212. and Chiou, *Democratizing Oriental Despotism*, p. 98.

81　Chiou, *Democratizing Oriental Despotism*, p. 98.

82　Zhang Fuzhong 張富忠 and Qiu Wanxing 邱萬興, *Lüse Niandai I*, pp. 190-93. and Liang Surong, *Dashi Dafei*, p. 213.

83　Chiou, *Democratizing Oriental Despotism*, p. 98. See also Liang Surong, representatives agreed, "in fact it was not easy" to make the concession to drop the word *dangwai* from the name.84

The next day, May 25, 1986, the Kuomintang convened a high-level meeting under the chairmanship of Secretary-General Ma Shu-li. After the three KMT delegates reported on the dialogues, the KMT meeting decided to continue to talk with the *dangwai* about the issues of the name and the registration of the association. In his memoirs, one KMT representative in the dialogues observes, "It is worth noting, at this high-level [KMT] meeting representatives of the military and the security agencies most definitely did not attend."85 The third dialogue, planned for either June 6 or 7, never met.86

The Last Sixteen Months of Chiang Ching-kuo's Life

In the last sixteen months of his life, Chiang Ching-kuo either allowed or promulgated four major reforms that contributed to Taiwan's future democratization. First, he allowed the formation of the new Democratic Progressive Party (DPP) on September 28, 1986. Political scientists have long noted that authoritarian regimes crush opposition *organizations* that have the potential to

---

Dashi Dafei, pp. 214-15.

84 Liang Surong, *Dashi Dafei,* p. 215.

85 Ibid., p. 216.

86 Ibid. and Chiou, *Democratizing Oriental Despotism,* pp. 98-99.

build support against the regime. The Kuomintang's crushing of the China Democratic Party in 1960 and the *Formosa Magazine* in 1979 illustrated this very clearly. Sitting in Australia and forbidden to enter Taiwan, I could not understand how my opposition friends had been so stupid as to declare the foundation of an opposition political party. In fact, they were not stupid and had expected widespread arrests. As part of their preparation, they prepared ten leadership groups, each with ten members, so that as each leadership group was arrested, the next group would come forward. Fortunately, the first group was not arrested.[87]

According to Vice-President Lee Teng-hui's notes on a meeting with Chiang Ching-kuo two days later, Chiang said:

> *At this time and place, we cannot have an angry attitude and rashly undertake a radical action that would lead to social instability. We must use a moderate attitude in order to solve this matter using stability of the people's country as our main intention... As long as it does not violate National Policy or Constitutional regulations, we can research the possibility of establishing a political party. For the time being, we will go forward secretly... He again stressed that the basic*

---

87 For a useful introduction in English to the founding of the DPP, see Chiou, *Democratizing Oriental Despotism*, pp. 99-104. More details on the founding of the DPP and its first activities can be found in Zhang Fuzhong 張富忠 and Qiu Wanxing 邱萬興, *Lüse Niandai I*, pp. 206-40.

policy and principles of seeking democracy objectively cannot
be changed and must be continued. At the same time, the
unification of party members is an important matter so that
the work of party members can be improved.[88]

Clearly the Kuomintang leadership was divided on how to respond to this new challenge caused by the founding of the DPP. Chiang Ching-kuo spoke up more broadly on October 5 at a Central Standing Committee meeting, when he said, "The times are changing, circumstances are changing, and the tide is changing. To meet these changes, the ruling party must push reforms according to new ideas, new methods, and based on constitutional democracy. Only then will our party be able to move with the tide and to be with the people all the time."[89]

A very key event occurred two days later on October 7, 1986 when Katherine Graham, owner of *The Washington Post* and *Newsweek,* conducted an extensive interview with Chiang Ching-kuo during which Chiang discussed the new DPP.[90] On the formation of

---

88 Li Denghui, *Jianzheng Taiwan*, p. 188.

89 Chiou, *Democratizing Oriental Despotism*, p. 93. In order to smooth the English, I have made a few minor changes to the translated quotation.

90 For the two reports of this interview in *The Washington Post*, see Daniel Southerland, "Taiwan President to Propose End to Island's Martial Law: Action Would Mean the Lifting of Restrictions after 37 Years," *The Washington Post,* October 8, 1986, p. A18. See also Daniel Southerland , "Chiang Envisions Change for Taiwan: Move toward 'Soft Authoritarianism' Seen," *The Washington Post,* October 13, 1986, p. A18. For the *Newsweek* report,

new political parties, Chiang said,

> *We are now studying the issue very vigorously and I expect a conclusion very soon. All along we have recognized the right [of] assembly and the right to form political groups. But they must recognize the constitution and identify themselves with institutions under the constitution. New political parties must be anticommunist. They should not be engaged in any separatist movement—by which I mean the Taiwan independence movement. If they successfully meet these requirements, we will allow new political parties to be formed.*[91]

In addition to lying about the rights held by Taiwan's citizens, this statement clearly did not give permission to the DPP. Another statement in the Katherine Graham interview also would have given the DPP some concerns:

> *They have not made clear what the ideas are in forming their so-called political party, so we have no basis to judge. I*

---

see Jacob Young and others, "Taiwan: The Winds of Change," *Newsweek*, October 21, 1986, pp. 134-38. In Australia at that time *Newsweek was* published together with an Australian newsweekly, *The Bulletin.* The pagination reflects the Australian edition.

91 Young and others, "Taiwan," p. 137.

learned about the formation of the party from the press. Some
people think they had no idea of the concept of our nation
[as embodying all of China, not just Taiwan.] They never
mentioned the name of the nation in their preamble. They also
failed to mention any anticommunist policy in their platform.[92]

Only on October 15, 1986 did the KMT Central Standing
Committee vote to end the ban on political parties.[93] Thus, the DPP
competed in the December 6, 1986 elections under its own name.

In his interview with Katherine Graham, Chiang Ching-kuo
also announced his second key reform, the abolition of martial
law, though the formal announcement came eight days later on
October 15, after a KMT Central Standing Committee vote,[94] and
the formal end of martial law became effective only in July 1987.
Symbolically, this reform was very important as martial law had
been used for political repression in many famous cases including
the trials of Lei Chen and the Formosa Magazine Eight. In fact,
martial law did not affect most people in Taiwan and Taiwan
commentators had long called for its abolition, arguing Taiwan's
security did not require martial law, while at the same time many
foreigners had criticized Taiwan because of its martial law.

---

92 Ibid.
93 *Taiwan Lishi Nianbiao Iii*, p. 250.
94 Ibid.

On October 14, 1987, following demonstrations by retired servicemen in Taiwan, the KMT Central Standing Committee voted to allow Taiwan residents to visit Communist China in order "to visit relatives" and the next day the Cabinet approved a document to implement this new policy.95 This was Chiang Ching-kuo's third key reform. The writer met many of these Taiwan visitors in China during the next several months. Unanimously, they decried China's poverty, its corruption and the grasping nature of their Mainland relatives. People said, "We thought it would be better than the Kuomintang propaganda, but actually it was worse." This policy, which China welcomed, actually did much to dampen Taiwan's interest in reunification with China.96

Chiang Ching-kuo's final reform, effective on January 1, 1988 just two weeks before he died, ended the restrictions on newspapers.97 Previously, unofficial voices had been limited to magazines which were banned if they broached topics deemed too sensitive by the authorities. The lifting of the restriction on new newspapers led to a great explosion in the daily press after Chiang Ching-kuo's death on January 13, 1988 as many new voices rushed

---

95 Ibid., p. 296.

96 For background to this reform and a survey of Taiwan visitors to China, see Hu Chang, "Impressions of Mainland China Carried Back by Taiwan Visitors," in *Two Societies in Opposition: The Republic of China and the People's Republic of China after Forty Years*, ed. Ramon H. Myers (Stanford: Hoover Institution Press, 1991), pp. 141-55.

97 *Taiwan Lishi Nianbiao Iii*, p. 310.

to gain media access to the people.

These final reforms of Chiang Ching-kuo did contribute to Taiwan's ultimate democratization, but in themselves they were not democratic. Chiang was never prepared to allow an opposition political party to defeat the Kuomintang. Significantly, Chiang was also very wary of giving Taiwanese too much voice. According to Chiang's biographer, only Mainlanders had access to "the bedroom inner sanctum," a place Vice-President Lee Teng-hui never entered.[98] Lee himself wrote, "But I felt in his use of people, he still used Mainlanders as the core (*zhongxin*). Taiwanese were only window dressing (*dapei*)."[99]

Conclusion

On the basis of his history both on the Chinese Mainland and in Taiwan, Chiang Ching-kuo was a reformer. He fought corruption and, in two phases, he liberalized politics in Taiwan. During the first phase, from 1969-1979, Chiang also implemented liberalization in an effort to consolidate his succession of his father and to gain wider support.

During this first period of liberalization Taiwan conducted additional legislative elections, though the new legislators never

---

98 Taylor, *Generalissimo's Son*, p. 398.
99 Li Denghui, *Jianzheng Taiwan*, p. 175.

outnumbered the "old thieves" (*laozei*) elected on the mainland in the late 1940s. Chiang also increased the numbers of educated technocrats, Taiwanese, and younger people among top government officials. But, even though Taiwanese accounted for eighty-five per cent of the population, they never held a majority of cabinet positions or a majority of the Central Standing Committee seats. They also never held many cabinet positions such as premier or minister of foreign affairs, national defense, education, economics, finance, justice or the head of the Government Information Office. Of course, Taiwanese never held senior military or security positions.

After the Kaohsiung Incident, Chiang Ching-kuo accepted the advice of Wang Sheng and began several years of strong repression including the arrests and imprisonment of many opposition political leaders. Only with the exile of Wang Sheng to Paraguay on September 20, 1983 did Chiang Ching-kuo slowly begin a second phase of liberalization. This phase accelerated after the overthrow of President Marcos in the Philippines in early 1986, but even then the "dialogues" between the KMT and the *dangwai* proceeded only slowly and fitfully and they never reached any substantive conclusion.

After the *dangwai* leadership risked arrest and declared the founding of the DPP on September 28, 1986, Chiang Ching-kuo hesitated. Ten days later in his interview with Katherine Graham, Chiang clearly had substantial doubts about whether to permit the existence of the DPP. In the last sixteen months of his life, Chiang Ching-kuo did liberalize substantially, but he never allowed an election to take place in which he could have been peacefully overthrown. Thus, Chiang Ching-kuo to the very end remained a liberalizer, but he was never a democrat.

For genuine democratization in Taiwan, we must await the presidency of Lee Teng-hui, which followed Chiang Ching-kuo's death. Then, President Lee, together with liberal members of the KMT and the DPP, began a step-by-step implementation democracy in Taiwan. But that is another story.

Bibliography

Bush, Richard C. *At Cross Purposes: U.S.-Taiwan Relations since 1942*. Armonk, NY and London, England: M.E. Sharpe, 2004.

Chang, Hu. "Impressions of Mainland China Carried Back by Taiwan Visitors." In *Two Societies in Opposition: The Republic of China and the People's Republic of China after Forty Years*, edited by Ramon H. Myers, 141-55. Stanford: Hoover Institution Press, 1991.

Chen Shaoting陳少廷. "Zhongyang Minyi Daibiao De Gaixuan Wenti 中央民意代表的改選問題 [the Issue of Electing the Central Parliamentarians]." *Daxue zazhi [The Intellectual]* 大學雜誌, no. 46 (October 1971) : 13-16.

Chen Yingtai 陳英泰. *Huiyi, Jianzheng Baise Kongbu* 回憶，見證白色恐怖 *[Recollections, Witness to the White Terror]*. 2 vols. Vol. 1. Taipei: Tangshan, 2005.

Chiou, C.L. *Democratizing Oriental Despotism: China from 4 May 1919 to 4 June 1989 and Taiwan from 28 February 1947 to 28 June 1990*. New York: St Martin's Press, 1995.

———. "Liangzhong Xinxiang 兩種心向 [Two Ways of Thinking]." *Taiwan zhenglun* 台灣政論 *[Taiwan Political Review]*, no. 5 (1975): 31-34.

Fan Zhengyou 范政祐. "Qi Erba Taizhong Naoju Zhi Wo Guan: Gei Taizhong Shimin De Gongkai Xin 七二八台中鬧劇之我觀：給台中市民的公開信 [My Views on the Taizhong Farce of July 28: An Open Letter to Taizhong's Citizens]." *Meilidao* 美麗島 *[Formosa]*, no. 1 (August 16, 1979): 74-76.

He Wenzhen 何文振. "Qi Erba Taizhong Shijian Zhenxiang 七二八台中事件真相 [the Truth About the Taichung Incident of July 28]." *Meilidao* 美麗島 *[Formosa]*, no. 1 (August 16, 1979): 73.

Huang, Mab. *Intellectual Ferment for Political Reforms in Taiwan, 1971-1973*. Ann Arbor: Center for Chinese Studies, University of Michigan, 1976.

Jacobs, J. Bruce. *Local Politics in a Rural Chinese Cultural Setting: A Field Study of Mazu Township, Taiwan*. Canberra: Contemporary China Centre, Research School of Pacific Studies, Australian National University, 1980.

———. *Local Politics in Rural Taiwan under Dictatorship and Democracy.* Norwalk, CT: EastBridge, 2008.

———. "Political Opposition and Taiwan's Political Future." *The Australian Journal of Chinese Affairs*, no. 6 (July 1981): 21-44.

———. "Recent Leadership and Political Trends in Taiwan." *The China Quarterly*, no. 45 (January-March 1971): 129-54.

———. "Taiwan 1972: Political Season." *Asian Survey* XIII, no. 1 (January 1973): 102-12.

———. "Taiwan 1973: Consolidation of the Succession." *Asian Survey* XIV, no. 1 (January 1974): 22-29.

———. "Taiwan 1978: Economic Successes, International Uncertainties." *Asian Survey* XIX, no. 1 (January 1979): 20-29.

———. "Taiwan 1979: 'Normalcy' after 'Normalization'." *Asian Survey* XX, no. 1 (January 1980): 84-93.

———. " 'Taiwanization' in Taiwan's Politics." In *Cultural, Ethnic, and Political Nationalism in Contemporary Taiwan: Bentuhua*, edited by John Makeham and A-Chin Hsiau. New York: Palgrave Macmillan, 2005, pp. 375-393.

———. "Taiwan's Colonial History and Post-Colonial Nationalism." In *The 'One China' Dilemma;* edited by Peter C.Y. Chow (New York: Palgrave Macmillan, 2008), pp. 37-56.

Jacobs, J. Bruce, and I-hao Ben Liu. "Lee Teng-Hui and the Idea of 'Taiwan'." *China Quarterly*, no. 190 (June 2007): 375-393.

Jiang Nan江南. *Jiang Jingguo Zhuan* 蔣經國傳 *[a Biography of Chiang Ching-Kuo]*. Los Angeles: Meiguo luntan bao 美國論壇報, 1984.

Kaplan, David E. *Fires of the Dragon: Politics, Murder, and the Kuomintang.* New York: Atheneum, 1992.

Kaplan, John. *The Court-Martial of the Kaohsiung Defendants.* Berkeley:

Institute of East Asian Studies, University of California, Berkeley, 1981.

Lee, Katherine. "Taiwan's Dissidents." *Index on Censorship* 9, no. 6 (December 1980): 54.

Li Denghui李登輝. *Jianzheng Taiwan: Jiang Jingguo Zongtong Yu Wo* 見證台灣：蔣經國總統與我 *[Witness for Taiwan: President Chiang Ching-Kuo and Me]*. Taibei: Yunchen wenhua 允晨, 2004.

Liang Surong. *Dashi Dafei: Liang Surong Huiyilu [Right and Wrong: The Memoirs of Liang Su-Jung]*. Taibei: Tianxia wenhua, 1995.

Lin Yixiong林義雄 and Yao Jiawen 姚嘉文. *Huluo Pingyang? Xuanzhan Guansi Guo Yuxin* 虎落平陽？選戰官司郭雨新 *[Has the Tiger Descended to Pingyang? Election Battles, Court Battles and Kuo Yu-Hsin]*. Taibei: Gaoshan 高山, 1977.

Ben she 本社 [Formosa. Magazine], "Dangwai Zhenglun: Shaoshu Pai Yu Baoli, Ping Zhongtai Binguan Qian De Naoju 黨外政論：少數派與暴力，評中泰賓館前的鬧劇 [Debate among the Dangwai: The Minority Faction and Violence, a Critique of the Farce in Front of the Chungtai Hotel]." *Meilidao* 美麗島 *[Formosa]*, no. 2 (September 25, 1979): 4-5.

Makeham, John, and A-Chin Hsiau, eds. *Cultural, Ethnic, and Political Nationalism in Contemporary Taiwan: Bentuhua*. New York: Palgrave Macmillan, 2005.

Marks, Thomas A. *Counterrevolution in China: Wang Sheng and the Kuomintang*. London and Portland, Ore.: Frank Cass, 1998.

Renquan Zhi Lu: Taiwan Minzhu Renquan Huigu [the Road to Human Rights: Looking Back on Taiwan's Democracy and Human Rights] 人權之路：臺灣民主人權回顧. Taibei: Yushan, 2002.

The Road to Freedom: Taiwan's Postwar Human Rights Movement. Taipei: Dr Chen Wen-chen Memorial Foundation, 2004.

Southerland, Daniel. "Chiang Envisions Change for Taiwan: Move toward 'Soft Authoritarianism' Seen." *The Washington Post* October 13, 1986, A18.

——————. "Taiwan President to Propose End to Island's Martial Law: Action Would Mean the Lifting of Restrictions after 37 Years." *The*

Washington Post October 8, 1986, A18.

Taiwan Lishi Nianbiao (1979-1988) 台灣歷史年表 *[Chronology of Taiwan History]*. Vol. III. Taibei: Guojia zhengce yanjiusuo ziliao zhongxin, 1990.

Taiwan, Presbyterian Church in. "A Declaration on Human Rights." In *The Future of Taiwan: A Difference of Opinion*, edited by Victor H Li, 186-87. White Plains, NY: M.E. Sharpe.

————. "Public Statement on Our National Fate (December 29, 1971)." In *Let Taiwan Be Taiwan*, edited by Marc J. and Teng Cohen, Emma, 76-77. Washington, D.C.: Center for Taiwan International Relations, 1990.

Taylor, Jay. *The Generalissimo's Son: Chiang Ching-Kuo and the Revolutions in China and Taiwan*. Cambridge, MA and London: Harvard University Press, 2000.

Wen Chaogong 文抄公. "Ni Kan De Shi Shenme Bao? Ge Bao Dui Zhongtai Shijian De Baodao 你看的是什麼報？各報對中泰事件的報導 [What Newspaper Do You Read? The Reports of Different Newspapers on the Chungtai Incident]." *Meilidao* 美麗島 *[Formosa]*, no. 2 (September 25, 1979): 83-87.

Wu Zhengshuo 吳正朔. "Zhongtai Binguan Shijian Shimo 中泰賓館事件始末 [the Chungtai Hotel Incident from the Beginning to the End]." *Da shidai* 大時代 *[Great Epoch]*, no. 4 (October 5, 1979): 7-19.

Young, Jacob, and others. "Taiwan: The Winds of Change." *Newsweek* October 21, 1986, 134-38.

Zhang Fuzhong 張富忠, and Qiu Wanxing 邱萬興. *Lüse Niandai: Taiwan Minzhu Yundong 25 Nian, 1975-1987* 綠色年代：台灣民主運動25年，1975-1987 *[the Green Era: Twenty-Five Years of Taiwan's Democratic Movement, 1975-1987]*. II vols. Vol. I. Taibei: Caituan faren lüxing wenjiao jijinhui 財團法人綠色旅行文教基金會, 2005.

周　志宏

1962年9月22日生，國立台灣大學法學士，輔仁大學法律學研究所碩士，輔仁大學法律學系博士。

資　格
七十九年公務人員高等一級考試法制人員及格
八十年專門職業及技術人員高等考試律師及格

經　歷
淡江大學公共行政學系專任講師
考試院公務人員保障暨培訓委員會專任委員
淡江大學公共行政學系專任副教授

現　職
國立台北教育大學文教法律研究所副教授，兼所長

社會服務
台灣法律史學會理事
台灣法學會秘書長
台灣法學會理事、監事
教育部法規委員會委員
行政院訴願審議委員會委員
月旦法學雜誌總編輯
人事行政局法規委員會委員
內政部訴願審議委員會委員
內政部法規委員會委員
考試院法規委員會委員
中央選舉委員會委員

摘要

　　本文將中華民國政府到台灣這六十年（1949-2009）區分為三個階段：在第一個階段是：做為「形塑國民之教育」的義務期（1949-1968），國民政府移植中國在大陸時期的「受教育是人民的義務」之思想及國家主義之教育觀，而實施以形塑國民之思想為主要目的的國民教育。1947年中華民國憲法第21條及1948年的世界人權宣言第26條之規定，未能直接落實於台灣。國民教育在台灣被國民黨政府視為人民的義務，而且是做為「形塑國民的教育」，在於使台灣人民「去日本化」、「祖國化」以及「國民黨化」。此一階段直到1968年實施九年國民義務教育時為止。在第二階段是：國民教育從義務轉變為權利的轉換期（1969-1998），1967年中華民國政府參與簽署「經濟社會文化權利國際公約」，雖然不是1968年國民教育延長為九年之直接因素，但也由於正視到國民教育延長所涉及之憲法問題，使國民教育做為人民的權利之面向受到注意。其後再由於1980年代國民教育權及學習權思想的引進及政治民主化的影響，引發1990年代民間教育改革運動的風潮，最後終於將國民教育做為一種義務之狀態加以扭轉，並朝向將國民教育做為一種基本權利而發展。第三階段則是：國民教育做為「人民之權利」的發展期（1999-），自1999年教育基本法通過、國民教育法修正以來，教育法制朝向落實國民學習權與受教育權的方向發展，而大法官釋字626號解釋的做成，更進一步確認「接受國民教育之受教育權」具有給付請求權之性質，國家有給付的義務。到了2009年，立法院批准兩個人權公約，並制定兩公約施行法，使兩公約所保障的人權，具有國內法效力，受教育權利的承認，也正式與國際接軌。但此一權利是早在60年前就可以依中華民國憲法第21條及世界人權宣言第26條的規定加以確認的，卻在長久的國民黨執政下，遲延了數十年才被確認。

　　然而，縱使如此，國民教育做為國民學習權之保障的一環，仍存在有許多之問題仍須繼續改進。尤其過去國民教育的實施，雖成就了台灣教育普及的美名，但「祖國化教育」也導致了台灣人民國家認同

的分歧與錯亂、「黨化教育」造成黨國不分、政黨競爭地位的不平等。此外，國民教育經費的地方負擔造成的投資不足、素質參差不齊、教育機會之不均等不斷擴大等現象，對台灣也產生嚴重的負面影響，對台灣社會的未來形成重大的隱憂，值得未來進一步去檢討與注意。

關鍵字：世界人權宣言、受教育的權利、國民教育、釋字第626號

一、前言

　　中華民國政府流亡到台灣這六十年（1949-2009）來，對於台灣的影響是全面的，但是在教育方面的影響更是深遠。其中若以對人民受教育權利之實現最為重要的國民教育的發展來區分，約略可以區分為三個階段：第一個階段是：做為「形塑國民之教育」的義務期（1949-1968）；第二個階段是：國民教育

從義務轉變爲權利的轉換期（1969-1998）；第三個階段則是：
國民教育做爲「人民之權利」的發展期（1999-）。在第一個階
段中，國民教育是爲了去日本化及鞏固統治地位，而實施以形
塑國民之思想爲主要目的的國民教育，國民黨政府移植中國在
大陸時期的「受教育是人民的義務」之思想及國家主義之教育
觀，而是將國民教育視爲「形塑國民之教育」的時期，此一階
段直到1968年實施九年國民義務教育時爲止。其後國家實施國
民教育進入到主要做爲發展國家經濟與提升人力素質之目的，
但也由於正視到國民教育延長所涉及之憲法問題，以及1967年
簽署之「經濟社會文化權利國際公約」的刺激，開始對於人民
受國民教育之權利面有所注意，並在後來民間教育改革的呼聲
下，始正式將接受國民教育從偏向人民的義務面轉而朝向強調
其權利面而發展，形成接受國民教育從義務轉變成權利的轉換
期。此一轉換期一直到1999年教育基本法通過後，才正式進入
到「國民教育是現代國民有權利接受之教育」的受國民教育權
利的發展期。到了今（2009）年，立法院終於批准了「公民及
政治權利國際公約」與「經濟社會文化權利國際公約」兩個當
年簽署卻未批准的條約，並制定了「公民與政治權利國際公
約及經濟社會文化權利國際公約施行法」（2009年4月22日公布，
2009年12月10日施行），使該兩公約上所保障的人權，成爲具有
國內法效力的權利，其中關於受教育權利的承認，也正式與國
際接軌。但受國民教育做爲人民的權利，是早在60年前就可以
依中華民國憲法第21條及世界人權宣言第26條的規定加以確認
的，卻在長久的國民黨政權執政下，遲延了數十年才被確認。
本文便是要從戰後台灣國民教育發展的歷史，來突顯出，在台

灣，受教育從義務到權利的漫長發展過程，及其所造成之影
響。

二、國民教育做為「形塑國民之教育」的義務期
（1949-1968）

　　將國民教育做為「形塑國民之教育」，在中國憲法史上有
其歷史發展的脈絡，通常這樣的想法是基於「人民受教育是一
種憲法上義務」的國家主義教育思想，國民黨政府不顧其帶來
台灣的1947年中華民國憲法第21條已經有「人民有受國民教育
的權利與義務」以及中華民國派代表參與草擬並支持其通過的
1948年世界人權宣言第26條有：「人人有受教育之權利」之規
定，忽視受國民教育的權利面，只強調其義務面，而將這種思
想透過國民教育制度的實施，將國民教育徹底的做為「形塑國
民之教育」，導致台灣人民在這樣的國民教育制度下，成為被
形塑的客體而非受教育權的主體。以下將從中國憲法史上將受
教育看成義務的發展過程，以及戰後初期台灣的國民教育法制
如何具體化人民的受教育義務，並實施「形塑國民之教育」，
進行分析與檢討。

（一）中國憲法史上受教育義務的發展
　　在中國的憲法史上，最初清末立憲運動過程中之文獻，均
未將受教育納入人民的義務之中，當時「憲法大綱」（光緒34
年）僅列納稅、當兵與遵守法律為臣民之義務。[1]民初由政府
草擬或訂定之「中華民國臨時政府組織法草案」（1912）[2]、中

華民國臨時約法（1912）3、中華民國約法（1914）4均只規定人民有納稅及服兵役之義務，不包括受教育在內。在中國憲法史上，「受教育的義務」及「國民教育」的規定，最早出現在1913年（民國2年）的「中華民國憲法草案」（天壇憲草）。其在第19條揭示：「中華民國人民依法律有受初等教育之義務。國民教育，以孔子之道爲修身大本。」5首先出現「國民教育」之用語。6並認爲受初等教育爲人民之義務，且「國民教育」必須以「孔子之道爲修身大本」，顯然是想將孔子思想做爲形塑人民之依據。此時所謂「國民教育」似泛指國民所接受之教育，並非僅指初等教育而言。其後以「天壇憲草」爲基礎而於1919年由憲法委員會議決之「中華民國憲法草案」第18條則規定：「中華民國人民，應依法服習國民教育。」（第1項）「國民教育，以孔子之道爲修身大本。」（第2項）7雖未提及受國民教育爲人民之義務，但既曰依法，便會有某種強制性，事實上仍認爲是人民的義務。且此處所謂「國民教育」，又似乎是指「初等教育」而言。稍後的1923年的「曹錕憲法」第21條則規定：「中華民國人民依法律有受初等教育之義務。」8其後

---

1 繆全吉編著，《中國制憲史資料彙編 —— 憲法篇》（台北：國史館，1989年），3-4頁。

2 繆全吉編著，《中國制憲史資料彙編 —— 憲法篇》，45頁。

3 繆全吉編著，《中國制憲史資料彙編 —— 憲法篇》，52頁。

4 繆全吉編著，《中國制憲史資料彙編 —— 憲法篇》，63-64頁。

5 繆全吉編著，《中國制憲史資料彙編 —— 憲法篇》，204頁。

6 周志宏，《教育法與教育改革》，初版（台北市：高等教育文化事業有限公司，2003年9月），513頁。

7 繆全吉編著，《中國制憲史資料彙編 —— 憲法篇》，204頁。

8 繆全吉編著，《中國制憲史資料彙編 —— 憲法篇》（台北：國史館，1989年），885頁。

1925年國憲起草委員會起草之「中華民國憲法草案」第145條則出現「中華民國國民依法律有受教育之義務」之規定，未明訂受教育義務之範圍，而交由法律規定。但到了1931年國民政府的「中華民國訓政時期約法」雖未出現受教育做為義務之規定，但其第五章章名即為「國民教育」，此所謂「國民教育」應是泛指國民所接受之教育而言，其中第47條規定：「三民主義為中華民國教育之根本原則。」此一規定則是以三民主義形塑國民之開始。然而1936年國民政府公布的五五憲草，則未使用國民教育之用語，也沒有訓政時期約法第47條之規定。而將受國民教育視為人民之義務者，首先出現在國民參政會憲政期成會五五憲草修正案第22條規定：「人民有依法律受國民教育之義務。」9 至於國民教育之階段則應由法律加以界定。其後1946年國民政府送制憲國民大會之「中華民國憲法草案」（政協憲草）則將第22條規定：「人民有受國民教育之權利與義務。」10 刪除「依法律」之文字，並將受國民教育明訂為人民之權利，成為現行憲法規定的前身。

　　從上述中國憲法史之相關官方制憲史料觀察，將受教育視為人民義務的規定，雖曾時有時無地出現在當時之根本大法或憲法草案之中，但一直是持續存在的，直到最後政協憲草才採取權利與義務並存之規定方式，承認受教育既是人民的權利也是義務11。相對而言，在民國建立後之前三十五年中，

9　繆全吉編著，《中國制憲史資料彙編──憲法篇》，568頁。
10　繆全吉編著，《中國制憲史資料彙編──憲法篇》，598頁。
11　類似的憲法規定曾出現在1913年康有為所擬中華民國憲法草案之第103條規定：「凡人民依法律所定，有強迫教育之權利與義務。」1922年葉夏聲草擬

在私擬之憲法草案中也有1922年國是會議草擬之憲法草案（甲
種）第87條第1項規定：「全國人民不論男女，有受教育之義
務」（乙種之第85條第1項亦同）12；1925年汪馥炎、李祚輝草擬之
「中華民國聯省憲法草案」第87條第1項也規定：「全國人民
不論男、女須受義務教育」13，皆是將受教育做為人民義務之
規定。僅有1930年的太原約草第44條規定：「人民依法律有受
教育之權」14 有提及受教育是人民的權利。此外，1933年張知
本所草擬之憲法草案第143條規定：「已達學齡之男女兒童，
有受基本教育之權，基本教育六年，不收學費及教育上之必
要費用，其衣食費不能自給者，並供給之。」第144條規定：
「兒童在應受基本教育期內，父母有使就教育並自為教育之義
務。」15 此為少見之明定人民有受教育權利之憲法草案，其明
確表明受教育為一種權利，而父母則負有使兒童受教育或自為
教育之義務。將受教育的權利人為兒童，使兒童受教育的義務
人為父母分別明文規定，這是相當進步的規定方式16。此外，
更明定學費及其他教育之必要費用均免費，將「免費」擴大至

之「五全憲法」草案第68條規定：「中華民國人民有受國家義務職業教育之權
利，為防衛國家恪供兵役，有兼受兵役教育之義務。」繆全吉編著，《中國制
憲史資料彙編──憲法篇》，148頁、234頁。但同時期由吳貫英、王寵惠及梁
啟超等人分別起草之中華民國憲法草案，則皆未提及受教育是人民的權利還是
義務，繆全吉編著，《中國制憲史資料彙編──憲法篇》，154-200頁。
12　繆全吉編著，《中國制憲史資料彙編──憲法篇》，251、267頁。
13　繆全吉編著，《中國制憲史資料彙編──憲法篇》，283頁。
14　繆全吉編著，《中國制憲史資料彙編──憲法篇》，909頁。
15　繆全吉編著，《中國制憲史資料彙編──憲法篇》，454頁。
16　日本憲法第26條規定：「國民均有依法律規定，適應其能力而平等受教育之
　　權。」「國民負有依法律規定，使其所保護之子女受普通教育之義務。義務教
　　育免付學費。」即與此一規定之方式相當。

學費的範圍以外17，以實質保障受教育權，值得特別注意。

　　由上述分析可知，1946年以前有關受教育做為人民義務的思想係屬主流，僅有少數私人主張受教育是人民的權利，而最後中華民國憲法之規定，應屬一種折衷之立場，但在威權統治之下，縱有形式上承認人民受國民教育之權利，但實質上仍以受國民教育為人民之義務來實施，而其結果就是「人民有接受形塑國民之教育的義務」。

（二）國民教育做為人民義務的具體化

　　國民政府接收台灣之後，台灣的教育法制面臨衝擊，為接收台灣的各級教育機構，1945年11月台灣省行政長官公署公布「台灣省各級學校及教育機關接收處理暫行辦法」，進行各級教育機關、學校的接收工作。首先廢止一切日據時期之台灣教育法令18，同時台灣各級教育也根據國民政府的教育法令進行改制，至此原有的台灣教育法制終於被移植而來的新教育法制所取代。戰後初期，中華民國在大陸時期所制定的主要教育法律，包括：國民學校法（1944）、強迫入學條例（1944）、中學法（1932）、師範學校法（1932）、職業學校法（1932）、補習學校法（1944）、私立學校規程（1929）、學位授予法（1935）、專科學校法（1948）、大學法（1948）、國民體育法（1929）等主要教育法令均全面於台灣實施。

---

17 周志宏，《教育法與教育改革》，514頁。
18 何清欽著，《光復初期之台灣教育》（台北：復文圖書出版社，民國69年），56頁。

　　當時在初等教育方面之措施有：1. 廢止日本在台灣所施行的一切教育法令。2. 國民學校原有第一、第二、第三課表的區別，概予以取消。一律稱爲國民學校並授予相等課程，修業年限爲六年，初級四年，高級二年。3. 廢除國民學校附設的高等科。4. 原帶有日本意義的國民學校校名，改爲所在地的地名或街道名。5. 成立國語推行委員會，高密度推行北京話。

　　因此，台灣從1946年開始根據「國民學校法」，實施國民政府的國民教育。當時「國民學校法」中的「國民學校」，其實與日治時代的「國民學校令」與「國民學校」有相當的類似性。日本是在1941年頒布「國民學校令」及「國民學校令施行規則」，以國民學校取代過去之小學校。此種國民學校之教育宗旨，在於「尊奉教育勒語之旨趣，對於整體教育強調修練皇國之道，特別是加深對於國體之信念」以「育成扶翼皇運之忠良國民」，可以說是充滿了強烈的國家主義色彩。台灣是在1941年3月修正台灣教育令後，使初等普通教育依國民教育令之規定辦理，廢止小學校、公學校之名稱，一律改稱爲「國民學校」。[19] 而國民政府的國民學校法則制定於1944年，根據當時教育部公布的「訓育綱要」開宗明義強調「中華民國所需之訓育，應爲依據建國之三民主義與理想之人生標準（人格）作育學生……」關於小學訓育之實施則特別指出「由國父及總統言行之闡述，以樹立兒童對領袖之尊崇與信仰，並培育其忠

19　參見周志宏、薛化元合著，〈百年來台灣教育法制史之考察──以國家權力與教育內部事項為中心〉，收於周志宏著，《教育法與教育改革》（台北：稻鄉出版社，1997年），97頁。

貞、服從、貢獻、犧牲諸美德。」20 此種幾近日本殖民時代殘留的國民教育體制，顯示出在國家權力籠罩下服膺於國家政策的特色，在終戰以後，雖然國民政府宣告「台灣光復」，但本質上並未改變，因而成為當時台灣教育體制的特色。21

再者，1947年中華民國憲法第21條已經有「人民有受國民教育的權利與義務」，1948年世界人權宣言第26條也有：「人人有受教育之權利」之規定，但來到台灣的國民黨政府在戒嚴體制下，並未實踐受國民教育是人民權利的面向，卻僅具體貫徹受國民教育做為人民義務的面向，以下便分別加以分析：

（1）國民教育做為義務教育

國民政府所謂之「國民教育」之意義可以從1940年教育部公布之「國民教育實施綱領」看出，該綱領將所有小學一律改稱「國民學校」和「中心學校」22。其對「國民教育」或「義務教育」的相關規定有：將「國民教育」分成「義務教育」及「失學民眾補習教育」二部分；學齡兒童為六歲至十二歲之兒童；學齡兒童除可受六年制之小學教育外，應受四年或二年，或一年之「義務教育」；將所有小學一律改稱為「國民學校」及「中心學校」23。至1944年，教育部公布「國民學校法」，

20　參見訓育綱要，民國28年9月25日公布，民國41年6月28日修正，收於教育部編，《教育法令》（台北：正中書局，民國56年），415、420頁。
21　參見周志宏、薛化元合著，〈百年來台灣教育法制史之考察——以國家權力與教育內部事項為中心〉，106頁。
22　吳明清、周燦德、吳武雄、張素貞，《我國國民教育發展現況與評估之研究》，（第七次全國教育會議參考資料叢書——國民教育，1994年），5頁。
23　張慶勳，〈國民教育概念之評析〉，收於《教育政策論壇》，第5卷第2期，2002年，124-125頁。

中心學校改稱為中心國民學校[24]。

　　依1947年的中華民國憲法第160條規定：「六歲至十二歲之學齡兒童，一律受基本教育，免納學費。其貧苦者，由政府供給書籍。」（第1項）「已逾學齡未受基本教育之國民，一律受補習教育，免納學費，其書籍亦由政府供給。」（第2項）此所謂「基本教育」具有「義務教育」之普遍性、免費及強迫之性質[25]，而且「基本教育」是最低限度的「國民教育」[26]，戰後初期的「國民教育」係等於「基本教育」為6至12歲，屬於初等教育階段之義務教育。

（2）不普及的國民教育

　　戰後初期，由於一切教育工作皆偏重於接收與整理，所以對於義務教育之年限無暇予以明確規定或徹底執行。1946年學齡兒童就學率為78.56%，比1945年的80.01%還低。有鑒於此，1946年6月25日行政長官公署於陽明山舉行「台灣省第一次教育行政會議」通過自1946年起分五年普及國民教育，希望能在1951年達到學齡兒童教育完全普及。但到了1951年學齡兒童就學率僅達81.49%，到1967年時才達到97.39%，[27] 並未完全實現兒童受國民教育之權利。

---

24 吳明清、周燦德、吳武雄、張素貞，《我國國民教育發展現況與評估之研究》，5頁。

25 周志宏著，〈教育義務與義務教育——義務教育是誰的義務？〉，《月旦法學雜誌》，第75期，2001年8月，8-9頁。

26 周志宏著，〈受教育是權利還是義務？〉，《月旦法學雜誌》，第72期，2001年5月，8-9頁。

27 劉寧顏總纂，《重修台灣省通志·文教志·學校教育篇（以下簡稱《學校教育》）》（南投：台灣省文獻會，民國82年），567-568頁。

（3）強迫入學制度

1944年國民政府制定的「強迫入學條例」第8條規定：
「學齡兒童之強迫入學，依左列程序辦理。勸告：凡應入學而
未入學之學齡兒童，應由保長會同中心學校或國民學校校長，
用書面或口頭勸告其父母或監護人，限令入學。警告：父母或
監護人，經勸告後，如仍不遵限令其子女或受監護人入學者，
得於勸告期限屆滿五日內，將其姓名榜示警告，並仍限期入
學。罰鍰：榜示警告後，仍不遵行者，得於限滿七日內，經鄉
鎮強迫入學委員會議決，處以十元以下之罰鍰，仍限期入學，
並彙報縣政府。」第9條規定：「已入學之兒童，如不經學校
之許可，中途停學或任意缺課者，應由學校及強迫入學委員會
共同勸導督促，如不遵從，得依前條罰鍰之規定，處罰其父母
或監護人。」其處罰對象為父母或監護人，則強迫入學之義務
人應為父母或監護人而非兒童。

雖有此規定，台灣行政長官公署仍於1946年6月公布「台
灣各縣市國民學校及中心國民學校民教部學生強迫入學辦法」
在各縣市鄉鎮區分別設置「強迫入學委員會」負責推動。1947
年中華民國憲法公布後，同年1月22日行政長官公署公布「台
灣省學齡兒童強迫入學辦法」，自1947（民國36）學年度第1學
期起，開始實施義務教育28。1948年強迫入學委員會改組為義
務教育推行委員會，並修正「學齡兒童強迫入學辦法」。並
於1956年修訂「台灣省學齡兒童強迫入學辦法」，對未照規

---

28 徐南號，《臺灣教育史》，增訂版二刷（師大書苑有限公司，2002年7月），
　287-288頁。

定入學的學齡兒童，採取勸告、警告、罰鍰等措施29。當時，國民教育最重要的措施便是推動義務教育，剷除日本文化之影響。30 故強迫就學也只是強迫接受「形塑國民之教育」。

（4）免費制度

1944年3月15日，國民政府於大陸公布之「國民學校法」第21條：「國民學校及中心國民學校，均不得收取學費或雜費。」規定國民教育為免費教育。1945年11月國民政府接收台灣後，國民學校不收學費。1947年台灣省政府成立後，在國民教育上有兩大重要措施：一是免費供應國校學生課本，以推行義務教育；二是公立各級學校一律免收學費，以求教育機會之均等。31 自1947（民國36）學年度第一學期起，專列預算免費供應全省各國民學校兒童的教科書32。然而，此一措施到了民國57年8月1日，國民教育延長為九年，而免費供應教科書制度卻也遭到取消33。

（三）國民教育做為形塑國民之教育

（1）祖國化教育（去日本化教育）

國民政府接收台灣起，台灣教育體制進入另一個階段。1945年9月，教育部全國教育善後復員會議決議：台灣教育以

29　徐南號，《臺灣教育史》，287-288頁。
30　《學校教育》，507頁。
31　《學校教育》，470頁。
32　徐南號，《臺灣教育史》，287-288頁。
33　余書麟，《國民教育權》（新竹市：台灣省立新竹師範專科學校附設新竹區國民教育輔導中心，1978年5月），90-135頁。

「祖國化」為前導[34]，教育之重心在於革舊佈新，首要工作即
滌除皇民化的教育，代之而起的是「祖國化」的教育[35]。這基
本上是透過國家權力掌控整個教育體制[36]，其施政方針便在於
實施三民主義教育，恢復中華民族文化，並對原日本殖民教育
體制，依中國教育制度予以調整。

　　1946年5月第一屆第一次參議會大會建議教育當局即時實
施義務教育。同年6月公布「台灣各縣市國民學校及中心國
民學校民教部學生強迫入學辦法」，積極對十五足歲以上、
四十五歲以下之失學男女實施國民教育（指失學民眾補習教育），
同時透過「國語推行委員會」推行「祖國之語文教育」[37]，但
此時所實施的，其實尚非中華民國憲法上的「國民教育」，實
際上是為「去日本化」及「祖國化」的「形塑國民之教育」。

（2）黨化教育

　　國民政府來台初期，當時中國大陸本身尚未建立憲政體
制，處於中國國民黨以黨治國一黨訓政的時期，教育體制至少
在理論上，是在「國民黨的根本政策之上」，建立「教育方
針」，使學校的課程「與黨義不違背」，「並能發揮黨義和
實施黨的政策」[38]。等到撤退來台之後，教育部於1950年頒發

---

34 參見葉憲峻，〈台灣初等教育之演進〉，徐南號主編，《台灣教育史》（台
　　北：師大書苑，民國82年），110頁。

35 徐南號，《臺灣教育史》，286-287頁。

36 薛化元，〈戰後國家教育權發展的考察──「教育基本法」爭議的歷史思
　　考〉，收於《律師雜誌》，第210期，1997年，20頁。

37 《學校教育》，468頁。

38 參見林玉体，《台灣教育面貌四十年》（台北：自立晚報社，民國76年），26
　　頁。引文原載《教育雜誌》19:8（民國16年8月）。

「戡亂建國教育實施綱要」，明示「務使全國教育設施皆以戡建爲中心」39。而台灣省教育廳也於同年公布「台灣省非常時期教育綱領」40，使台灣教育體制進入戡亂建國的非常時期。

　　1952年元旦蔣中正總統，明白宣示「促使經濟的、社會的、文化的、政治的全面改造，來貫徹我們總動員的目標」41。而爲了配合國家的基本政策，並切實推動1950年4月頒訂的「本省非常時期教育綱領及其實施辦法」，教育廳乃於4月6日至8日在台北市召集全省各級教育主管舉行會議，研究具體辦法。而在5月19日以皓教秘字第01191號代電頒行「台灣省各級學校加強民族精神教育實施綱要」、「台灣省各級學校加強生產訓練及勞動服務實施綱要」、「台灣省各級學校課程調整辦法綱要」及「策勵本省教育人員推行各種方案辦法」42，其中除了第二項以外，均強調配合國家的需要，是其一致的特色。人民接受國民教育是基於黨國之需要，由黨國決定要接受何種教育。此種黨化教育的實施便是當時用以鞏固國民黨政府統治基礎的手段。

（3）國定教科書

　　國民政府接收台灣後，行政長官公署教育處設立「中小學教材編輯委員會」（後改為編審委員會）及台灣書店，負責辦理

39　參見教育部編，《教育法令》，1頁。

40　劉寧顏總纂，《重修台灣省通志‧文教志‧教育行政篇（以下簡稱《教育行政》）》（南投：台灣省文獻會，民國83年），486、508頁。

41　《中央日報》民國41年1月1日；《學校教育》，508頁。

42　台灣省教育廳編印，《台灣教育發展史料彙編‧高中教育篇》（南投：台灣省教育廳，民國74年），262頁。

教科書的編印工作，而實際上只有語文、史、地等科。1946學年度開始改採教育部頒課程標準，統一教科書，並指定由台灣書店、正中書局、開明書店供應[43]。台灣省政府於1947年規定自36學年度起所有國民學校之讀本均採國定本，組織「中小學教科書供應委員會」專責統籌印製，所需經費由省庫負擔。而從1952學年度開始，教育部爲了配合國策的需要，由國立編譯館重編國民學校各科教科書，經教育部核定後，陸續發交台灣省教育廳印發各校使用，此一工作持續到1958學年度才告完成[44]。1958年教育部主導教科書內容的方向已然確定，台灣省中小學教材編審委員會便告撤銷。後來在1968年曾經將國民小學生活與倫理、常識、音樂、美術四科交由書局簽約印行[45]。但是，由於蔣中正總統的指示，僅實施一年而停止[46]。在此期間，教育內容都是由國家決定，是國家教育權思想的徹底落實，人民只有依國家決定的內容接受國民教育的義務。

三、國民教育從義務到權利的轉換期（1969-1998）

（一）國民教育從義務到權利的漫漫長路

　　由於沿襲戰前國民政府將國民教育視爲人民義務之思想，以及在台灣長期的實施戒嚴與政治上的實行威權體制，受國民

43　《學校教育》，534至535頁。
44　《學校教育》，538頁。
45　《學校教育》，539頁。
46　《學校教育》，544頁。

教育做為義務在法院實務也被確認47，導致憲法上的受國民教育做為一種權利，遭到嚴重漠視。此一情形直到1966年，聯合國通過「經濟社會文化權利國際公約」，中華民國於1967年10月5日由常駐聯合國代表劉鍇在公約上簽字，此後，受國民教育做為人民的權利此一面向再度受到注意。而此一時期最重要的便是國民教育的延長，但是也因國民教育的延長，導致1968年制定「九年國民教育實施條例」以及其後1979年「國民教育法」的制定。但其中對於受國民教育權利的保障則仍多有限制，同時也漸漸背離義務教育的精神。

（二）國民教育的延長

九年國民教育的實施，係起於1967年蔣介石總統「爲提高國民智能，充實戡亂建國之力量」48，依動員戡亂時期臨時條款第四項之規定，交動員戡亂時期國家安全會議第三次會議決定：「國民教育之年限應延長爲九年，自五十七學年度起先在台灣及金門地區實施，關於實施九年國民教育之有關事項其需以法律定之者，應提案制定一特別法以資適用」49，開始實施九年國民教育。此雖是對人民受國民教育之權利，做了更進一步之保障，但其理由卻是「爲提高國民智能充實戡亂建國之力量」，顯然此一政策並非完全基於保障人民受教育權利之觀

---

47 49年判字第84號：「憲法中關於人民之義務，固僅列舉依法納稅、服兵役及受國民教育三項。……」

48 台灣省立台北師範學院編，《九年國民教育實施二十年》（台北：教育部國民教育司，民國77年），37頁。

49 民國56年8月17日（56）臺統（一）義字第5040號令。參見台灣省政府公報，民國56年秋字第74期，3至4頁。

點出發，依當時對憲法第21條人民有受國民教育之權利與義務之理解，受國民教育是人民的義務之性質遠大於做爲權利的性質，國民教育的推動，仍然充滿著國家目的的考量。

　　爲實施九年國民教育，首先行政院在1967年8月15日公布「九年國民教育實施綱要」50，其後則於1968年1月公布「九年國民教育實施條例」，同時國民學校一律改名爲國民小學，私立小學則不加國民二字51。但配合母法之「九年國民教育實施條例施行細則」卻遲至1974年5月23日才公布，距母法公布施行已經六年多。九年國民教育相關之配套法制之調整，直至1979年接連制定師範教育法、高級中學法及國民教育法以取代並廢止原有之師範學校法、中學法及國民學校法爲止，始眞正完成，前後歷經十餘年。此可見當時教育政策之決定十分迅速（九年國民教育從決定到實施不過一年多），但法制之配合調整則十分緩慢。

　　九年國民教育，非僅是教育年限之延長、教學機會之普及與均等，其更重要之意義在於其開創了改進國民教育之契機，也成爲了引導全面教育革新之起點52。九年國民教育將初級中學改爲國民中學，並同時停辦當時之「初級職業學校」。於是以九年國教爲基礎的「單軌多支」學制逐步形成53。但此時的國民教育卻造成三種問題：

50　民國56年8月3日行政院第1030次院會通過，民國56年8月15日行政院56教字第6191號令。

51　教育部民國57年8月23日（57）國字第20092號令。參見《台灣省政府公報》，民國57年秋字第64期，11頁。

52　吳明清、周燦德、吳武雄、張素貞，《我國國民教育發展現況與評估之研究》，6-7頁。

　　1. **國家幾乎壟斷國民教育，限制私人興學：**1950年代，由於台灣國民學校畢業學生升學困難，惡補情形嚴重，為補充公立中學之不足，台灣省政府於1953年6月通過「鼓勵私人設立學校辦法」，來鼓勵私人興學，同時教育部也在1954年9月修正「私立學校規程」放寬立案尺度及簡化手續，以便利私人興學。54 該規程第1條規定：「各級學校，除師範學校外，得由私人設立之。」使得自此以後申請立案招生的私立中學快速增加。1955年教育部有鑒於初級中學過少，使得國民學校畢業生升學困難，故研議實施「發展初級中等教育方案」。該方案中便以「提倡興學運動，在中等學校階段，除公立學校外，並鼓勵私人興辦初級中等學校」為首要目的，並期望達成「省辦高中，縣市辦初中」的省、縣與公、私之分工原則。55同年台灣省並訂頒「台灣省各級私立學校獎助辦法」以獎助辦理良好之私立學校。到了1968年實施九年國民教育，國民中學開始大量設立，私立初中難以生存，教育部曾訂頒「輔導私立初中原則」，計劃輔導私立中等學校及私立初中代用為國民中學。56 其後教育部於1970年4月召開「九年國教會議」，更決定加強

53　所謂「單軌多支」學制係指「國民教育階段九年」為政府辦理的基礎教育，由政府的稅收支付全體國民九年的基本教育經費，九年之國民教育有同樣好的師資、設備、及課程設計，國民教育的內涵，必須符合一定而單一的標準，也不鼓勵私人辦理，稱為「單軌」。〈國教學制〉，《國立教育資料館-國民教育》，http://192.192.169.108/2d/citizan/default.asp，最後瀏覽日期：2009年6月5日。

54　台灣省政府教育廳編，《十年來的台灣教育》（台北：台灣書店，民國44年），35頁。

55　台灣省政府教育廳編印，《十年來的台灣教育》，241至242頁。

56　汪知亭著，《台灣教育史料新編》（台北：台灣商務印書館，民國67年），382頁。

輔導私立中小學,私立初中暫不准增設,並輔導私中改辦高職。[57] 此後政府便提供獎助,鼓勵私立初中改辦高中、高職,私立中學初中部改辦職業類科或增辦高中班級[58],這立即使得私立初中數目減少。接著到了1972年,行政院為整頓私立學校,突然以一紙命令[59] 政策性地暫緩接受籌設私立學校(包括補習學校、補習班),這都使得私立學校數目不但遭到凍結,且私立初級中學及小學數量也因此而不增反減。原本私人興辦小學及初級中學在國民學校法、中學法及九年國民教育實施條例中均無特別限制,但1974年制定之私立學校法第2條規定:「各級、各類學校,除師範學校、特定學校由政府辦理,國民教育以由政府辦理為原則外,均得由私人申請設立。」其後1979年制定的國民教育法第4條第1項規定:「國民教育,以由政府辦理為原則。」更進一步限制了私人興辦國民教育的自由。直到1999年才因民間教育改革運動之訴求,將該條修正為:「國民教育,以由政府辦理為原則,並鼓勵私人興辦。」

2. 免費範圍縮小,增加人民負擔:依九年國民教育實施綱要規定,「國民中學免納學費,其餘費用照收,另設教助金名額以補助清寒學生。」[60] 九年國民教育實施條例第6條規定:「國民中學學生免納學費,其他法令規定之費用,清寒學生免收之。另設獎學金名額,獎勵優秀學生。」[61] 此時國民

---

57 台灣史料編纂小組編,《臺灣歷史年表,終戰篇II(1966-1978)》(台北:張榮發基金會國家政策研究中心,1990年),111頁。

58 《學校教育》,615頁。

59 參見行政院61年8月10日,台(61)教字第7913號令。

60 台灣省立台北師範學院編,《九年國民教育實施二十年》,509頁。

教育已離免費教育之理想更遠。其後國民教育法第5條規定：「國民小學及國民中學學生免納學費；貧苦者，由政府供給書籍，並免繳其他法令規定之費用。」（第1項）「國民中學另設獎、助學金，獎、助優秀、清寒學生。」（第2項）則除原來實施九年國民教育前免費提供之書籍不再免費外，國民中、小學學生非貧苦者，仍應繳納學費以外之「其他法令規定之費用」。至此，「其他法令規定之費用」逐漸演變成雜費及代收、代辦費等名目，向學生家長收取，造成家庭負擔，由於學費之範圍憲法並未明確界定，則其他費用之收取是否有違反憲法免收學費之意旨，亦不明確。

3. 地方政府教育經費負擔加重：原本依中學法第13條授權訂定之「中學規程」第14條規定：「省市立中學之開辦、經常、臨時各費，由省市款支給之；縣立或聯立中學經費，由縣或聯立各縣縣款支給之；私立中學經費由其校董會支給之。」九年國民教育實施條例第11條規定：「實施九年國民教育所需經費，由省（市）政府就省（市）、縣（市）地方稅部分，在稅法及財政收支劃分法規定限額內籌措財源，逕報行政院核定實施，並不受財政收支劃分法第十八條但書之限制。」而1979年的國民教育法第16條則規定：「政府辦理國民教育所需經費，由直轄市或縣（市）政府編列預算支應，財源如左：一、直轄市或縣（市）政府一般歲入。二、直轄市或縣（市）政府依平均地權條例規定分配款。三、省（市）政府就省（市）、縣（市）

---

61 民國57年7月27日（57）臺統（一）義字第664號令公布。台灣省立台北師範學院編，《九年國民教育實施二十年》，511頁。

地方稅部分，在稅法及財政收支劃分法規定限額內籌措財源，逕報行政院核定實施，不受財政收支劃分法第十八條第一項但書之限制。」（第1項）「前項第二款及第三款財源，在省由省政府統籌分配。」（第2項）「縣（市）財政有困難時，省政府得依財政收支劃分法有關規定補助之。」（第3項）「中央政府應視國民教育經費之實際需要補助之。」（第4項）地方政府因九年國民教育的興辦，大幅增加教育經費之負擔，但中央政府則僅負「視實際需要補助」之責，導致地方政府教育預算排擠其他預算，而且國民教育經費被迫緊縮，又因人事費用負擔沉重，導致國民教育實質投資不足，影響國民教育教育品質，也影響到人民受國民教育的權利。雖然1997年國民兩黨合作修憲時，新增憲法增修條文第10條第10項規定：「教育、科學、文化之經費，尤其國民教育之經費應優先編列，不受憲法第一百六十四條規定之限制。」然而，該條實際上是凍結了憲法第164條有關教育科學文化預算之下限規定，對於教育經費之保障有害無益，其雖有「尤其國民教育之經費應優先編列」之用語，然而僅有訓示規定之性質，毫無拘束中央及地方政府之實效性。對國民受國民教育的權利及國民教育的健全發展，實屬一種傷害。

（三）民間教育改革運動促成轉變

　　到了1980年代，台灣整體社會環境朝向政治的民主化，此當然對於教育的改革產生實質的影響與催化作用，而在思想層面，日本國民教育權思想及學習權理論的引進，也使得人民有關教育人權的權利意識受到喚醒與提昇。最後終於在以社會運

動形式發展的教育改革運動下，催化了台灣教育改革的歷程，而整個台灣教育改革的進展，也呈現出受教育從人民的義務眞正轉化爲做爲一種基本權利的轉變過程。

　　台灣的民間教育改革運動發端的時間約爲1980年代中期，而一直到1990年代中期的十年間（1984-1994）爲發展的高峰。1994年，由台大數學系教授黃武雄等人發起，210多個主辦單位共同參與的「四一○教育改造運動」，是當時台灣規模最大的一次教育改革運動，也是台灣四十年來第一次以「教育改造」爲訴求的民間社會運動。四一○教育改造大遊行由七十多個參與團體共同提出「落實小班小校、廣設高中大學、推動教育現代化、制定教育基本法」做爲四大訴求。遊行結束後，與會四十多個團體代表及一些個人成立「四一○教育改造聯盟」，做爲推動四一○四大訴求的聯盟性組織62，該聯盟並編撰「民間教育改造藍圖」一書，將民間教育改革的理念及主張化爲具體的教改藍圖。該聯盟也成立法制小組，研擬出四一○版教育基本法草案，於1996年11月交付三黨立委正式聯合提案，在國會推動立法工作。該聯盟的訴求中最主要的便是強調學習權與受教育權之保障、家長之教育選擇權與教育參與權，以及鼓勵私人興學自由等。此一做爲補充憲法教育條款之教育原則性規範的教育基本法則在1999年公布施行。

　　由於四一○教改運動之前，接連出現了幾所體制外的私立學校63，這些學校均未能依私立學校法辦理立案，以致不能成

---

62 四一○教育改造聯盟編，《民間教育改造藍圖》（台北：時報出版公司，1996年），432至434頁。

為正式的私立學校。使得私立學校法制的各種問題開始受到關切與重視，也促成了私立學校法在1997年的大幅度修正 64 以及國民教育法在1999年的修正。重新開放了私人興辦國民教育的限制，對於人民的受教育權利與教育選擇權的保障有了進一步的突破。

四、國民教育做為人民之權利的發展期（1999-）

（一）從受教育權到學習權

　　過去，在特別權力關係理論的影響下，國民黨政府的傳統國家教育權思想，均只將學生視為教育之客體，而從未將其視為教育權之主體。因此，學生的權益向來受到忽視。但在國內公法學者率先對於特別權力關係做全面的檢討與批評之後65，使得特別權力關係理論的陰影逐漸消逝，學生做為受教育權主體之地位獲得肯定，而特別權力關係鬆動後，受教育權之保障

---

63 最早出現的有民國79年成立的「森林小學」、民國83年成立的「毛毛蟲實驗學苑」（後改稱為「種籽親子實驗學苑」）、民國84年成立的「全人教育實驗學校」（全人中學）以及民國87年設立的「雅歌小學」，此外另有「宜蘭森林學苑」、台南縣「沙卡小學」以及高雄縣錫安山「伊甸學園」等陸續設立，《聯合晚報》，87.5.11，第四版。其中「森林小學」及「種籽親子實驗學苑」則勉強以教育實驗計劃名義存在，學生學籍則寄籍在公立小學中。甚至森林小學校長還曾經遭到檢察官根據私立學校法第43條予以起訴。《民眾日報》，83.1.23，第六版。

64 私立學校法第1條：「為促進私立學校之健全發展，提高其公共性及自主性，以鼓勵私人捐資興學，並增加國民就學機會，特制定本法。」第2條：「各級、各類學校，除軍、警院外，均得由私人申請設立。」

65 參見翁岳生著，〈論特別權力關係的新趨勢〉，收於氏著，《行政法與現代法治國家》，四版（台北：作者出版，1982年），131頁以下。

才得以落實，學習權之概念也才有孕育之土壤。

　　台灣學習權概念的出現，係受到日本教育法學界之影響，經由學者們的引進與討論66，才逐漸受到國內法學界、教育學界的重視。在1990年代的教育改革風潮下，民間教育改革團體及立法委員也紛紛以保障學習權爲核心提出多份教育基本法草案67。其後，行政院教育改革審議委員會也在1996年所提出的教育改革總諮議報告書明確的指出：「教育的出發點必須是對於人性的信心，相信人有向善的秉性，這也是教育人本化的基礎。因此教育的原動力必須回歸到教育的主體，也就是自我改善與自我實現中的個人。就教育而言，個人最根本的意願便是學習，學習權應該被視爲一種基本的人權。」68 其後，教育部也於1998年發表「邁向學習社會」白皮書69，強調：「要使學習社會得到實現，最根本的做法就是保障全民學習權，使個人能平等分享學習的機會，不會因爲某些人爲的、不合理的障礙與限制，妨礙對學習活動的參與。」最後，在民間的努力爭取以及教育行政機關的採納下，終於在1999年完成教育基本法的

---

66 參見周志宏著，〈受教育之權利的性質與學習權之保障〉；周志宏著，〈兒童的學習權與受教育之權利〉，均刊於，《首都早報》，民國78年6月22日，均收於周志宏等著，《國民教育權的理論與實際》（台北：稻鄉出版社，民國83年），161至163頁。周志宏著，《學術自由與大學法》，初版（台北：蔚理出版社，民國78年），193至196，236至247頁；許慶雄著，《社會權論》，一版（台北：眾文出版公司，民國80年），148至149頁；許慶雄著，《憲法入門》，初版（台北：月旦出版社，1992年），153頁以下；周志宏譯，〈學習權宣言〉，收於周志宏等著，《國民教育權的理論與實際》，161至163頁。

67 參見周志宏著，《「教育基本法」立法必要性之研究》，46至61頁。

68 行政院教育改革審議委員會，《教育改革總諮議報告書》（台北：行政院教育改革審議委員會，民國85年），14頁。

69 教育部編印，《邁向學習社會》（台北：教育部，民國87年），15頁。

制定，並在教育基本法的第1條、第8條第2項及第15條分別明定有關於學習權及受教育權利之規定。這使得我國有關學習權之發展邁向新的里程。

（二）教育法制上的發展

1999年以來，國民教育有重大的變化，首先是教育基本法（1999）的制定，教育基本法承認學習及受教育是人民的權利而不再是義務（第1條、第8條第2項），強調人民是教育權的主體（第2條第1項），父母有教育選擇權（第8條第3項），鼓勵私人興學（第7條）與教育實驗（第13條），以及國民基本教育應視社會發展需要延長其年限（第11條第1項）。另外，在國民教育法（1999）修正後，除「國民教育，以由政府辦理為原則」外，新增「並鼓勵私人興辦」（第4條第1項），「國民小學及國民中學，得委由私人辦理」（第4條第3項），「為保障學生學習權，國民教育階段得辦理非學校型態之實驗教育」（第4條第4項），「國民小學及國民中學之教科圖書，由教育部審定，必要時得編定之。」（第8條之2第1項）教科書從統編本改為審定制，同時「國民小學及國民中學之教科圖書，由學校校務會議訂定辦法公開選用之。」（第8條之2第2項）將教科書選用權下放至學校，徹底使國家對教育內容的決定權限縮至課程綱要之訂定及教科書之審定，已非過去國家絕對控制的局面。

次年制定之教育經費編列與管理法（2000.12.13）第4條雖然規定：「直轄市、縣（市）政府應依憲法增修條文第十條第十項規定，優先編列國民教育經費。」（第1項）「中央主管教育行政機關對於直轄市、縣（市）政府辦理國民教育績效優良

者，或國民教育經費支出占該直轄市、縣（市）政府決算歲出比重成長較高者，於分配特定教育補助時，應提撥相當數額獎勵之。」（第2項）試圖彌補憲法增修條文第10條第10項帶來的傷害與衝擊，但國民教育經費並未因而有顯著之增加。

　　到了2007年6月，大法官做出釋字第626號解釋解釋文，更進一步確認：「按人民受教育之權利，依其憲法規範基礎之不同，可區分為『受國民教育之權利』及『受國民教育以外教育之權利』。前者明定於憲法第二十一條，旨在使人民得請求國家提供以國民教育為內容之給付，國家亦有履行該項給付之義務。至於人民受國民教育以外教育之權利，固為憲法第二十二條所保障（本院釋字第三八二號解釋參照），惟鑑於教育資源有限，所保障者係以學生在校接受教育之權利不受國家恣意限制或剝奪為主要內容，並不包括賦予人民請求給予入學許可、提供特定教育給付之權利。」不但強調受國民教育為人民的權利，更強調國家有提供給付的義務。而今（2009）年制定公布之「公民與政治權利國際公約及經濟社會文化權利國際公約施行法」70更使「經濟社會文化權利國際公約」第13條之規定71，成為具有國內法效力之規定。

---

70 2009年4月22日公布，尚未施行。
71 該公約第13條規定：「一　本盟約締約國確認人人有受教育之權。締約國公認教育應謀人格及人格尊嚴意識之充分發展，增強對人權與基本自由之尊重。締約國又公認教育應使人人能參加自由社會積極貢獻，應促進各民族間及各種族、人種或宗教團體間之了解、容恕與友好關係，並應推進聯合國維持和平之工作。二　本盟約締約國為求充分實現此種權利起見，確認：（一）初等教育應屬強迫性質，免費普及全民；（二）各種中等教育，包括技術及職業中等教育在內，應以一切適當方法，特別應逐漸採行免費教育制度，廣行舉辦，庶使人人均有接受機會；（三）高等教育應根據能力，以一切適當方法，特別應逐

　　這些法律之制定或修正及大法官之解釋，多半源自於民間教育改革運動之訴求，使得國民教育之意義，有了新的意涵，其意義必須重新加以理解。而且自此以後，接受國民教育做為人民的權利開始真正的被確認、落實，而得以進入發展期。

（三）國民教育意義的重新理解

　　在台灣，國民教育的意義從中華民國政府來台初期的做為「形塑國民之教育」，發展到今日，在無法修改中華民國憲法本文的狀況下，必須根據世界人權宣言、教育基本法、經濟社會文化權利國際公約第13條之規定以及大法官會議釋字第626號解釋的精神及意旨，來重新做以下的理解：

（1）現代國家之國民有權利接受的教育

　　「國民教育」應重新理解為「現代國家之國民有權利接受的教育」，其中可以進一步區分為：「學齡國民有權利接受的義務教育」以及「已逾學齡之國民有權利接受之國民補習教育」。「學齡兒童有權利接受的義務教育」至少應該大於或等於六至十二歲國民應該接受的「基本教育」（憲法第160條）而

漸採行免費教育制度，使人人有平等接受機會；（四）基本教育應儘量予以鼓勵或加緊辦理，以利未受初等教育或未能完成初等教育之人；（五）各級學校完備之制度度予積極發展，適當之獎學金制度應予設置，教育人員之物質條件亦應不斷改善。三　本盟約締約國承允尊重父母或法定監護人為子女選擇符合國家所規定或認可最低教育標準之非公立學校，及確保子女接受符合其本人信仰之宗教及道德教育之自由。四　本條任何部分不得解釋為干涉個人或團體設立及管理教育機構之自由，但以遵守本條第一項所載原則及此等機構所施教育符合國家所定最低標準為限。」

做為「義務教育」應該是「國家有義務提供給國民的教育」及「父母或監護人有義務使其監護之兒童接受的教育」而非「國民有義務接受的教育」，其基本上應該具有「普遍性」、「免費性」及「強迫性」三種性質，以下分別說明之：

A. 普遍性：國民有給付請求權（釋字626號），國家應該滿足國民的請求，提供充分就學機會，但容許父母或監護人有依其監護之適齡國民之最佳利益有選擇接受國民教育之方式的自由（教育基本法第8條第3項）。

B. 免費性：國家提供之國民教育應完全免費（經濟社會文化權利國際公約第13條第2項第1款），不應讓經濟因素導致國民無法享有接受國民教育之機會。免費的範圍應及於國民接受國民教育在「學習上所必要之一切費用」。72

C. 強迫性：國家應制定法律強迫父母或監護人使其監護之適齡兒童接受相當於國民教育階段之教育（經濟社會文化權利國際公約第13條第2項第1款），父母或監護人可以依其所監護之適齡兒童的最佳利益，選擇進入公、私立學校或其他教育機構就讀或在家自行教育。（教育基本法第8條第3項）

至於「已逾學齡之國民有權利接受之國民補習教育」係為解決文盲問題，且多為針對成人所實施，故應普遍提供、免費提供，但因屬國民之權利不宜採取強迫措施。

---

72 鄭欣怡著，〈義務教育免費制度之研究——以保障學生受教育權為中心〉，國立臺北教育大學文教法律研究所碩士論文，民國98年7月，147頁。

（2）國家有義務提供給國民的教育

國民教育做為義務教育，應係「國家有義務提供給國民的教育」，因此國家（包括各級政府）應：

A. 充分提供受教育機會，但應容許國民有教育選擇權（教育基本法第8條第3項）。

B. 整備國民教育之外在條件，免費提供優質的國民教育，建立完善的學校或非學校的教育制度（教育基本法第12條），使國民的受國民教育之權利得依其個別之學習需要得到充分的滿足。

C. 有給付義務與保護義務（釋字626號），應充分滿足國民之需要，並保障國民受國民教育權利之實現。

（3）父母或監護人有義務使其監護之兒童接受的教育

國民教育做為義務教育，應係「父母或監護人有義務使其監護之兒童接受的教育」，因此父母或監護人應：

A. 有義務使其所監護之適齡兒童進入公、私立學校、教育機構就讀或在家自行教育（經濟社會文化權利國際公約第13條第3項）。

B. 行使教育選擇權應符合兒童之最佳利益（教育基本法第8條第3項），並使兒童接受相當於國民教育階段之教育水準。

（四）國民的學習權與國民基本教育

國民教育做為「現代國家之國民有權利接受的教育」，其應視社會發展需要延長其年限成為「國民基本教育」（教育

基本法第11條第1項）。「國民基本教育」除屬於「義務教育」階段者外，國家應提供充分就學機會，儘可能做到免費（經濟社會文化權利國際公約第13條第2項），但不必也不應採取強迫入學措施，以尊重人民的適性選擇，並應提供「滿足人民基本學習需要的教育」73，以保障人民之學習權及受教育權（教育基本法第1條、第8條第2項）。

雖然接受國民教育做為國民的基本權利已得到相當的發展，然而，台灣國民教育的發展仍有下列問題尚待解決：

A. 可以充分實現國民學習權、保障國民適性發展與降低升學競爭導向教育的國民基本教育之延長，已規劃多年至今仍未能完全實現；

B. 確保教育機會公平性的免費教育制度在國民教育階段仍未能落實，以致於仍有許多家庭無法負擔國民教育階段的諸多費用（代收費、代辦費等）而遭遇困境74；

C. 地方政府因國民教育經費的沉重負擔而無法滿足國民教育的實際需要，平均每位學生使用之國民教育經費，仍低於OECD國家之平均水準75，難以提升國民教育品質，甚至必須裁併學校，影響國民就近接受國民

---

73 周志宏著，〈學習權的形成與發展〉，國史館主辦，人權理論與歷史國際學術研討會，2003年12月6-7日，收於國史館編，《人權理論與歷史論文集》（台北：國史館，2004年11月），409-438頁。

74 鄭欣怡著，〈義務教育免費制度之研究──以保障學生受教育權為中心〉，133-143頁。

75 教育部編，《教育統計指標之國際比較》，民國98年版（台北：教育部，2009年），60頁。http://www.edu.tw/files/publication/B0013/i2009.pdf，最後瀏覽日期：2009年10月19日。

教育之權利[76]；

D. 用以滿足國民學習權及適性學習需要的各種私立學
校、學校型態或非學校型態實驗教育（在家自學）的發
展仍然受到各種限制[77]，無法完全滿足國民的教育選擇
權；

E. 國民教育的學齡兒童就學率2009年雖達到99.41％[78]，
但現行強迫入學制度卻無法解決國民教育階段學生中
途輟學[79] 或實質輟學之問題，導致國民教育的普遍性
受到減損。

結語

　　1949年中華民國政府流亡到台灣，其帶來的1947年中華民
國憲法第21條有關於「人民有受國民教育的權利與義務」之規
定。以及同一時期由中華民國政府派代表參加起草及經做爲常
任理事國在聯合國大會上支持通過的1948年世界人權宣言第26
條有關「人人皆有受教育之權。教育應屬免費，至少初級及基

---

76 參見陳雅貞著，〈公立國民中小學裁併校相關政策與法律問題研究〉，國立臺
　　北教育大學文教法律研究所碩士論文，民國96年11月，118-120頁。

77 參閱國立臺北教育大學文教法律研究所編，《非學校型態實驗教育之現況、問
　　題與未來發展研討會論文集》（台北：國立臺北教育大學文教法律研究所，
　　2009年），及教育部委託研究，《學校型態實驗教育實施條例草案專案研究報
　　告》（台北：國立臺北教育大學文教法律研究所，2006年），2-3頁。

78 教育部編，《中華民國教育統計》民國98年版（台北：教育部，2009年），
　　34頁。

79 96學年度輟學率為0.21％。http://www.edu.tw/files/site_content/B0013/
　　overview45.xls，最後瀏覽日期：2009年10月19日。

本教育應然。初級教育應屬強迫性質」之規定，卻未能直接落實於台灣。國民教育在台灣被國民黨政府視爲人民的義務，而且是做爲「形塑國民的教育」，在於使台灣人民「去日本化」、「祖國化」以及「國民黨化」。

　　其後，也是由中華民國政府參與簽署締結之1966年「經濟社會文化權利國際公約」第13條也規定：「人人有受教育之權」、「初等教育應屬強迫性質，免費普及全民」、「尊重父母或法定監護人爲子女選擇符合國家所規定或認可最低教育標準之非公立學校，及確保子女接受符合其本人信仰之宗教及道德教育之自由」。雖然1968年國民教育之延長爲九年，並非直接因爲此一公約之簽署，但國民教育做爲人民的權利之面向已然受到注意。其後再由於1980年代國民教育權及學習權思想的引進及政治民主化的影響，引發1990年代的民間教育改革運動的風潮，最後終於將國民教育做爲一種義務之狀態加以扭轉，並朝向將國民教育做爲一種基本權利而發展。

　　自1999年教育基本法制定、國民教育法修正以來，教育法制的調整已朝向落實國民學習權與受教育權的方向發展中，而大法官釋字626號解釋的做成，更進一步確認了國民「接受國民教育之受教育權」具有給付請求權之性質，國家有給付的義務。而2009年立法院批准兩個聯合國人權公約並制定「公民與政治權利國際公約及經濟社會文化權利國際公約施行法」更使兩公約成爲具有我國國內法效力之國際條約。使得受國民教育及受國民教育以外教育之受教育權，不但已經確立，並且進一步朝向學習權之保障而繼續發展。

　　然而，縱使如此，國民教育做爲國民學習權之保障的一

環，仍存在有許多之如上的問題仍須繼續改進。尤其過去國民教育的實施，雖成就了台灣教育普及的美名，但「祖國化教育」也導致了台灣人民國家認同的分歧與錯亂、「黨化教育」造成黨國不分、政黨競爭地位的不平等。此外，國民教育經費的地方負擔造成的投資不足、素質參差不齊、教育機會之不均等不斷擴大等現象，對台灣也產生嚴重的負面影響，對台灣社會的未來形成重大的隱憂，值得未來進一步去檢討與注意。

參考書目

《中央日報》，41.1.1，第一版。

《聯合晚報》，87.5.11，第四版。

《民眾日報》，83.1.23，第六版。

四一〇教育改造聯盟編，《民間教育改造藍圖》（台北：時報出版公司，1996年）。

《台灣省政府公報》，民國56年秋字第74期。

《台灣省政府公報》，民國57年秋字第64期。

台灣省教育廳編印，《台灣教育發展史料彙編・高中教育篇》（南投：台灣省教育廳，民國74年）。

台灣省政府教育廳編，《十年來的台灣教育》（台北：台灣書店，民國44年）。

台灣省立台北師範學院編，《九年國民教育實施二十年》（台北：教育部國民教育司，民國77年）。

台灣史料編纂小組編，《臺灣歷史年表，終戰篇II（1966-1978）》（台北：張榮發基金會國家政策研究中心，1990年）。

汪知亭著，《台灣教育史料新編》（台北：台灣商務印書館，民國67年）。

何清欽著，《光復初期之台灣教育》（台北：復文圖書出版社，民國69年）。

余書麟，《國民教育權》（新竹市：台灣省立新竹師範專科學校附設新竹區國民教育輔導中心，1978年5月）。

林玉体，《台灣教育面貌四十年》（台北：自立晚報社，民國76年）。

周志宏著，《學術自由與大學法》，初版（台北：蔚理出版社，民國78年）。

周志宏著，〈受教育之權利的性質與學習權之保障〉，收於周志宏等著，《國民教育權的理論與實際》（台北：稻鄉出版社，民國83年）。

周志宏著，〈兒童的學習權與受教育之權利〉，收於周志宏等著，

《國民教育權的理論與實際》（台北：稻鄉出版社，民國83年）。

周志宏譯，〈學習權宣言〉，收於周志宏等著，《國民教育權的理論與實際》（台北：稻鄉出版社，民國83年）。

周志宏著，《「教育基本法」立法必要性之研究》（台北：行政院教育改革審議委員會，民國85年）。

周志宏、薛化元合著，〈百年來台灣教育法制史之考察——以國家權力與教育內部事項為中心〉，收於周志宏著，《教育法與教育改革》（台北：稻鄉出版社，1997年）。

周志宏著，〈教育義務與義務教育——義務教育是誰的義務？〉，《月旦法學雜誌》，第75期，2001年8月，8-9頁。

周志宏著，〈受教育是權利還是義務？〉，《月旦法學雜誌》，第72期，2001年5月，8-9頁。

周志宏，《教育法與教育改革》，增訂新版（台北市：高等教育文化事業有限公司，2003年9月）。

周志宏著，〈學習權的形成與發展〉，國史館主辦，人權理論與歷史國際學術研討會，2003年12月6-7日，收於國史館編，《人權理論與歷史論文集》（台北：國史館，2004年11月）。

吳明清、周燦德、吳武雄、張素貞，《我國國民教育發展現況與評估之研究》（第七次全國教育會議參考資料叢書——國民教育，1994年）。

張慶勳，〈國民教育概念之評析〉，收於《教育政策論壇》，第5卷第2期，2002年，124-125頁。

徐南號，《臺灣教育史》，增訂版二刷（師大書苑有限公司，2002年7月）。

翁岳生著，〈論特別權力關係的新趨勢〉，收於氏著，《行政法與現代法治國家》，四版（台北：作者出版，1982年）。

陳雅貞著，〈公立國民中小學裁併校相關政策與法律問題研究〉，國立臺北教育大學文教法律研究所碩士論文，民國96年11月。

教育部編，《教育法令》（台北：正中書局，民國56年）。

教育部編，《邁向學習社會》（台北：教育部，民國87年）。

教育部編，《教育統計指標之國際比較》，民國98年版（台北：教育

部，2009年）。

教育部委託研究，《學校型態實驗教育實施條例草案專案研究報告》
　　（台北：國立臺北教育大學文教法律研究所，2006年）。

許慶雄著，《社會權論》，一版（台北：眾文出版公司，民國80
　　年）。

許慶雄著，《憲法入門》，初版（台北：月旦出版社，1992年）。

國立臺北教育大學文教法律研究所編，《非學校型態實驗教育之現
　　況、問題與未來發展研討會論文集》（台北：國立臺北教育大學
　　文教法律研究所，2009年）

葉憲峻，〈台灣初等教育之演進〉，徐南號主編，《台灣教育史》
　　（台北：師大書苑，民國82年）。

鄭欣怡著，〈義務教育免費制度之研究──以保障學生受教育權為中
　　心〉，國立臺北教育大學文教法律研究所碩士論文，民國98年7
　　月。

劉寧顏總纂，《重修台灣省通志·文教志·學校教育篇》（南投：台
　　灣省文獻會，民國82年）。

劉寧顏總纂，《重修台灣省通志·文教志·教育行政篇》（南投：台
　　灣省文獻會，民國83年）。

薛化元，〈戰後國家教育權發展的考察──「教育基本法」爭議的歷
　　史思考〉，收於《律師雜誌》，第210期，1997年，20頁。

繆全吉編著，《中國制憲史資料彙編──憲法篇》（台北：國史館，
　　1989年）。

「外省人」
在台灣

十三、五零年代外省中下階層軍民在臺灣的社會史初探

——黨國、階級、身分流動、社會脈絡，兼論外省大遷徙在「離散研究」diaspora studies中的定位 *

楊　孟軒（Dominic（Meng-Hsuan）Yang）

在台中市出生長大，十四歲時赴加拿大求學，現居溫哥華。加拿大英屬哥倫比亞大學歷史系碩士畢業，碩士論文為〈國民黨文宣與二二八事件〉。現為該校歷史系博士候選人，專攻社會史和移民史。2009年7月參加中央研究院社會學研究所博士候選人培育計畫。

＊本文在最初資料收集工作與之後的寫作過程中分別受到加拿大人文社會科學委員會、蔣經國國際學術交流基金會、中央研究院社會學研究所博士候選人培育計畫的贊助，以及臺灣史研究所訪問學員計畫的支持。特此向這些單位表達誠摯的謝意。同時也要向中研院社會學研究所的張茂桂、王甫昌、林宗弘教授，臺灣史研究所的黃富三、許雪姬教授以及近代史研究所的陳儀深教授致上最深的感謝，謝謝他們在筆者的學習和研究過程中給予的支持和鼓勵。最後要向臺北醫學大學的艾琳達教授（Linda Arrigo）特別的致意，艾琳達老師長久以來對臺灣人權、性別及階級平等議題的關心，為筆者帶來很大的啟發。

摘要

　　本文擬以社會史的方法學和移民研究中的「離散/流亡」（diaspora）理論，來探討因戰亂而從大陸來臺灣的中下階層軍民50年代在臺灣的歷史經驗。藉由閱讀與分析大量的第一手史料來呈現遷臺外省移民在戰後歷史時空中的變異性，並以社會脈絡、黨國、階級等議題做深入的討論。最後，從史料上所描繪出的輪廓，來討論外省大遷徙在國際學界當下盛行的「離散/流亡研究」（diaspora studies）中的定位。

　　關鍵詞：1949大遷徙、第一代外省人、50年代社會史、移民史、
　　　　　　「離散/流亡」研究（diaspora）

一、前言

　　本文擬以社會史的方法學和移民研究中的「離散／流亡」（diaspora）理論，來探討因戰亂而從大陸來臺灣的中下階層軍民50年代在臺灣的歷史經驗。在實際論證上以外省人口大量集中的臺北市，為發掘移民經驗的主要地點，以戰後初期在都會區發行的報紙和雜誌《中央日報》、《聯合報》、《自由中國》、《暢流》、《文星》，特別是報紙的社會版新聞、社論、副刊文藝作品、及大量的分類廣告欄內容，做為閱讀文本的場域，試著呈現出一部豐富而細膩的移民社會史，來描繪出1949大遷徙在臺灣早期的部分輪廓，同時也斟酌運用各種統計數據，來呈現遷臺外省移民在戰後歷史時空中的變異性，並以社會脈絡、黨國、階級等議題做深入的討論。最後，從史料上

所描繪出的輪廓，來討論外省大遷徙在國際學界當下盛行的
「離散／流亡研究」（diaspora studies）中的定位。

二、「外省人研究」文獻略述

　　筆者從2007年開始蒐集臺灣學界目前有關外省人的研究。
這個研究領域自從十餘年前興起以來眞是種類繁多琳瑯滿目令
人目不暇給。尤其是90年代中葉之後，大量的專書和博士碩士
論文的出版。大部分出自於政治學、社會科學、人類學、歷史
學、人文地理學等科系。其中有一很大部分是討論族群認同和
族群關係的議題。中央研究院社會學研究所的張茂桂、王甫
昌、吳乃德、蕭阿勤教授及中央大學的李廣均教授是這一類研
究中的翹楚。另外有一些涉及醫學、心理學、城市建築和公共
政策。這一類的論文大多和眷村改建以及榮民安養或榮民大陸
配偶問題有關。過去十餘年來，臺灣口述歷史的興起也影響了
外省人研究的趨勢。中央研究院近代史研究所早在1980年代初
期就開始出版黨政軍名人的口述紀錄。國史館則在1990年代初
期啓動類似的計畫。最近，國軍單位、地方政府、政黨團體、
民間機構等也紛紛加入了訪談的行列。80年代末期，在老兵返
鄉運動引起社會關注之時，中央研究院民族所的胡台麗教授
和她的助理們下鄉訪問窮困的「自謀生活老兵」，爲「老兵
研究」開了先河[1]。到了90年代，爲了重建在戒嚴時期被黨國
傳媒壓制和抹煞的「本土意識」、「本土歷史」、「二二八
事件」、「白色恐怖」、「海外臺獨運動」等議題，口述歷
史正式成爲臺灣史學界或可以說整個「人文社會科學界」

（Humanities and Social Sciences）一大主流。除了稍早的名人訪談和
老兵研究之外，在90年代中葉，老舊眷村拆遷保存和居民安置
的爭議引起了一股眷村研究熱潮延續至今。最近幾年來，口述
歷史的對象從眷村居民和下階層老兵為主的研究慢慢擴展到包
含女性2和其他群體如流亡學生、滯越軍民、滇緬游擊隊、大
陳義胞、韓戰反共義士、駕機投奔自由者等等。臺灣口述歷史
工作者辛勤的耕耘不但為現今海內外學者和將來的研究者提供
和保存了寶貴的史料，更改變了過去臺灣社會對外省人呆板的
印象與偏見。這些新出版的口述個人生命史強調小人物在大時
代中的困頓、無奈、滄桑、詼諧、含冤、忍辱和奮鬥。藉由這
一個個活生生的故事，外省族群的異質性被發掘。他們不同的
身分地位和地域省籍差別，以及他們和黨國之間錯綜複雜，依
存和壓迫交錯的愛恨關係等等，藉由這些口述史料嶄露無遺。
另外，在文學界也掀起了一陣重新審視戰後外省人書寫的旋
風。探討的主題包括了1950和60年代主導文壇的戰鬥文藝和懷
鄉文學，60年代的留學生文學，70年代由眷村長大的第二代外
省作家所領軍的眷村文學，70年代晚期和80年代初期左右出現

---

1 筆者曾於2008年夏天時拜訪胡台麗教授。胡教授表示，當年的訪談記錄因為數
　量非常之多，有一部分至今還未研究整理。發表的部分請參見，胡台麗，〈芋
　仔與蕃薯——臺灣「榮民」的族群關係與認同〉，《中央研究院民族學研究所
　集刊》，69期（1990年），頁107-131。
2 80年代以來，以男性為主的敘事一直是國內研究的主流。社會學家趙剛、侯
　念祖及趙彥寧分別指出女性經驗及主體性研究的欠缺。詳情請見，趙剛、侯念
　祖，〈認同政治的代罪羔羊——父權體制及論述下的眷村女性〉，《臺灣社會
　研究》，19 期（1995年），頁125-163；趙彥寧，〈戴著草帽到處旅行——
　試論中國流亡、女性主體、與記憶間的建構關係〉，《臺灣社會研究》，41期
　（2001年），頁53-97。

的老兵文學，和80年代末因為臺灣政府開放大陸探親而興起的
探親文學。這些文學上的研究為史學家提供了非常有價值的參
考資料。3

三、1949大遷徙做為移民史研究理論問題的產生 及方法學的論證

　　從上一段的文獻回顧看來，目前國內學界，對於以第一
手資料為主的外省移民社會史研究，尤其是有關戰後早期移

---

3 雖然有些較保守的歷史學家依然認為文學史有別於正統的歷史研究，小說和散
　文不論多寫實也不能被當作佐證的第一手資料，因為這些是即興的、抒發性的
　和藝術性的想像和創作。最多也終究是「主觀和模擬性的真實」（subjective
　and mimetic reproduction of reality），並不能取代真正的實體。但是在後現
　代理論興起以後，自蘭克（Leopold von Ranke）以來的實證史學理論所認定
　的「歷史真實」受到了前所未有的挑戰。官方和檔案館的資料不再是唯一真
　理。在這個新興的學風影響下，所有在同一時期產生的文字書寫（文本）都必
　須要被放在那個時代的歷史脈絡下來檢驗。同時，法國的哲學家和歷史社會學
　家傅柯（Michel Foucault）提醒我們，知識的產生和權力在社會中的運作有
　著極大的關聯。誰是拿筆的人？誰有能力出版留下紀錄？是在什麼樣的情況下
　留下的記錄？是歷史研究者在史料的論證中必須要時時提醒自己的問題。在創
　作者，文學作品（文本），和出版時代之間的交互關係被釐清之後，小說和散
　文也可以幫助我們了解它們出版的那個年代，尤其是如果能和其他種類的史
　料，一起交互運用的話。我相信很多文史學家都會同意白先勇的《台北人》要
　比很多同時代的出版品（尤其是官方出版品）更能深刻的描寫50、60年代住
　在台北的外省移民的生活和感受。當然這些虛構的故事並不能取代「歷史實
　體」，沒有一種文字描述可以取代實體，就像一個人的照片並不等同於他的本
　人一樣。人死了、消失了，照片留下做為此人曾活在世上的「痕跡」（trace）
　及發掘此人當時狀況的一個工具。照片永遠是「再現」（reproduction），是
　「複寫」（facsimile）而非真正實體。像照片一樣，在歷史時空中殘留下來的
　文字可以被看成是不同的主筆人對同一個歷史實體所做出的一系列陳述和表現
　（representations）。觀點、立場不同的主筆人就像不同的攝影師用不同的器
　材、鏡頭、燈光等對同一個實體呈現不同的詮釋。我們可以說白先勇的故事至
　少比很多當時其他的文獻（文本）更清晰的呈現了實體的其中一個面像。

入臺灣各大城市中的廣大中下階層移民的討論，以及這樣大
規模的政治移民對本地社會所造成的衝擊的探討，相對的來
說，是比較少的。目前對於中下階級第一代外省人（移民世代）
的相關研究，有為數甚多的「眷村研究」和貧困老兵在東部及
中南部山區屯墾的生命史（有關流亡敘事、畸形婚姻、失語狀態、國
族認同等等的研究）4。但是根據戰後初期外省籍人口的分布及職
業和從軍中退職的情形來看（軍—民之間身分的流動），我們有理
由堅持以主要城市（如臺北市在1955年聚集了約三分之一的居臺外省非
軍事人口5），做為發掘50年代外省移民經驗的地點；以戰後初
期在這些都會區發行的報紙和雜誌，特別是社會新聞報導、時
事評論、副刊文藝作品、及大量的分類廣告欄內容，做為閱讀
文本的場域，來描繪出1949大遷徙在臺灣的部分輪廓。本論文
是一個移民史研究，同時也是對臺灣戰後社會史，從外省大遷
徙的視角所做的一個初探。在史料蒐證上不以任何「先驗」
（a priori）的理論基礎為依歸，而以大量閱讀在研究的歷史時
期間（1948-1960年）出版的第一手資料，尤其以戰後出版的報章

---

4 以眷村為主題的研究數量和種類非常之繁多，無法在此一一陳述分析。而以東
　部和中南部山區屯墾老兵的流亡敘事為主的研究則有，李紀平，〈「寓兵於
　農」的東部退輔老兵——一個屯墾的活歷史〉，花蓮縣壽豐鄉：國立東華大學
　族群關係與文化研究所碩士論文，1997年；賴錦慧，〈族群通婚與族群觀——
　四季新村原住民婦女的經驗〉，花蓮縣壽豐鄉：國立東華大學族群關係與文化
　研究所碩士論文，1998年；吳明季，〈失落的話語——花蓮外省老兵的流亡
　處境及其論述〉，花蓮縣壽豐鄉：國立東華大學族群關係與文化研究所碩士論
　文，2001年；孟智慧，〈從嵌岑與石濤農場人群的研究看離散人群的認同〉，
　新竹市：國立清華大學，人類學研究所碩士論文，2003年。
5 1955年居住在臺北市的外省人（非軍事人口）有16多萬人，佔全臺（52萬人）
　的約三分之一。請參見，李棟明，〈居台外省籍人口之組成與分布〉，《臺北
　文獻》，11/12期（1970年6月），頁75。

雜誌，為主要的方法學。主要的有：《中央日報》、《聯合報》、《自由中國》、《暢流》、《文星》等等。也斟酌運用政府的各項統計數據，來試著呈現出一頁豐富而細膩的圖像。最後，從史料上所描繪出的輪廓，來討論臺灣的外省大遷徙在國際學界當下盛行的「離散／流亡研究」（diaspora studies）理論中的定位。

　　近年來，在文學研究與訪談敘事為主的方法學氛圍之中，出現了以東海大學社會學系教授趙彥寧為首提倡的，以「中國流亡」（Chinese diaspora）做為研究第一代外省人的概念。[6]這是一個具有前瞻性且寓意甚深的提議。做為一個政治流亡的群體，第一代外省人在很多方面都與國外學界所認知的「離散／流亡群體」（diasporic communities）非常類似，當然也有不相同之處。自1980年代早期，全球化論述興起以來，外國的學界對diaspora這個源自於希臘文（描述希臘文化及殖民地在地中海地區的散佈），後來主要用來敘述猶太人約在公元前600年之時在巴比倫王朝控制下以及公元70年在羅馬帝國統治下時，被迫離開巴勒斯坦的經驗，在歷年來有非常多的延伸引用和理論上的辯證，包括了1990年代初在西方開始發展的「海外華人」（overseas Chinese/Chinese diaspora）的研究。臺灣的外省移民做為一個獨特的個案，可以對現今國際上移民研究學界中正在被熱烈討論的離散／流亡群體的論證上，有所貢獻。筆者對於理論和證據之間的態度是，兩者的關係應當為互相影響和對話，尤其

---

6 趙彥寧，〈公民身分、現代國家與親密生活：以老單身榮民與「大陸新娘」的婚姻為研究案例〉，《臺灣社會學》，第8期（2004年12月），頁3，註1。

聞媒體對50、60年代社會的變遷有所了解的。9而且，媒體所透露的資訊常常會引導研究者去查詢和發現新的資料和事證。像是筆者在50年代晚期和60年代早期在逐日閱讀《聯合報》社會版新聞時發現，這個時期似乎有很多關於外省中下階級單身男性犯罪和自殺的報導。因為想要進一步確認這些報導是否反映了當時的社會現象，或是《聯合報》為了營利而炒作這一類的新聞，筆者開始搜尋戰後犯罪和自殺人數的統計資料。隨後在政府機關的一些數據統計中，找到了一些能幫助我們了解早期外省族群在臺灣的經歷以及顯示他們在歷史時空中變遷的重要資訊。

　　本論文主要的研究取向在社會移民史而不在政治、軍事及外交史。對於這樣的研究取向，《中央日報》及《聯合報》中大量分類廣告欄的內容，往往透露出一些重要的訊息。美國知名的歷史學家Lucy Maynard Salmon早在其1923年的專書中就提到，分類廣告對於社會史的研究，尤其是對日常生活需求的呈現和變化，是非常實用的素材。10 相對於戰後初期的臺灣，

9　臺北師範學院的何義麟教授，對於臺灣戰後初期報紙做為歷史材料的重要性，
　　多有著墨。請參考，何義麟，〈戰後初期臺灣報紙之保存現況與史料價值〉，
　　《臺灣史料研究》，8期（1996年8月），頁88-97。在近年來發表的一篇文章
　　內，何教授認為，新聞報導——即「媒體真實」並不代表過去「社會真實」的
　　全貌，但是在研究者和其他種類的第一手資料多方比對考證後，「媒體真實」
　　也可成為勾劃歷史圖像的工具。請參照，何義麟，〈媒介真實與歷史想像——
　　解讀 1950年代台灣地方報紙〉，《臺灣史料研究》，24期（2005年3月），頁
　　13-14。
10　Lucy Maynard Salmon是美國19世紀末和20世紀初傑出的女性歷史學家。她
　　是「新社會史」（New Social History）學派的一個很重要的推手。同時對
　　史料運用的方法學和美國學校歷史教學的方法，有特殊的貢獻。Salmon在
　　「美國歷史學會」（American Historical Association）的草創期1885年就入

美國長久以來是一個民主、資訊開放的國家，但其報紙也充滿了政治力的介入和地方主義的色彩。言論及報導依各報背後支撐的財團、政黨以及報社本身利潤的考量，有明顯的偏頗。所以美國的史學家們雖然肯定報紙的史料價值，但通常會和其他的材料一起比對使用，或是參考不同份的報紙。廣告欄的內容則相對的來說，比較不受這些因素的影響，因為這些是社會大眾出於生活上實際的需要而花錢登的，反映了當時社會上真正存在的一些現象。當然，在選擇媒體時，我們也應考慮到銷售量、發行人和讀者群等問題。《中央日報》及《聯合報》做為戰後早期黨營和私營的兩個發行量最大的報紙，主導者都是外省人，早期的讀者群也大多為外省人，是發掘戰後移民社會史的好材料。相反之，卻不是發掘本省人戰後經驗的地方。

那麼，閱讀當時的廣告欄能告訴現今的研究者甚麼呢？舉一個例子，50年代早期的《中央日報》的廣告欄中，有非常多徵求「外省籍女傭」的廣告，有一些還要特定的省，似乎以江浙籍的市場需求較大。這是一個很有趣的現象。當時臺灣來了很多上海、蘇浙一帶的富商和權貴，蔣氏政權任用的江浙人也多，所以後者並不難解釋。另外，幫傭屬於「私領域」的工作，和公領域的職業不同。傭人和雇主的家庭在生活上必須有

選為重要成員。她在晚年的兩本巨作中曾對報紙做為史學家的材料運用上的相關問題，有相當深入的剖析，成為日後學者們不斷引用及參考的經典。請參閱Lucy Maynard Salmon, *The Newspaper and the Historian*. New York: Oxford University Press, 1923; Lucy Maynard Salmon, *The Newspaper and Authority*. New York: Oxford University Press, 1923. 在沒有參考Salmon的研究下，國內的何義麟教授對臺灣戰後報紙的廣告欄做為社會史素材的價值，也提出了相似的見解。

親密的接觸。由徵女傭的廣告內容可以看得出，在戰後的早期，外省人移居異鄉在文化語言上的隔閡，不只是和本省人，也包括了外省移民內部的地域意識，使得有些外省雇主徵人時，有特定省域的要求。至於外省移民整體對於女傭的需求，筆者在閱讀史料時最直接的想法是，這大概和外省移民性別的不平均有關，女性移民來得很少。這一點從下一節移民人口數據的討論上，就可以明顯的看出來。但進一步思考，女性移民人口不只是少而已，外省女傭的短缺也顯示了女性移民「階級」的不平均，下階層女性稀少，所以外省籍幫傭，非常難尋。這個假設，在之後的一次訪談中得到了證明，訪談對象是一位從上海來的高齡91歲老太太，她的丈夫是海關官員，從小家境富裕。這位老太太在訪談過程中不斷的說她當年都沒做過家事，這使我猛然間想起女傭的問題。所以我提起在戰後早期的報紙上曾看到大量請女傭的廣告，問她來臺時有沒有請上海女傭。那位老太太回答：「怎麼可能請得到！太少啦！」事實上大家也都請不到，最後只好請本省「下女」。老太太接著又說本省女傭素質差，會偷東西。[11] 這位老太太的話使我收穫良多，也同時說明了閱讀文獻史料加上訪談綜合方法學的重要性。如果我只請這位老太太說說她的生平事蹟而沒有提到那些我在報紙上看過的廣告，她也不會告訴我這些重要的資訊，大概會一直繼續大談和老公年輕時的愛情故事和她拉拔孩子長大的辛苦。所以，這個經驗告訴我們，一個受訪者對訪談人做出的口述回憶，不但受到時間、地點、性別、社會階級、對訪談

---

11 〈許筱芬（化名）女士訪談錄音〉，臺北市天母，2008年6月19日。

者的信賴度以及提問題的方式甚至訪問器材種類等複雜因素的
影響，也受到研究者對當時歷史時代的了解和文獻閱讀知識廣
度的影響。而我在這個訪談之後開始尋找外省移民對臺灣下女
的書寫。接著在戰後發行的旅行雜誌《暢流》以及《聯合報副
刊》內發現了一些對臺灣下女問題的陳述及描寫，做為另一篇
論文的材料。外省下階層女性的稀少相對於下階層男性的眾多
（士官兵和低級公務員），成為大陸單身男性移民在戰後早期婚配
問題，在人口結構上的一個基本成因。當然，這個問題還有其
複雜性，包括國家權力的介入（士官兵的禁婚令）、文化差異（本
省外省的隔閡）、經濟問題（50年代廣大中下階級軍公教人員的貧窮）
以及個人的因素（等待反攻還鄉，不想在臺灣結婚）等等因素。

四、大遷徙的輪廓：外省軍民遷臺人數、居住分布、性比例、人口年齡結構等

歷年以來，國內和國外的著作在提及因國共內戰而遷臺的
軍民時，提出了一百五十萬到兩百萬不等的數字。一部分是根
據前人的著作及媒體主流論述而提出一般性的描述。有一些是
出於主觀的臆測。當然也有嚴謹的人口學分析及歷史研究。龍
冠海在《中國人口》（1955年）一書中認為，來臺的軍民總數
應該是不只100萬人。張敬原在《中國人口問題》（1959年）中
估計為125萬，包括無戶籍的外省軍人約50萬。鄧善章在《台
灣人口問題》（1964年）中評估的總數為112萬，包含了當時軍
籍人口約43萬。這些早期的評估最大的問題是，當時軍籍人
口並不納入臺灣一般的戶政體系。[12]當所有軍事人口在1969年

納入正常的戶籍統計之時，社會人口學者李棟明，在一個假定
的大前提之下：「大陸遷臺軍民是臺灣戰後人口『社會增加』
唯一的因素」，用計算「社會增加人口」的方式在1969年推測
出，來臺軍民總數低於100萬，總數約在91萬左右。[13]但在許多
後續出版的研究中，不同的專家學者們仍繼續提供高於百萬的
推估。在《中國人口問題研究》（1983年）一書中，劉克智和
劉翠溶寫到：「在1940年代後期的數字中，大約50萬平民遷移
到臺灣。同時估計約有60萬軍隊駐進臺灣。」[14]另外，外國研
究臺灣戰後歷史的學者們，也提供了一些較高的推估。日本東
京大學著名的臺灣政治史學家若林正丈在其《臺灣：分裂國家
與民主化》一書中提到：「約有相當於當時臺灣人口六分之一
的一百零二萬『外省人』移民流入。」[15]在北美臺灣戰後史研
究相關書籍中，Linda Chao（蔡玲）和Ramon Myers的*The First
Chinese Democracy*（1998）中，外省移民的數量約為200萬。在
Denny Roy的*Taiwan: A Political History*（2003）中則為150到200
萬，包括了60餘萬的軍人。Steven Phillips的*Between Assimila-
tion and Independence*（2003）一書中則認為可能有150萬。[16]

---

12 社會人口學者李棟明曾對這些早期的估算做整理，詳情見，李棟明，〈光復
　　後臺灣人口社會增加之探討〉，《臺北文獻》，9/10期（1969年12月），頁
　　245。

13 同上註，頁245-246。

14 劉克智、劉翠溶，《中國人口問題研究》（臺北市：中央文物供應社，1983年
　　6月），頁117。

15 若林正丈著、洪金珠，許佩賢譯，《臺灣：分裂國家與民主化》（臺北市：月
　　旦出版，1994），頁78。

16 請參見Linda Chao and Ramon Myers, *The First Chinese Democracy: Political
　　Life in the Republic of China on Taiwan*. (Baltimore, Maryland: Johns Hopkins
　　University Press, 1998), p.9; Denny Roy, *Taiwan: A Political History*. (Ithaca:

　　從近幾年臺灣出版的人口政治學研究書籍中可看得出，國內學界仍無法對外省大遷徙的人數提供比較確切的數字。[17] 但是，由於部分學者們的努力，使得我們現在對於戰後戶政及人口管理的機制，還有史料的爬梳，有了比較深入的了解。[18] 於是，對外省軍民數目估算的範圍就可以縮小一點。在今（2009）年8月新出版的《1949大撤退》中，輔仁大學歷史系的林桶法教授，在整理了大量的第一手資料，包括了戶政統計、媒體報導和軍方檔案後推定，1945-1953年間來臺的外省軍民，人數約在120餘萬，非軍籍人口（公務員和一般民眾）和軍籍人口各60萬左右。[19] 在非軍籍人口的推算上，林教授和過去的人口學學者一樣，都借重於政府機關在50年代做的各項統計數據資料，尤其是1956年的《中華民國戶口普查報告書》。戰後國民黨領臺，承襲日本留下來的制度以及實際上的需要，曾經做過幾次的戶口登記調查（1946，1949），但因戰後大移民所產生的戶政系統混亂，這些記錄都不完全。[20] 重點是，臺灣戰後

　　Cornell University, 2003), p.76; Steven Phillips, *Between Assimilation and Independence: the Taiwanese Encounter Nationalist China, 1945-1950.* (Stanford, California: Stanford University Press, 2003), p.89.

17　楊蓮福，《人口問題與台灣政治變遷：人口政治學的初步探討》（臺北縣蘆洲市：柏楊文化，2005年9月），頁139。

18　薛月順，〈臺灣入境管制初探──以民國38年陳誠擔任省主席時期為例〉，《國史館學術集刊》，1期（2001年12月），頁225-255；林勝偉，〈政治算數：戰後台灣的國家統治與人口管理〉（臺北市：國立政治大學社會學系博士論文，2005年）；吳勇正，〈戰後台灣戶政變革之研究──從「接收復員」到「清鄉戒嚴」（1945~1949）〉（台南市：國立成功大學歷史研究所碩士論文，2006年6月）。

19　林桶法，《1949大撤退》（臺北市：聯經，2009年8月），頁336。

20　吳勇正，〈戰後台灣戶政變革之研究──從「接收復員」到「清鄉戒嚴」（1945~1949）〉，頁102-109。

在戶籍上被歸類為「外省籍」的人口，並不一定是大陸上來的移民，當然早期一大部分是的。然而，臺灣戰後初期的出生率非常之高，有很多在政府戶政資料上登記為「外省籍」的人口是在臺灣出生的。再來就是，當本省女性嫁給外省男性時，女方很可能會改入丈夫在大陸上的原籍而在政府的統計資料中也變成「外省籍人口」。1956年普查報告書的價值在於，該報告對於當時尚生存「光復後從大陸地區進入臺灣」的非軍籍人口有很詳細的整理。1956年人口普查顯示，從大陸來的非軍籍人口為64萬（總數為640,072，見表1、圖1），大部分在1948、1949、1950三年間來臺（75.5%），1949年遷臺人數就占了總數的近一半。但是有一些證據顯示，1956年戶口調查的方法、範圍及過程並不盡完善。許多社會上無家可歸的流動人口像是「散兵游勇」就常常能逃脫戶政機關的管理。根據現在任職於社會政策研究中心的林勝偉教授的研究顯示，臺灣在50年代和60年代早期，一直有所謂的「散兵游勇」的問題。這些在國府遷臺後，從各部隊和機關流出，身分不明的單身男性，成為黨國統治機構無法掌控的流動人口，也成為政府「保密防諜」工作上的一大死角。在這十幾年間，警政機關取締散兵、遊民的數量每年都在3000人以上，在遷臺初期年間（1949-1952）最高，1951年曾高達將近13,000人。[21] 甚至在50年代後期《聯合報》的社會版新聞還可以不時看到有關這些取締的工作的報導。[22] 而且，

---

21 請參閱林勝偉，〈政治算數：戰後台灣的國家統治與人口管理〉，頁117。

22 舉個例子來說，1958年8月底，臺北市在凌晨執行了大規模的安全檢查，出動軍、警、憲等一千餘人，徹夜掃蕩，一個晚上就逮捕七百餘人，有半數以上是因為違反了戶籍法。詳情見〈北市安全檢查、居留七百餘人〉，《聯合報》，1958年8月30日，第3版。

在1956年普查之後，還是有檢警單位在調查不明人口案件、確認罪犯或死者身分時發現，當事人所持有的身分證並非本人或是根本沒有身分證。舉一個例子，1957年3月，據《聯合報》報導，有一位在臺北、基隆、宜蘭一帶打工流浪了八年的福州籍男子王態祿向警方投案。該男子還一度住在山上，吃野菜，過著原始人般的生活。後因為無身分證無人敢雇用而貧病交加，只好在士林向警方投案。23 其他諸如此類的報導不少。24 這類證據顯示，1956年的人口普查確實有某種程度的遺漏，並不是百分之百的正確（accurate down to the last digit），但做為一個非軍事人口粗略的數字還是有一定的可信度，因為沒被統計到的人數似乎少於萬人。

所以接下來問題的癥結就在於，1956年政府做普查時，軍隊裡到底有多少從大陸上來的人。根據林桶法教授整理的軍方檔案，1945-1953年間，抵臺部隊約略有六十萬人。25 這和時下一般的論述，所謂的「六十萬大軍」不謀而合。胡台麗教授的論文則引用行政院退除役官兵輔導委員會在1987年11月底公布的資料。這份資料顯示，大陸來臺軍人約是58萬人（582,086）。26 所以簡單的來看，約58萬的軍事人口加上約64

---

23 〈沒有身分證、此身等飄萍〉，《聯合報》，1957年3月22日，第2版。

24 〈東瀛一老偶匿台十年〉，《聯合報》，1957年4月12日，第3版；〈凶犯身分證非其本人〉，《聯合報》，1957年4月3日；〈取締乞丐、遭遇困難〉，《聯合報》，1958年1月7日，第2版；〈十年浪遊人，一場春夢〉，《聯合報》，1958年8月9日，第3版；〈冒名圖勒索，氣勢不平凡〉，《聯合報》，1959年1月23日，第4版。

25 林桶法，《1949大撤退》，頁333-336。

26 胡台麗，〈芋仔與蕃薯——臺灣「榮民」的族群關係與認同〉，頁111。

表1　大陸來臺人數及性比例（1945-1956，不包含軍事人口）

年	合計	男	女	性比例
1945	7915	6822	1093	6.24154
1946	26922	18062	8860	2.0386
1947	34339	23594	10745	2.19581
1948	98580	61679	36901	1.67147
1949	303707	199026	104681	1.90126
1950	81087	58604	22483	2.60659
1951	13564	8465	5099	1.66013
1952	10012	6632	3380	1.96213
1953	19340	13932	5408	2.57618
1954	14851	10829	4022	2.69244
1955	26838	15459	11379	1.35856
1956	2917	1620	1297	1.24904
總人數	640027	424724	215303	1.97268

資料來源：《中華民國戶口普查報告書》，1956年。轉載自，李棟明，〈光復後臺灣人口社會增加之探討〉，頁239-240。

圖1　大陸來臺人數百分率按年（1945-1956，不包含軍事人口）

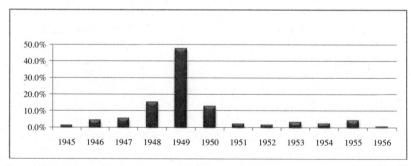

資料來源：同表一

萬的非軍事人口（1956年普查記錄）就是122萬左右。但是這樣的
算法或許有些問題。根據胡台麗教授提供的這份退輔會資料，
58萬人中約12萬2千人在1961年前就退伍了。這12萬人之中如
果有部分是在1956年之前就離開軍隊的話，他們就會被納入
1956年的普查而成為在上述的加法中被重複計算的人口。這些
早期退伍的人到底有多少呢？在進一步的資料未出現之前，我
們無法知道。但是根據上述的分析，我們可以合理判斷，外省
大遷徙的總人數應少於122萬。另外還有一點很重要的就是，
國府軍方提供的資料也可能有問題，包括了退伍人數，所以
「六十萬大軍」恐為不實之數，或者，真有60萬的軍隊，但是
其中有很多是在臺灣入伍的本省籍軍人。西方學者中，致力於
研究臺灣外省族群的學者並不多。法國的政治社會學家高格
孚（Stéphane Corcuff）27 是少數之一。高氏曾在其著作中討論外
省移民人數的問題，他判斷早期軍方和政府的數字是過高的，
並舉蔣介石隨身親信夏功權回憶錄的內容，做為引證，說明政
府提高數字的原因，是為了要遏阻共產黨侵臺，給敵人製造假
像。28 另一方面，高氏認為人口學者李棟明教授在1969年所有

---

27 高格孚教授的研究主要是討論外省人在當代臺灣政治環境中的認同轉變。受到
了「後結構理論」（poststructuralism）的影響，高氏認為族群認同具有不定
性，視情況而改變（contingent）。他在臺灣花了五年時間使用問卷量化的方
式做綜合性的分析。後來將長達八百頁的法語博士論文濃縮翻譯成中文版在臺
灣出版。詳情請見，高格孚，《風和日暖：台灣外省人與國家認同的轉變》，
臺北市：允晨文化，2004。根據問卷分析結果，高格孚教授指出，外省人在臺
灣住了半個世紀又經歷了返鄉探親、民主化、本土化、族群爭議等衝擊，已經
不是單純的只有認同中國了。他們已經具有一種本地的認同，但不同於本省人
的本土意識。

28 Stéphane Corcuff, "Taiwan's 'Mainlanders,' New Taiwanese?" In
Stéphane Corcuff eds, *Memories of the Future: National Identity Issues and*

軍籍人口被納入一般的戶籍統計後，用計算社會增加人數的方法推估出來的數字（約91萬）可能比較接近實際的人數。有證據支持這樣的說法，而這個證據來自國外的文獻。美國「中央情報局」（Central Intelligence Agency）在1958年對美國「情報顧問委員會」（Intelligence Advisory Committee）提出的一份備忘錄中，對國府該年軍力的評估只有45萬人左右。[29] 而這45萬人之中想必也包含了許多在臺徵召的本省籍軍人。這點從之後的圖3-2本省籍人口（非軍事人口）年齡性別人口塔型圖中，20-24歲本省男性人口相對於女性短少一大截的情況可以略窺一二。因爲這些人在1944-45年時都還在15歲以下，因此不太可能是因爲日軍徵召而戰死在海外的臺灣男性。所以，就這個數字來重新估算，外省遷臺人數應在109萬以下（64萬＋45萬＝109萬）。在參考了以上所有的資料後，筆者最後的結論是，外省大遷徙的總人數應少於109萬，以低於百萬的成分居多，李棟明教授的推算應是目前最可信的。更精確的數字則有待未來人口學者和歷史學家進一步的查證。

　　雖然戰後移民的人數比主流的論述和一般的想像來的少，尤其是在軍事人口方面，但是這批可能中國近代史上最大規模的政治移民，是隨著一個在大陸上戰敗而流亡的軍事專制政權

---

the Search for a New Taiwan. (Armonk, New York: M.E. Sharpe, 2002), p. 164 and p. 193, note 6.

29 當時中情局的評估是45萬人中，只有32萬人有戰鬥能力，三分之一佈署於金馬各島。原始資料出自 Morton H. Halperin, The Taiwan Strait Crisis of 1958. Santa Monica: Rand Corporation Research Memorandum, 1966, pp.5-9;轉載自，林勝偉，〈政治算數：戰後台灣的國家統治與人口管理〉，頁69。林勝偉教授同時也提供了一些其他的國軍人數評估，較高的數據約有50至60萬。

來到臺灣，做爲一個在政治和文化上強勢的少數群體，對臺灣
戰後的歷史發展，處於主導的地位。除了政治、經濟及教育文
化上的影響之外，外省移民對於戰後早期臺灣主要城市的生活
及發展的影響也大。因爲他們一開始就集中居住在幾個大城市
中（當時不入戶籍的軍事人口除外）。對於這群異鄉客而言，大城
市中有著比較充分的公家資源，以及同鄉會等社會網絡互助組
織。以1955年的戶政數字爲例，該年住在臺北市的外省人口有
16萬多人，約佔全臺外省人總數的三分之一，[30] 也佔了當時臺
北市總人口約38%左右（見圖2）。[31] 同年居住在高雄市、基隆
市、臺中市、臺南市的外省人口佔居臺外省人口比例依序約爲
15%、10%、8%、8%。[32] 由這些數據看來，1955年時，居住
在這五大城市的外省籍人口佔其總人口比例超過70%。

　　另外，根據李棟明教授在1970年用人口普查數字所做的
另一個分析研究，戰後移民有幾個重要的特點：第一，他們
大多來自中國大陸沿海省市，尤其是東南和東部地區（約佔
60%），最多的省依次爲福建（15.35%）、浙江（12.37%）、江蘇
（10.32%）、廣東（9.97%）、山東（9.70%）。湖南、安徽、河
南、四川、湖北、河北、江西各省則各佔3至5%左右。除了特
定的歷史因素，像政府及軍方在國共內戰末期，從某些地區、
海港，大規模的人員物資撤退（例：1949年5月底至6月初，山東的青

30 李棟明，〈居台外省籍人口之組成與分布〉，頁75。
31 《臺北市統計要覽》（1957年），頁35-36。
32 《高雄市統計要覽》（1962年），頁7；《基隆市統計年鑑》（1959年），頁
　　12-13；《臺中市統計要覽》（1959年），頁6；《臺南市統計要覽》（1962
　　年），頁19-20。

島大撤退，和1949年10月的廣州撤退），這樣的分佈原因當然也和地理位置、交通網絡、及政治經濟因素有關。福建、江蘇、浙江、廣東等東南沿岸地區對外船舶交通發達，尤其是像上海這樣的大港，有著大量的貨輪、商船。根據1956年戶口普查資料，居臺上海籍人口有16,179人，為全部大陸城市中最高。33此外，東南沿海省分的大城市中住著為數眾多的資產階級、黨國政要及公務人員，他們是共產黨政府清算的對象，因此從這些地區來的人比較多。相反之，內陸偏遠和對外交通不方便的地方，像是寧夏及興安加起來不足100人，西藏地區僅有16人。34

圖2　外省籍人口佔臺北市人口比例（1948-1990）

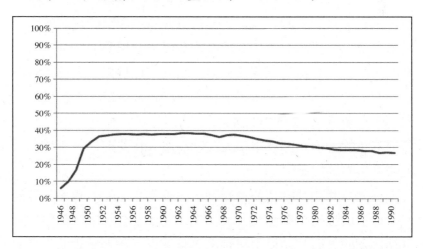

資料來源：《臺北市統計要覽》，1950，1966，1970，1991。

33　李棟明，〈居台外省籍人口之組成與分布〉，頁63。
34　同上註，頁62-65。

　　第二，從人口結構的角度上來看，外省移民男女性比例不平均，呈現男多女少的狀態。1956年的戶口普查報告書顯示，在非軍事人口的64萬人中，男女比例大約為2：1（見表1）。但如果把當時無籍的軍事人口（約27萬）包含在內的話，比例失衡的情形更嚴重，高達3：1以上，等於每4.2個男性才有一個女性。另外一方面，從居臺外省籍非軍事人口的年齡結構上來看，30-66歲之間的人口性不平均的情形特別嚴重，44至52歲的年齡層甚至到達了4:1，和同時期的本省籍人口年齡性別結構相比較之下，有顯而易見的不同（見圖3-1、3-2）。從圖3-1的年齡性別人口塔型圖中（1956年），我們可以很清楚的看出來，外省籍人口在中年的年齡層，男女比例不均，是多麼的嚴重。這代表了，有很多外省中年男性是把妻小家人留在大陸而單身出走，來到臺灣。這樣的情形很顯然的和前面提到報紙上「徵女傭」的需求，有一定程度的關係。李棟明教授稱外省移民的年齡性別結構為「遷徙人口」結構，並且提到，日治時期在臺日人的人口結構，也有這樣的特徵。35 其實，李教授似乎說漏了一點。外省20-29歲的青年層性比例的失衡情形，也應該蠻嚴重的，但是因為軍事人口當時沒入籍的關係，所以在這個圖上，看不出來。

　　另外，我們同時也要考慮到，因為集中居住的關係，外省大遷徙造成戰後早期臺灣各大都市，尤其是臺北市，在男女人口比例上的失衡。如果臺灣戰後沒有外省移民大量的進入臺北市居住，北市本省籍男女人口數大致上是平衡的，這包含了由

---

35 同上註，頁67-71。

圖3-1　居臺外省人（非軍事人口）年齡性別人口塔型
　　　圖，1956

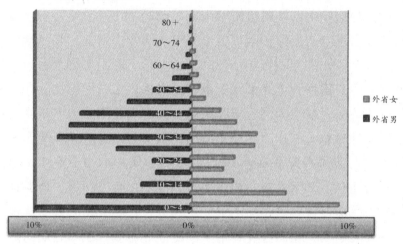

圖3-2　本省籍人口（非軍事人口）年齡性別人口塔型
　　　圖，1956

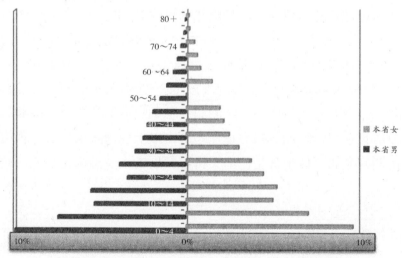

資料來源：李棟明，〈居台外省籍人口之組成與分布〉，頁71。

鄰近縣市及鄉下地區遷入臺北市的本省籍人口（見圖4）。戰後
移民在50年代約佔臺北市35%-38%的人口（見圖2）。所以他們
性比例的嚴重不均，對這個城市整體的婚姻市場及性需求，就
會有一定程度的影響。事實上，50年代《中央日報》和《聯合
報》的廣告欄中，就有非常多的徵婚廣告，徵婚者絕大部分為
外省男性。當然，這並不代表本省籍男性就沒有求偶的問題，
因為當時在大城市的情形總體來說是男多女少的狀態。本省男
性可能比較傾向於利用在地的社會網絡及資源來尋求伴侶，
而外省人則透過大眾傳播媒體與黨國（各機關的公證結婚、集團結
婚等），因為他們做為一個因戰亂而流亡的移民群體，早期在
臺灣的在地社會網絡關係仍未完全建立。在臺北市的外省移民
因為人口結構的關係需要外婚，但是他們每娶一個本省籍新娘
就使當地本省籍男子擇偶的選擇少了一個人。當然，婚姻不
只是簡單的加減乘除算術問題，如同前面已經提到過的，這
個問題還有其複雜性，包括階級、國家權力的介入（士官兵的禁
婚令）、文化差異（本省外省的隔閡）、經濟問題（50年代廣大中下
階級軍公教人員的貧窮）以及個人選擇（等待反攻還鄉，不想在臺灣結
婚）等等因素。還有在性需求的方面，在戰後報紙的社會版新
聞中，有非常多色情茶室、酒家、私娼寮氾濫的報導。臺灣的
色情業在日治時期就很發達了，36 由以上種種跡象來看，戰後
初期的臺北市似乎會是色情業持續發展的一個溫床。在人口結

---

36 詳情見，朱德蘭，〈日治時期臺灣花柳業問題（1895-1945）〉，《國立中央
　　大學人文學報》，27期（2003年6月），頁99-174；林弘勳，〈日據時期臺灣
　　煙花史話〉，《思與言》，33期：3卷（1995年9月），頁77-128。

構上，不論是整體或者是單看外省籍人口，都有明顯男多女少
的情況。戰後移民和本地人之間的通婚又有社會文化隔閡的阻
力。況且，有一部分人是軍事人口，而且這些單身男性在當時
有很多都抱著所謂的「過客心態」（sojourning mentality），期待
返鄉，不想在臺灣結婚，這些都可以是色情業興起的理由。但
是和婚姻的問題一樣，戰後色情的議題所包含的層面非常之廣
成因也很複雜（包括越戰美軍來臺等），無法在此一一說明，未來
將用另一篇論文來對婚姻及色情兩個議題做細部的分析。

圖4 臺北市本省籍人口、外省籍人口、總人口性比例，1946-1990

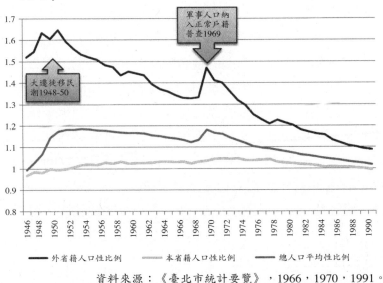

資料來源：《臺北市統計要覽》，1966，1970，1991。

　　第三，根據農復會1953年的調查資料，外省籍人口在從事公務（替公家機關做事）上的人數在其就業總人口比例，比起本省籍人口在本省就業總人口的比例來得高（23% vs. 9%），在農林漁業則是相反的情形（2% vs. 25%）。根據1967年10月做的家庭生育率抽樣調查，外省籍男性人口的職業在「保安服務業」以及公務自由業最多，佔總抽查外省籍人口的近60%，其中「保安服務業」（軍、警、消防隊等）就佔31.5%。37 關於高比例的外省人口服務於公家機關的成因以及在不同世代間發展的脈絡，國內的研究者如鍾基年已經有很詳細的論證。38 在當時的歷史情境下來看，這顯然是和外省人在戰後臺灣做為一個外來的移民群體，祖宗家產不在島上，以及他們在移居地和當地人民的文化、語言、社會網絡的隔閡的情形有關。同時這種隔閡的情形也和外省移民在50年代期待返鄉的「過客心態」，以及他們對臺灣人日化情形的不滿有極大的關聯。於是，這個移民群體中的個人及其所屬的社會脈絡圈，不管過去在大陸和國民黨的關係為何，慢慢在臺灣和黨國體制發展成相互依存的關係。但是筆者在這裡要強調的是，這個發展的過程，是一個複雜而充滿矛盾的歷史進程，而不是一個歷史的必然性，需要多方面的研究來做進一步的釐清。以上這些統計數據的分析，呈現了居臺外省移民在人口、居住分布、性比例、人口年齡結構、職業等大致上的輪廓，為接下來的以閱讀戰後主要報章雜

37 李棟明，〈居台外省籍人口之組成與分布〉，頁73-74。
38 請參閱，鍾基年，〈族群特質與職業生涯──外省籍族群從事軍公教行業原因之探討〉，新竹市：國立清華大學社會人類學研究所碩士論文，1992年。

誌的分類廣告欄、社會新聞、時事評論、文藝副刊等爲主的研究，提供了在論證上重要的依據。以下將會以「社會脈絡」、「自殺及精神性疾病」、「黨國、階級、資源分配」等爲主題做一些初步的討論，然後接著在最後的小節中討論外省大遷徙在「離散／流亡研究」（diaspora studies）中的定位。

五、社會脈絡

　　在1955年之前《中央日報》和《聯合報》登的廣告中，尤其在「招尋」、「徵求」及「服務欄」等等分類下，有非常多外省軍民尋找在逃難中散失親友的「尋人啓事」、各省「旅臺」同鄉會成立招募會員的公告、同學會聚餐通知、遷臺公司行號及服務業招攬生意、抵臺各省市名醫診所開幕廣告等等。其實在1949年之前在大陸上發行的《中央日報》中，也看得到類似的情形，抗日戰爭時隨國民政府逃到重慶的各地難民當時也紛紛籌組「旅渝」同鄉會和同學會等團體來相互照應。臺北市在「光復」之初登記有案的只有3家外省同鄉會。到了1950年也才總共設置了8個。但是外省移民大量湧入之後，在短短三四年間，同鄉會成立的家數急速攀升。1951成立了15家，1952年14家，1953年19家，1954年8家。到了1960年成立總數達到92家，超過一半以上（56家約占61%）在短短4年間成立（1951-1954）。50年代初籌設同鄉會的原因當然是爲了實際上的需要，像是攀關係、找房子、找工作、讓兒女進到好學校等。39 50年代的同鄉會扮演的功能和在60年代末和70年代又大量出現的同鄉會有一些許的不同。後期的同鄉會除了繼續扮演

聯絡鄉情的角色（新年團拜、各式慶典）之外，主要的活動是出版
文獻雜誌，像是為了要紀念在大陸上家鄉的文物風俗及歷史所
發行的期刊與地方志。這顯示了外省人由50年代「期待返鄉」
到60年代之後開始「文化懷鄉」的一個歷史進程。

　　除此之外，在臺灣戰後初期報紙中，有大量的外省男性徵
婚廣告，甚至還有許多徵求「義父母」的啟事，內容多為：某
某為單身年輕男性，隻身來臺，身在異鄉倍感孤寂，求義父義
母，必定報答親恩等等。在臺灣，這一類的啟事在遷臺的4、5
年間登得特別多，之後慢慢的就減少了。這類廣告顯示了，這
些大陸上來的政治移民，因戰亂而離鄉背井、妻離子散，來到
一個陌生隔閡的環境，需要在流亡地建立起新的社會網絡。尤
其在戰後初期，臺灣各大城市，尤其是「戰時首都」臺北市，
一下子湧進大量的逃難人口，許多人為了擠上船和飛機，家當
都丟光了，來到臺灣身無分文又無落腳處，如果不在公家機關
或軍隊中，又沒有關係門路，就可能流落街頭。根據臺北市政
府主計處數據，臺北市總人口在1947年增加率是168%，1948
成長約139%，1949則為217%。1946年底，在遣返了約13萬的
日本居民後，臺北市只剩下約27萬人。到了1951年做統計時，

---

39 詳情請見，鍾豔攸，《政治性移民的互助組織 —— 台北市之外省同鄉會
（1946-1995）》（臺北縣板橋市：稻鄉出版社，1999年），頁70-71。在早
期，各省縣市的同鄉會成立方式、人數、經費都不相同，救濟同鄉的能力也不
同，有一些甚至是有名無實的或是成立不久後就解散了，主因通常是該同鄉會
在臺的人數過少或居住分散。但是，筆者確實在戰後早期的文獻中，看到了多
同鄉互助的情形。請參閱，〈臺北市東北同鄉會敦請婦科聖手韓逢奇醫生義
診兩周〉，《中央日報》，1950年2月27日，第3版；〈發刊詞〉，《河北會
刊》（臺北市：臺北市河北同鄉會，1962年），頁1。

短短五年內，人口暴漲兩倍到56萬左右，大部分都是大陸撤退的難民造成的「社會增加」。[40] 在1951年的《暢流》雜誌中，一位剛到臺灣不久的外省記者寫到：

在寶島上最感困難的就是「住」的問題，得不到合理的解決。遍地房荒；因為人口增加，而房屋一項則沒有增加建築，有條子的階級，當然無所謂，可以頂或買。然而在一般自由業的文化人就感棘手，根本租不到房子。而租價也嚇人，一間約一丈見方的屋子，每月非一担米不行。幸而軍公人員都有公家配給房屋，不致於露宿街頭。不過在台北台中和高雄的街頭，有很多外省逃難的住在沿街的廊子下，大煞風景。[41]

不過，就算配到了公家的宿舍（多為舊日式房屋），情形也好不到哪去。因為住房實在非常短缺，許多中下階級的公務員家庭都被迫擠在狹小的空間，居住品質奇差。一個非常想搬家的小公務員，在1950年4月時留下了這樣的描述，他同時也提到，這是當時公共宿舍普遍的情形：

我們這裡住了約莫三十來戶人家，其中包括了幾個單身漢，大家擠在這僅二層樓的日式房屋內，每家不過佔有兩間四個塌塌米的房間。算起來是並不寬裕了，至於人口的總數大概一百多名，但是小孩人數就占去了三分之二，這是頗值得引為

---

40 《臺北市統計要覽》（1952年），頁9-12。

41 清心，〈旅臺雜寫〉，《暢流》（2卷10期），1951年，頁30。

驕傲的事，那些小孩包括由出世未滿月的直到十四歲為止，據
統計男孩多於女孩，這批孩子時刻奔奔跳跳的充滿在每一角落
裡，將這棟破屋子快鬧得天翻地覆了。42

　　在外省移民遷臺的早期，遣返13萬日人所遺留下來的空屋
及房舍，很快的就被侵佔一空。臺北市政府在無力解決眾多逃
難人口的居住問題之下，只好默認這個事實，在1950年初提出
日產現住人（佔用者）的申購計畫。43 50年代早期的報紙廣告欄
上除了有非常多房屋出租買賣的啓事，還有購屋租屋的「公告
聲明」，因為有非常多的房子，產權都不清楚。從報紙上討論
日產房屋租貸買賣的情形看來，其中有非常多的糾紛及利益輸
送的問題。44 當時，有限的資源被黨國徵收以及被少數的先來
的權貴商賈霸佔，哄抬租金房價，使得後來大批抵臺的中下階
級人口無法負擔。另一個問題是，各機關人員任意將配到的房
產做違法的多次轉讓及承租，賺取利益，卻苦了最後的買家和
承租人。有些人用逃難時帶出來的積蓄買或租了房子，住了一
段時間後卻發現房子的產權屬於某政府機關或學校而被查封，
全家被掃地出門，流落街頭，甚至還有自殺的。45 當時，政府

---

42 落帆，〈我欲三遷〉，《暢流》（1卷4期），1950年，頁12。

43 〈日產現住人申購、總數達五千多件〉，《中央日報》，1952年1月20日，第
　　2版。

44 許清瑞，專論〈臺灣日產轉移案件審查之研究〉，《中央日報》，1951年6月4
　　日，第2版。

45 〈房荒糾紛問題〉，《中央日報》，1951年6月4日，第2版；讀者投書，〈請
　　政府解決房屋糾紛〉，《中央日報》，1951年6月4日，第4版；張力耕，〈報
　　戶口、找房子〉，《中央日報》，1952年1月7日，第3、4版。

為了安置數量眾多的軍民，從50年代早期就不時提出一些興建「眷舍」和「國民住宅」的提案，[46] 但大多因為經費不足，而短期間難以實施，一直到了1957年，還有部分的軍隊是駐紮在學校裡的。[47] 而且，有證據顯示，這些早期少數由政府主導的住宅興建，只是供給少數買得起房子的上層統治階級，一般窮困的中下階級，根本沾不上邊。[48] 舉一個例子，1956年《聯合報》黑白集揭露，行政院國民住宅興建委員會該年興建及提供貸款的700多個受益戶中，不是立委、監委、國大代表就是中央級機關職員，其中還有已經在臺有房產的。[49] 在這樣的情況之下，為數眾多的中下階層移民只好紛紛「自力救濟」，任意在空地和馬路上用簡陋的材料，搭起可遮風避雨的小屋。這就是後來成為困擾臺北市政建設幾十餘年「違章建築」問題的起源。[50]

---

46 雖然所謂的「眷村」在50年代早期就出現了，但是這個時候外省移民並沒有在臺灣做長期居住的打算，政府的經費人力也不足，所以這些外省軍眷的聚落實際上是由各個軍事單位依據實際上的需要和能力去興建，除了修繕日治時期的舊房舍之外只能建一些非常簡陋克難的小屋。一直要到了50年代中期，在蔣宋美齡主導下的「中華民國婦女反共聯合會」發動民間和企業界捐款來幫助興建眷舍，才出現比較有計畫性及規模的軍眷村。詳情請參閱，何思眯，《臺北縣眷村調查研究》（臺北縣板橋市：北縣文化局，2001年），頁26-30。

47 聯合社論，〈國校駐軍問題亟待解決〉，《聯合報》，1957年3月28日，第1版。

48 〈平民住宅太貴〉，《中央日報》，1952年10月2日，第3版。

49 黑白集，〈不必謙虛〉，《聯合報》，1956年3月17日，第3版。

50 當時有非常多討論違建成因以及如何解決這個臺北市「都市之癌」的問題，無法一一列舉。50年代最出名的違建拆遷糾紛就屬「羅斯福路」的拓寬計畫以及「中華商場」整建計畫。請參閱，〈北市拓建羅斯福路，政府決予完成，違建今起分段拆除〉，《中央日報》，1955年7月11日，第4版；富伯平、梁肅戎、李公權，〈論中華商場違章建築整建後間位分配的問題〉，《自由中國》（23卷2期），1960年，頁30-31。

　　房屋的短缺還不是唯一的問題。大遷徙人數的眾多再加上預算的不足，造成臺北市市政計畫推行極大的困難：軍隊安置、遊民散兵管制、交通運輸、衛生管理等諸多難題再加上民生、公共設施的缺乏，這些棘手的問題在整個50年代，都困擾著臺北市政府。戰後早期擔任臺北市市長的吳三連（任期1950-1954），在他的口述回憶中對市政推行的困難有很深刻的描述，他形容自己是一位：「焦頭爛額的父母官。」對很多的事，知道問題在哪裡，但是無能為力。同時也談到，人口增加實際上的情形，可能比官方數字還嚴重。於是，他在回憶錄中語帶感嘆的說道：「我任期中的臺北市長之於臺北市政，實在不是能做什麼市政建設，只不過是在問題的後面拚命追趕，充其量不過是『頭痛醫頭、腳痛醫腳』罷了。」51

　　筆者在查閱《臺北市統計要覽》時發現一組統計數字，這些數字或許能在某些程度上，反映戰後早期許多貧困下階層的外省人流亡異鄉，社會網絡斷絕之後走投無路的情形。臺北市社會局每年的「行旅病人」死亡收埋的人數中，外省籍人口相對於其總人口的比例，都比本省籍人口相對於其總人口的比例，高出許多。從1948年到1965年間，外省籍人口是本省籍人口的5到2倍，但是有漸漸下降的趨勢（見圖5和表5）。所謂的行旅病人死亡就是在街上或醫院中去世，但是沒有親友為其收屍及埋葬的情況。這個時候，政府就要替這些不幸辭世的人們，辦理後事。臺北市社會局每年處理案件的人數，隨著人口成

51　吳三連口述、吳豐山撰記，《吳三連回憶錄》（臺北市：自立晚報，1991年12月），第21-23章和頁134。

圖5　臺北市社會局行旅病人死亡收埋人數：外省籍相對於本省籍的發生倍數（以各自在其總人口所佔的比例來計算，1948-1965）

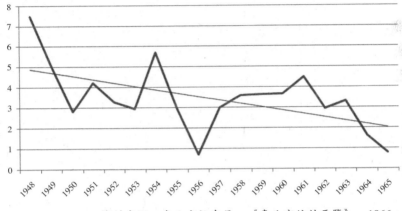

資料來源：臺北市社會局，《臺北市統計要覽》，1966。

長、經費的增加以及市政統治機制的逐漸健全化而上升。但是外省籍行旅病人收埋佔其總人口的比例，卻隨著時間快速的下降，「路有凍死骨」的情況逐漸獲得改善。這個情形應該和其他幾個同時期發生的一些現象，放在一起分析。

　　首先，行旅病人死亡應該和前面討論過的「散兵游勇」問題，有一定的關聯性。這些從大陸上來的無根、無戶籍的單身男性流動人口以及從軍事單位中流出的逃兵在50年代是一個社會問題，但在60年代，這些遊民漸漸被黨國人口管理機制納入收編。第二，比較合理的退除役官兵福利制度於1961年建立，52 使得下階層的士官兵在從軍隊退下來之後，至少有賴以維生的微薄薪資，不用「自謀生活」。這似乎和外省行旅病人死亡

表5　臺北市社會局行旅病人死亡收埋數字（1948-1965）

年	收埋總數	外省籍	臺灣籍
1948	5	3	2
1949	47	32	15
1950	12	7	5
1951	24	17	7
1952	38	25	13
1953	47	30	17
1954	67	52	15
1955	61	39	22
1956	103	31	72
1957	132	85	47
1958	130	89	41
1959	141	97	44
1960	149	103	46
1961	161	118	43
1962	82	53	29
1963	141	95	46
1964	310	154	156
1965	192	63	129

資料來源：臺北市社會局，《臺北市統計要覽》，1966。

收埋率的下降，不無關聯。前面討論人口的部分曾經提到，1961年之前，可能有幾萬的國軍士官兵（有很多是被抓兵的）在沒有足夠退休金和職業訓練的情況，就被除役。這些貧窮、無根的單身男人到了一個語言文化陌生的社會上，既無學識、又無一技之長，生活艱難。有一部分人成了路邊的「凍死骨」。1954年，行政院國軍退除役官兵輔導委員會成立，其中一個目的，似乎就是要把這些窮困的男性帶往山區和東部開墾，遠離

都市。我們現在無法知道這些很早就被除役的下級士官兵的生活。現存有限的資料中，像是退輔會的出版品，只能告訴讀者一些組織與制度層面上的知識，而且其論述充滿了對黨國榮民福利政策的歌功頌德，以及黨國領導者（特別是蔣經國）對「榮民」的關愛及特別照顧。但是，我們可以從一位「假退役」[53] 的上尉軍官在《自由中國》讀者投書專欄裡的一篇文章（1958年），略窺早期除役軍事人口的境遇。如果尉級軍官的生活是如此，普通士兵的際遇可想而知。這位退役的軍官在這篇文章中大罵退輔會，控訴國家對早期退役者不公平：

　　二三十年以前，我們與現在的一般青年一樣，具有愛國家愛民族的高度熱誠，當我中華民族瀕臨憂患的當時，我們放棄了學業，放棄了家庭，毅然從軍報國。我們既然是獻身革命，當然不去計較所謂升官與發財的問題，一轉眼就過了三十多年的職業革命軍人生活。今天老了，我們只有退出青年與軍人的行列，可是問題發生了，在這生疏的社會上，我們怎樣活下去呢？我們除了軍隊上的朋友和在軍隊中所養成的那一套之外，沒有一個商業上的朋友，也沒有一點謀生的技能，所以我們今天後悔了。

　　（中略）

---

52 胡台麗，〈芋仔與蕃薯——臺灣「榮民」的族群關係與認同〉，頁111。

53 所謂的「假退役」制度似乎是50年代，政府對退役的軍官不發退休金的一個藉口，因為將來「反攻大陸」戰爭開始時，還要徵召他們。當時國家財政困難，所以退休軍官每月只能拿約八成薪資，沒有基本民生實物配給，戰後的通貨膨脹使他們苦不堪言。

我們有八成薪的待遇，三個月領一次，以我這個上尉來計算，每個月一百七十二元，要維持一個月的生活，則每天只有五塊多錢，在扣去保險費和黨費等，請問我們能不能活下去呢？這還是小事，最使我們感頭痛的是每三個月領一次買酒不醉，買飯不飽的八成薪的情形了，不管是風雨多大或太陽多狠，必須按著秩序排成一條長蛇陣，叫號而入，至少也要等上幾個鐘頭，忍苦忍辱。我們曾為革命軍人，也是國民黨的黨員，今天落到這種地步，實在又氣又憤。[54]

筆者在50年代晚期及60年代早期的《聯合報》社會版新聞中，看到非常多有關於外省遊民及退役軍人作奸犯科的報導。但在60年代中期過後，這些報導就漸漸變少了。當時的報導包括了偷竊、殺人、搶劫、強暴等五花八門的刑事案件，其渲染、煽情的手法，如同今天的八卦雜誌。所以有必要進一步去查閱警政及司法機關的犯罪統計資料後，才能釐清是否為當時真正的社會現象，還是《聯合報》為了提升銷售量而故意炒作這一類的新聞。因為在同一時期，該報的社會版新聞也報導本省籍人口犯罪的案件，並非只針對外省人。筆者在兩份警政及司法機關的犯罪統計中發現，50年代外省籍人口在總體的犯罪率以及在刑事重罪法院槍決的人數上，都比本省籍人口高出很多（見圖6、表7、圖7）。和前面提到的行旅病人收埋情形一起比對，我們不難看出，外省大遷徙是一個有很高比例下階級窮

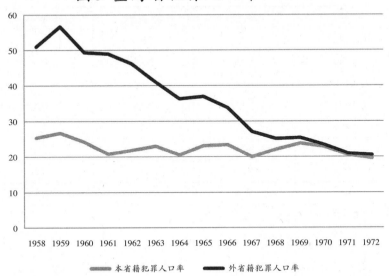

圖6 臺灣省犯罪人口率，1958-72

本省籍犯罪人口率　　外省籍犯罪人口率

資料來源：臺灣省警務處，《臺灣省犯罪統計》，1959-1972。

註：犯罪人口率是每一萬人中刑事犯罪人口數（在美國稱犯罪率，日本的犯
　　罪率則是用每一萬人中的刑案發生率）。

困單身男性的政治移民群體。有很多的人不是剛開始就受到
黨國的照顧。但是這些數字都在60年代有顯著的下降（犯罪率
見圖6）。[55] 這和《聯合報》社會版新聞透露的訊息大致吻合。
同時外省人總體的犯罪率在60年代的下降也和旅病死亡收埋人
數在其總人口佔有率下降的情形非常類似。這些數據下降的原
因，背後的理由當然非常複雜，非單一原因可以說明。這些原

---

[55] 請參閱《臺灣省/臺灣地區犯罪統計》，1959-1972；《司法行政部犯罪殺人研
　　究》，1965。

表7 臺灣各級法院刑事案件殺人犯處決人數（1948-1960）

年	總數	外省人	本省人
1948	1	0	1
1949	N/A	N/A	N/A
1950	5	4	1
1951	N/A	N/A	N/A
1952	2	0	2
1953	N/A	N/A	N/A
1954	N/A	N/A	N/A
1955	N/A	N/A	N/A
1956	2	1	1
1957	1	1	0
1958	4	4	0
1959	1	1	0
1960	4	3	1
合計	20	14	6

資料來源：司法行政部犯罪研究中心，《殺人犯罪問題之研究》（臺北市：司法行政部，1965年），頁51。

因包括了國家人口管理政策的落實、軍公教福利政策的轉變、外省移民在地人際脈絡的逐漸建立、60年代臺灣整體經濟的好轉等等。最後，「非政治移民外省籍人口」（在臺出生者以及嫁給外省丈夫後入籍的臺灣女性）在戰後高度的成長，也可能導致在整體統計數字上，外省籍人口犯罪率和行旅病人收埋率的下降。當然，和當地的女性通婚生子也是一種社會脈絡建立的方式（最直接的方式）。不管如何，我們可以總括的來說，這個因戰亂而來到臺灣，早期分崩離析的政治移民群體，其本質到了

圖7　臺灣各級法院刑事案件殺人犯處決人數

（1948-1960：外省人和本省人百分比圖）

百分比圖示

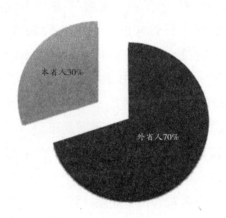

本省人30%

外省人70%

資料來源：同表七

60年代已有很大的轉變。而在地社會脈絡的凝聚和重建，不管是黨國主導的、社會群體性的、或是個人性的（通婚），是這個轉變的一個很重要的因素。

六、自殺及精神性疾病

另一個和移民和社會脈絡有很大關係的議題是「自殺」。筆者在閱讀50年代的《聯合報》社會版新聞時，常常讀到外省人自殺的新聞。[56] 主角大多為單身男性，也有少數的女性。根據報紙報導，自殺的原因非常的多，包括了精神失常、貧病厭世、鰥寡孤獨、逃避債務、桃色糾葛、家庭爭吵、同事間爭

吵、犯罪後畏罪自盡等等。《聯合報》當然也同時報導了許多本省籍人口自殺的情形,這些本省案例,起因也和外省人的案件類似。但是由於之前犯罪率差異的發現,筆者也開始搜尋外省本省自殺人數的統計資料。根據《臺北市統計要覽》中所刊載的本省外省籍人口每年的自殺的人數做成自殺率圖(見圖8),臺北市的外省籍人口在50年代的自殺率明顯的比本省籍的人口高出許多,而且在1950-1951及1954-1957年兩個時間點達到高峰。總括的來說,不論是本省籍人口、外省籍人口,60年代的自殺率比起50年代,都有明顯的下降。

在現今的臺灣,單身老榮民的精神病和高自殺率是眾所皆知的社會問題。[57] 但比較不為人所知的是,外省移民在戰後早期也受精神病和自殺等問題的影響。法國的社會學家 Émile Durkheim(涂爾幹)在19世紀末提出了「自殺論」,說明自殺

56 這一類的新聞真是非常的多,請參照,〈賭輸負債,自殺未遂,山東佬獲救〉,《聯合報》,1952年2月20日,第6版;〈穗一商人,全家自殺〉,《聯合報》,1952年3月7日,第1版;〈新竹刀傷姘婦案,凶犯曾畏罪服毒,未得死路又上堂〉,《聯合報》,1952年6月28日,第5版;〈悔做荒唐事,隔宿竟自殺〉,《聯合報》,1953年1月6日,第4版;〈因無身分證,一青年自殺〉,《聯合報》,1953年10月30日,第5版;〈青年投旅,何意竟自殺〉,《聯合報》,1954年1月12日,第3版;〈賭徒逃債、服藥長眠〉,《聯合報》,1955年1月15日,第3版;〈因無錢結婚,飲彈斃命〉,《聯合報》,1955年5月20日,第3版;〈山東壯漢,投河自殺〉,《聯合報》,1955年9月23日,第3版;〈自知罪該萬死,跳海算他便宜〉,《聯合報》,1956年7月14日,第3版;〈愛上颱風小姐,心碎鴛鴦夢破時〉,《聯合報》,1958年1月29日,第3版;〈榴彈殺人案偵結起訴,周芝芳罪大惡極〉,《聯合報》,1958年2月2日,第3版;〈貧病交加,關室自殺〉,《聯合報》,1959年10月30日,第4版;〈川籍男子,旅邸自殺〉,《聯合報》,1960年3月9日,第3版。

57 請參閱,行政院退除役官兵輔導委員會編印,《玉里榮民醫院住院病患統計調查報告》,1993年11月。

是一種社會現象，必須用社會學的角度去探討，而不單單只是
從精神科或心理學角度上來看的個人問題。自此，西方學界對
自殺做爲一種社會現象，有很多實例研究以及辯證。[58]涂爾幹
提出的自殺論的分類學中，有一種叫「脫序型自殺」（anomic
suicides）似乎可以解釋臺北市戰後早期的高自殺率。當社會因
爲重大變故（像是戰爭、災難、經濟恐慌）而產生社會脈絡脫序的
現象時（the breakdown in the fabric of society），原有的社會秩序的改
組崩壞，舊道德體制的淪喪，個人在社會上扮演角色的脫序，
使人們感到無所適從，惶惶不可終日而產生脫序型的自殺現
象。1949大遷徙對外省移民和本省在地的人口而言，都是一個
很大的歷史社會變動。一個是因戰亂而流亡異鄉的政治移民群
體；一個是在50年日本殖民統治之後，被迫接受另一個外來的
軍事高壓政權，以及大遷徙所帶來的通貨膨脹、經濟蕭條等問
題的本地居民。所以我們在圖8可以清楚的看到，兩個人口的
自殺率在1950年代都有明顯攀升的趨勢。50年代，國府和對岸
有兩次主要的軍事衝突（第一次臺海危機1954-55年，九三砲戰、一江
山之役、大陳撤退；第二次臺海危機1958年八二三砲戰），當時全臺持
續籠罩在戰爭的陰影下，再加上連年通貨膨脹，人民生活貧
困，這些都是自殺率攀升可能的因素。但臺北市整體自殺率在
1960年代明顯下降了許多，這可能顯示國府遷臺及戰爭危機所
造成的社會脫序現象已在此時得到了很大的減緩。

---

58 請參閱 Émile Durkheim, *On Suicide*. Translated by Robin Buss with an
introduction by Richard Sennett and notes by Alexander Riley London/New
York: Penguin, 2006；Kenneth Thompson, *Émile Durkheim*. New York:
Tavistock Publications, 1982.

圖8　戰後臺北市自殺率，1948-1973：
外省籍人口和本省籍人口比較

資料來源：《臺北市統計要覽》，1960、1966、1974。

註：自殺率為每十萬人中之自殺人數。

　　1965年之後，本省籍和外省籍人口自殺率的線形幾乎重疊，分不出來。但是，問題來了，50年代為什麼外省籍人口的自殺率很明顯的高過於本省籍人口呢？當然這個在統計學上面出現的差異和前面的犯罪率和收埋人數一樣，成因都很複雜，並不是簡單的就代表外省移民逃避戰亂的經驗和痛苦相對於本省人戰後的「悲情城市」來得還要更「悲」。這樣的說法不但很簡單的把自殺和個人感受痛苦的程度（這是無法計量的東西）畫上等號，同時也觸犯了「社會生態學謬論」（ecological fallacy），認為每一個在人口統計學上被歸在同一組分類的人，大致上都是「相同」的。

從前面的討論來看，包括了人口結構和重建社會網絡的論證，我們知道這個移民群體中，青年和中年單身男性的比例偏高，而且在流亡臺灣的初期，就一直試圖想重建因戰亂逃難而破碎的社會關係，尤其是家庭。這從《聯合報》及《中央日報》分類廣告欄中無數的尋人、徵婚、徵義父義母的啓事中，可以看得出來。

以下列舉幾個當時《聯合報》上徵義父義母的廣告來做進一步的說明：

1. 某君，東北籍，年二五歲，曾肄業於某國立大學，現任公職，隻身來台，深感孤獨寂寞。誠意徵求義父母，不分省籍，家室清白，年須在四十歲以上為適宜。有意者請函投台北縣木柵鎮木柵街二二三號李可光。[59]

2. 某君，浙江籍，現年二十三歲，大陸某藝專畢業，服務某高級軍事機關，為人忠誠熱情進取，公務之餘深感身世孤仃，擬徵求義父母，不限省籍，須身家清白，不論貧富、須愛好文藝，如有應徵者請以函件照片寄交本人，合則交換聯絡感情，不合原件退回，彼此保守祕密。賜教處：台北市中正東路三段一三四巷三號十二室之三。[60]

3. 某君，東北瀋陽人，現年二十六歲，大陸上某大學肄業，去歲在台某專科學校畢業，現服務黨界。為人忠誠

---

59 《聯合報》，1952年7月3日，第5版。
60 《聯合報》，1952年6月30日，第5版。

熱情進取，公務之餘，深感孤仃，擬徵求義父母，不
限省籍，年須四十歲以上，家世清白，中產階級。如有
應徵者請通知本人轉交，合則交換照片及書信，不合則
原件退回，彼此保守祕密。通信地址：台北市南陽街
省黨部第一組李廣仁收轉。[61]

4. 某君內地池籍，二十四歲，中等教育，隻身來台，深感
精神孤寂，擬徵義父母（不拘省籍唯求家世清白）以得家庭
之暖，必盡人子孝道。請函板橋大東街一號上海得昌服
裝號約期面晤。李德璋。[62]

從這些啓事的內容，我們可以得知，這些在徵義父義母的人都
是年輕單身男性，而且他們多半有好的教育及工作，以服務公
職的人居多。這些人要徵義父義母的主要原因是，在異鄉感覺
孤伶，想要有家的感覺，而且大多表示不限省籍，和之前討論
過的徵女傭廣告不同。外省單身流亡者，尤其是男性對「家」
的渴望（因為他們被迫離鄉背井），以及他們在異鄉嘗試重建親情
人際關係的情形，就是外省移民和本省籍在地人，戰後經驗的
一個很不同的地方。因此，這也就牽涉到了涂爾幹提出的另外
一種自殺叫「自我型自殺」（egoistic suicides）。自我型自殺發生
的原因在於個人和其處在的社群間的疏離性。一個群體中如
果有很多孤立的個人，或是「社會群聚性低」（low level of social
integration），那這個群體相較於其他群體的自殺率，就可能會

---

61 《聯合報》，1952年6月19日，第2版。
62 《聯合報》，1953年2月9日，第5版。

來得比較高。這個論點曾在國外的一些移民研究中得到證明。
舉例來說，加拿大亞伯達大學的社會學家在1971年和1981年代
對該國不同移民群體的自殺率展開調查的時候發現，義大利、
葡萄牙、西班牙、以及愛爾蘭裔移民的自殺率比較低，因為這
些從天主教國家來的移民通常在加拿大有比較發達的關係網
絡、社會群聚力高。相反之，英國裔、蘇格蘭裔、德國裔以及
美國裔的自殺率相對的比較高，因為這些群體的互助網絡比較
不發達。亞伯達大學學者的研究，在某些程度上印證了涂爾幹
在19世紀末對歐洲新教徒和舊教徒所做的比較研究。[63] 所以，
我們用「自我型自殺」的概念，比較能夠了解，外省籍人口在
50年代相對於本省籍人口較高的自殺率，因為外省移民很顯然
的同時受到了「脫序性」及「自我型」自殺成因的影響。1960
年代，當自我型和脫序型自殺的成因都隨著戰爭可能性的減
低、黨國人口管理制度及公教福利政策的落實、整體經濟的發
展和外省族群在地網絡的逐漸建立而消逝，臺北市外省籍人口
的自殺率就和本省籍人口相近。還有，如果我們仔細觀察外省
籍人口在50年代自殺率的線型時會發現，外省自殺率在兩個時
間點特別的高，就是1950-51年間和1954-1957年間。筆者在這
裡想要問的是，這些是不是就是大量的自謀生活老兵從軍中退
伍的時間呢？還有，1954-1957年間，第一次臺海危機、中美
防禦條約的簽訂（1954年12月）及其後幾年，是蔣介石政府宣稱
「不以武力反攻大陸」的時候，這對當時一心想回家的外省移

---

63 Frank Trovato and George K. Jarvis. "Immigrant Suicides in Canada: 1971 and 1981." *Social Forces* 60:2 (1986): 433-457.

民們來說，一定是很大的打擊，這和他們在這個時候出現的高自殺率，有沒有關係呢？爲何在八二三砲戰之前，臺北市的自殺率就往下掉很多而且沒有在砲戰發生之後上升呢？

　　除了自殺之外，有明確的證據指出，外省籍人口在50年代被精神性疾病所困擾，而這和他們做爲一個因戰亂而離鄉背井的政治移民群體，也有很大的關係。根據臺大醫院精神科的一項研究報告顯示，50年代到該醫院就診的外省籍精神病患遠超過本省籍的病患。以1954年爲例，患者人數中，908人爲外省籍，520人爲本省籍，外省籍約爲本省籍的一倍。然而在1954年，外省籍人口只佔臺北市總人口的約38%（該研究顯示50年代就診病患超過一半以上為臺北市居民）。在此時，臺北市外省籍人口因罹患精神疾病到臺大醫院就醫的人數在比例上顯然較本省籍人口來得高。這種情形一直持續到1960年爲止，然後本省籍的精神病就醫人數開始持續攀升，超越外省籍的人數，外省籍人口則顯著下降。到了1974年時，本省籍之患者數目已爲外省籍之2.4倍。該研究認爲，1950年代，外省籍人士因受到「急遽遷徙變動」所產生的壓力影響以致發生精神疾病者較多，而且據統計，病患多爲外省的男性（包括許多公務員和隻身來臺的陸、海軍人）。這項研究報告也提到，這個現象或許跟本省和外省對公立醫療資源的汲取程度有關，很多外省男性患者持有公家保險及機關醫療服務，因此比較容易前來就醫。不過，外省籍人士除精神病外，在其他的種類的疾病中，於同一時期，並沒有明顯比本省籍人士就醫的人數多。所以，這個說法恐難成立。還有另一點是，外省籍人士因精神性的疾病到臺大門診的數量，很明顯的在其他爲軍人和公務人員服務的機制和機構建立

之前（1960年代）就開始下降了。所以，50年代外省男性病患的高就醫率，應該可以歸於遷臺所引起的「急遽遷徙變動」的結果。64

　　最後，可能有學者還是會質疑，外省人遷臺對這個群體中的個人眞的有如此大的影響嗎？外省人不是「統治階級」嗎？不是有國家照顧嗎？他們怎可能比本省人憂鬱？臺北市主計處和臺大醫院的資料可信嗎？爲何不和戰前在中國大陸的流亡經驗比較呢？像是把戰後在臺灣的外省人和對日戰爭時流亡重慶人口的自殺率及精神病的數字做一個比較而不是和在地的本省籍人口比較，因爲外省移民與臺灣在地的居民在戰後初期是非常不一樣的兩個人口，這使得在統計學上的比較，變數太多了。這些都是很好的質疑，也是未來應繼續努力的方向。但筆者在這裡必須要說，第一，這不是一個統計學上的研究，而是一個利用統計數據上的大趨勢來觀察一個移民群體在歷史時空變遷的移民社會史研究。第二，在歷史的研究中，史學家能做的推理及分析常常受到史料中，數字資料不齊全的限制，像筆者目前除了臺北市外省本省的自殺數字以外找不到全國性的、其他城市的、或甚至是軍隊中的數字。戰前在大陸上的數據更是難尋。基本上，在大陸上有系統性的人口統計資料在1950年以前，是非常少的。臺灣50年代政府統計數據的可信度應該要被質疑，它不是眞理，只是參考資料。對歷史學家而言，我們

---

64 筆者在此要再一次感謝中研院社會所的王甫昌老師提供這個寶貴資料。請參照，林憲，〈社會變遷衝擊下之精神疾病〉，收錄於瞿海源、章英華主編，《臺灣社會與文化變遷（下冊）》，臺北市：中央研究院民族所專刊乙種之16（1986年6月），頁596-605。

研究的對象大多已經死去（尤其是自殺的人），無法如社會學者
和統計學家一樣可以對研究的人口做一個更周詳的調查，也無
法乘時光機回到過去查證政府資料是否屬實。但在同時，史學
家也受惠於過去在悠悠歷史時空中留下文字記錄的觀察者，使
得我們相信，我們的敘事，有一定程度的眞實性。筆者在這裡
選擇讓空軍軍醫處長李旭初博士，在1954年一次非正式的學術
演講中，對大陸來臺人士的一段話，來爲這一節的討論做一個
小結：

（前略）
心理因素

　　其次是心理因素給予大陸來台人士的漸進的病害，列舉這
些因素出來，第一點便是失意，若干渡海來的忠貞軍民會常常
回想當初在大陸上是如何又如何？而現在呢？顧影自憐，有的
從前是軍隊裡的團長，而現在竟踏起三輪車來了，時難年荒事
業空，追憶舊日英雄襟懷與溫暖，大有「固將愁若而終窮」之
嘆。第二是思鄉病的滋長和思念淪陷鐵幕中親人的意緒之深
化，弟兄羈旅各東西，骨肉流離道路中，風雨晨昏，能不觸景
生情，甚至泣下沾襟，第三，工作負荷過重，特別是公教人員
及部分主管，為了生活，得斗米折腰半天，頭暈眼花終日，辛
勤掙扎，心力俱疲。第四，外在的刺激，社會秩序的動盪，使
每個人有家室者均為子女教育，婚姻和一些不順眼的事而加重
情感上的負擔，使精神生活難以維持正常，特別是單身漢，其
中的老處男，老處女，莫不漸有「無後為大」之慮，與何處是
歸宿之憂。第五，是偶一不慎招致的病魔纏綿，長年累月的床

間呻吟，演唱人生途程上最淒涼的悲歌。

精神變化

　　（一）精神心理方面的變化，抑鬱、急躁，由此而產生精神病大量增加，急躁使每個人的生活態度永遠在兩個極端之間，不左就右；不右就左，自殺與其他種類奇奇怪怪的事體，層出不窮，另一現象是頹喪，未老先衰心理的因素導致氣質上的轉變，三十來歲的人有如五十上下的老頭子。體質上的變化，則是一般的人都容易老去，壯年人提前患起老年人的病來了，例如高血壓症，癌腫，骨刺形成，都統統提早，這些病症，在大陸上都是五十歲左右的人才有的。醫藥界的人有時會感到莫名的驚異，因為有些病是六十歲的人才會有的，這裏祇需要四十歲便有了，例如鬢髮變白，醫生們常常將這種事實說成笑話，他們說現在時代進步了，閻王老爺也使用無線電之類的玩意，因此對人世間一切較從前易於迅速了解，所以閻王老爺把要命的事也提前來做。此外還有一般的血壓不穩定，使原發性高血壓症大量增加，而且時間提早。女孩子經期也提早了，月經來時，紅潮多得很，同時也較在大陸上容易受孕，十多年在大陸上不生育的，到此地也會連二接三，一個一個的呱呱墜地，所以產科醫生忙得不可開交。但是，嚴重的事情也由此發生，若干經濟負擔能力較差的家庭，為減輕重擔，不惜背棄人道，動輒打胎，損失自然不輕。小孩易於骨折以及大陸上未有的過敏性疾病之容易發生，都是體質上生理變化之一種。

多發的疾病

（二）多發的疾病，大陸來台人士中，在精神上同樣的一個人，其在此地較在大陸時容易害病，最厲害的一種就是神經官能病，這種病發生一時不易找出其病之所在，但病者又痛苦不堪，同樣的有時也使醫生痛苦，因為醫生找不到病魔到底盤據何處？而無法正確投藥。即使詳細的體檢，也奈何它不得，附帶的症狀是消化不良，失眠及無精打采等。其次是消化性潰瘍，增加的數目較大陸時約為十倍至二十倍，再其次是胃穿孔，這是大陸上稀有罕見的病，不料在此地卻甚為普遍。有某一醫院過去設在北平，三年多未接納一個胃潰瘍患者，但遷台四年中，竟有一四三人前往就醫病人年齡都是三十一歲至三十五歲，男多女少，以籍貫分別是四川人佔第一位。再其次是支氣管哮喘病，病人年年都在增加中。維他命B缺乏症，由於大陸來台後工作辛勞，營養不夠，患此種病的也特別多。[65]

七、黨國、階級、資源分配

外省移民在臺灣的社會脈絡和內聚性的增強除了在私領域之外，最重要的就是在公領域，由黨國主導之下的關係。但是這個關係在剛開始的時候，有其內部的矛盾和衝突，最主要的原因當然是，階級的不平等和資源分配的不均。另外一方面，戰後初期臺灣貧困的經濟環境以及外省移民和本地社會網絡的

---

65 劉宗，〈大陸來台人士的自然敵人、多發疾病的檢討〉，《聯合報》，1954年7月5日，第3版。

隔閡性造成中下階層身分流動的局限性。現今臺灣社會上一般
的看法是，外省人大多都吃公家飯。雖然許多人在大陸的時候
就已經幫國民黨工作，但居臺外省籍人士在軍公教中佔的高比
例，顯然也和戰後移民流亡異鄉和當地社會網絡隔閡的情形以
及戰後早期臺灣經濟的蕭條有關。因爲在戰後早期吃公家的
飯，並不是什麼光彩的事，甚至還可以說是貧窮的象徵，除
非是高階官員。66 50年代缺乏整體的統計數據，但就60年代早
期的數字來看（1962年），外省籍人口佔全臺灣人口的12.6%，
但是在公教人員卻佔了42.8%。67 50年代的臺灣，沉重的國防
經費負擔造成通貨膨脹、民生凋敝。外省上層階級把持國家機
器，生活自然無虞，但是他們仍到處鑽營找好處。有好的人脈
關係，接近權力中心，自然好處多多、樣樣不愁。掌握權力，
有了錢，有關係，大人可以出國考察，小孩可以進到好學校，
爲將來出國念書、移民鋪路。因爲這個專制、不自由、隨時都
有戰爭危險的窮困小島，實在不是久居之處。當時在某些落難
的舊權貴圈中，有所謂的「泹浴主義」一說。「泹浴」是上海
俗語，原本指十里洋場中的舞女和妓女爲了要騙取恩客的財產
和客人假結婚之後再離婚的手法。到了戰後初期的臺灣，泹浴
主義成爲竊取國家財產手段的一個譬喻性修辭。在臺落難的舊
權貴在攜臺黃金、家產花完了之後，利用昔日的關係謀個配房
子、車子的一官半職，工作一陣子之後辭職不幹。國家配的房

66 這個情形可以從〈聯合副刊〉上的一篇很有趣的小故事看出來，請參閱，賈梅佳，〈公教貨色〉，《聯合報》，1961年3月24日，第7版。
67 鍾基年，〈族群特質與職業生涯──外省籍族群從事軍公教行業原因之探討〉，頁2。

子、資源就理所當然的繼續占用成為私人財產。[68]

　　相較於因人際網絡發達的上層階級，對一般廣大中下階級流亡者而言，國家資源分配非常有限。這點從50年代一般軍公教人員待遇的情形就可以看得出來。由於黨國在臺灣的專制流亡政權需要大量忠誠的外省軍公教人員來支撐，國府在遷臺的初期就視改善公教人員的待遇為一個重要的議題。然而，50年代的臺灣雖然每年有大量的美援挹注，但為了反攻大陸龐大軍事支出使得政府經濟拮据，無法真正的對廣大的中下階級軍公教人員的生活做實質的提升。每年巨大的軍事費用也造成經濟停滯和持續性的通貨膨脹，使得島內人民物質生活困頓不堪。只是當時的本省廣大群眾在政治上和文化上受到黨國的雙重打壓，無法留下文字記錄來陳述當時生活的痛苦及抒發他們的不滿。[69]但我們從中下階級外省軍公教人員對政府的抱怨和批評以及他們經濟上的困窘就能想像當時本省一般低階層民眾的生活壓力。畢竟中下層軍公教人員雖然清苦，但是套句當時的話來說，至少是「吃不飽，但也餓不死」，因為他們有最起碼的民生物資配給。自1949年起，政府在50年代曾多次的試圖籌措財源來改善中下階級軍公教人員的生活，其中包括了定期和不定期的米穀、食油及鹽等實物配給，但是真正實質的改善則要

68　童世璋，〈濫浴主義〉，《聯合報》，1957年2月26日，第6版。

69　有幾位歷史學者曾嘗試著從戰後的本地歌曲來還原和建構被壓抑的本省經驗和主體性。李筱峰，〈時代心聲——戰後二十年的臺灣歌謠與臺灣的政治和社會〉，《臺灣風物》，47卷3期（1997年9月），頁127-159；陳培豐，〈從三種演歌來看重層殖民下的臺灣圖像——重組「類似」凸顯「差異」再創自我〉，《臺灣史研究》，15卷2期（2008年6月），頁79-133。

等到1960年7月的軍公教待遇調整修訂案通過公布之後。[70] 國
府遷臺初期，通貨膨脹，物價飛漲。有關公務人員的薪資調整
的問題，其實早在遷臺初期就在報紙上有不斷的討論和呼籲，
甚至以嘲諷的手法來談論。以1950年2月7日的中央副刊專欄為
例：

> 全國人民企盼美援，公務人員等待加薪，其心情實在是同
> 等的焦急（中略）依據臺省府主計處編印的「臺北物價指數旬
> 報」所載，如以去年「六一五」作基期為百分之一百，今年上
> 月中旬，台北躉售物價指數已為百分之兩百一十五・九五，超
> 出一倍有餘。這期間，電費增加了百分之一百，戶稅增加百分
> 之一百五十，火車客票增加約一倍，公共汽車票價有過兩次調
> 整，其他的不必列舉。只有公務員待遇，神色不變，穿著去年
> 夏天的香港衫，坐在椰樹蔭下納涼，誠不勝幽默之至！[71]

1959年7月，《自由中國》社論〈再談軍公教人員待遇問題〉
中一針見血的點出軍公教待遇問題為什麼在社會不斷的呼籲和
政府每年開會花很多時間研究討論的情況下，在整個50年代，
遲遲無法得到合理的解決：

---

70 請參閱《中央日報》的相關報導和討論〈全國文武公教待遇、八月份起實施改
　善〉，1950年7月5日，第1版；〈改善公教待遇籌措經費要點〉，1952年六月
　10日，第1版；〈公教待遇、考慮調整〉，1956年12月27日，第3版；〈軍公
　教待遇調整前、充分供給食物配給〉，1959年12月21日，第1版；〈美援運用
　委員會否認撥款調整公教待遇〉，1960年7月1日，第3版；〈軍公教待遇調整
　案、行政院公布內容要點〉，1960年7月3日，第1版。
71 茹茵，〈望穿秋水〉，《中央日報》，1950年2月7日，第六版。

　　對於這個問題，歷年來我們講過很多話。我們始終認為這並不是一個無法合理解決的問題，其所以始終不能合理解決，基本原因在於我們的政治型態。在這樣子的政治型態下，做大官的人，大家都把心思用在揣摩旨意方面，其他的事情則得過且過。至於有勇氣面對現實問題，從根本上去想合理解決的人，真是太少了。即有，也不發生多大作用。

　　（中略）

　　從根本上談這個問題，我們已經說過很多了。再多講，恐怕也無濟於事。但是本著一個政論刊物的立場，我們仍不得不一再說出我們的看法。現在，我們可以很簡單地再說一遍：軍公教人員待遇之不能合理調整，官方每每說是由於「財政困難」。但是我們一究其所謂的「財政困難」，並不是政府的收入不夠合法的開支，而是不合法的開支太多了。而這些不合法的開支，大部分是在國防費這個大項目下掩蓋住的。立法院審核預算時，對於這個項目的詳細內容，不能過問。因為這是軍事機密！有了軍事機密做為藉口，花錢是再方便不過的。[72]

　　1960年6月，新的軍公教待遇調整修訂案即將公布，《自由中國》發表了〈為軍公教人員叫不平〉的社論。當時為了達到修憲的目的，將總統的任期延長，蔣介石承諾提高國大代表的待遇至和監察委員相同的程度。於是陳誠主導的行政院就向立法院提出新的公教人員待遇和經費分配表的提案，但是此案

---

[72] 社論，〈再談軍公教人員待遇問題〉，《自由中國》，21卷，1期（1959年7月），頁5。

一出，中下階級公務員們群情大嘩，因為照表分配，真正受實惠的只有國大代表們和高階的將軍官員們，一般的軍公教人員分配到的增加在當時來看，只是杯水車薪。社論中提到當時民眾不滿的情形：

> 這個待遇調整方案揭曉之後，軍公教人員的家庭裏面，各機關的辦公室裏面，各學校的教員休息室裏面，乃至茶樓酒館，火車及公共汽車上，到處都可聽冷嘲熱罵，政府在道義上的權威幾乎掃地無疑了。去年八七水災帶來的損害，是有形的，物質的。有形的物質的損害，尚不難於補救。而這次待遇調整方案所帶來的損害，是無形的精神的。無形的精神的損害，雖然一下子看不見，摸不著，但其醞釀中的危機，比八七水災要可怕到千百倍。[73]

同月，一群大陸上來的士兵匿名在《自由中國》投書，針對了幾個主要的議題表達對政府的強烈不滿。第一個議題是1959年7月間公布實施的兵役法修正案49條。新的條例為：「志願在營服兵役者，期間以五年為準，期滿後，可依國防需要或其他志願，予以繼續留營或分期退伍。」這些隻身在臺的老兵們，顯然對條例中國家對退役制度的模糊規範以及缺乏對退役者的照顧，深表質疑：

---

73 社論，〈為軍公教人員叫不平〉，《自由中國》，22卷，12期（1960年6月），頁5-6。

　　該條文中所說的「國防需要」，究竟何時才不需要？是不是指反攻大陸後就不需要了？又有所謂「分期退伍」，是以一年為一期抑是十年辦理一期？一期應該退伍一個人嗎？那一種人應列第一期退伍？又什麼樣的人該拖在最後期？諸如此類，政府為什麼不明白向我們佈達呢？74

更讓這些在部隊中十幾年的老兵無法忍受的是，軍中黨幹部對他們的不公平待遇。這群老兵們指出，當初上級和政工們用半強迫的方式，以支持蔣總統連任的理由逼他們簽下「以軍為家」的宣誓書，現在有一些人申請退伍，卻被上級送進「頑劣隊」管訓。這些老戰士義憤填膺的問：「大陸來臺的戰士不能退伍而在臺入營的為甚麼就可以依法退伍呢？兵役法有沒有這樣一條限制？抑或因我們隻身在臺又係一群無知走卒愚魯可欺吧？」75 最後，對於軍中的待遇，他們對於上級不負責任，睜眼說瞎話的態度，也感到忍無可忍：

　　三月中旬，上峯派一位上校蒞軍區講解軍中問題時，說現在一個二等兵的月薪俱有三百多元，可說夠高了。但事實上我們現在的月薪——一等兵是四十五元，上等兵四十八元，下士七十元，當然一個二等兵便屬更少了。我們實得月薪與那位上校所說出的既相差如此之多，究竟是誰在耍弄欺矇的手法？76

---

74 刁兔戈，〈一群士兵的幾個疑問〉，《自由中國》，22卷，12期（1960年6月），頁21。
75 同上註，頁21。
76 同上註，頁21。

　　在階級壁壘分明、國家資源分配極端不平均的情形之下，發展好的人際的網絡，進入好的單位，成為在人生地不熟的臺灣，非常重要的一環。不論是找工作、頂房子、把公家機關的中的肥缺，裡裡外外、上上下下、大小諸事，不打好關係是不行的。於是，這些形形色色套關係的場合不但使過年過節的大小禮數、婚喪喜慶成為小公務員們沉重的財政負擔，也使得臺灣戰後公共食堂（餐廳）和酒家生意興隆。做為傳承自日治時期的特種營業場所，酒家在戰後的臺灣非常興盛，自遷臺以來，國民黨政府就一直三申五令要禁止淫逸奢靡的風氣，因為這和黨國想要在臺建立一個秣馬厲兵、枕戈待旦「軍事反攻基地」的理想，背道而馳。1949年12月，政府擬定了〈臺灣省各縣市旅館公共茶室服務生管理辦法〉，對於女服務生人數、制服樣式、不得陪酒猜拳唱歌等舉止，有所規範。77 當時政府認為酒家、茶室以及與之伴隨的陪酒和性交易，是日人殖民時代留下來的餘毒。但是從閱讀當時媒體社會版新聞以及時事評論中卻發現，政府一直空喊口號，不定時的掃蕩做做樣子，卻沒有真正的動用國家公權力來完全禁絕。因為，有很明確的證據顯示，政府官員們是酒家、食堂的主要客人。1958年八二三砲戰爆發時，政府為提倡「戰時生活」勒令公務人員不得上酒家，而且在臺北市強制執行。於是臺北的酒家生意一下子冷清了起來，然而桃園的酒家業績卻因此成長不少，因為闊客們都覺得臺北「風聲太緊」而轉移到附近的縣市去了。這樣的情

---

77 陳玉箴，〈食物消費中的國家、階級與文化延展：日治與戰後初期的「台灣菜」〉，《臺灣史研究》，15 卷3期（2008年9月），頁175，註128。

形在聯合報1958年9月30日的〈經濟漫談〉專欄中被記載了下來。[78] 稍早，在9月20日有一篇關於臺中市的酒家的報導更為詳盡。拜臺灣省政府遷到中部地區之賜（1956年先遷到臺中霧峰光復新村，1957年之後遷往南投中興新村），大量湧入的官員和省議員們讓臺中市的酒家一度大發利市。當時稱之為「疏遷財」。但是在八二三砲戰發生時，受到政府強制執行「公務員不得進入酒家」命令的影響，臺中市酒家生意一落千丈，老闆們叫苦連天。拿中部最大的酒家「醉月樓」來說，在金馬砲戰未開打之前，每天的營業額約為 17,200元，開戰之後掉到4,500元，剩不到原來的四分之一。[79]

在當時《自由中國》、《文星》、《聯合報》等登載的文章，對50年代交際應酬的浮濫，有很詳細的報導和批評，在這裡舉王洪鈞的一篇文章做為例子。因為畢生在傳播教育界的貢獻而被譽為臺灣新聞界教父的王洪鈞，1957年剛從美國留學歸國時，在《文星》雜誌上發表了一篇名為〈精神上的低氣壓〉的文章，對當時的臺灣社會氛圍及弊病，有非常犀利的觀察，尤其對臺灣時下盛行的應酬文化，提出批判：

撇開這些不談，臺灣還有一種看起來令人可悲的現象，就是應酬，應酬有兩種，一是婚喪壽日過年過節的應酬，一是鑽營奉承拉攏關係的應酬。前者原是種傳統的善良風俗，但是發展到今天，已成為敗壞善良風俗的蠹蟲。後者更充分暴露今日

---

78 經濟漫談，〈借問酒家何處有〉，《聯合報》，1958年9月30日，第5版。
79 〈中市酒家生意驟減〉，《聯合報》，1958年9月20日，第2版。

人心的現實和陰險。正像白蟻，它已啃垮了政治道德的堤防。

　　我不反對婚喪壽日年節的弔慶，但在每月收入僅供最低生活的情形下，一切都該適度。但今日臺灣，確是有不少人當褲子送禮。不是他不想穿褲子，實在是人心變得特別小氣。禮送少了，非但不能討好而且招怨。更有些人自己吃飽了不顧別人死活，每逢婚嫁甚至生兒子抱孫子，也要大撒其網。有位朋友祝壽歸來，我開玩笑地說：「你今天有酒吃了。」他低聲說：「是的，我在吃自己的肉，喝自己的血。」

　　這種應酬，罪在過分。另一種鑽營疏通的應酬才真叫無恥。也許這是個與中國歷史俱存的不良社會風氣，但在我眼中所看到的，卻是年勝一年。前些年或是前十幾年，人心似乎還憨厚些。但今日竟是十分現實、自私、貪心、小氣、虛偽和無情。

　　某部長下臺的第二日，門前就開始可以羅雀。但不久，他發表局長了，立刻又車水馬龍冠蓋往來不停。飛機場是政治氣候的寒暑計。任何要人或鉅子出國，哪怕是去菲律賓，也有大量「親朋」機場送行。如果這人有點發霉，飛機場上，小貓三隻四隻而已。最近有位要人奉命赴友邦訪問，而又逢市間盛傳將奉命組閣，飛機場上幾乎擠破了頭，踩斷了腿。

　　其實，這還是皮相的。有更多人耳朵特別尖，鼻子特別敏感，平常最多花三分精神在自己的工作上，其餘七分都用在觀察風向打聽行情。何處有委員、有代表、有理事，雖傾家蕩產賣妻鬻子，也要弄到手。一件事情照原則辦照規定辦，常常辦不通，但找人情一疏通，天大的事也可解決。在這種氣氛中請客送禮走門路，自然成為升官發財的捷徑。學問、本事、守法

幾乎成為前進的絆腳石。[80]

從王洪鈞的陳述中，我們看到了，為五斗米折腰的外省公務員被迫要賠錢去參加上級的「生日派對」（祝壽），因為放棄經營人際關係意味著他不但可能失去現有的工作，還可能永遠被他交往的社會圈放逐。在異鄉的臺灣流亡，這是不明智的選擇。同時，我們也看到了投機者無所不用其極的鑽營，想要往上爬，獲取更多的資源。國民黨吏治的敗壞，當然不是只有在統治臺灣的時候，在中國大陸時就很糟糕了。但是我們還是可以思考，這樣的情形是否只能用「中國歷史文化傳統的陋習」這樣籠統的概念來說明，還是也同時可以放在戰亂、流亡心態、資源分配的框架下來討論，不論是在大陸還是在臺灣。

從上述的討論我們可以看到，黨國和外省移民的關係不是只有國家機制對個人的一個單向關係，也不只是簡單的權貴對中下階層的支配。在黨國和個人之間還有外省移民在戰後臺灣重建的社會網絡扮演「中間者」（mediating role）。1956年聯合副刊中的一篇〈校長苦經〉中，提供了支持這個論點一個非常好的例子：

　　有好幾位省立縣立的校長，曾慨然地對我說：『沒有做過校長的人，都想做校長；其實，我們做了的人，真不想幹。但是不幹又如何呢？上了馬背下不去；下去了，高不成，低不

80　王洪鈞，〈精神上的低氣壓〉，《文星》（1957年，第1卷，第1期），頁24。

就，這真是一個難題。』又有一個校長說：『做了校長，天天祇是在敷衍中過日子，談不上辦教育，甚至於天天在苦惱中，天天在為了人情而傷腦筋。』

一般人對校長有「學長」「鄉長」「家長」「首長」四種看法，很少有人把校長當做辦教育的人看的。現在把四種看法按次序說明於後。

學長

因為校長必定是某一個學校畢業的人，當然有他許多先後的同學，甚或一個人背上了幾個學校的校友，如留日的，留美的，甚或某某訓練班的。一個人在那幾個有名學校擔任過職位了的，那是更多。因此，你成為一個紅校友，人家便擁護你為「老學長」。和他叼在校友地位的人，勢必講著關係，請你為他安排一個位置，不管你學校中是否需要。而你在「有」字情面上講，便不可不盡些義務。這些人甚至非「主任」、「組長」不可，而學校中的名額有限，人事凍結，人家卻不管這些困難。結果使做校長的，受之，固無法安插；拒之，則麻煩生矣！揭你的底牌，講你並未畢業等等，一也；「團結」了其他校友來和你為難，二也；公然指責不愛母校，三也；甚或聲言將來反攻大陸回母校後將如何如何，四也。因此，老學長變成了「惱學長」或「鬧學長」了！

鄉長

把校長當做「鄉長」看，是地域觀念的作祟，也是「小圈子主義」的另一方式。因為你既是某省某縣某地人，勢必有

大同鄉、小同鄉、小小同鄉之誼，人家便恭維你是一「鄉」之長者。恭維你總是好的，介紹便跟著賀信雪片飛來了。所求小大由之，即或頂一個工友名額亦好。在這個年頭，咱們大家都是大陸上來的，同鄉非親即故，身為所謂鄉長也者，對於所介紹的人多少得安排一下子。如果同鄉多了，做得好，圈子色彩濃，人家始稱你這學校是「××同鄉會」，用另一種眼光來評定你的成績。如果搞得不好，拆台腳的仍是自己人，倒台最兇的說法便是，你倒了校長沒有退步。他卻可以另謀枝棲，昔日捧你為鄉長，到後來視同陌路，反而說你不愛護同鄉，又要揚言反攻大陸回鄉後將如何如何了。81

　　1959年四月底，一位自從1949年就離開臺灣前往美國工作和定居的外僑余伍源，因為工作的需要從紐約返回臺北暫住，在臺灣待了幾個月之後就離開了。回到紐約之後，他將在臺北所觀察到的現象，寫成一篇遊記投稿到隔年的《自由中國》刊登。余伍源這篇〈臺北行〉，從一位「外省人／外僑」的觀點對當時號稱「自由中國首善之都」的臺北，有非常細膩的觀察。余對黨國的高壓政治、憲警監控、愚民政策以及千篇一律的反共八股頗有微言。同時，他對在臺北街頭隨處可見，為數甚眾的下階層退役軍人（多以擺小攤販和拉三輪車糊口），感到十分同情。在談及當時臺北市生活的情形，余伍源寫下了這段描述：

---

81 筆者在此要特別感謝中央研究院社會所的王甫昌老師提供這個資料。一得，〈校長苦經〉，《聯合報》，1956年5月10日，第6版。

　　臺北的人口，雖然有了百萬，但在臺北住久了，卻不免有一種空虛寂寞之感！就物質生活來說吧！大多數人都是勉強度日，談不到享受！就精神生活來說，雖然在書店裡及街頭報攤上也有著上百種的報刊雜誌，可稱為琳瑯滿目！但敢說其中有百分之九十與官方有關，當然官方出版的報刊不一定就是程度低，沒有內容！但官方出版的報刊，是有它們統一的論調的，其內容是大同小異，有近於千篇一律！於是看了一份，也就夠了！在書籍發行方面來說，出版界多以翻印骨董為主要業務。其他的文娛活動，也不過就如上文中提到的晚會。生活如此空虛，豈無寂寞之感？無疑的，十年來大陸來臺的同胞，一直在當局的諾言下懷著重回家園的一線希望，但自從中美公報發表，政府申明不用武力打回大陸之後，這一線希望似乎也煙消雲散了！

　　現實生活的空虛，未來希望的破滅，似乎是臺北社會上下一致的現象。在上者，少數人還可以追逐聲色自娛；在下者，如不甘渾渾噩噩度日，便只有潛心宗教，以求心靈的解脫了！於是回、佛、天主、基督各教，風靡各地，極一時之盛！[82]

從余伍源的〈臺北行〉中，我們看到了當時黨國高壓政治、看到了被國家遺棄的退伍軍人、以及當時人民在物質生活上的困頓和在心靈上的空虛。當反攻大陸的可能性，隨著1954年中美共同防禦條約的簽訂而消逝，整個臺北社會處在一種低靡失落的情況之下。歷史的後見之明告訴我們，這些都在1960年代開

---

82 余伍源，〈臺北行〉，《自由中國》，第22卷，第2期，1960年，頁19。

始出現轉變,而這個轉變的過程則有待未來的史學家再做進一
步的討論。

八、外省大遷徙在「離散研究」(diaspora studies) 中的定位

　　近年來,康乃爾大學人類學系出身的趙彥寧教授,提出一
個非常具有前瞻性的意見,那就是第一代外省移民,應該被視
為「中國流亡」(Chinese diaspora)或是「中國流亡者」(Chinese
diasporist)。83 但是趙教授並沒有對國際學界在「離散/流亡」
群體(diasporic communities)研究上的定義、理論和方法學的辯證
上,進行細部的討論。臺灣外省人的研究如果要和國際接軌,
這些討論是有其必要性的。首先,英文的diaspora單單翻成中
文的「流亡」會使中文的讀者無法了解這個詞彙背後所代表的
複雜歷史意義及其所包含的各國移民群體研究,包括了「海
外華人研究」(the study of overseas Chinese)。所以筆者用了「離
散」這個詞,或者是「離散/流亡」。中文的「流亡」比較
接近英文的'exile'。Diaspora當然也有(政治)流亡的成分,
但是這個詞所包含的意義顯然更廣。事實上,「海外華人」
在西方的學界現在已經被通稱為Chinese diaspora。所以,如
果外國移民研究學者聽到臺灣的第一代外省人被稱為Chinese
diaspora,一定會要求這樣說的人,要提出相對應的理論和事

---

83 趙彥寧,〈公民身分、現代國家與親密生活:以老單身榮民與「大陸新娘」的
　婚姻為研究案例〉,頁3,註1。

證（筆者親身的經驗）。戰後第一代外省人移民的性質和經驗顯然和19世紀後半期到美國建鐵路挖金礦以及到東南亞經商工作的中國人（及他們的後代）不同。

Diaspora這個字源自於希臘文，在詞語上最直接的意義是「散播」（sow over or scattering）。本來指的是希臘文化及其城邦殖民地在地中海地區的散佈，後來被用來敘述猶太人約在公元前600年在巴比倫王朝時（Babylonian Exile）及後來在公元70年在羅馬帝國統治下時，被迫離開巴勒斯坦流亡到世界各地的經驗。自此之後，這個字成為一個形容住在巴勒斯坦以外的猶太族群的用語（大寫的Diaspora）。在1970年之前，西方學者在研究自己國家內的移民時，很少用diaspora這個字或是想要發展這方面的相關理論。因為在70年代以前，西方、尤其是美國的社會學家相信，別的國家或地區來的移民應該到最終都會融入美式的「大熔爐」中（the melting pot theory）。但在1980年初，一方面是因為全球化經濟以及論述的興起，跨國移民的激增，另一方面是因為學者們在不同的田野調查中慢慢發現，有許多移民群體及他們的後代和原居地還繼續保持不同形式和程度的聯繫。這些聯繫可以是實質上的，像是政治上與經濟上的往來，跨國家庭及婚姻等等，也可以只是文化性及想像性的聯結，像是對原居地（或想像中的原居地）的懷鄉書寫、風俗節日慶典的紀念以及歷史文化遺產的傳承等等。於是，有關diaspora的討論開始逐漸興起。自1980年以來，國外學界研究離散／流亡群體在時間的承接以及理論方法學的辯證上，簡略的來說，至少可以歸類出三個不同的學派。首先，為 diaspora 研究開先河的是政治學家們，在80年代和90年代早

期以Gabriel Sheffer和William Safran為首提倡離散／流亡群體和原鄉二元連結性的研究，強調移民對家鄉的實質性和想像性的連結，著重於普遍性質的定義和分類學。84 Robin Cohen的研究雖然在1997年才出版，但也可以被歸為這一類85。第二個學派是以Cultural Studies為主的學者組成，在90年代初期開始出現，由Stuart Hall、Paul Gilroy、James Clifford等領軍，強調想像性的家鄉（地理上實質的家鄉可以不存在或隨時間消逝）來論證流亡群體認同的多元（源）性、飄移性、揉雜性。86 其中最有名的代表作為Paul Gilroy討論西半球黑人群體流亡離散多元主體性的*The Black Atlantic: Modernity and Double Consciousness*（1993）。第三股勢力則約在2000年左右興起，以Donna Gabbacia、Madeline Hsu等的著作為代表，對世界上不同時空歷史背景下個別移民群體做細部的歷史研究和討論，呈現不同移民群體歷史經驗的獨特性，反對前兩派學者在所有「擬似」離散／流亡群體的研究完成之前，就提出任何概括性的理論和定義。87 筆者認為，臺灣的外省人研究可以為這一個國際學界

---

84 Gabriel Sheffer, *Modern Diasporas in International Politics*. London/Sidney: Croom Helm, 1986 and William Safran, "Diasporas in Modern Societies: Myths of Homeland and Return." Diaspora 1:1 (1991): 83-99.

85 Robin Cohen, *Global Diasporas: An Introduction*. London: University College London, 1997.

86 Paul Gilroy, *The Black Atlantic: Modernity and Double Consciousness*. London: Verso, 1993；Stuart Hall, "Cultural Identity and Diaspora." In Patrick Williams and Laura Chrisman eds. *Colonial Discourse and Postcolonial Theory: A Reader*. New York: Columbia University Press, 1994; James Clifford, "Diasporas." *Cultural Anthropology* 9:3 (1994): 302-338.

87 Donna Gabbacia, *Italy's Many Diasporas*. London: University College London, 2000; Madeline Hsu, *Dreaming of Gold, Dreaming of Home*. Stanford: Stanford California Press, 2000;

上正在進行的歷史研究計畫，做出貢獻。

自從離散／流亡研究興起以來，這數十年對diaspora的論證其實有非常多激烈的辯論，尤其是有關於如何去定義一個移民群體是不是可以被稱作是一個 diaspora （or 一群diasporas）。因為近年來，diaspora這個概念使用太廣泛，已經有被「空洞化」的危險，所以國外學者們認為要好好的去發掘在不同文化、背景、歷史時空中的移民經驗來重新定義相關的理論。[88]有一些極端的學者認為，Diaspora（大寫D）只能用來形容猶太人的流亡經驗。但大部分的研究者認為這樣的定義太過狹隘，只要一個移民團體在異鄉定居，無法完全融入當地的社會，而在另一方面又和原居地有實質上的往來或想像性的聯繫（像是懷鄉書寫，文教活動，紀念家鄉儀式，收復國土運動等等），而這一些連結成為維繫這個移民群體認同主要的原動力與向心力時，那我們就可以說，這個移民群體有「離散／流亡群體」的特性。在臺灣的第一代外省移民基本上是符合這個條件的。況且，他們和這個詞彙起源的猶太人都是因政治因素而被迫離鄉，而且離鄉的過程對這兩個移民群體和他們的後代都有很特別的意義。還有就是，大部分的第一代移民在政府開放探親之後不在大陸定居，而選擇定期返鄉省親，因為他們在原鄉不再感覺到全然的自在舒適。這些無庸置疑都是國際學界認定 diaspora 的一些特性。這就是為什麼筆者認為，趙彥寧教授的提案，非常具有前瞻性。

---

88 Jana Evans Braziel and Anita Mannur eds, *Theorizing Diaspora: A Reader*. Malden, Massachusetts: Blackwell Publishing, 2003.

　　但是就另一方面來說，做為一個因政治因素而離鄉背井的政治移民，臺灣的第一代外省人和其他在20世紀之中，在世界各地因為政治迫害或戰爭和內亂而必須被迫離開家園的人比較起來，尤其是和其他所謂「反共離散／流亡群體」（anti-communist diaspora），像冷戰時逃離鐵幕的東歐難民，在卡斯楚政權上台後一批又一批漂洋過海投奔美國的古巴人，和南越政府垮台之後，逃離中南半島鐵幕的越南人（包含許多「華裔船民」'boat people'），有另一個非常與眾不同的特點。這個特點就是，他們做為一個逃難的群體和一個少數群體是跟著一個對流亡地有控制力和主導權的「流亡政府」遷移的。像西藏難民雖然在印度北部的Dharamsala也有一個以達賴喇嘛為精神領袖組成的「西藏流亡政府」，但是這個政府或流亡的西藏官員們並無法主導印度的國政。因此，在臺的外省移民和國民黨政府的關係放在世界移民史的框架中來看的話，就會為國際上的移民研究及離散／流亡群體研究，提供一個非常獨特而有趣的案例。

　　從上述50年代外省移民社會史的角度來看，外省人雖然是一群政治上的逃難者，男多女少、妻離子散、抵臺早期社會網絡分崩離析，但是因為和黨國之間的依存關係，使得他們成為一個在政治和文化上的強勢少數。但是我們也必須意識到，這個依存關係在50年代時，曾因為社會階級差異和資源分配的極端不均，而充滿了矛盾和不定性。於是，我們接下來就必須問到，這些矛盾和不定性是如何在1960年之後被慢慢消除，然後到了今日臺灣，黨國和外省族群幾乎可以畫上等號。臺灣外省人的經驗相對於逃到西方國家定居的東歐居民、古巴人、越南

人和其流亡地政府的關係，是非常不一樣的。後者多半被其接收的西方國家認定爲「難民」而啓動一連串的國際互助機制來幫助他們在流亡地的安置、教育、就業等，這些人在西方社會中成爲所謂的「少數族裔」（ethic minority）。而黨國在50年代對外省人口的安置和管理則相對的缺乏計畫性和系統性。有趣的是，國府有自己另一套對於大陸同胞水深火熱的「難民論述」（discourse on refugees）。

　　筆者對於理論和證據之間的態度是，兩者的關係應當爲互相影響和對話。Diaspora是從研究其他和臺灣外省人文化、國情相異的移民群體在不同歷史時空的經驗所得到的理論架構，不能全盤套用，而應同時注重，借用理論和實證經驗的交合及差距，才能眞正和國際的學界對話。從外省移民50年代在臺灣的經驗來看，他們在這個特定的歷史時空應該比較適合被稱爲「旅居者」（sojourners）而還不是diaspora。他們有diaspora 的特性出現，則是在50年代晚期和60年代早期才慢慢的開始發生的，至少要等到第一本同鄉會文獻雜誌在1962年出現之後（四川文獻）。前述的證據顯示了，至少在中美共同防禦條約簽訂之前，大部分的人都還相信有「反攻大陸」的可能，而沒有在臺灣做長期居留的打算。在我們今天看來可能覺得很可笑，這些人眞是太好騙了。但是歷史研究者不能以現今的標準和後來歷史發展的狀況來評斷過去人的思考或決定。當時，外省移民有這樣的想法，除了政府每天機械式地不斷宣傳之外，還要歸諸於這些政治移民們過去在大陸上的經驗。對很多人來說，這已經不是他們第一次流亡了，對日抗戰八年還不是都熬過來勝利還鄉了？總而言之，外省移民群體從「過客」到「離散／流

亡群體」是一個很複雜而有趣的歷史發展，包括了60年代末期及70年代大量移民美國的外省人的經驗和80年代末返鄉探親的經驗。最後，筆者認爲，與其說第一代外省人是Chinese diaspora，不如說，diaspora的理論在合理的借用下，對當下的研究者了解戰後遷臺政治移民的經驗，有很大的幫助。

引用書目

中文

文獻史料

《中央日報》，1949-1960。

《文星》，1957-1960。

《自由中國》，1949-1960。

《河北會刊》，1962。

《暢流》，1950-1960。

《聯合報》，1952-1967。

統計資料

《司法行政部犯罪殺人研究》，1965。

《玉里榮民醫院住院病患統計調查報告》，1993年11月。

《高雄市統計要覽》，1962。

《基隆市統計年鑑》，1959年。

《臺中市統計要覽》，1959年。

《臺北市統計要覽》，1950、1952、1957、1960、1966、1974、
　　1983、1990。

《臺南市統計要覽》，1962年。

《臺灣省/臺灣地區犯罪統計》，1959-1972。

專書、期刊、博碩士論文

朱德蘭，〈日治時期臺灣花柳業問題（1895-1945）〉，《國立中央大
　　學人文學報》，27期，2003年6月，頁99-174。

何思瞇，《臺北縣眷村調查研究》，臺北縣板橋市：北縣文化局，
　　2001年。

何義麟，〈戰後初期臺灣報紙之保存現況與史料價值〉，《臺灣史料
　　研究》，8期，1996年8月，頁88-97。

———，〈媒介真實與歷史想像——解讀 1950年代台灣地方報紙〉，《台灣史料研究》，24期，2005年3月，頁2-24。

李紀平，〈「寓兵於農」的東部退輔老兵——一個屯墾的活歷史〉，花蓮縣壽豐鄉：國立東華大學族群關係與文化研究所碩士論文，1997年。

李棟明，〈光復後臺灣人口社會增加之探討〉，《臺北文獻》，9/10期，1969年，頁215-249。

———，〈居台外省籍人口之組成與分布〉，《臺北文獻》，11/12期，1970年，頁62-86。

李筱峰，〈時代心聲——戰後二十年的臺灣歌謠與臺灣的政治和社會〉，《臺灣風物》，47卷3期，1997年9月，頁127-159。

吳三連口述、吳豐山撰記，《吳三連回憶錄》，臺北市：自立晚報，1991年12月。

吳明季，〈失落的話語——花蓮外省老兵的流亡處境及其論述〉，花蓮縣壽豐鄉：國立東華大學族群關係與文化研究所碩士論文，2000年。

吳勇正，〈戰後台灣戶政變革之研究——從「接收復員」到「清鄉戒嚴」（1945~1949）〉，台南市：國立成功大學歷史研究所碩士論文，2006年6月。

孟智慧，〈從嶔岑與石濤農場人群的研究看離散人群的認同〉，新竹市：國立清華大學人類學研究所碩士論文，2003年。

林弘勳，〈日據時期臺灣煙花史話〉，《思與言》，33期3卷，1995年9月，頁77-128。

林桶法，《1949大撤退》，臺北市：聯經，2009年8月。

林勝偉，〈政治算數：戰後台灣的國家統治與人口管理〉，臺北市：國立政治大學社會學系博士論文，2005年。

林憲，〈社會變遷衝擊下之精神疾病〉，收錄於瞿海源、章英華主編，《臺灣社會與文化變遷（下冊）》，臺北市：中央研究院民族所專刊乙種之16，1986年6月，頁591-616。

胡台麗，〈芋仔與蕃薯——臺灣「榮民」的族群關係與認同〉，《中央研究院民族學研究所集刊》，69期，1990年，頁107-131。

若林正丈著、洪金珠，許佩賢譯，《臺灣：分裂國家與民主化》，臺

北市：月旦出版，1994年。

高格孚，《風和日暖：台灣外省人與國家認同的轉變》，臺北市：允晨文化，2004。

夏黎明，鄉關何處，〈咫尺天涯：國家支配、個人遭逢與池上平原三個外省榮民的地方認同〉，《國家與東台灣區域發展史研討會》，臺北市：中央研究院台灣史研究所籌備處，2001年12月。

陳玉箴，〈食物消費中的國家、階級與文化延展：日治與戰後初期的「台灣菜」〉，《臺灣史研究》，15卷3期，2008年9月，頁139-186。

陳培豐，〈從三種演歌來看重層殖民下的臺灣圖像──重組「類似」凸顯「差異」再創自我〉，《臺灣史研究》，15卷2期，2008年6月，頁79-133。

楊蓮福，《人口問題與台灣政治變遷：人口政治學的初步探討》，臺北縣蘆洲市：柏楊文化，2005年9月。

趙彥寧，〈戴著草帽到處旅行──試論中國流亡、女性主體、與記憶間的建構關係〉，《臺灣社會研究》，41期，2001年，頁53-97。

───，〈家國語言的公開秘密：試論下階層中國流亡者自我意識的物質性〉，《臺灣社會研究》，46期，2002年6月，頁45-85。

───，〈公民身分、現代國家與親密生活：以老單身榮民與「大陸新娘」的婚姻為研究案例〉，《臺灣社會學》，8期，2004年12月，頁1-41。

趙剛、侯念祖，〈認同政治的代罪羔羊──父權體制及論述下的眷村女性〉，《臺灣社會研究》，19期，1995年，頁125-163。

劉克智、劉翠溶，《中國人口問題研究》，臺北市：中央文物供應社，1983年6月。

賴錦慧，〈族群通婚與族群觀──四季新村原住民婦女的經驗〉，花蓮縣壽豐鄉：國立東華大學族群關係與文化研究所碩士論文，1998年。

薛月順，〈臺灣入境管制初探──以民國38年陳誠擔任省主席時期為例〉，《國史館學術集刊》，1期，2001年12月，頁225-255。

鍾基年，〈族群特質與職業生涯──外省籍族群從事軍公教行業原因之探討〉，新竹市：國立清華大學社會人類學研究所碩士論文，

1992年。

鍾豔攸，《政治性移民的互助組織——台北市之外省同鄉會（1946-1995）》，臺北縣板橋市:稻鄉出版社，1999年。

英文

Braziel, Jana Evans and Anita Mannur eds. *Theorizing Diaspora: A Reader*. Malden, Massachusetts: Blackwell Publishing, 2003.

Chao, Linda and Ramon H. Myers. *The First Chinese Democracy: Political Life the Republic of China on Taiwan*. Baltimore, Maryland: Johns Hopkins University Press, 1998.

Clifford, James. "Diasporas." *Cultural Anthropology* 9:3 (1994) : 302-338.

Cohen, Robin, *Global Diasporas: An Introduction*. London: University College London, 1997.

Connerton, Paul. *How Societies Remember*. Cambridge: Cambridge University Press, 1989.

Corcuff, Stéphane. "Taiwan's 'Mainlanders,' New Taiwanese?" In Stéphane Corcuff eds, *Memories of the Future*: *National Identity Issues and the Search for a New Taiwan*. Armonk, New York: M.E. Sharpe, 2002.

Durkheim, Émile. *On Suicide*. Translated by Robin Buss with an introduction by Richard Sennett and notes by Alexander Riley London/New York: Penguin, 2006.

Gabbacia, Donna. *Italy's Many Diasporas*. London: University College London, 2000.

Gilroy, Paul. *The Black Atlantic: Modernity and Double Consciousness*. London: Verso, 1993.

Halbwachs, Maurice. *On Collective Memory*. Edited and translated by Lewis A. Coser. Chicago: University of Chicago Press, 1992.

Hall, Stuart. "Cultural Identity and Diaspora." In Patrick Williams and Laura Chrisman eds. *Colonial Discourse and Postcolonial Theory: A*

Reader. New York: Columbia University Press, 1994.

Hsu, Madeline. *Dreaming of Gold, Dreaming of Home.* Stanford: Stanford California Press, 2000.

Kansteiner Wulf, "Finding Meaning in Memory: A Methodological Critique of Collective Memory Studies." *History and Theory* 41 (May 2002): 179-197.

Olick, Jeffrey and Joyce Robbins. "Social Memory Studies: From 'Collective Memory' to the Historical Sociology of Mnemonic Practices." *Annual Review of Sociology* 24(1998): 105-140.

Phillips, Steven E. *Between Assimilation and Independence: the Taiwanese Encounter Nationalist China, 1945-1950.* Stanford, California: Stanford University Press, 2003.

Ritchie, Donald. *Doing Oral History: A Practical Guide*, second edition. New York: Oxford University Press, 2003.

Roy, Denny. *Taiwan: A Political History.* Ithaca: Cornell University, 2003.

Safran, William Safran "Diasporas in Modern Societies: Myths of Homeland and Return." *Diaspora* 1:1 (1991) : 83-99.

Salmon, Lucy Maynard. *The Newspaper and the Historian.* New York: Oxford University Press, 1923.

————. *The Newspaper and Authority.* New York: Oxford University Press, 1923.

Sheffer, Gabriel. *Modern Diasporas in International Politics.* London/ Sidney: Croom Helm, 1986.

Trovato, Frank and George K. Jarvis. "Immigrant Suicides in Canada: 1971 and 1981." *Social Forces* 60:2 (1986) : 433-457.

Thompson, Kenneth. *Émile Durkheim.* New York: Tavistock Publications, 1982.

Thompson, Paul. *Voice of the Past: Oral History*, third edition. New York: Oxford University Press, 2000.

潘 光哲

台灣大學歷史學系博士（2000年），曾任台大歷史系兼任講師（1992-1995年）、中央研究院歷史語言研究所約聘研究助理（1995-2001年）、中央研究院近代史研究所助研究員（2001-2008年）、美國哈佛大學哈佛燕京學社（Harvard-Yenching Institute）訪問學者（2007-2008年）；現任中央研究院近代史研究所副研究員，兼任胡適紀念館主任。專業研究領域為近現代中國史與當代台灣史。著有《華盛頓在中國：製作「國父」》（台北：三民書局，2006）、《「天方夜譚」中研院：現代學術社群史話》（台北：秀威資訊科技股份有限公司，2008）。

十四、形塑「黨國體制」與「民主經驗」的記憶文化

——以《自由中國》為例

摘要

　　《自由中國》是一九五〇年代台灣最受矚目的政論刊物，影響遍及海內外。本文從一九五〇年代的歷史脈絡入手，以《自由中國》為中心，詳縝析論《自由中國》的文本，藉以檢討台灣「黨國威權體制」建立和發展的歷史，描述「黨國威權體制」支配之下「民主經驗」的發展，進而反思，如何將《自由中國》的相關論述，轉化為足可同潤共享的「記憶文化」，對吾人共同追尋民主理想的現實處境，應可提供思想滋養之益。

　　關鍵詞：《自由中國》、「黨國體制」、「民主經驗」、記憶文化

一、導言

　　創刊於1949年11月20日的《自由中國》半月刊，至1960年9月1日發行最後一期（23卷5期）為止，它在台灣生存了將近11年，一共發刊260期[1]，每期發行數量可高達1萬2千本[2]。就一份政論雜誌而言，能維持如此長久的時間，並吸引廣大的讀者群，洵稱異數；它在一九五○年代台灣歷史舞台上的重要地位，更深受肯定[3]，是應該永遠銘刻在人們的歷史記憶裡的一

1　《自由中國》第1卷只出版了3期，自1950年1月1日起即發刊第2卷，每卷12期，至23卷5期為止，共計260期。

2　自1957年3月起，《自由中國》每期都印1萬2千本，見：馬之驌，《雷震與蔣介石》（台北：自立晚報文化出版部，1993），頁128（表一：《自由中國》半月刊歷年發行數量及定價一覽表）。

3　研究《自由中國》與相關人物的著作，繁多難盡，舉其精要者，如：錢永祥，〈自由主義與政治秩序：對《自由中國》經驗的反省〉，《台灣社會研究季刊》，1卷4期（台北：1988年12月），頁57-99（亦收入：錢永祥，《縱欲與

座豐碑。

　　《自由中國》籌辦之初，以對抗共產主義在中國捲起的時代風暴爲根本宗旨，宣傳自由與民主的理念，則被視爲是思想鬥爭的理論武器。集合在「自由中國」這面旗幟下的「自由派知識分子」，以胡適爲精神領袖，雷震爲行動首腦，在風雨飄搖的時代裡，務求盡其本份地阻擋國際共產主義「赤潮」的泛濫。正如胡適在太平洋上寫成的《自由中國》的宗旨4：

　　　我們在今天，眼看到共產黨的武力踏到的地方，立刻罩下了一層十分嚴密的鐵幕。在那鐵幕底下，報紙完全沒有新聞，言論完全失去自由，其他的人民基本自由更無法存在。這是古代專制帝王不敢行的最徹底的愚民政治。這正是國際共產主義有計劃的鐵幕恐怖。我們實在不能坐視這種可怕的鐵幕普遍到全中國。因此，我們發起這個結合，做為自由中國運動的一個起點。

虛無之上：現代情境裡的政治倫理》〔台北：聯經出版事業公司，2001〕，頁179-236）、薛化元，《《自由中國》與民主憲政：1950年代台灣思想史的一個考察》（台北：稻鄉出版社，1996）、何卓恩，《《自由中國》與台灣自由主義思潮：威權體制下的民主考驗》（台北：水牛圖書公司，2008）、張忠棟，《胡適・雷震・殷海光》（台北：自立晚報文化出版部，1990；本書後來增訂改版為：張忠棟，《自由主義人物》〔台北：允晨文化事業股份有限公司，1998〕）、任育德，《雷震與台灣民主憲政的發展》（台北：國立政治大學歷史系，1999）、蘇瑞鏘，《超越黨籍、省籍與國籍：傅正與戰後台灣民主運動》（台北：前衛出版社，2008）；其餘部分，不一一詳列。

4　胡適於1949年4月6日由上海搭President Cleveland號輪船赴美，在船上完成了這篇《自由中國》的宗旨，見：〈胡適致雷震等（1949年4月16日）〉，收入：萬麗鵑（編註），潘光哲（校閱），《萬山不許一溪奔：胡適雷震來往書信選集》（台北：中央研究院近代史研究所，2001），頁1-3。

　　我們的宗旨，就是我們想要做的工作，有這些：

　　第一、我們要向全國國民宣傳自由與民主的真實價值，並且要督促政府（各級的政府），切實改革政治經濟，努力建立自由民主的社會。

　　第二、我們要支持並督促政府用種種力量抵抗共產鐵幕之下剝奪一切自由的極權政治，不讓他擴張他的勢力範圍。

　　第三、我們要盡我們的努力，援助淪陷區的同胞，幫助他們早日恢復自由。

　　第四、我們的最後目標是要使整個的中華民國成為自由的中國。

胡適的這一段話，都出現在此後每一期《自由中國》的封底裡，深具「標竿」意義，也應當是檢視《自由中國》努力方向的最高判準。

　　不容否認的是，《自由中國》的面世，和流亡台灣意欲重振旗鼓的中國國民黨（以下簡稱國民黨）政權及其最高當局，有密切的關係，甚至獲得了相當實質的支援5。然而，既然以自

5　但是，這並不是說國民黨政權的最高當局蔣介石曾經給予《自由中國》實質上的經濟援助，如雷震嘗不無氣憤地在日記裡抒懷道：「《自由中國》辦了三年，總裁並未拿出一文錢。外面常謂本刊受了總裁的美金，真是冤枉人」，見：雷震，「1952年4月26日日記」，傅正（主編），《雷震全集‧雷震日記‧第一個十年〔四〕》（台北：桂冠圖書股份有限公司，1989），冊34，頁59；惟當《自由中國》籌辦之初，直至教育部長杭立武允諾由教育部補助部分經費，它的出版才算是有了著落，此後的《自由中國》也屢屢得到來自國民黨黨方、台灣省政府的補助，甚至列為「勞軍刊物」之一，直至1953年《自由中國》才不再得到國民黨政權的資助，成為獨立自主的民間刊物，參見：薛化元，《《自由中國》與民主憲政：1950年代台灣思想史的一個考察》，頁63、任育德，《雷震與台灣民主憲政的發展》，頁79-82。

由與民主等理念，開展「反共」鬥爭的事業，《自由中國》同
仁開展的「反共論述」6，就不會與反自由與反民主的威權體
制同聲共調，這份刊物也爲了實現與堅持自身楬櫫的理想，終
於走上向國民黨在台灣形塑的威權體制挑戰的道路。《自由中
國》對於威權體制竭力掩蓋的敏感問題，絕不迴避；對於威權
體制弄權恣爲的錯誤，決無妥協。《自由中國》犀利的針砭所
及，鼓舞著苦悶的精神，激動著蟄伏的人心。在整個一九五〇
年代，《自由中國》是台灣最受矚目的政論刊物，影響遍及海
內外。

　　黨國威權體制面對《自由中國》的筆鋒文采，在以理服人
的層次上，完全沒有可以回應的本事。他們只能憑恃著自己掌
握的國家機器，動用最赤裸裸的暴力來打壓。黨軍文宣機構
的「圍剿」猶不足，終於繼之以法笞刑罰，《自由中國》的

---

6 就整體脈絡而言，共產主義在廿世紀的擴張，在不同地區裡激起各式各樣的
反應，面對共產主義的「威脅」，這種「威脅」意識，並在人們的具體生活
世界裡更被感覺為確有其事的（試想一下對於蘇聯可能發動核子戰爭的「恐
懼」），「反共」做為一種意識形態，確實和這種生活體驗的認知聯結在一
起，也與人們對於共產主義的實踐，確實與自身生活世界的基本信念（如自由
市場、言論／宗教自由等）與其運作邏輯，大相逕庭，相關文獻甚衆，如：
Thomas G. Paterson, *Meeting the Communist Threat: Truman to Reagan*
(Oxford: Oxford University Press, 1988)，即就此一面向剖析美國領導階層如
何回應共產主義的「威脅」的策略，餘不詳舉例。就中國／台灣的脈絡而言，
自共產主義在中國流傳並形成力量以來，對於共產主義的「威脅」提出的述
說，也各有千秋，形成各種有趣的認知解釋（好比說，批判中共向蘇聯「一面
倒」為有違「民族大義」的論述模式；又如，對於中共推動「土改」〔或是
「思想改造」〕的「殘暴血腥」敘述，以證明共產主義的「邪惡」這種論述
模式，也屢見不鮮）。從世界史的整體脈絡來反思共產主義在廿世紀中央的
擴張及其回應，探討中國／台灣的「反共論述史」(the discursive history of
anticommunism)，應該納入我們的研究視野，涉及廣泛，不詳申論。

生命，以雷震等人在1960年9月4日的被捕入獄，被迫走上終
點7。號稱「自由中國」的土地，其實是名實不符，沒有自由
的。不過，大江總是向東奔流的，黨國威權體制終必也有步向
土崩瓦解的時候。時至今日，《自由中國》獨特的生命旅程，
不再是重重謎霧籠罩的歷史命題，完全可以跳脫政治神話的囚
籠，汲取思想刺激的時代，已經降臨。今日重行回顧《自由中
國》的「生命史」，我們可以採取更為寬廣的視野。

　　從後見之明來說，人們理解一九五〇年代的台灣，往往視
之為「黨國威權體制」形成與鞏固的年代。特別是採取社會科
學的理論敘述語言，我們或許可以高度概括地論說，台灣在
「黨國威權體制」之下，國民黨政府的統治形成了國家機關對
於民間社會由上而下的控制與支配。表現在政治上，是對人民
基本人權與基本參政權的限制；表現在經濟上，是對經濟活動

---

7 即如以台灣警備總司令部總司令黃杰署名給行政院長陳誠的「極機密」簽呈
　（1958年10月31日）裡，對於《自由中國》各式各樣的言論，竭力羅織成罪，
　像是批判《自由中國》第17卷第3期（1957年8月1日發刊）的〈今日的問題
　（二）反攻大陸問題〉（殷海光撰）一文「抹煞我們自己力量，強調反攻無
　望，有利匪方，達於公開宣傳之程度，實已構成懲治叛亂條例第七條（以文字
　圖畫演說為有利于叛徒之宣傳者據【應為「處」，引者按】七年以上有期徒
　刑〉之罪嫌」；同時控訴《自由中國》第19卷第8期（1958年10月16日）的社
　論〈認識當前形勢‧展開自新運動向大陸作政治進軍！〉（殷海光撰），「內
　容荒誕狂悖，真堪令人髮指」，說此文的論點「以另一姿態替奸匪說話」。黃
　杰在這份簽呈裡的建議是：「擬即依懲治叛亂條例第七條戡亂時期檢來【應為
　「肅」，引者按】匪諜條例第六條之規定，由本部將雷震依法逮捕究辦」，並
　要「內政部立即核定定期停止其發行，并扣押其出版品」（其他的建議，不詳
　述），簡單言之，「抓人查禁」四字便是黨國威權體制的回應之道，而且早在
　1958年便已朝這個方向上著手。黃杰的簽呈全文影本，見：〈台灣警備總司
　令部呈報行政院雷震蓄意叛亂顛覆政府擬依法究辦（民國四十七年十月三十一
　日）〉，收入：陳世宏（等編），《雷震案史料彙編‧國防部檔案選輯》（台
　北：國史館，2002），頁13-19。

和市場行為的管制與操縱；表現在社會上，是對人民團體和社
會運動的動員與壓制；表現在文化上，則是對意識型態和教
育、傳播體系的塑造與操控8。不過，這樣的概念語言，其實
可以放諸其他地區的威權體制而皆準，不同地域的人類的具體
生活／歷史經驗竟被一刀切平9。台灣人民在威權體制之下的
具體生活／歷史經驗，在我們的認知世界裡，絕對存在著必須
深化與擴展的空間10。因是，如果從一九五○年代的歷史脈絡
入手，詳縝析論《自由中國》上的各種文本，對於台灣「黨國
威權體制」建立和發展的歷史，應可得到具體彰著的個案認
識。況且，即令在「黨國威權體制」支配之下，台灣也還曾享
有獨特的「民主經驗」（democratic experience）11，為生活在其他
地方之華人所未經歷品嘗。當「黨國威權體制」崩解，台灣固
然從此加入了「新興民主國家」的行列，只是，如何處理黨國

---

8 蕭全政，〈台灣威權體制轉型中的國家機關與民間社會〉，收入：中央研究院
台灣研究推動委員會（主編），《威權統治的變遷解嚴後的台灣》（台北：中
央研究院台灣史研究所籌備處，2001），頁67。

9 即如研究極權／威權體制的名家Juan J. Linz所言，史學家必然會挑戰那種採
取極權／威權體制的理念型（ideal type）所提出的簡化論述，比如那些在極
權／威權體制下的活躍分子，往往會在他們生活的體制崩解後，為自己過往的
行為辯護，說自己也不過只是被那些高高在上莫知其詳的「他們」所統治的
一介凡夫而已（參見：Juan J. Linz, "Further Reflections on Totalitarian and
Authoritarian Regimes", in: idem., *Totalitarian and Authoritarian Regimes*
〔Boulder, CO.: Lynne Rienner Publishers, Inc., 2000〕, pp. 27-28）。顯然，
如何理解極權／威權體制的實際運作與人民日常生活之間的辯證關係，必須積
累在個案的具體歷史經驗／脈絡裡來思索。

10 例如，在威權體制之下生活的台灣人民，可能享有共同的生活作息樣態，以
及，因為地域／階級／族群／性別的不同而各有春秋的差異，這樣的歷史經
驗，便應有值得再詳為探討的空間；關於日本殖民體制下的情況，可以參考：
呂紹理，《水螺響起：日治時期台灣社會的生活作息》（台北：遠流出版事業
股份有限公司，1998）。

威權體制的諸多「遺產」，追求「轉型正義」的實現，尚且未
竣全功[12]。那麼，從史學知識的致用角度而言，重溫《自由中
國》的相關論述，以之做爲書寫台灣經歷過的這一段「民主經
驗」的基礎，並進一步思考，將之轉化爲吾人可以同潤共享的
「記憶文化」（the memorial culture）[13]，對此後共同追尋民主理想
的現實處境，應有思想滋養之益。

二、初期《自由中國》對國民黨的期望

在一九四〇年代末期的時代變局裡，《自由中國》同仁的
最初立場，是站在「擁蔣反共」這一邊的。在他們看來，除此
之外，儼然別無選擇，沒有「第三條路」[14]。因此，我們可以

11　「民主經驗」一辭，取材自：Reinhold Niebuhr and Paul E. Sigmund, *The Democratic Experience: Past and Prospects* (New York: Frederick A. Praeger, Publishers, 1969)；至於這部書的完成與基本論旨（以及和Niebuhr個人思想歷程的關聯），參見：Richard Wightman Fox, *Reinhold Niebuhr: A Biography* (Ithaca & London: Cornell University Press, 1996), p. 289；本文不詳述。

12　吳乃德，〈轉型正義和歷史記憶：台灣民主化的未竟之業〉，《歷史與現實》，《思想》，2（台北：聯經出版事業股份有限公司，2006），頁1-34。

13　「記憶文化」一辭，參考Konard H. Jarausch與Michael Geyer之論說，他們指出，德國在第二次世界大戰之後分裂爲兩國，然而，東、西德雙方則將德意志人曾經共享的歷史經驗，重塑爲表現大不一致的「記憶文化」，東德強調他們的「歷史傳統」是勞工運動和人文主義知識分子（humanist intellectuals）締造的「進步」傳統；西德一方則重塑1848年革命以降的「民主傳統」，訴諸基督教和德意志人在高級文化方面的成就，Konard H. Jarausch and Michael Geyer, *Shattered Past: Reconstructing German Histories* (Princeton, NJ: Princeton University Press, 2003), p. 333。

14　筆者認為，在成功建立政權的國、共兩黨之外的「反對派」（或是「第三勢力」／「第三條路」／「中間路線」），在1949年的這個時間定點上的一時的行為／抉擇，應當從整個二十世紀中國政治的脈絡來理解，比較恰當（而不是只注意他們在此際的行動而已），關於二十世紀中國政治舞台上的這股

從早期的《自由中國》上看到它以社論形式表達了對國民黨即將在台灣進行「改造」的「忠忱」之言15：

用新人，行新政，不僅為今日改革政治之要點，即改革黨務尤應注意此點，願國民黨總裁注意及之。

這簡直是份公開的「萬言書」，竟理所當然地把國民黨總裁設定在自己所要爭取的讀者群隊伍裡了。

《自由中國》這樣一種期待於國民黨（及其魁首）「幡然省悟」，「痛改前非」的論政姿態，維持相當長久一段時期。例如，它對於立法委員齊世英因為「電力加價案」而被國民黨開除黨籍為例，進一步的評論「國民黨今後應如何領導其從政黨員的問題」，即使一再強調國民黨應該／如何「建立起黨內的民主制度」，它的根本理由仍然是：「國民黨是我國執政的唯一大黨，其成敗利鈍關係國家的禍福安危」，「在現階段中，

力量，目前尚無籠罩全局的系統性專書論述。菊池貴晴，《中国第三勢力史論：中国革命における第三勢力の総合的研究》（東京：汲古書院，1987），是他逝世後由他人整理其已刊與未刊論文文稿成書；Roger B. Jeans, edited, *Roads not Taken: The Struggle of Opposition Parties in Twentieth-Century China* (Boulder, Colorado: Westview Press, 1992)，收錄16篇論文，涵括亦眾；平野正的一系列著作：平野正，《中国民主同盟の研究》（東京：研文出版，1983）、平野正，《中国の知識人と民主主義思想》（東京：研文出版，1987）、平野正，《中国革命と中間路線問題》（東京：研文出版，2000），是文獻基礎較為精密的述說；馮肇基的專書，也值得參照：Edmund S. K. Fung, *In Search of Chinese Democracy: Civil Opposition in Nationalist China, 1929-1949* (Cambridge: Cambridge University Press, 2000)。

15 〈社論：為國民黨改造進一言〉，《自由中國》，第3卷第3期，1950年8月1日（按，本篇社論為雷震撰）。

唯有國民黨才能領導國家走向民主政治，擔負反共抗俄的重任」16。即便當《自由中國》與國民黨的關係步入破裂階段之後17，它仍有著這樣的「殷切期望」：

> 中國國民黨的黨的組織與領導，能走向民主憲政的道路，走向理性與自由的目標。

因爲：

> 鑒於國民黨今天與國家的關係，國民黨的命運與國家是分不開的，國民黨每一次的興革，能對黨有好處，進而對國家有好處……18

這種論政姿態，當然是一種「聖君賢相」的期待，也是二十世紀中國／台灣知識分子追求民主政治基本論述的格局之一，或可名之曰「民主的修辭學用法」（the rhetorical use of democracy）：用雄辯富麗並且委婉曲折的文字或語彙，爲威權當局之「敗德失政」進諫言，並強調只要「痛改前非」就必然可以得到美好的民主的可能／結果／作用。惟則，這種「民主的修辭學用法」是先天地受某個集體主義式的單位（國家／民族／執政黨）的

16　〈社論：國民黨應如何領導從政黨員〉，《自由中國》，第12卷第2期，1955年1月16日（按，本篇社論爲雷震撰）。

17　薛化元以《自由中國》在1956年10月推出的「祝壽專號」（第15卷第9期）做爲《自由中國》與國民黨的關係正式破裂的標誌，見：薛化元，《《自由中國》與民主憲政》，頁137。

18　〈社論：改進黨政關係〉，《自由中國》，第18卷第8期，1958年4月16日。

概念空間（the conceptual space）所制約／框架的，也就是說，民主政治，其實是爲某個集體主義目標服務的。如何跳脫這種「民主的修辭學用法」的基本政治論述格局，可以說是我們反思《自由中國》的歷史時，應當引以爲鑒的問題意識之一。

三、《自由中國》對黨國威權體制架構的批判

　　《自由中國》的言論固然有這樣令人意外的表現，他們卻絕對不是黨國威權體制的「文化御林軍」。《自由中國》的同仁很快意識到，國民黨在台灣的「改造」，不論是它的組織方式或是意識形態方面，都和他們的理想設定，有相當的差距，其結果更是黨國威權體制的陰影，籠罩了整個的台灣大地，令人喘不過氣來。特別對曾在國民黨統治下的中國大陸上生活過的人們來說，在黨國威權體制支配之下的台灣的生活經驗裡，他們品嘗了各式各樣過往從未有過的滋味。即如《自由中國》的概括[19]：

　　自從大陸淪陷、撤退台灣以來，台灣在一個大的藉口底下，被有計劃地置于一個單一的意志和單一的勢力嚴格支配之下。這一計劃，逐年推進。到今天，台灣社會幾乎在每一方面都已被置于嚴格的管制之中。這種光景，至少也是自中華民國開國以來所未有的。……這幾年來，瀰漫全島的一股氣氛，現

---

19 〈社論：今日的問題（一）是什麼，就說什麼（代緒論）〉，《自由中國》，第17卷第3期，1957年8月1日（按，本篇社論爲殷海光撰）。

代統治技術所造成的天羅地網，和有形無形的力量之直接或間
接的可能威脅，明明白白擺在那裏，只要不是白痴，誰都可以
感覺得到。……

在台灣居停安頓的每一個個體，都得承擔這樣一種「無所逃於
天地之間」的生命壓力。因此，《自由中國》批判與拆解黨國
威權體制的言論，正是我們透視這個體制的一道歷史窗口。

　　首先，對比於國民黨在中國大陸時期「黨機器」的軟
弱[20]，它自1950年起發動的「改造」之後，在黨國一體的國家
機關（state）的支持下，建立起疊床架屋的各級黨務機構，做
爲伸向台灣社會各個層域的觸角，既在不同的社會單元（如軍
隊、公營事業、校園與農村）裡建立起不同的滲透機制，也編織出
國家與不同社會群體間的關係網絡[21]。《自由中國》便指陳歷
歷道，在台灣的國民黨組織裡，「直屬於中央黨部的單位，便
包括有台灣省黨部、台灣區公路黨部、台灣區鐵路黨部、台灣
區郵電黨部、台灣區產業黨部、中華航業海員黨部、特種黨部
（即黨化軍隊的軍隊黨部）、以及直屬知識青年黨部、直屬區黨部
等，還另有海外黨部、以及所謂敵後黨部」，至於在「中央黨
部的一級黨部之下，又有各級下級黨部。例如台灣省黨部之
下，有二十一個縣市黨部及一個陽明山黨部；縣市黨部之下，

20 參見：王奇生，《黨員、黨權與黨爭：1924-1949年中國國民黨的組織形態》
　　（上海：上海書店出版社，2003）。
21 參見：龔宜君，《「外來政權」與本土社會改造後國民黨政權社會基礎的形
　　成（1950-1969）》（台北：稻鄉出版社，1998）、任育德，《向下紮根：
　　中國國民黨與台灣地方政治的發展（1949-1960）》（台北：稻鄉出版社，
　　2008）。

還另有區黨部、區分部的組織。在各級黨部的正式編制之外，
還有各種附屬單位，諸如革命實踐研究院、及革命實踐研究院
分院、名稱改變而內容未改的國防研究院、青年救國團、文化
工作隊等等」22，層級井然。

　　面對黨國威權體制滲透／壓榨台灣社會的各式各樣的觸
角，《自由中國》自其始起，首先出以溫婉而不失嚴厲的批
判。如面對國民黨在軍事領域的組織化行為，基本上都依據
《中華民國憲法》的規範，或是主張確立「文人治軍」的制
度23，或是因此而會造成「軍隊脫離了國家而成為一黨之軍
隊」的結果，主張「今日軍隊中的國民黨黨部應即取消」24。
面對黨國威權體制伸入各級教育體制的手，如中國青年反共救
國團即將成立的消息方甫傳出，《自由中國》同仁的反應，本
來也是相當審慎而有所保留的。像是徐復觀的〈青年反共救國
團的建全發展的商榷〉25刊出前，便經過《自由中國》的兩位
要角雷震與毛子水「數度刪改，寫得委婉得很」26。的確，徐

---

22 〈社論：國庫不是國民黨的私囊！從民社黨拒受宣傳補助費說到國民黨把國庫
　　當作黨庫〉，《自由中國》，第22卷第11期，1960年6月1日（按，本篇社論
　　為傅正撰）；關於國民黨在台灣的組織架構，可參考龔宜君編繪的圖示，見：
　　龔宜君，《「外來政權」與本土社會》，頁49（圖2-1．國民黨改造後的組織
　　結構）。

23 〈社論：確立文人治軍制度〉，《自由中國》，第10卷第12期，1954年6月16
　　日（按，本篇社論為雷震撰）。

24 雷震，〈謹獻對於國防制度之意見〉，《自由中國》，第15卷第9期，1956年
　　10月31日。

25 徐復觀，〈青年反共救國團的健全發展的商榷〉，《自由中國》，第7卷第8
　　期，1952年10月16日。

26 〈雷震致胡適（1952年10月29日）〉，萬麗鵑（編註），潘光哲（校閱），
　　《萬山不許一溪奔：胡適雷震來往書信選集》，頁33。

復觀的意見極爲溫和，並不主張裁撤救國團[27]，而僅是對它的發展前景提出「建言」：諸如救國團主任應由教育部長兼任、救國團不應妨礙正常教育等等。然而，文章面世後引發的政治效果卻相當嚴重，負責救國團等籌備工作，正在黨國威權體制的權力場域裡蓄勢鷹揚的蔣經國，爲此「震怒不已」[28]，此後甚至在公開的會議席上宣稱徐復觀與雷震有「幫助共產黨之嫌」。蔣經國的公開指責後，繼之，蔣介石總統亦開始放言「《自由中國》社內部有共產黨」[29]。《自由中國》的言論，也漸次成爲黨國體制「老大哥」密切注意的對象。雷震撰文指出「以黨歌爲國歌」是「極不聰明的做法」，《自由中國》對國民黨七全大會的宣言提出意見，這兩篇文章即被保安司令部提出檢舉，終至讓蔣介石總統「赫然震怒」，下令免去雷震的國策顧問一職[30]；《自由中國》對「吳國楨事件」發表意見的文章，也經「國民黨中央黨部小組」開會討論[31]。在黨國威權體制「老大哥」的心坎上，《自由中國》早期仍算是相當溫和的正義之聲，仍似一把投向他們的利劍，無可忍受。

---

27 相對的，雷震則根本不認同主張成立像救國團這樣的團體，見：雷震，「1952年11月2日日記」，《雷震全集》，冊34，頁150。

28 〈雷震致胡適（1952年10月29日）〉，萬麗鵑（編註），潘光哲（校閱），《萬山不許一溪奔：胡適雷震來往書信選集》，頁33。

29 薛化元，《《自由中國》與民主憲政》，頁106。

30 〈雷震致胡適（1953年3月6日）〉、〈雷震致胡適（1953年3月16日）〉、〈雷震致胡適（1953年3月23日）〉、〈雷震致胡適（1953年3月25日）〉，萬麗鵑（編註），潘光哲（校閱），《萬山不許一溪奔：胡適雷震來往書信選集》，頁39-44；雷震被免去國策顧問一職，見：〈總統府人事室函（1953年3月24日）〉，同書，頁51；另可參見：薛化元，《《自由中國》與民主憲政》，頁108-110。

31 薛化元，《《自由中國》與民主憲政》，頁115。

　　隨著黨國威權體制的愈形擴展，「以黨爲尊」，「奉黨至上」的政治文化（political culture）的形塑／表徵，愈趨明白；《自由中國》的批判言辭，也越來越犀利。即如《自由中國》以《工人報》的產權爭議爲例指陳道，國民黨的中央黨部乃變成了「太上政府」，至於「中央黨部的各主管部門以及各級地方黨部，也都無形中自認爲是政府有關各部門與地方政府的指揮機構」，所以，「各縣、市黨部向各縣、市政府行文，是司空見慣之事，內政部對《工人報》的處理，將副本抄送黨部，就是一個顯明的例子」32。黨國威權體制對地方政治的干擾，更是「花樣多多」，「今天地方所有的政務，統統須符合黨的要求。『黨所好者好之，黨所惡者惡之』。凡遇有黨的利害和民的利害發生衝突時，寧捨民而就黨」，「地方所有的公務人員，已不像在爲國家工作，而是在替一黨服務」！黨國體制在地方上更廣設各種「衙門」，「今天任何一個縣市政府所在地，除了縣市政府之外，還設有大批具有與縣府平行乃至踞高臨下的權威機關」，「對地方政治的侵擾，卻足以駭人驚聞」。如被《自由中國》視爲「特權統治階級」的「民眾服務處（站）」，分布在全台「各地竟達三百八十個以上」33，其經費則由地方政府預算負擔；做爲號稱人民團體的「軍友社」則擁有長期附征娛樂捐和筵席捐的權力；「婦女會」更成了兼

---

32 〈社論：法治乎？黨治乎？〉，《自由中國》，第15卷第5期，1956年9月1日。

33 龔宜君依據國民黨中央委員會第五組的資料指出，1960年時國民黨在台灣地方上的民眾服務處、站總數為401，見：龔宜君，《「外來政權」與本土社會》，頁187（表8-1，國民黨民眾服務處站之發展）。

辦警察和司法工作的單位。因是，他們主張：只有「清理縣政周圍的龐雜的黨治機構」，台灣的「地方政治明朗清新」，才有希望[34]。

　　這樣的黨國體制，更建立在強勢的物質基礎上。據《自由中國》的推測，「國民黨的一切直接間接開支全部合併起來，每年勢非超出十億以上，便絕無法應付」[35]。惟則，它的來源，用《自由中國》的話來說，是以「無所不用其極的地步」得來的：「國民黨搜刮黨費的主要手法」是「透過政府主管單位的權力，公開列入政府預算，甚至乾脆將整個組織納入政府機關，變成行政單位的一部分」，如國民黨台灣省黨部「每年由省政府各單位所得款項，遠在四十五年便已高達二千八百多萬元，四十六年又增加到三千一百多萬元」。台北市議會內國民黨籍的市議員，在黨內討論如何審議1959年的年度總預算時，「居然一再作成『黨務經費分筆支持通過』之類的決議」，《自由中國》沉痛地控訴道：「好像這些人出來競選市議員，就是為國民黨搜刮黨費而來」！《自由中國》還述說道，「國民黨各級大小單位，早已如同政府單位分別佔有大量公有房屋土地」，如它將原為日產的電影院、旅館化為「一

34　〈社論：由地方行政改革談一黨特權〉，《自由中國》，第19卷第1期，1958年7月1日；關於「婦女會」即婦聯會，另可參考：微言，〈如此婦聯會！〉，《自由中國》，第21卷第9期，1959年11月1日。

35　〈社論：國庫不是國民黨的私囊！從民社黨拒受宣傳補助費說到國民黨把國庫當作黨庫〉。龔宜君依據國民黨第四屆台灣省委員會1961年的資料指出，國民黨台灣省委員會所屬單位在1960年時的經費預算總額為62,072,547（含各項臨時費，數額11,600,000）元，見：龔宜君，《「外來政權」與本土社會》，頁171（表7-3．國民黨台灣省委員會所屬單位歷年分配表）。

黨的私產來營利」；國民黨經營的「中國電器公司」，則利用
政府權力，硬性合併了其他幾家公司，造成獨佔市場；甚至於
「蘋菓的進口、沙糖的出口、馬戲團之類娛樂團體的來台出演
等等，也無一不被國民黨利用爲搜刮黨費的手段」。《自由中
國》義正詞嚴地總結控訴道：

　　……像國民黨這種搜刮黨費的手法，已經不止是違反民主
政治的原則，而是與古今中外的專制政府，在本質上毫無兩
樣。試想想：國民黨把國家當做一黨私產，而予取予求的做
法，與古代專制王朝及今日蘇俄中共等共產極權，在本質上那
裏會有絲毫的差異？……如果國民黨……硬把國庫當做黨庫，
乃至把國家當做一黨私產，不過是自絕於人民，自取滅亡而
已[36]！

直至廿一世紀的此際，國民黨的「黨產」問題及如何解決，仍
然未可得見出路[37]，《自由中國》當年的犀利筆鋒，至今仍有
嚴竣的現實意義。
　　更嚴重的是，在黨國體制的意識形態／政治文化的薰染之
下，人們日常習慣採用的政治語言，便和《自由中國》想像的
理想民主文化，有遙遠的距離。揭穿黨國體制的意識形態成
分，也是《自由中國》關懷的課題之一。如黨國體制揚起的所

36　〈社論：國庫不是國民黨的私囊！從民社黨拒受宣傳補助費說到國民黨把國庫
　　當作黨庫〉。
37　2009年馬英九再度擔任國民黨主席，國民黨的「黨產」還是他必須面對解決的
　　問題。

謂「革命民主」的大纛，便被擊鼓而攻[38]；又如殷海光對「語
言底同化作用」的提醒，那些具有「鞏固並加強極權共黨之極
權統治」的「怪名詞」，那些「剝奪個人自由的口語」，居
然為台灣生活的人們日常所慣用，積久成習，這些「八路名
詞」和「赤色術語」裡的「極權觀念，便慢慢藉著這些語言工
具侵入你腦筋裡去了，久而久之，保險你滿腦筋的共產極權
思想」[39]。當曾任台灣省政府主席的吳國楨赴美後，在大洋彼
岸公開批評蔣介石與國民黨政府[40]，引發風波，立法院長張道
藩對吳國楨即施以反擊，從他攻擊吳國楨的言論是「危害國
家」、「反動」的批判字眼裡，《自由中國》的筆陣健將之一
的夏道平則讀出了「一股非民主的氣氛，洋溢在字裏行間」，
他認為這種將批評、指摘、乃至於攻擊政府的論者戴上「反
動」的帽子，「是共產黨型的政治作風」，因此「奉勸民主的
信仰者要特別注意民主的心理狀態之養成」[41]。諷刺的是，官
方則藉著破獲「重要潛伏匪諜組織」的政治動作，而控訴匪諜
假藉「自由民主」的招牌以進行顛覆活動，儼然主張民主自由
的人士和「匪諜」可以畫上等號。面對此一景勢，《自由中
國》即以社論〈為民主和自由解惑〉回應，指出在「匪諜」帽

---

38 賈長卿，〈請國民黨放棄「革命」〉，《自由中國》，第16卷第8期，1957年
　　4月16日。

39 殷海光，〈共黨語言可以襲用嗎？〉，《自由中國》，第5卷第4期，1951年8
　　月16日。

40 吳國楨赴美後批評蔣介石總統／國民黨政府言論之概述，見：汪榮祖、李敖，
　　《蔣介石評傳》（台北：商周文化事業股份有限公司，1995），頁799-805。

41 朱啟葆，〈吳國楨事件發展中的平議〉，《自由中國》，第10卷第6期，1954
　　年3月16日；按，朱啟葆即夏道平，本文亦收入：夏道平，《我在『自由中
　　國』》（台北：遠流出版事業股份有限公司，1989），頁76-82。

子的陰影下，大多數的人民都將不敢再談民主和自由，其結果將勢必使得民主和自由在台灣銷聲匿跡[42]。

　　況且，黨國威權體制還透過各式各樣的機制來履踐意識形態再生產的功能，用《自由中國》的話來說，一片獨特的「黨霸教育」的烏雲，完完全全地籠罩了台灣[43]，竟把「一黨統治的意識向下一代延伸」，其結果所至，「黨的立場和一孔之見」便成為人們理解自己和世界的憑藉[44]。當做為黨國威權體制組成部分之一的「中國青年反共救國團」方始面世，如前所述，《自由中國》便刊出「商榷」意見[45]，此後則不假辭色，或指陳它是「建立自由教育必須剔除的兩大弊害」之一[46]，或抨擊它「害國害青年」[47]，更三度以社論形式出以犀利的批判[48]，揭露這個「黑」機構，動用「黑」預算[49]的組織的真相[50]：

　　這是掩護國民黨當局製造國民黨的預備隊，甚至如同國民黨的若干權要所說：這是幫助國民黨的當權派做增加私人政治

---

42 社論，〈為民主和自由解惑〉，《自由中國》13卷5期，1955年9月1日；相關論述，參見：薛化元，《《自由中國》與民主憲政》，頁133-134。

43 〈社論：黨霸教育的真面目兼論政大教授李聲庭解聘事〉，《自由中國》，第23卷第3期，1960年8月1日；。

44 〈社論：學術教育應獨立于政治〉，《自由中國》，第18卷第10期，1958年5月16日（按，本篇社論為殷海光撰）。

45 徐復觀，〈青年反共救國團的健全發展的商榷〉。

46 羅大年，〈建立自由教育必須剔除的兩大弊害〉，《自由中國》，第15卷第9期，1956年10月31日。

47 路狄，〈青年救國團害國害青年〉，《自由中國》，第18卷第12期，1958年6月16日。

資本的工作。

　　救國團更與國民黨的「知識青年黨部」組織相互配合，進行校園的滲透與監控，為一九五〇年代以後台灣的「寂靜的校園」的場景，提供了好似「萬無一失」的「保障」51。

　　在黨國體制的箝制之下，人民的日常生活更與「白色恐怖」的陰影交織在一起。如人民工作生活的單位裡，設有「安全室」，使得「辦公人員戰戰兢兢，惟恐一語不愼，而犯『偶語』之嫌」52；即便如巨官顯宦也難免「白色恐怖」的災殃。如當時擔任考試院副院長的羅家倫在1953年12月9日的家信裡，對於王世杰被免去總統府秘書長一事便不願多提：「現在不便多寫，爲防匪諜，此間函件檢查甚嚴」53；立法委員程滄波因之甚至不敢寫日記，或日記裡不敢記載來《自由中國》吃飯54。黨國威權體制編織的「白色恐怖」的羅網，讓人無所逃於天地之間。一九五〇年代時分自稱爲「自由中國」的台灣，

48　〈社論：青年反共救國團問題今日的問題（十二）〉，《自由中國》，第18卷第1期，1958年1月1日、〈社論：再論青年反共救國團撤銷問題〉，《自由中國》，第18卷第11期，1958年6月1日、〈社論：三論青年反共救國團撤銷問題〉，《自由中國》，第23卷第5期，1960年9月1日（按，這三篇社論均為傅正撰）。

49　路狄，〈青年救國團害國害青年〉。

50　〈社論：三論青年反共救國團撤銷問題〉。

51　參見：龔宜君，《「外來政權」與本土社會》，頁117-131。

52　楊金虎，〈一個台灣人對建設台灣成模範省的看法〉，《自由中國》，第18卷第11期，1958年6月1日；另可參考：謝琇如，〈異哉所謂安全室主任〉，《自由中國》，第18卷第1期，1958年1月1日。

53　羅久芳，〈從先父羅家倫日記及家書看王世杰免職案〉，《傳記文學》，卷57期3（台北：1990年9月），頁51。

54　薛化元，《《自由中國》與民主憲政》，頁134。

其實和它的敵人：中共極權政府，在一切的作爲上，並沒有什麼兩樣。

四、《自由中國》對台灣「地方自治」的論説

　　然而，黨國威權體制不能不在形式上屈從於「民主憲政」的架構，更何況在赤裸裸的暴力鎮壓之外，它需要藉由群眾基礎，也需要以某種民主形式架構出與海峽對岸的「紅色」政權對立的態勢[55]，擴大統治這個島嶼的正當性。從一九五〇年代之始，以「地方自治」之名的選舉活動，就此問世：1950年4月開始辦理各縣市議員選舉，同年10月由各縣市議員間接選出「臨時省議會議員」；1954年開始採取直選，1959年第三屆取消「臨時」二字，正式定名爲「台灣省議會」[56]。自此之後，省以下各級的民意機構均定期改選；台灣各縣市長的選舉，亦從1950年4月開始，定期舉行[57]。從宏觀角度而言，地方選舉的定期舉行，是台灣人民曾經享受的「民主經驗」重新積累的再開始[58]；抑且，就短期而言，它成爲黨國威權鞏固的正當性

---

55 從當時的世界局勢來看，二次大戰之後，美國崛起，民主在世界事務的意義，即構成了美國外交政策論述裡重要的主題之一，向外推銷「美式民主」則是外交實踐的一環；當然，相對的，這也促成了美國自身民權運動的深化，此題涉及廣泛，不詳述，參見：John Fousek, *To Lead the Free World: American Nationalism and the Cultural Roots of the Cold War*（Chapel Hill, NC: University of North Carolina Press, 2000）。

56 鄭牧心，《台灣議會政治四十年》（台北：自立晚報社文化出版部，1991），頁159-160。

57 《中華民國史内政志（初稿）》（台北：國史館，1992），頁129。

58 這是相對於日治時期而言的，參見：周婉窈，《日據時代的台灣議會請願運動》（台北：自立晚報社文化出版部，1989）。

基礎；就長期而言，則為此後台灣的民主轉型，提供了民主化的基層建設基礎（infrastructure）[59]。然而，隨著黨國威權體制的觸角如水銀瀉地般伸向台灣社會的各個層域，「地方自治」也終究難免往向「地方黨治」的路子走去；隨著黨國威權體制意欲無所不用其極地鞏固己身的權力基礎，終於也讓台灣的「民主經驗」蒙塵含羞。面對這樣的困局，《自由中國》不再坐而論道，非僅致力於打造一個比較理想的政治競爭環境，更企圖以組織「反對黨」的行動力袪時弊。《自由中國》的相關言論，既見證了這一頁歷史的恥辱，也點燃了此後向黨國威權體制發動抗爭的薪火。

在一九五〇年代的台灣，推動「地方自治」，建設「三民主義模範省」的口號儘管喊得震天價響，但是黨國威權體制「老大哥」的眼裡容不下真正的「自治」：用來推動「地方自治」的法典依據，始終不符中華民國憲法的規範；地方選舉的實踐歷程，也和一般正常民主選舉的遊戲規則背道而馳。

在這頁歷史的開端，當時還未與黨國威權體制對立的《自由中國》[60]，則將它看成是「建立憲政的根基」，是「政府實行民主政治的決心」的展現[61]，從正面的角度予以肯定。只是，當黨國威權體制的驕縱妄為也具體表現在民主選舉的歷程的時候，《自由中國》則不能保持緘默，陸續撻且伐之，或是

---

59 倪炎元，《東亞威權政體之轉型：比較台灣與南韓的民主化歷程》（台北：月旦出版社，1995），頁161。

60 以薛化元的觀察而論，當時《自由中國》與國民黨的關係猶處於「交融期」，見：薛化元，《《自由中國》與民主憲政》，頁76-89。

對於國民黨政府不當的限制選舉措施提出批評[62]，或是直接批判對於競選活動的不合理的限制[63]，也屢屢揭露國民黨採取的不當選舉手段[64]。不過，《自由中國》開始進一步深入關心地方選舉問題，則始於1956年[65]。此後，《自由中國》刊出相關的文字，連篇累牘，既在理論層面標舉地方自治在民主憲政下的意義，也痛快淋漓地揭穿黨國威權體制對民主實踐的侮辱。

　　就理論層面而言，台灣的「地方自治」，在黨國威權體制壓迫之下呈現出諸般古怪而扭曲的景狀，《自由中國》發動批判的最重要武器，便是中華民國憲政體制的規範[66]：「台灣省政體制的根本問題，還是沒有依照憲法的規定，樹立地方自治的體制。」[67] 依據中華民國憲法，「省縣自治通則」是

---

61 原文是：「政府此次以實行地方自治以建立憲政的根基，欲將台灣一省為其他各省的模範。看到此次選舉的情形，不特政府實行民主政治的決心已大白於天下，即各級官吏的奉行，雖未能達到理想的境地，也可以說相當達成任務了。……」，見：〈時事述評：自治與負責〉，《自由中國》，第3卷第8期，1950年10月16日。

62 〈社論：競選活動應看作政治教育〉，《自由中國》第8卷第2期，1953年1月16日（按，本篇社論為雷震撰）。

63 社論，〈競選活動應有這樣不合理的限制嗎？不應以節約為理由來限制競選活動〉，《自由中國》，第10卷第9期，1954年5月1日。

64 如《自由中國》指出，1954年國民黨提名王民寧為台北市市長候選人，即「勢在必得」，「凡參加投票的黨員，一律在總考績上記二分」，「有些學校校長，甚至傳令學生，要他們的家長一致投選王民寧」，然王民寧仍舊落選，見：〈社論：這是國民黨反省的時候〉，《自由中國》，第10卷第10期，1954年5月16日。

65 參見：薛化元，《《自由中國》與民主憲政》，頁319。

66 錢永祥指出，從1954年3月16日《自由中國》第10卷第6期發表〈社論：行憲與民主〉之後，中華民國憲法始終是《自由中國》問政的利器，見：錢永祥，〈自由主義與政治秩序：對《自由中國》經驗的反省〉，氏著，《縱欲與虛無之上：現代情境裡的政治倫理》，頁202。

67 〈社論：解決台灣省政體制的根本辦法省長必須實行民選！〉，《自由中

「地方自治」的法律根本基礎，然而，它卻始終未經立法院完成立法程序，因之，「省自治法無由制定，省政府至今不是自治組織，省議會亦不得不因此而冠以『臨時』字樣，尚不知要『臨時』到幾時爲止」68。況且就實質而言，台灣推動「地方自治」的法律依據都只是行政命令，甚至於「台灣省政府的最後根據，僅僅是一項奇特的行政命令而已。此項行政命令，還是遠在二十多年以前屬行一黨訓政時期，由行政院所頒佈的」69，即便存在著號稱可以代表民意、反映民意的「臨時省議會」，凡遇有議會與省政府立場不一致時，最後的決定權力，一律屬諸行政院，必要時甚至可以由行政院命令解散議會，這就更不折不扣的成爲「指導的自治」70。當台灣的「地方自治」實施推動一段時間後，黨國威權體制積累前此的統治經驗，決意對所謂「地方自治法規」動「手術」，要將原來的十三種「地方自治法規」簡化合併爲七種，傅正便揭露其間的「玄機」所在71：

　　……要利用七種修正草案中一切極籠統極不合理的規定，造成一個省政府官治的環境，由控制各縣市選舉，到控制各縣市長與議會，進而控制整個台灣的地方自治，以求在形式上是

　　國》，第21卷第3期，1959年8月1日（按，本篇社論爲傅正撰）。

68　〈社論：我們的地方政制今日的問題（九）〉，《自由中國》，第17卷第10期，1957年11月16日。

69　〈社論：解決台灣省政體制的根本辦法省長必須實行民選！〉。

70　〈社論：我們的地方政制今日的問題（九）〉。

71　傅正，〈地方自治乎？省府官治乎？對省府所擬地方自治法規七種修正草案的總評〉，《自由中國》，第20卷第5期，1959年3月1日。

「民治」，而實質上是「官治」，進而完成台灣地方「黨治」的任務。

　　從「地方自治」演變為「地方黨治」，荒腔走板的政治鬧劇逐一幕接著一幕：新竹縣議員於投票選舉議長的前夕，全體國民黨黨籍議員被黨部「招待」在一幢房子裏，不准外出，喪失掉幾近二十小時的人身自由，直到集體投票為止；嘉義縣議長王國柱，被懷疑為不夠「忠貞」，折磨打擊逐紛至沓來，令他恐懼萬狀，患了精神病，最後懸樑自盡[72]。黨國威權體制也藉著民主形式而「栽培」了自己的「鐵衛軍」：「國民黨的省黨部，每年照例可由省政府獲得兩、三千萬元的津貼，省議員居然也可以慷人民之慨，而不予制止」；「原該為人民服務的縣、市長，卻在利用職權，用公款專為國民黨服務了」，如是這般的怪象異狀，不一而足[73]。黨國威權體制之下的地方政治與人民生活，在《自由中國》的刻畫裡，是一幅可悲的圖像：「今天台灣地方民眾，經濟上已走到不勝負荷捐稅攤派的苦境」，「政治上，管制制度的龐雜混亂，已嚴重地危害到地方民眾的發展乃至生存」[74]。《自由中國》從貫徹實踐中華民國憲政體制的立場，對這一片悽愴

---

72 〈社論：從王國柱之死談台灣地方自治〉，《自由中國》，第18卷第10期，1958年5月16日。

73 〈社論：請投在野黨和無黨無派候選人一票！〉，《自由中國》，第22卷第8期，1960年4月16日（按，本篇社論為傅正撰）。

74 〈社論：急救台灣地方政治〉，《自由中國》，第19卷第5期，1958年9月1日。

慘狀開出了「藥方」[75]：

　　（1）立法院迅速制定省縣自治通則，召開省民代表大會，產生省自治法，實行省長民選；（2）提高省議會職權，取消「臨時」字樣，使得以依照省自治法代表省民，行使省政自治範圍以內的完全立法權力，不受行政院違背憲法精神的干擾，同時使省政府確實能對之負責。（3）各縣市制定縣市自治法，劃清縣市級政府與省級政府的執掌，把自治範圍內事項與上級委辦事項明確分別，省府命令祇應涉及後者而不容侵蝕前者的領域。（4）加強縣市議會的權力，使縣市政府在自治事項範圍內確實能對之負責。（5）政黨祇應從事選舉活動，不容其直接或間接的干擾控制地方政務。

在當時的環境下，這些主張沒有履踐的可能；然而，即使《自由中國》被鎮壓之後，這種以貫徹實踐中華民國憲政體制的立場而發言立論，依然成為批判黨國威權體制的利器之一[76]；「省長民選」的實踐，則更延遲到1994年方始成眞。

五、《自由中國》揭發台灣「民主經驗」的黑暗面

75　〈社論：我們的地方政制今日的問題（九）〉。

76　例如，直至1980年代中期，「黨外」民意代表，如費希平、張俊雄等七位立法委員仍以要求完成「省縣自治通則」之立法程序為主張，見：〈兩項臨時動議未能成立・七名立法委員昨天退席〉，《聯合報》，1985年5月18日，第3版；相關事件背景與「黨外」省議員集體辭職有關，不詳述；至於省縣自治通則在1990年代數度修改中華民國憲法歷程裡的「命運」，亦不詳論。

　　1950年以後，台灣地方選舉的定期舉行，毋寧是促進政治
參與，積累「民主經驗」的重要渠道。然而，這個「民主經
驗」的開端，卻是絕不光彩的，《自由中國》便是揭發黨國威
權體制如何糟蹋侮辱這段歷程的紀錄。

　　整體而言，《自由中國》控訴的基調是：黨國威權體制
以「既不公平又不合法的基礎」77 來操弄民主選舉。候選人
居然會莫名其妙地被剝奪競選權利（例如，台中縣長候選人王地，
突然收到臨時火速徵兵的命令；沙鹿鎮鎮長候選人陳守枝，竟被「綁架
失蹤」）78；或是「利用政府權勢干預選舉」；或是假「補助
費」或「獎勵金」之名，行賄選之實；亦或採取以「安全措
施」爲名而行冒領選票進行舞弊之實的手段79；甚至於利用現
役軍人助選80。國民黨更一手把持選務管理監察事宜，「利用
各投票所開票所的監察員，掩護或幫助管理員違法舞弊，甚
至直接從事違法舞弊」81。正是在這樣既不公平又不合法的
基礎上，國民黨即使在地方選舉裡自我宣稱獲得「絕大多數
勝利」，其實，「這樣的勝利，非但不是國民黨的光榮，適
足增加國民黨黨史上可恥的篇頁，也就是喪失人心最大的地

77　〈社論：這樣的地方選舉能算「公平合法」嗎？〉，《自由中國》，第22卷第
　　9期，1960年5月1日（按，本篇社論為傅正撰）。
78　〈社論：如何糾正台灣選舉的弊端選舉應由政黨提名候選人〉，《自由中
　　國》，第15卷第12期，1956年12月16日；〈社論：就地方選舉向國民黨再進
　　一言〉，《自由中國》，第22卷第7期，1960年4月1日。
79　〈社論：選票與人心〉，《自由中國》，第16卷第10期，1957年5月16日
　　（按，本篇社論為夏道平撰）。另參考：李福春、李賜卿，〈揭穿國民黨所謂
　　安全措施下的選舉舞弊〉，《自由中國》，第22卷第6期，1960年3月16日。
80　〈社論：這樣的地方選舉能算「公平合法」嗎？〉。
81　〈社論：對於地方選舉的兩點起碼要求〉，《自由中國》，第22卷第6期，
　　1960年3月16日（按，本篇社論為傅正撰）。

方」82。《自由中國》指證歷歷，正是那段「民主經驗」慘遭黨國威權體制凌辱的存真圖景。

　　這頁現實的醜陋，必然激起國民的反感。如1957年4月21日投票的當天下午，由於監察員的不公平，台北市便有一位老翁，手持長幅白旗一面，用毛筆寫著「監選不公平」五個斗大的字，然後坐著三輪車遊街，引起七百人以上的群眾隨之附和，弄到治安人員只有借「瓦斯棍」的威力來鎮壓83。此後台灣的選舉史上，類似的畫面一再重複上演84，對於此後台灣民主政治文化的形塑，影響至為惡劣。

　　藉由民主選舉有意在政治領域裡一展雄心的台灣（更包括中國民主社會黨【民社黨】和中國青年黨【青年黨】在內的）菁英，也無可承受黨國威權體制伎倆的壓逼，迫使他們集結在一起，《自由中國》則既成為他們見證個人經驗的言論園地之一85，更是他們採取組織化行動向黨國威權體制施加壓力，甚至於發動組

82　〈社論：這樣的地方選舉能算「公平合法」嗎？〉。

83　〈社論：對於地方選舉的兩點起碼要求〉。

84　著者如1977年的「中壢事件」。

85　如高雄縣長候選人余登發投書《自由中國》述說選舉訴訟的進行情況：余登發，〈高雄縣長選舉舞弊續訊〉，《自由中國》，第17卷第1期，1957年7月1日、余登發，〈高雄縣長選舉訴訟近訊〉，《自由中國》，第17卷第2期，1957年7月16日；台中縣長候選人楊基振亦在《自由中國》撰文批評國民黨違法作弊的手段：楊基振，〈我從競選失敗中得到的知識：參加第三屆台中縣長選舉的遭遇〉，《自由中國》，第17卷第2期，1957年12月16日；餘如：葉時修，〈我建議以提名代替選舉〉，《自由中國》，第14卷第7期，1956年4月1日、王地，〈割除選癌．收拾民心〉，《自由中國》，第22卷第7期，1960年4月1日；不詳舉。至於民社黨人與青年黨人的意見，在《自由中國》第16卷第8期（1957年4月16日）也有集中的反映：朱文伯的〈我看『選賢與能、節約守法』〉、蔣勻田，〈人心重要！〉、沈雲龍，〈有關台省地方選舉的幾個問題〉；不詳舉。

成「反對黨」的動力火車頭。他們在1960年第四屆縣市長及第
二屆省議員選舉前夕，於是年2月底在台北市舉行選舉問題座
談會，參加者三十餘人，會後發出〈在野黨及無黨無派人士對
於本屆地方選舉向國民黨及政府提出的十五點要求〉，綜合歷
年選舉的弊端，對各政黨應該／如何參與辦理選舉的諸多事
宜，提出「合理合法且為民主國家通例之意見」[86]。然而，在
這次選舉裡，這些要求依舊猶如落石沉海，渺無回音。在此之
際，《自由中國》則藉社論〈請投在野黨和無黨無派候選人一
票！〉，力陳應該「神聖的一票，投給在野黨和無黨無派的
候選人」的道理[87]，可謂扮演了非國民黨籍候選人的機關刊物
的角色[88]。當選舉結束後，眾多人士痛定思痛，召開選舉檢討
會，會中已有多人發言指出，組織「反對黨」才能根本杜絕國
民黨選舉舞弊[89]，《自由中國》的社論也強烈主張：「今後唯
一有效的補救方法，就是要靠這些篤信民主政治的人士，大家
聯合起來組織一個強有力的反對黨，以與國民黨抗爭。」[90]以
籌組「反對黨」做為反抗台灣黨國威權體制壓迫支配之出路所
在的「民主想像」的主題旋律，就此發出了第一回合同吟共唱

---

86 〈在野黨及無黨無派人士對於本屆地方選舉向國民黨及政府提出的十五點要
　　求〉，《自由中國》，第22卷第7期，1960年4月1日。按，據謝漢儒的記述，
　　是次座談會舉行時間為1960年2月27日，這份〈在野黨及無黨無派人士對於本
　　屆地方選舉向國民黨及政府提出的十五點要求〉，由彼草擬，見：謝漢儒，
　　《早期台灣民主運動與雷震紀事》（台北：桂冠圖書股份有限公司，2002），
　　頁134-144。
87 〈社論：請投在野黨和無黨無派候選人一票！〉。
88 薛化元，《《自由中國》與民主憲政》，頁341。
89 〈在野黨及無黨無派人士舉行本屆地方選舉檢討會紀錄摘要〉，《自由中國》
　　22卷11期，1960年6月1日。
90 〈社論：這樣的地方選舉能算『公平合法』嗎？〉。

的最強音。

六、《自由中國》的「反對黨」論述

　　從整體脈絡來看，雷震主導的《自由中國》可謂是整個
一九五○年代台灣討論「反對黨」主張及其可能組成途徑的主
要代表。雖然，就在雷震爲之奮鬥不懈的「反對黨」中國民主
黨即將成立前幾天的1960年9月4日，他就身受黨國威權體制的
暴力鎮壓，被捕入獄，《自由中國》亦旋告停刊，「反對黨」
的籌組工作，更因之受挫，在次年1月縣市議員的選舉後，更
告銷聲匿跡91。可是，這闋既在理論上也在實踐上爲組織「反
對黨」而鳴唱出來的交響曲，確實激動鼓舞此後台灣打造「民
主想像」空間的人心。

　　《自由中國》對於「反對黨」的「民主想像」，隨著歷史
時空環境的變化而逐漸開展92。創刊之始的《自由中國》，便
刊登了由蔣廷黻推動的中國自由黨組織綱要草案，惟其動機則
爲「擁蔣反共」93。此後的《自由中國》並陸續刊出有關論述
「反對黨」的文字，如雷震的〈反對黨之自由及如何確保〉，
即申論陳獨秀關於「反對黨派之自由」的意義94；亦或是以社

91　參見：李筱峰，《台灣民主運動四○年》（台北：自立晚報社文化出版部，
　　1991），頁82。

92　薛化元，《《自由中國》與民主憲政》，頁348。

93　〈中國自由黨組織綱要草案〉，《自由中國》，第2卷第1、2期，1950年1月1
　　日、16日；參見：薛化元，《《自由中國》與民主憲政》，頁349-350。

94　雷震，〈反對黨之自由及如何確保〉，《自由中國》，第2卷第7期，1950年4
　　月1日。

論形式肯認「民主憲法中的人權條款」保障了人民「言論出版自由與集會結社自由」的理念，「自由組織政黨」殆其一環，進而申論「在野黨派」的價值所在：「可使執政黨有所警惕，而不敢在施政上稍有疏忽」95等等。基本上，《自由中國》這些關於「反對黨」的述說，「偏重於理念的說明，而不積極尋求理念主動的實踐」96，然這些具有理論蘊涵的論述，應可視爲具有政治啓蒙的意義。

伴隨著黨國威權體制無限的擴張蔓延，《自由中國》愈來愈認知到「反對黨」對於拆解黨國威權體制，落實民主憲政的可能作用，也想方設法地力促其成。在理論方面，他們不斷重複論證／宣傳強大的「反對黨」是民主政治的必要條件。如以「反對黨」做爲當時「解決一切問題關鍵之所在」的社論裡如是言之97：

民主政治是今天普遍的要求，但沒有健全的政黨政治不會有健全的民主，沒有強大的反對黨也不會出現健全的政黨政治。

又如，在《自由中國》始終鼓吹「反對黨」不輟的朱伴耘98，

---

95 〈社論：行憲與民主〉，《自由中國》第10卷第6期，1954年3月16日。

96 這是薛化元綜合《自由中國》初期其餘與「反對黨」相關文章的觀察，參見：薛化元，《《自由中國》與民主憲政》，頁351-354。

97 〈社論：反對黨問題今日的問題（十五）〉，《自由中國》，第18卷第4期，1958年2月16日（按，本篇社論爲雷震撰）。

98 朱伴耘（朱養民）自《自由中國》第16卷第7期（1957年4月1日出版）起，前後在《自由中國》發表七篇討論「反對黨」的文章，日後輯爲專書：朱養

亦如是論述道[99]：

> 什麼是民主政治的實質？其具體表現之一就是反對黨的存
> 在。世界上沒有一個號稱自由民主的國家是沒有反對黨的。

就中國人的「民主想像」的脈絡言之，這種總結／依據既有的
（西方的）「民主經驗」而提出關於民主實踐的具體內容的修
辭方式，由來已久。如孫中山便對「政黨政治」有類似的議
論，並且還被《自由中國》拿來當成批判黨國威權體制的理論
武器，雷震便援引「中山先生關於政黨的言論」來為「為什麼
迫切需要一個強有力的反對黨」張目[100]。依據黨國威權體制的
意識形態根源，「以子之矛，攻子之盾」，從而凸顯它在現實
裡的作為的「反動」性格，在此後台灣的政治論述場域裡，則
始終未絕[101]。

　　《自由中國》實踐「反對黨」的「民主想像」，則著眼於
現實環境，儘可能地追尋落實這一理念的可能性，並與建構

　　民，《七論反對黨》（台北：前衛出版社，1992）。

99　朱伴耘，〈反對黨！反對黨！反對黨！〉，《自由中國》，第16卷第7期，
　　1957年4月1日。

100　雷震，〈我們為什麼迫切需要一個強有力的反對黨〉，《自由中國》，第22
　　卷第10期，1960年5月16日。

101　像1970到80年代由「黨外」發動的民主運動裡，其領導人物便也援引孫中山
　　的論說來質疑黨國威權體制不開放「黨禁」的行止，例如，康寧祥於1978年
　　2月28日以立法委員身分向行政院長蔣經國提出質詢，便謂「孫中山對於一國
　　之內，何以需要具有競爭地位的政黨存在，有著精闢的說明……」，見：康
　　寧祥，〈讓政府與人民共同學習民主〉，收入：周琇環、陳世宏（主編），
　　《戰後台灣民主運動史料彙編・二・組黨運動》（台北：國史館，2002），
　　頁143-144。

「反對黨」的理據，兩者交互為用。最初，當《自由中國》肯認「反對黨」對於解構黨國威權體制的意義時，所構想的實踐空間，則寄望於既存的政黨；為了要確保「反對黨」在黨國威權體制下的生存空間，《自由中國》也出以溫和的論述策略；隨著《自由中國》與台灣地方選舉活動的關聯愈趨深密，組織「反對黨」的行動亦如箭在弦，更依據民主憲政體制的規範來闡述己身行動的「正當性」。

　　要推動「反對黨」的理想，從當時既存的政黨勢力著眼，原來的在野政黨：民社黨和青年黨便是可以施力的場域。然而，基於多重因素，特別是在黨國威權體制利誘壓脅之下，民、青兩黨內部分崩離析，始終處於難能維持自主的困窘[102]。雷震本人在1955年時積極參與民社黨和青年黨的「團結」工作，用心所在，即是希望「中國今後走上政黨政治之途，在國家以後要有強大的反對黨，先希望青年黨自己團結，然後民社黨亦可團結，再來一個大團結」的願景上[103]。同一時期的《自由中國》並也發刊社論，期待民、青兩黨能團結圖強，「與執政的國民黨作公開合法的政治鬥爭」，發揮「反對黨」的功能[104]。可是，歷經奔波，雷震的努力，以失敗告終；一番苦心與盼望，只是過於樂觀的期待。至於從國民黨內部下手，則也曾激盪著思索「反對黨」如何形成的心靈。身為《自由中國》

---

102 如長期參與民社黨黨務活動，曾任該黨秘書長的顧紹昌先生即回憶道，民社黨來到台灣以後，「我們的黨務一直是被國民黨系統的人所操縱的」，見：潘光哲、劉季倫、孫善豪（訪問），潘光哲、梁雅惠（紀錄整理），《顧紹昌先生訪談錄》（台北：國史館，2002），頁40。

103 薛化元，《《自由中國》與民主憲政》，頁355。

精神領袖的胡適，很早便倡言「國民黨自由分化」[105]，這一主
張，「雖不爲國民黨領導階層所接受，但在國民黨內接受了民
主自由思想的知識分子，卻確實意有所動，至少認爲這是一個
可以考慮的方式」[106]，也在《自由中國》上得到更爲「激進」
的呼應，盼望國民黨內的「開明進步分子」，能夠「眞正爲了
追求政治上的理想和原則，而毅然共同宣布脫離國民黨的現有
組織，而另成立新的組織，甚至與民社黨青年黨以及無黨無派
人士聯合，而組成一個新的強大反對黨。進而由這一組織，影
響立法院的席次，則立法院的現狀，勢將因此改觀，結果在立
法院之內，便不難出現一個反對黨」[107]。當然，這是天方夜譚
式的幻想。即如《自由中國》所謂，「國民黨的領導階層」不
可能接受此等意見，「他們甚至要求舉國的思想一致，如何能
容忍它自己黨內的分化」[108]？

　　當台灣組織「反對黨」的聲浪日熾的時分，胡適重述己身
的構想，也知道「國民黨自由分化」此議不可行，轉而期待

---

104 〈社論：對民青兩黨的期望〉，《自由中國》第13卷第11期，1955年12月1
　　日（按，本篇社論為夏道平撰）。
105 胡適於1951年5月31日致函蔣介石，函裡把「一黨專政」做為國民黨的「大
　　錯」，並提出「實行多黨的民主憲政」的方案，「其下手方法，似可由國民
　　黨自由分化，分成三、四個同源而獨立的政黨，略如近年立法院內的派系分
　　野」，他認為這是「最有效的改革國民黨的方法」，見：〈首次公諸於世・
　　民主發展的艱難見證・胡適與蔣總統論政書札〉，《聯合報》，1997年2月
　　27日，第37版。
106 〈社論：積極展開新黨運動！〉，《自由中國》，第18卷第12期，1958年6
　　月16日。
107 傅正，〈從責任政治說到反對黨〉，《自由中國》，第17卷第7期，1957年
　　10月1日。
108 〈社論：積極展開新黨運動！〉。

「一個以知識份子爲基礎的新政黨」的可能性，並強調「這樣
一個在野黨，也許五年十年甚至二十年都在野也無妨」109。胡
適提出以知識分子做爲「反對黨」的基礎，並且不以奪取政
權爲目標，本有其自身的思考與行動的脈絡可尋110；這樣的立
論，在《自由中國》思考組織「反對黨」的路向方面，則也占
有相當的地位，或是主張「反對黨的運動……必需以知識分子
爲領導核心」，並認爲「反對黨」對於「取得政權」這個「終
極的目標」，也「不必急急乎達到」111；或是再度抱持同樣的
立場，主張要「成立一個包含各方面抱持共同理想的知識分
子的聯合組織」，並向「海內外抱持民主自由理想的知識分
子」呼籲，積極的展開「新黨運動」112。知識分子在《自由中
國》裡被期許承擔起這樣的責任，固然是傳統中國士大夫「以
天下爲己任」這般菁英意識的延續，卻也可視爲在黨國威權體
制的壓逼下尋求民主理想實踐可能空間的溫婉措辭。畢竟，黨
國威權體制從來就不容許任何會對於己身權勢形成挑戰的潛在
力量，這般態勢屢屢迫使當時不少論者都將「反對黨」可否問
世的前景寄望在黨國威權體制的「善意」之上，例如《自由
中國》轟動一時的「祝壽專號」（第15卷第9期，1956年10月31日出

109　胡適，〈從爭取言論自由談到反對黨〉，《自由中國》，第18卷第11期，
　　　1958年6月1日。
110　如張忠棟指出：「胡適一生談反對黨，從來不談群衆性，而只想到它是知識
　　　分子和社會精英的結合」，見：張忠棟，〈胡適心目中的民主和反對黨〉，
　　　收入：氏著，《胡適五論》（台北：允晨文化事業股份有限公司，1987），
　　　頁297-302。
111　〈社論：反對黨問題今日的問題（十五）〉。
112　〈社論：積極展開新黨運動！〉。

版）裡言及「反對黨」的多篇文章，主要的論旨仍希望國民黨能「扶植有力的反對黨」[113]。即便牟力非指陳，這種論述「使人感覺呼籲成立反對黨的要求，含有很多的『求助』成分——求助於執政黨底『施捨』」，因此提出批判，但是，他仍然認為「執政黨」應該「以國家的民主憲政前途為信念」，所以應該「允許反對黨存在及活動」[114]。可是，眾所心照不宣的事實是黨國威權體制沒有這樣的「雅量」[115]。饒富政治鬥爭經驗的雷震會設想藉著「救國會議」的召開，在「大會上逼政府准許成立新黨」[116]，也凸顯出在黨國威權體制之下開展政治行動的戰術思維。在這樣的脈絡下，以知識分子為主體推動「新黨運動」並強調它不必急於奪取政權的論述，可以說是為了在黨國威權體制之下打開一方實踐民主理想的可能空間，在一時之間

---

113 薛化元，《《自由中國》與民主憲政》，頁357-358；當然，即便是前此的《自由中國》也曾表達過類似的想法，如社論嘗表達蔣介石總統應該「靜心考慮」「培植有力的反對黨」這一主張，見：〈社論：敬以諍言慶祝蔣總統當選連任〉，《自由中國》，第10卷第7期，1954年4月1日。

114 牟力非，〈略論反對黨問題的癥結〉，《自由中國》，第16卷第3期，1957年2月1日。

115 早在1955年初，國民黨秘書長張厲生便告訴雷震，中華民國與國民黨是一而二，二而一的，只允許有「友黨」，不准有「反對黨」（參見：薛化元，《《自由中國》與民主憲政》，頁356）；雷震本人很早便知曉這樣的行動必須要付出「代價」的，他在1957年8月2日給朱養民（即朱伴耘）的信裡便已言及為了組黨的事，「早已準備坐牢了」，見：朱養民，〈建造「民主燈塔」的雷震：紀念雷震百歲冥誕〉，《九十年代》，期318（香港：1996年7月），頁88。

116 這是雷震給胡適的信裡提出的想法，原文是：「大家以為今日政治已走到死路，除非能成立反對黨來監督政府，簡直想不到好辦法。大家希望能開救國會議，希望在這一大會上逼政府准許成立新黨。所以請你不要反對救國會議」，見：〈雷震致胡適（1956年10月29日）〉，萬麗鵑（編註），潘光哲（校閱），《萬山不許一溪奔：胡適雷震來往書信選集》，頁100。

的論述策略。

　　然而，《自由中國》在採取這種論述策略的同時，也清楚表達了對於過往那種期待國民黨「扶植反對黨」的思路的否定，強調「決不希望執政黨來『扶持』反對黨，一個強大的反對黨之存在，必需經由它本身之苦鬥，而不能出於任何方面的恩賜」117。這樣的認知，導引出《自由中國》開始援用中華民國憲政體制的規範，爲「反對黨」的實踐找尋正當性，聲言依據憲法「人民有集會及結社之自由」的規定，「這個新的反對黨不僅立刻可組織起來，且應受到法律上的保障」，強調「我們今天當然有組織反對黨的權利」118。稍後，《自由中國》的健筆之一殷海光，更進一步地論證成立「反對黨」的理據不是「實現民主自由」之類空洞的口號，而是要將「『民主自由』往具體的地方安頓」，即是要「落實到諸基本人權上」，要將「怎樣維護基本人權」，做爲「新黨努力的基本目標」119。在《自由中國》以「反對黨」來解除黨國威權體制壓迫支配的想像空間裡，這樣的論說，是它的理論極致。

七、《自由中國》與台灣族群政治的思考

　　《自由中國》意欲實踐「反對黨」的「民主想像」，歸結

---

117 〈社論：反對黨問題今日的問題（十五）〉。
118 雷震，〈我們爲什麼迫切需要一個強有力的反對黨〉。
119 殷海光，〈我對於在野黨的基本建議〉，第23卷第2期，1960年7月16日；至於殷海光會強調要以「維護基本人權」做爲民主自由的「具體」的「安頓」，可能受張佛泉《自由與人權》的影響，不詳述。

於民主憲政體制之下的基本人權理念，更爲化解台灣潛伏的族群衝突／族群政治——當時還只停留在粗糙的「本省人士」與「外省人士」，或是「台灣人」與「內地人」的分類範疇——提供了深富意味的出路。

　　從《自由中國》關於「反對黨」言論的整體脈絡來看，在1957年以前思索建構「反對黨」的可能性時，對其組成分子的考慮，仍是來自中國大陸的民、青兩黨及國民黨內開明人士（簡單地說，便是「外省人」），基本上未將台灣本土政治人物納入「合作」的對象。至傅正撰文檢討該年舉辦的地方選舉時，便即指出，「要想和國民黨在競選中角逐」，「在野黨及無黨無派人士」應該「結成一個強大的反對黨組織」[120]，他所謂的「無黨無派人士」，應即指台灣本地政治人士爲主的政治人物[121]。但是，當時即便是自由主義立場的「外省人」對台灣本地政治人物的政治活動，卻頗有莫名的「憂懼」。如當1957年選舉之後，由李萬居等八人召開選舉檢討會，會中決議組織「台灣自治法規研究委員會」[122]，後定名爲「中國地方自治研究會」，當雷震知悉發起人名單時，他雖認爲這是「反對黨之先聲」，卻擔憂這個組織「地方色彩太重，將來可能流血」[123]，雷震並未參與這個組織，在他的認知裡，它是「台灣人發起要組黨之先聲」，然而從黨國威權體制對其參

120　傅正，〈對本屆地方選舉的檢討〉，《自由中國》，第16卷第9期，1957年5月1日。

121　薛化元，《《自由中國》與民主憲政》，頁362。

122　雷震，「1957年5月18日日記」，《雷震全集》，冊39，頁95。

123　雷震，「1958年8月2日日記」，《雷震全集》，冊39，頁346。

與者以「特務」監視等等「激烈」的反應來看，卻可能釀成
「流血」之危局，因此他還是希望胡適出來領導「反對黨」
的組成行動，「不僅可消弭台灣人、內地人之隔閡，且可防
止流血」124。當時有類似心境的「外省人」不少，如胡秋原便
表示，組織「反對黨」一事，由胡適和雷震來發動，總勝於由
「台灣人」發動為佳125。

　　也正是在這般「本省人與外省人之間確實是有點問題存
在，但似乎大家都不願公開提破，而寧願在心頭懸掛著這麼一
個陰影」126如此微妙的時代脈絡下，《自由中國》開始正視這
波族群衝突／族群政治的潛流，呼籲真正落實民主憲政，解決
這片「陰影」可能引爆的危機。在《自由中國》看來，當時
「台灣人、內地人之隔閡」的困境，實有其歷史根源，亦肇因
於黨國威權體制當局的政治操弄。

　　首先，《自由中國》坦白地承認，會釀成「本省人」和
「外省人」之間的「鴻溝」或是「隔閡」如此不幸局面的歷史
根源，應該反躬自省的其實是「外省人」：

　　……本省人士對外省人士……原無成見。至於後來何以竟

124　〈雷震致胡適（1958年8月14日）〉，萬麗鵑（編註），潘光哲（校閱），
　　《萬山不許一溪奔：胡適雷震來往書信選集》，頁136-137。

125　原文是：「胡秋原報告……黨方有人向他打聽是否有反對黨？他是【否】參
　　加？他說一定有人組織，他是贊成，不一定馬上參加。他又說胡【適】先生
　　不搞，雷某【雷震】一定要搞。雷某不搞，台灣人一定要搞。胡先生和雷某
　　搞，總比台灣人搞為佳」，見：雷震，「1958年7月4日日記」，《雷震全
　　集》，冊39，頁324。

126　〈社論：我們的地方政制今日的問題（九）〉。

漸漸出現了一道鴻溝，其經過情形，我們亦不忍再提。但我們必須由衷指出：此種不幸情勢之出現，需要本省人士反省者較少，而需要外省人士反省者實多[127]。

　　……本省「光復」之初，「本省人」對于「外省人」之光臨，該是多麼熱忱歡迎？而以後弄得有些不愉快，這種責任，是「本省人」應負，還是「外省人」應負？我想咱們「外省人」應該稍微反省反省[128]。

況且，1949年之後，做爲「外來政權」（或是，「移入政府」）的國民黨，想在台灣這塊他鄉異地生存，既要尋求移入地本土社會的支持而鞏固政權，卻又擔憂台灣本土社會的「反撲」而危及政權的鞏固。因此，國民黨政權採取了各式各樣的策略而遂行其統治，更產生種種惡劣的景象。《自由中國》便很坦率地揭露了在台灣做爲人口少數的黨國威權體制的權力當局的某種「疑懼」：他們統治這塊土地，總是存在著「對當地人士勢力抬頭的恐懼心理」，他們之所以會有這樣的心理，「實在是植根於少數人的潛伏統治意識」，他們甚至還「深怕本省人士在政治上的比重一旦提高，居少數地位的外省人就會受到歧視，或甚至比歧視更爲不幸的遭遇」[129]，所以當「台灣人和大陸人在政治改革運動上的攜手合作」，共同組織「反對黨」的風潮已起的時候，在黨國威權體制裡「迷誤於政治權力的人們」，

---

127 〈社論：我們的地方政制今日的問題（九）〉。
128 殷海光，〈我對於在野黨的基本建議〉。
129 〈社論：我們的地方政制今日的問題（九）〉。

竟煽風點火,「不僅自己懷有這種變態的恐懼心理,而且還故意危言聳聽,在大陸人當中散佈這種心理」[130]。殷海光更一針見血地批判道,這是黨國威權體制的統治伎倆:利用並且擴大所謂「外省人」對於「本省人」的恐懼心,遂而從「外省人」和「本地人」之間「矛盾的對立」中獲取統治的便利,他痛斥曰:「從事這種工作的人士似乎只顧眼前的利益,一點也不顧後果!」[131]義憤填膺之情,躍然紙上。

事實上,令人痛心的「後果」,當時就已經出現了。正如《自由中國》的論說:「政治的不良,原是當政者的罪過。可是在若干台灣人的心目中,統治台灣的是大陸人,因而把政治上的怨憤擴大成對大陸人的怨憤,這顯然是個錯覺」,因為在黨國威權體制之下的受害者,「不限於台灣人,大陸人身受其害的,正多的是」,何況也有不少「台灣人」充當了黨國威權體制的馬前卒:

政府官吏固然大多數是大陸人,但警察與稅吏當中也有的是台灣人,而現任內政部長連震東先生,又正是歷年來以選舉監督的名位,幫助選舉違法舞弊的台籍人士。

因此,在黨國威權體制的政治領域裡,「統治者與被統治者,不是以大陸人與台灣人來分野的」;族群差異,不應該是政治

---

130 〈社論:台灣人與大陸人〉,《自由中國》,第23卷第2期,1960年7月16日（按,本篇社論為夏道平撰）。
131 殷海光,〈我對於在野黨的基本建議〉。

認同／生活的判準，而應選擇是否認同民主、憲政、自由、人權等等普世價值爲判準依據，「只有反極權反奴役之爭，而沒有地域觀念之爭」[132]。

因此，在《自由中國》看來，想解決這片「陰影」可能引爆的危機，落實民主憲政體制，「改善選舉，認眞實行地方自治」，便是出路所在[133]。在具體的政治活動落實方面，《自由中國》主張應該「不分台灣人與大陸人，一致合作，經由和平的程序爲民主自由法治而奮鬥」[134]，共同解除黨國威權體制的壓迫。殷海光更力言道，即將要發動組織的新「反對黨」，便應該「無地域之見」，由「外省人」和「本省人」攜手合作「一起組織政黨」，以爭取「民主自由人權運動」的成功：

> 只有抹除「外省人」和「本省人」這一條人爲的界線，台灣的民主自由人權運動才會成功。新黨要求實現他們底目標，必須不在「外省人」和「本省人」之間作一劃分，而只在「民主」和「反民主」之間作一劃分[135]。

雷震同樣也號召認同民主、憲政、自由、人權等等普世價值的人們，結合起來[136]：

---

132 〈社論：台灣人與大陸人〉。
133 〈社論：我們的地方政制今日的問題（九）〉。
134 〈社論：台灣人與大陸人〉。
135 殷海光，〈我對於在野黨的基本建議〉。
136 雷震，〈我們爲什麼迫切需要一個強有力的反對黨〉。

　　我們……應該趕快的組織一個強有力的反對黨，負起推動民主政治的艱鉅責任。這個黨的組成人物，不論是大陸來的人也好，或是台灣土生土長的人也好，或是僑居海外的人也好，都要真正相信民主政治是今日反共唯一有利的武器，都要相信民主政治是今後建國唯一可靠的工具，篤信言論自由、新聞自由，而不寄望於什麼革命、革命、或革命民主。……我們希望……相信民主政治的人，趕快的集合攏來，組織一個強有力的反對黨，以為下屆選舉的準備，以打破國民黨這種獨霸的局面。這個黨的組成分子，除了包括無黨無派的人士之外，也可能包括國民黨籍及民青兩黨篤信民主自由之人士。

是以，在《自由中國》實踐「反對黨」的「民主想像」的視野裡，期待著人們可以超越族群、地域或是黨派等等的藩籬，而以對那些普世價值的認同，做為相互凝聚或是進行選舉動員的動力元素。讓黨國威權體制的霸權告別台灣，讓民主憲政體制與基本人權等普世價值落實在這塊土地上，是他們誠摯的憧憬。

八、結論

　　以《自由中國》為對象，開展一九五○年代台灣的政治論述史的認識活動，本來就是反省自身現實處境的無窮追索。在廿一世紀的開始，經由總統選舉而完成的「政黨輪替」，執掌台灣政權超過半世紀的國民黨終於「鞠躬下台」，當年《自由中國》對於「反對黨」的「民主想像」，在形式上，也終於不

再只是「想像」。即令經由同等的程序，我們又嚐受了又一次的「政黨輪替」的滋味，使台灣的民主體制好似愈形「鞏固」；然而，在我們的公共生活世界裡，《自由中國》盼望的「自由，民主，人權保障這些要求」的真正實現，永遠像是向東海奔流不息的滾滾江濤，不論晝夜[137]。那麼，「政黨輪替」就怎麼可能會是「民主想像」的終點呢？

可以說，透過《自由中國》所勾勒的一九五〇年代台灣歷史的圖像，確實不堪回首。黨國威權體制的糟蹋侮辱下，台灣的「地方自治」成了「地方黨治」；選舉活動做為民主實踐的主要表現形式之一，則是「既不公平又不合法」，醜態畢露。以籌組「反對黨」爲標的，向黨國威權體制的壓迫支配發動抗爭，進一步成爲人們開展「民主想像」的輻輳所集，凝聚了無數的人心。遺憾的是，黨國威權體制面對「反對黨」的聲浪和行動愈趨熾烈，沛然莫之能禦的景狀，終於出以鎮壓一途。它逐步發動了各式各樣的攻擊，以「對于籌組新黨的民主愛國人士橫加侮辱威脅，對于尚未出世的新黨，先期妄肆批評攻擊」[138]爲開端，或是「抹黑」：如副總統兼行政院長陳誠好似「意有所指」地說「今天在籌組新黨的人士，都是些軍閥、官僚、落伍政客、地痞流氓，而組黨動機，則在於私利」[139]；或是「抹紅」：黨國威權體制也在它控制的大眾傳播媒體上聲

137　〈社論：大江東流擋不住！〉，《自由中國》，第23卷第5期，1960年9月1日（按，本篇社論爲殷海光撰）。

138　〈社論：大江東流擋不住！〉。

139　〈社論：與陳兼院長論反對黨〉，《自由中國》，第23卷第1期，1960年7月1日（按，本篇社論爲雷震撰）。

言「國民黨將不承認新黨」，而且還「用戴紅帽子的辦法來打擊『新黨』的組黨活動」，造謠說中共「透過港統戰份子，支持台灣『新黨』活動，企圖其顛覆政府陰謀」140。即便《自由中國》毫不客氣地回應這些「謬論和誣衊」，殘酷的現實則是黨國威權體制最後終於動用國家機器的暴力手段，遏止了這波風潮，撲殺了異議之聲。在「萬馬皆瘖」的情況下，黨國威權體制形塑的政治文化，更是從此好似無可阻遏，污染不止。在此後的台灣，以各式各樣匪夷所思的「八路名詞」和「赤色術語」在言論／意識形態的來構陷／誅殺政治異己的作風，始終未歇141。《自由中國》則向我們展示了如是惡劣的和不堪的政治語言，正是黨國威權體制之下的畸形產物。赫緒曼（Albert O. Hirschman）嘗指陳，在舉步邁向「善待民主」的漫漫過程上，了解各式各樣的「反動的修辭」及其危害，多少有助於調整自己的步伐142；那麼，我們對於現實處境的反思視野，會不會還

---

140 雷震，〈駁斥黨報官報的謬論和誣衊所謂「政黨的承認」和「共匪支持新黨」〉，《自由中國》，第23卷第4期，1960年8月16日。

141 如同一九七〇年代台灣「黨外人士」在政治舞台上出現，「台獨」主張亦逐漸躍登公開的政治論述裡，形成對國民黨的強大挑戰，大眾傳播媒體上對於他們的批判，即冠以「與匪唱和」的罪狀，如馮滬祥撰文抨擊曰：「少數人表面自稱"自由分子"，口口聲聲要促進民主，然而卻從來不提中共統戰的客觀事實，反而一再打著民主自由的招牌興風作浪」，並說主張「台獨」的人「目前只是中共想利用他們，企圖先把台灣搞垮再說」，「有極少數的『台獨幼稚病』的患者，還在心存幻想，甘願作匪工具」，見：馮滬祥，〈從海外看國內選舉：以政府堅持民主為喜，以有人未識迷陣而憂〉，《聯合報》，1978年12月10日，第2版。

142 參見：赫緒曼（著），吳介民（譯），《反動的修辭》（台北：新新聞文化，2002）；引徵赫緒曼的論點而反思台灣實例的，見：吳乃德，〈反動論述和社會科學：台灣威權主義時期的反民主論〉，《台灣史研究》8：1（台北：中央研究院台灣史研究所籌備處，2001年10月），頁125-161。

難免受到在黨國威權體制壓迫下的生活經驗的支配？重新考察
《自由中國》，對瞭解黨國威權體制如何污染我們的心靈，開
展清除這等惡質政治文化的精神工程，自是有所助益。

當然，回首重述這段醜陋不堪的歷史記憶與經驗，確實可
以鼓舞著人們非要將黨國威權體制拉下馬來而不可的現實熱情
（好像也在形式上達成了）。只是，在重述／再現這頁「恥辱」的
歷史的時候，不要忘記了，它創建出來的「記憶文化」也有被
「政治化」的可能，為別的政治目標而服務。例如，在1945年
戰敗而分裂之後的德意志，對於那一段納粹往事（the Nazi past）
的「記憶文化」，便被兩方的政權給「政治化」了，雖然，如
Claudia Koontz的述說，德意志人以一個全新的時間開端或是
與過去徹底決裂的方式，建構一種新的認同。他們以「零時」
（Zero Hour, "Stunde Null"）為名稱，以全盤否定納粹主義為基
礎，打造了自身認同的新視野。可是，分裂後的德意志，還各
自提出了第二重的否定，來形塑各自認同的根基：東德領導者
告訴子民，應該以己身不是西德而自豪；西德人民聽到的卻是
相反的訊息，因為他們的市民社會是如此安定，恰正可與東邊
的共產主義極權形成強烈對比。正是在這樣複雜的否定性認同
的形塑過程裏，東、西雙方對於那段記憶的表現形式，大有不
同143。因此，重構《自由中國》展現的歷史記憶／經驗與思想
遺產，固然可以點燃力促黨國威權體制崩場的一把薪火，卻不

---

143 Claudia Koontz, "Between Memory and Oblivion: Concentration Camps in
German Memory", in John R. Gillis, edited, *Commemorations: The Politics
of National Identity* (Princeton, NJ: Princeton University Press, 1994),
p. 263。

該被侷限在如此淺薄的政治鬥爭場域裡，更不該在我們建構台灣的「記憶文化」的時候，被有意「遺忘」了。

　　相對的，《自由中國》曾經以民主、憲政、自由、人權等等普世價值，開展實踐「反對黨」的「民主想像」的視野，爲突破台灣的族群衝突／族群政治的可能性，在開創台灣的「記憶文化」的歷程裡，就應該是值得持續精緻建構的歷史／思想遺產。《自由中國》同仁曾經思索的論題與方向，或許還稍嫌粗疏，也未必具有豐富深刻的原創性；然而，正如Jürgen Habermas論述「憲政愛國主義」（constitutional patriotism），指陳如在瑞士和美國那樣的多元文化社會裡，能讓憲政原則生根所需要的政治文化，並不需要求所有公民分享相同的語言、族群或文化根源，自由的政治文化乃是「憲政愛國主義」的公分母144。那麼，《自由中國》的思慮所及，對這個島嶼上的人們追求理想的視野及其實踐方式，便依舊蘊涵著深厚的啓發意義，有待著我們上下求索。《自由中國》的歷史經驗，依舊是

---

144 Jürgen Habermas, "Citizenship and National Identity: Some Reflections on the Future of Europe," in idem., *Between Facts and Norms: Toward a Discourse Theory of Law and Democracy*, translated by William Rehg (Cambridge: Polity Press, 1996), p. 500；至於「憲政愛國主義」自亦有其概念形成之歷史，參見：Jan-Werner Müller, *Another Country: German Intellectuals, Unification, and National Identity* (New Haven & London: Yale University Press, 2000), pp. 93-98；惟Jürgen Habermas的論述，對於當前學界討論熾烈的「公民資格」（citizenship）此一主題的探討，亦有啓發，如論者即用以重構公民義務（obligations）與愛國主義的內容之一，參見：Thomas Janoski, *Citizenship and Civil Society: A Framework of Rights and Obligations in Liberal, Traditional, and Social Democratic Regimes* (Cambridge: Cambridge University Press, 1998), pp. 72-73；相關討論，自是論說紛紜，本文不擬涉及。

我們的思想／知識視野裡足可汲取豐富自身想像力的泉源，不會失去它的生命力。

「一九四九」一甲子。在二〇〇九年此刻的台灣人民，對走過這段歲月的記憶，必須掙脫的拘束，顯然就是黨國威權體制製作的，以「國共內戰」為歷史敘述的格局。我們必須從台灣自身的脈絡，進行認識與理解。此際對於當代台灣史的主宰敘事（master narrative），總還難跳脫以往黨國威權體制打造的樣式，或是敘說「復興基地」的巨大「成就」，或是強調如何走向「亞洲四小龍」的「驕傲」地位。然而，即如Siobhan Kattago指陳，在1990年統一之後的德意志，對於那一段納粹往事（the Nazi past）的記憶，正和德意志的國族認同（national identity）聯結在一起。然而，必須指出，所謂的認同，並不是假設存在著單一同質的認同（a singular, homogeneous identity），而是眾雜繁多並且時常相互矛盾與相互競爭的各種認同（identities）。在勾勒德意志對於納粹時代的記憶，以及隨時變易的記憶對於建構東、西德的各種認同的角色之際，也就需要注意：進行國族認同的建構，集體記憶的敘述結構（the narrative structure）如何成為一種對過去的獨特再現（representation）。但是，記憶本身是因應現實需要而被勾連起來的，對納粹往事的記憶，自是人言各殊。因此，對納粹往事的應該如何被記憶，並使之成為關於建構德意志國族認同之成分的公共論爭與民主論辯，就是形塑德意志的民主文化與國族認同不可或缺的一頁[145]。那麼，沿襲黨國威權體制打造的主宰敘事，總讓受到黨國威權體制鎮壓侮辱的人們的「歷史」，橫遭壓抑而無法發聲，因此就很容易被遺忘了。特別是，當我們自豪於已然步入

民主國家行列的此際，對於在一片肅殺驚悚氣氛包圍下的台灣，我們還有多少的記憶？那段不堪的歷史，不能也不該是一頁塵封的陳年往事。《自由中國》的篇章，正為書寫這段籠罩著恐怖陰影的台灣人民的日常生活史146，提供了豐富的素材，進而可以支解那套占據主流地位的主宰敘事的另類歷史／記憶。當然，要對既存的主宰敘事及其「衝決網羅」，必然會引發熾烈的爭議／對抗。可是，就在這樣的「眾聲喧嘩」裡，絕對可以為台灣的民主文化，也必然能夠為以台灣為主體的認同，開創更多彩多姿的前景。

　　靜立在書架上已然泛黃的《自由中國》，正等待著人們以全新的視野來理解它，正等待著人們以多元的問題意識來詮釋

---

145 參見：Siobhan Kattago, *Ambiguous Memory: The Nazi Past and German National Identity* (Westport, Conn.: Praeger, 2001)。

146 一九八○年代起，對納粹德意志時代的「日常生活史」（everyday history, "*Alltagsgeschichte*"）的研究，漸次躍上檯面，舉其最著者，如Detlev Peukert, *Inside Nazi German: Conformity, Opposition, and Racism in Everyday Life*, translated by Richard Deveson(New Haven & London: Yale University Press, 1987; translation of *Volksgenossen und Gemeinschaftsfremde*)，便從人民的態度來呈顯出納粹意識形態的滲透程度；至於討論斯大林體制下的日常生活的專書亦甚眾，如：Robert Thurston, *Life and Terror in Stalin's Russia, 1934-1941* (New Haven & London: Yale University Press, 1996)、Sarah Davies, *Popular Opinion in Stalin's Russia: Terror, Propaganda and Dissent, 1934-1941* (Cambridge: Cambridge University Press, 1997)等。但是，我們固然要注意到官方意識形態在一般民眾的例行日常生活範圍的影響，也不要忽視了民眾在日常生活裏對官方意識形態及其作為的不順從（non-conformism）或是抗拒以及採取各式各樣的「生存策略」（survival tactics）。當然，整體論述日常生活的史著，如：Alf Lüdtke, ed., *The History of Everyday Life: Reconstructing Historical Experiences and Ways of Life*, translated by William Templer (Princeton, NJ: Princeton University Press, 1995)，則為我們開展日常生活史的探究，啓沃甚眾。

它。重行翻閱檢視《自由中國》，以之建構我們可以分潤共享
的記憶文化，足可引領我們進入漫無邊際的廣袤反思空間，是
重行編織「意義之網」（web of significance）的動力根源；其得失
所在，也將是指引我們邁向自由民主憲政體制大道的明燈。

徵引書目

一、《自由中國》論著（依日期排序）

〈中國自由黨組織綱要草案〉，《自由中國》，第2卷第1、2期，1950年1月1日、16日。

雷震，〈反對黨之自由及如何確保〉，《自由中國》，第2卷第7期，1950年4月1日。

〈社論：為國民黨改造進一言〉，《自由中國》，第3卷第3期，1950年8月1日。

〈時事述評：自治與負責〉，《自由中國》，第3卷第8期，1950年10月16日。

殷海光，〈共黨語言可以襲用嗎？〉，《自由中國》，第5卷第4期，1951年8月16日。

徐復觀，〈青年反共救國團的健全發展的商榷〉，《自由中國》，第7卷第8期，1952年10月16日。

〈社論：競選活動應看作政治教育〉，《自由中國》，第8卷第2期，1953年1月16日。

〈社論：行憲與民主〉，《自由中國》第10卷第6期，1954年3月16日。

朱啟葆（夏道平），〈吳國楨事件發展中的平議〉，《自由中國》，第10卷第6期，1954年3月16日（本文亦收入：夏道平，《我在『自由中國』》〔台北：遠流出版事業股份有限公司，1989〕）。

〈社論：敬以諍言慶祝蔣總統當選連任〉，《自由中國》，第10卷第7期，1954年4月1日。

〈社論：競選活動應有這樣不合理的限制嗎？不應以節約為理由來限制競選活動〉，《自由中國》，第10卷第9期，1954年5月1日。

〈社論：這是國民黨反省的時候〉，《自由中國》，第10卷第10期，1954年5月16日。

〈社論：確立文人治軍制度〉，《自由中國》，第10卷第12期，1954年6月16日。

〈社論：國民黨應如何領導從政黨員〉，《自由中國》，第12卷第2
　　期，1955年1月16日。

〈社論：為民主和自由解惑〉，《自由中國》，第13卷5期，1955年9
　　月1日。

〈社論：對民青兩黨的期望〉，《自由中國》，第13卷第11期，1955
　　年12月1日。

葉時修，〈我建議以提名代替選舉〉，《自由中國》，第14卷第7期，
　　1956年4月1日。

〈社論：法治乎？黨治乎？〉，《自由中國》，第15卷第5期，1956年
　　9月1日。

雷震，〈謹獻對於國防制度之意見〉，《自由中國》，第15卷第9期，
　　1956年10月31日。

羅大年，〈建立自由教育必須剔除的兩大弊害〉，《自由中國》，第
　　15卷第9期，1956年10月31日。

〈社論：如何糾正台灣選舉的弊端選舉應由政黨提名候選人〉，《自
　　由中國》，第15卷第12期，1956年12月16日。

牟力非，〈略論反對黨問題的癥結〉，《自由中國》，第16卷第3期，
　　1957年2月1日。

朱伴耘，〈反對黨！反對黨！反對黨！〉，《自由中國》，第16卷第7
　　期，1957年4月1日。

朱文伯，〈我看『選賢與能、節約守法』〉，《自由中國》，第16卷
　　第8期，1957年4月16日。

沈雲龍，〈有關台省地方選舉的幾個問題〉，《自由中國》，第16卷
　　第8期，1957年4月16日。

賈長卿，〈請國民黨放棄「革命」〉，《自由中國》，第16卷第8期，
　　1957年4月16日。

蔣勻田，〈人心重要！〉，《自由中國》，第16卷第8期，1957年4月
　　16日。

傅正，〈對本屆地方選舉的檢討〉，《自由中國》，第16卷第9期，
　　1957年5月1日。

〈社論：選票與人心〉，《自由中國》，第16卷第10期，1957年5月16
　　日。

余登發，〈高雄縣長選舉舞弊續訊〉，《自由中國》，第17卷第1期，
　　1957年7月1日。

余登發，〈高雄縣長選舉訴訟近訊〉，《自由中國》，第17卷第2期，
　　1957年7月16日。

〈社論：今日的問題（一）是什麼，就說什麼（代緒論）〉，《自由
　　中國》，第17卷第3期，1957年8月1日。

傅正，〈從責任政治說到反對黨〉，《自由中國》，第17卷第7期，
　　1957年10月1日。

〈社論：我們的地方政制今日的問題（九）〉，《自由中國》，第17
　　卷第10期，1957年11月16日。

楊基振，〈我從競選失敗中得到的知識：參加第三屆台中縣長選舉的
　　遭遇〉，《自由中國》，第17卷第2期，1957年12月16日。

〈社論：青年反共救國團問題今日的問題（十二）〉，《自由中
　　國》，第18卷第1期，1958年1月1日。

謝琇如，〈異哉所謂安全室主任〉，《自由中國》，第18卷第1期，
　　1958年1月1日。

〈社論：反對黨問題今日的問題（十五）〉，《自由中國》，第18卷
　　第4期，1958年2月16日。

〈社論：改進黨政關係〉，《自由中國》，第18卷第8期，1958年4月
　　16日。

〈社論：從王國柱之死談台灣地方自治〉，《自由中國》，第18卷第
　　10期，1958年5月16日。

〈社論：學術教育應獨立于政治〉，《自由中國》，第18卷第10期，
　　1958年5月16日。

〈社論：再論青年反共救國團撤銷問題〉，《自由中國》，第18卷第
　　11期，1958年6月1日。

胡適，〈從爭取言論自由談到反對黨〉，《自由中國》，第18卷第11
　　期，1958年6月1日。

楊金虎，〈一個台灣人對建設台灣成模範省的看法〉，《自由中
　　國》，第18卷第11期，1958年6月1日。

〈社論：積極展開新黨運動！〉，《自由中國》，第18卷第12期，
　　1958年6月16日。

路狄，〈青年救國團害國害青年〉，《自由中國》，第18卷第12期，1958年6月16日。

〈社論：由地方行政改革談一黨特權〉，《自由中國》，第19卷第1期，1958年7月1日。

〈社論：急救台灣地方政治〉，《自由中國》，第19卷第5期，1958年9月1日。

傅正，〈地方自治乎？省府官治乎？對省府所擬地方自治法規七種修正草案的總評〉，《自由中國》，第20卷第5期，1959年3月1日。

〈社論：解決台灣省政體制的根本辦法省長必須實行民選！〉，《自由中國》，第21卷第3期，1959年8月1日。

微言，〈如此婦聯會！〉，《自由中國》，第21卷第9期，1959年11月1日。

〈社論：對於地方選舉的兩點起碼要求〉，《自由中國》，第22卷第6期，1960年3月16日。

李福春、李賜卿，〈揭穿國民黨所謂安全措施下的選舉舞弊〉，《自由中國》，第22卷第6期，1960年3月16日。

〈在野黨及無黨無派人士對於本屆地方選舉向國民黨及政府提出的十五點要求〉，《自由中國》，第22卷第7期，1960年4月1日。

〈社論：就地方選舉向國民黨再進一言〉，《自由中國》，第22卷第7期，1960年4月1日。

王地，〈割除選癌‧收拾民心〉，《自由中國》，第22卷第7期，1960年4月1日。

〈社論：請投在野黨和無黨無派候選人一票！〉，《自由中國》，第22卷第8期，1960年4月16日。

〈社論：這樣的地方選舉能算「公平合法」嗎？〉，《自由中國》，第22卷第9期，1960年5月1日。

雷震，〈我們為什麼迫切需要一個強有力的反對黨〉，《自由中國》，第22卷第10期，1960年5月16日。

〈在野黨及無黨無派人士舉行本屆地方選舉檢討會紀錄摘要〉，《自由中國》，第22卷11期，1960年6月1日。

〈社論：國庫不是國民黨的私囊！從民社黨拒受宣傳補助費說到國民黨把國庫當作黨庫〉，《自由中國》，第22卷第11期，1960年6月

1日。

〈社論：與陳兼院長論反對黨〉，《自由中國》，第23卷第1期，1960年7月1日。

〈社論：台灣人與大陸人〉，《自由中國》，第23卷第2期，1960年7月16日。

殷海光，〈我對於在野黨的基本建議〉，《自由中國》，第23卷第2期，1960年7月16日。

〈社論：黨霸教育的真面目兼論政大教授李聲庭解聘事〉，《自由中國》，第23卷第3期，1960年8月1日。

雷震，〈駁斥黨報官報的謬論和誣衊所謂「政黨的承認」和「共匪支持新黨」〉，《自由中國》，第23卷第4期，1960年8月16日。

〈社論：三論青年反共救國團撤銷問題〉，《自由中國》，第23卷第5期，1960年9月1日。

〈社論：大江東流擋不住！〉，《自由中國》，第23卷第5期，1960年9月1日。

二、其他史料（依筆劃排序）

〈兩項臨時動議未能成立·七名立法委員昨天退席〉，《聯合報》，1985年5月18日，第3版。

〈首次公諸於世·民主發展的艱難見證·胡適與蔣總統論政書札〉，《聯合報》，1997年2月27日，第37版。

朱養民，〈建造「民主燈塔」的雷震：紀念雷震百歲冥誕〉，《九十年代》，期318（香港：1996年7月）。

朱養民，《七論反對黨》（台北：前衛出版社，1992）。

康寧祥，〈讓政府與人民共同學習民主〉，收入：周琇環、陳世宏（主編），《戰後台灣民主運動史料彙編·二·組黨運動》（台北：國史館，2002）。

陳世宏（等編），《雷震案史料彙編·國防部檔案選輯》（台北：國史館，2002），頁13-19。

馮滬祥，〈從海外看國內選舉：以政府堅持民主為喜，以有人未識迷陣而憂〉，《聯合報》，1978年12月10日，第2版。

萬麗鵑（編註），潘光哲（校閱），《萬山不許一溪奔：胡適雷震來往書信選集》（台北：中央研究院近代史研究所，2001）。

雷震（著），傅正（主編），《雷震全集》（台北：桂冠圖書股份有限公司，1989）。

潘光哲、劉季倫、孫善豪（訪問），潘光哲、梁雅惠（紀錄整理），《顧紹昌先生訪談錄》（台北：國史館，2002）。

謝漢儒，《早期台灣民主運動與雷震紀事》（台北：桂冠圖書股份有限公司，2002）。

羅久芳，〈從先父羅家倫日記及家書看王世杰免職案〉，《傳記文學》，卷57期3（台北：1990年9月）。

三、研究著作（依筆劃排序）

《中華民國史內政志（初稿）》（台北：國史館，1992）。

王奇生，《黨員、黨權與黨爭：1924-1949年中國國民黨的組織形態》（上海：上海書店出版社，2003）。

平野正，《中国の知識人と民主主義思想》（東京：研文出版，1987）。

平野正，《中国民主同盟の研究》（東京：研文出版，1983）。

平野正，《中国革命と中間路線問題》（東京：研文出版，2000）。

任育德，《向下紮根：中國國民黨與台灣地方政治的發展（1949-1960）》（台北：稻鄉出版社，2008）。

任育德，《雷震與台灣民主憲政的發展》（台北：國立政治大學歷史系，1999）。

何卓恩，《《自由中國》與台灣自由主義思潮：威權體制下的民主考驗》（台北：水牛圖書公司，2008）。

吳乃德，〈反動論述和社會科學：台灣威權主義時期的反民主論〉，《台灣史研究》8：1（台北：中央研究院台灣史研究所籌備處，2001年10月）。

吳乃德，〈轉型正義和歷史記憶：台灣民主化的未竟之業〉，《歷史與現實》，《思想》，2（台北：聯經出版事業股份有限公司，2006）。

呂紹理，《水螺響起：日治時期台灣社會的生活作息》（台北：遠流出版事業股份有限公司，1998）。

李筱峰，《台灣民主運動四〇年》（台北：自立晚報社文化出版部，1991）。

汪榮祖、李敖，《蔣介石評傳》（台北：商周文化事業股份有限公司，1995）。

周婉窈，《日據時代的台灣議會請願運動》（台北：自立晚報社文化出版部，1989）。

倪炎元，《東亞威權政體之轉型：比較台灣與南韓的民主化歷程》（台北：月旦出版社，1995）。

馬之驌，《雷震與蔣介石》（台北：自立晚報文化出版部，1993）。

張忠棟，〈胡適心目中的民主和反對黨〉，收入：氏著，《胡適五論》（台北：允晨文化事業股份有限公司，1987）。

張忠棟，《胡適・雷震・殷海光》（台北：自立晚報文化出版部，1990；增訂改版：張忠棟，《自由主義人物》〔台北：允晨文化事業股份有限公司，1998〕）。

菊池貴晴，《中国第三勢力史論：中国革命における第三勢力の総合的研究》（東京：汲古書院，1987）。

赫緒曼（著），吳介民（譯），《反動的修辭》（台北：新新聞文化，2002）。

鄭牧心，《台灣議會政治四十年》（台北：自立晚報社文化出版部，1991）。

蕭全政，〈台灣威權體制轉型中的國家機關與民間社會〉，收入：中央研究院台灣研究推動委員會（主編），《威權統治的變遷解嚴後的台灣》（台北：中央研究院台灣史研究所籌備處，2001）。

錢永祥，〈自由主義與政治秩序：對《自由中國》經驗的反省〉，《台灣社會研究季刊》，1卷4期（台北：1988年12月；收入：氏著，《縱欲與虛無之上現代情境裡的政治倫理》〔台北：聯經出版事業公司，2001〕）。

薛化元，《《自由中國》與民主憲政1950年代台灣思想史的一個考察》（台北：稻鄉出版社，1996）。

蘇瑞鏘，《超越黨籍、省籍與國籍：傅正與戰後台灣民主運動》（台

北：前衛出版社，2008）

龔宜君，《「外來政權」與本土社會改造後國民黨政權社會基礎的形成（1950-1969）》（台北：稻鄉出版社，1998）。

Sarah Davies, *Popular Opinion in Stalin's Russia: Terror, Propaganda and Dissent, 1934-1941* (Cambridge: Cambridge University Press, 1997).

John Fousek, *To Lead the Free World: American Nationalism and the Cultural Roots of the Cold War* (Chapel Hill, NC: University of North Carolina Press, 2000).

Richard Wightman Fox, *Reinhold Niebuhr: A Biography* (Ithaca & London: Cornell University Press, 1996).

Edmund S. K. Fung(馮肇基), *In Search of Chinese Democracy: Civil Opposition in Nationalist China, 1929-1949* (Cambridge: Cambridge University Press, 2000).

Jürgen Habermas, "Citizenship and National Identity: Some Reflections on the Future of Europe," in idem., *Between Facts and Norms: Toward a Discourse Theory of Law and Democracy*, translated by William Rehg (Cambridge: Polity Press, 1996).

Thomas Janoski, *Citizenship and Civil Society: A Framework of Rights and Obligations in Liberal, Traditional, and Social Democratic Regimes* (Cambridge: Cambridge University Press, 1998).

Konard H. Jarausch and Michael Geyer, *Shattered Past: Reconstructing German Histories* (Princeton, NJ: Princeton University Press, 2003).

Roger B. Jeans, edited, *Roads not Taken: The Struggle of Opposition Parties in Twentieth-Century China* (Boulder, Colorado: Westview Press, 1992).

Siobhan Kattago, *Ambiguous Memory: The Nazi Past and German National Identity* (Westport, Conn.: Praeger, 2001).

Claudia Koontz, "Between Memory and Oblivion: Concentration Camps in German Memory", in John R. Gillis, edited, *Commemorations: The Politics of National Identity* (Princeton, NJ: Princeton University Press, 1994).

Juan J. Linz, "Further Reflections on Totalitarian and Authoritarian

Regimes", in idem., *Totalitarian and Authoritarian Regimes* (Boulder, CO.: Lynne Rienner Publishers, Inc., 2000).

Alf Lüdtke, ed., *The History of Everyday Life: Reconstructing Historical Experiences and Ways of Life*, translated by William Templer (Princeton, NJ: Princeton University Press, 1995).

Jan-Werner Müller, *Another Country: German Intellectuals, Unification, and National Identity* (New Haven & London: Yale University Press, 2000).

Reinhold Niebuhr and Paul E. Sigmund, *The Democratic Experience: Past and Prospects* (New York: Frederick A. Praeger, Publishers, 1969).

Thomas G. Paterson, *Meeting the Communist Threat: Truman to Reagan* (Oxford: Oxford University Press, 1988).

Detlev Peukert, *Inside Nazi German: Conformity, Opposition, and Racism in Everyday Life*, translated by Richard Deveson (New Haven& London: Yale University Press, 1987; translation of Volksgenossen und Gemeinschaftsfremde).

Robert Thurston, *Life and Terror in Stalin's Russia, 1934-1941* (New Haven& London: Yale University Press, 1996).

中華民國流亡台灣60年

——暨——

戰後台灣國際處境

議程表

10月24日（六）議程	
時　間	議　程
8:30～8:50	報到／領取資料
8:55～9:00	主辦單位致詞 會長——陳儀深
9：00～11：00	**第一場：戰後台灣與中華民國地位問題** 主持人：鄭欽仁／台灣大學歷史系 名譽教授 從「康隆報告」到台灣關係法——美國對台政策的曲折歷程 陳儀深會長／台灣教授協會、中央研究院近代史研究所 1949年中國變動之際外交官員的認同抉擇——以駐法國使領人員叛國附逆案為中心 許文堂副研究員／中央研究院近代史研究所 未定的地位，存疑的身份 王雲程先生／獨立研究者，《領土地位變遷與台灣》作者 評論人： 羅致政教授 •東吳大學政治系
11：00～11：10	break
11：10～12：30	**第二場：中華民國政權性質解析** 主持人：陳儀深會長／台灣教授協會、中央研究院近史所 所謂「中華民國」「流亡」台灣糾謬 賴福順教授／文化大學史學系 中華民國在台灣的殖民統治與遷佔者性格（1945-1987） 黃智慧助理研究員／中央研究院民族學研究所 評論人： 陳文賢教授 •政治大學台灣史研究所
12：30～13：30	午餐
13：30～15：30	**第三場：台灣對外關係** 主持人：張炎憲教授／長榮大學台灣研究所、前國史館館長 中華民國流亡台灣60年與日華關係 李明峻助理研究員／台灣東北亞學會副秘書長 台灣中國關係六十年的省思 李福鐘助理教授／政治大學台灣史研究所 台美關係的發展：歷史的觀察 陳文賢教授／政治大學台灣史研究所 評論人： 羅福全教授 •前駐日代表
15：30～15：45	break
15：45～17：45	**第四場：黨國體制下的台灣（上）** 主持人：黃宗樂／台灣國際法學會理事長 外人？國人？：國民黨移入政權的族群政治 龔宜君所長／暨南大學東南亞研究所 吳鯤魯助理教授／銘傳大學通識教育中心 憲法實踐與國家性：從國家學角度觀察中華民國憲政60年——一個《主權對話錄》 林佳和助理教授／政治大學法律學系 黨國體制下的媒體政策 呂東熹先生／公視新聞部製作人 評論人： 吳乃德研究員 •中央研究院社會學研究所

時 間	議 程	
<div align="center">**10月25日 （日） 議 程**</div>		
9:40~10:00	<div align="center">**主題演講** 特別來賓——彭明敏</div>	
10：00～12：00	<div align="center">**第五場：黨國體制下的台灣（下）** 主持人：林玉体教授/台灣師範大學教育系退休、前考試委員</div>	
	蔣經國時代所公告的歷史敘述——著重與蔣介石時代差異的分析 若松大祐/東京大學區域文化學系博士候選人	評論人： 薛化元教授 ●政治大學台灣史研究所
	蔣經國並不是民主的創造者：自由化與民主化不同的分析 Professor J. Bruce Jacobs（家博）/澳洲蒙納士大學亞洲語言與研究講座教授暨台灣研究室主任	
	從受教育的義務到受教育的權利：戰後台灣國民教育的歷史 周志宏所長/台北教育大學文教法律研究所	
12：00～13：30	<div align="center">午 餐</div>	
13：30～15：00	<div align="center">**第六場："外省人"在台灣** 主持人：莊萬壽教授/長榮大學台灣研究所</div>	
	五零年代外省中下階層軍民在台灣的社會史初探——黨國、階級、身分流動、社會脈絡，兼論1949大遷徙在「離散研究」（diaspora studies）中的定位 楊孟軒/加拿大英屬哥倫比亞大學歷史系博士班	評論人： 李筱峰教授 ●台北教育大學台灣文化研究所
	形塑台灣「黨國體制」與「民主經驗」的「記憶文化」：以《自由中國》為例 潘光哲副研究員/中央研究院近代史研究所	
15：00～15：15	<div align="center">break</div>	
15：15～16：45	<div align="center">**第七場：邁向台灣自主的省思** 主持人：姚嘉文教授/輔仁大學法律系、台灣國家聯盟總召集人</div>	
	認同、獨立、建國— 配合個人史的台獨運動概觀 許世楷教授/靜宜大學、前駐日代表	評論人： 李永熾教授 ●台灣大學歷史系退休 ●前國策顧問
	台灣國家主權之確立 黃昭堂教授/台灣獨立建國聯盟主席	
16：45~17：30	<div align="center">**閉幕專題演講** 許慶雄教授 / 淡江大學亞洲研究所</div>	
17:30	<div align="center">閉幕式</div>	

國家圖書館出版品預行編目資料

中華民國流亡台灣60年暨戰後台灣國際處境／台灣教
授協會 編著. -- 初版. -- 台北市：前衛, 2010.04
664面；15×21公分

ISBN 978-957-801-641-5（平裝）

1. 台灣問題　　　2. 台灣政治
3. 中華民國外交　4. 文集

573.09　　　　　　　　　　　　　　99005172

中華民國流亡台灣60年暨戰後台灣國際處境

編 著 者　台灣教授協會
責 任 編 輯　周俊男
美 術 編 輯　宸遠彩藝
出 版 者　台灣本鋪：前衛出版社
　　　　　　10468 台北市中山區農安街153號4F之3
　　　　　　Tel：02-2586-5708　Fax：02-2586-3758
　　　　　　郵撥帳號：05625551
　　　　　　e-mail：a4791@ms15.hinet.net
　　　　　　http://www.avanguard.com.tw
　　　　　　日本本鋪：黃文雄事務所
　　　　　　e-mail：humiozimu@hotmail.com
　　　　　　〒160-0008 日本東京都新宿區三榮町9番地
　　　　　　Tel：03-3356-4717　Fax：03-3355-4186
出 版 總 監　林文欽　黃文雄
法 律 顧 問　南國春秋法律事務所林峰正律師
總 經 銷　紅螞蟻圖書有限公司
　　　　　　台北市內湖舊宗路二段121巷28、32號4樓
　　　　　　Tel：02-2795-3656　Fax：02-2795-4100
出 版 日 期　2010年4月初版一刷

定　　價　新台幣700元